谨以此书献给林肯诞辰200周年

林肯传

Abraham Lincoln Redeemer President

——救赎者总统

（美）艾伦·C·古尔佐 著　韩宇等 译

江西人民出版社

本书翻译的具体分工如下

韩宇：绪论，第一、二、三、四、五章，尾声

李素英：第六章

周成明、钟华、杨亮：第七章

杨长云：第八、九、十章

韩宇、李素英：校对

阅读思想者林肯(译者序)

韩 宇

每当一部林肯传记问世之后,人们在头脑中不禁会浮现出相同的疑问:还有新的研究空间吗? 这部新著的价值何在? 应该说这是很正常的反应,虽然没有确切的统计数字,林肯传记的出版数量不仅在所有美国总统中高居榜首,据称仅仅屈尊于波拿巴·拿破仑和耶稣之下。由于关于林肯的各类出版物数量庞大,而且经久不衰,甚至出现了"林肯产业"(Lincoln Industry)之说。据笔者 2008 年 11 月 30 日在互联网上的查询,关于林肯书籍的数量,Amazon Books 有 6650 本,Google Books 有 6228 本(其中历史类的传记数量为 726 本),美国伊利诺斯州大学图书馆系统关于林肯的藏书数量为 4311 本。其中的多数应属于通俗读物的范畴,但学术著作的数量也非常惊人。那么,美国著名历史学家艾伦·C.古尔佐(Allen C. Guelzo)这部获得"林肯奖"的传记新意何在? 笔者认为,这部著作的独到之处在于强调林肯是一个有思想的人,正如古尔佐在绪论中所指出的那样,他试图"做一些现代的林肯传记作者没有试图尝试的事情,即把林肯作为一个思想者加以解读"(第 19 页)①。

首先要关注的是林肯的宗教思想,作者将宗教观放在了林肯思想活动的中心位置。林肯到底是不是基督徒,林肯的传记作家们莫衷一是。在公众的心目中,林肯的身上有太多的基督徒的印记:林肯熟读《圣经》,常常提到上帝并援引《圣经》中的语句和典故(比如"一座裂开的房子是站立不住的"这句他用来描述奴隶制危害的名言即出自《马可福音》),在担任总统期间他经常去教会。而且,林肯的诚实、"对任何人不怀恶意"的宽容使人很容易联想起基督徒具有的美德。将美利坚合众国从奴隶制和分裂之中拯救出来的林肯在耶稣受难日遇刺的事实,甚至使人们将他称为"救赎

---

① 译者序中的页码为原书的页码。

者"或"殉难者",即使林肯倒下的地点是当时基督徒心中的地狱之门——"腐化堕落"的剧院。古尔佐的观点是,林肯这个死后最经常地被称为"基督徒总统"的人并不是基督徒。古尔佐利用大量的资料令人信服地说明,林肯从来没有参加任何的教会,没有公开承认信仰基督教。"他会引用《圣经》,但他仅是把这些当做谚语或者例子,并非视其为权威;另外,他也会在教堂里为自己捐一个座位,并且偶尔出席星期天的礼拜活动。但是,他的这种行为毋宁说是一种对具有同样的必然性、天意和宿命论背景的所有宗教的理性的尊重,他用这样的行动来掩藏他自己对这个世界的认知。"(第318页)虽然林肯并非基督徒的观点并不是古尔佐独创,但他在这个问题上耗墨之多、用力之深给人留下了深刻的印象。

　　既然古尔佐认为林肯并非基督徒,林肯不相信自己被救赎的可能,他为何在书名中将林肯称作"救赎者总统"?应该说,作者此举颇具匠心。"救赎者总统"一词是美国著名诗人惠特曼1856年所创,他对当时的总统候选人缺乏个性和能力感到失望,希望出现一个"救赎者总统"。以笔者之见,古尔佐将林肯称为"救赎者总统"的用意在于,在彰显林肯历史功绩的同时,希望唤起读者对林肯宗教信仰问题的关注和思索。"救赎者总统"并不相信耶稣基督是他自己的救世主,那么林肯心目中的上帝究竟怎样?

　　在古尔佐的叙述中,可以梳理出林肯宗教思想演变的大致轨迹。林肯出生于笃信加尔文主义的浸礼会教徒家庭,从很早的时候就被烙上了加尔文主义的印记。但是他在青少年时期激烈地反对这种影响,拒绝加入他父母的教会,而且对宗教持怀疑态度(1834年林肯写了"关于不信仰基督教的小册子",声明《圣经》不是上帝的启示,耶稣不是上帝的儿子)。当林肯在斯普林菲尔德做律师时,在人们的印象中他是个宗教怀疑论者或"自然神论信仰者"。此时步入政坛的林肯已经意识到没有明确的宗教信仰可能对他的政治前途产生不利影响,便对自己的宗教观刻意掩饰或避而不谈,这是林肯的宗教思想晦暗不明的重要原因。为了回应他人对自己不信仰宗教的指责,林肯在1846年极为罕见地在一份传单中吐露心声,声称他相信的是所谓的"必然性原则",认为人们不能根据自由意志进行选择,人类行为是对动机的回应,而基本的动机则是自身利益。古尔佐认为,林肯的这种"必然性原则"最明显的根源来自加尔文主义的宿命论,而林肯的"原则"以及动机、必然性和自身利益这些表述更为明显地反映了边沁的宿命论。

　　从19世纪50年代开始,林肯常常提到"天意",并坚信"天意"的存在。在林肯宗教思想的论述中,除了上帝之外,"天意"可能是古尔佐使用频率最高的词汇。在守旧派神学家眼中,"天意"是用来描述上帝如何直接统治宇宙的,上帝不仅创造了世界,而且统管世界万物的所有活动。古尔佐指出,林肯所信仰的不是基督教意义上的天意,而是由因果关系所致的"必然性","在人类事务中有一种可以依靠的历史或辩证的逻辑……能够根据某些需要作出某些回应"(第319页)。实际上,正是因为概念上的模棱两可,林肯才随心所欲地对"天意"大谈特谈,而不会产生对他不利的影响。林肯担任总统后,在内战的头一年里,林肯的政府公文里更加频繁地提及"天意"的支配,而且他采取了在部队中委任牧师,宣布感恩日的时间等举措。古尔佐认为,这些只是为了取悦于基督徒和发挥宗教在文化方面引领公众的作用,远不能说明林肯的宗教情感有任何程度的增长。值得关注的是,在残酷的战争的压力之下,林肯回到了比"必然性"观念更为古老的"天意"的含义上,"不仅仅只是原因和结果在引导天意, 一种更加神秘和不可预料的意图在支配人类事务"(第326页)。"天意之中不仅仅只存在约束力和规则定律,还有神意的介入"(第328页)。

然而,即便林肯相信上帝的意志主导一切,这并没有缓解林肯与宗教之间紧张的疏离感。"如果有什么区别的话,这仅仅使得林肯自己与神秘的上帝之间鸿沟更大更深,并且加深了在他顺从上帝意志时表现出来的无助感。"(第328页)林肯为何始终无法信仰上帝?古尔佐对林肯在宗教问题上极度痛苦的真实内心世界进行了深层次的剖析。作者认为,对林肯而言,生活过于残酷,悲剧性太强,因此他无法相信任何人能够在这样的世界上得到充分的拯救。事实确实如此,林肯幼年丧母,脾气暴躁的父亲对他冷酷无情,已经和他谈婚论嫁的初恋情人安·拉特利奇染病故去,妻子玛丽性格乖戾,两个心爱的幼子未成年夭折。正如古尔佐所言,"上帝只是通过灾难和死亡显露其存在"(第446页),林肯在冷漠而毫不留情的上帝面前有的只是深深的无助。林肯坚信他只是"造物主手中卑微的工具",是上天"附带的工具",而不是上天所喜欢的子民。林肯多次表示希望自己能够更加虔诚,"只要上帝曾给他爱的恩典,他就会去爱上帝"(第446页)。

值得关注的是,古尔佐还提出了被其他学者所忽视的重要问题,即林肯的宗教信仰对美国内战产生了关键性的影响。在1862年,种种迹象表明,联邦政府在这场战争中不会有比打平更好的结果,采取解放奴隶的措施是危险的愚蠢行为。如果按照比较理性的做法,当时的那些失败可能会导致林肯实行和解的政策。然而,受天意支配的林肯解放了奴隶,"林肯自己独特的天意说……事实上控制了内战的结局"(第

446页）。

林肯的辉格党政治哲学是作者关注的另一个焦点。在以往的林肯传记中，林肯的辉格党意识形态很少被置于中心位置。有的传记作家强调的是林肯作为"伟大的解放者"的角色，将他的辉格党身份弃置一旁；有的人把注意力集中在林肯的总统任期内，而不是内战前他作为辉格党人的政治生涯；有人将林肯描述为民主党的同情者，甚至把他说成是民主党人。古尔佐则认为，林肯是个立场坚定的辉格党信徒，并且在这部传记中对他的辉格党政治哲学进行了系统的阐述。

为了引起读者对林肯的辉格党意识形态的关注，作者在本书开篇的绪论中即以"观念的冲突"为题，对杰斐逊与林肯的政治观进行了对比，并指出林肯"几乎在政治世界观的每一个方面都站在托马斯·杰斐逊的对立面"（第2页），是"一个坚定的辉格党人和杰斐逊传统的仇敌"（第18页）。古尔佐认为，杰斐逊代表的是贵族政治，自给自足的自耕农是他们统治的基础，而林肯代表的则是属于中产阶级的北部和西部的商人和专业人士，对杰斐逊的贵族政治嗤之以鼻。林肯崇尚进步和中产阶级的个人主义，推崇19世纪新的资本主义网络在大西洋两岸展开所带来的改善经济状况的机会，渴望稳定的杰斐逊则对市场、制造业和流动性十分厌恶。古尔佐指出，托马斯·杰斐逊和亚伯拉罕·林肯最明显的不同之处是对奴隶制的态度。"杰斐逊党人设想的成功，依靠的是对黑人的诋毁和剥削"，而"林肯对奴隶制的反对来自对奴隶体制的方方面面、直到整个农业思想意识本身的强烈憎恨"（第9页）。

作者在第一章中对辉格党的政治观念进行了进一步的阐释。亨利·克莱所主张的"美国体系"希冀通过实行高关税、改善国内交通和建立国家银行等措施推动美国经济的发展，堪称辉格党的核心纲领。克莱的"美国体系"之所以被辉格党人奉为圭臬，原因在于，保护性的高关税可帮助美国企业和欧洲产品进行竞争，用于改善国内交通的补贴有助于清除贸易障碍，国家银行可在全国建立可靠而且统一的投资、货币和金融体系。古尔佐指出，这些措施都有助于辉格党人摆脱所在地区和社区的限制，寻求在更广阔的贸易世界中，按照新的经济身份，以美德、自我发展和自我控制重塑自我的希望。此外，古尔佐还对辉格党政治哲学与福音主义以及欧洲自由主义的关联进行了深层次的分析，并指出了辉格党与民主党在思想体系上的诸多差异。

古尔佐认为，林肯"是辉格党意识形态的强硬支持者，在竞选和议会辩论中本党利益的代言人……对辉格党尽忠尽职。他对党的忠诚对他的党和他自己都非常重要。他的辉格党原则对他所做的其他事情有重要的影响"（第 458 页）。毫无疑问，辉格党的政治哲学对林肯产生了深刻的影响。"林肯担任议员期间拥护的每一个议题——铁路、政府赠与土地、关税——每一个精心修饰的表达，从早期在报纸上发表的恶言相向的政论，到精心修改的葛底斯堡演说，都忠于辉格党意识形态……忠于乐观向上、社会流动性强的中产阶级的形成，他们将确保'肩上的重负得以解脱''每个人能够自食其力''给所有人机会''改善境遇'的平等机会。"（第 458 页）

古尔佐所做的不仅仅是将林肯塑造成一个思想者，而且对他的思想根源进行了深刻的挖掘。作者在绪论中专门提及林肯生活的时代并非文化沙漠，而且不厌其烦地详尽列举了林肯曾经阅读过的书籍，其用意十分明显，就是为了说明虽然林肯自认为没有受到良好的教育，大量的阅读成为他思想成熟的基础。古尔佐明确指出，早年在肯塔基和印第安纳成长过程中经历的严格的加尔文主义、洛克的启蒙主义和古典自由主义（特别是经济自由主义）是"支撑林肯思想的文化脚手架"。在本书中，古尔佐多次对上述三个因素详加解析，展现了作者这个宗教史和思想史大家的深厚功底。

值得关注的是，作者将林肯思想历程置于更为广阔的历史背景之中，这正是思想史写作的突出特征。因此，阅读这部林肯传记，读者了解到的不仅仅是美国的第 16 任总统，还会了解对林肯产生深刻影响的美国 19 世纪的经济、思想、政治和宗教等方面的情况，这也是本书有别于其他林肯传记的重要特征。还需说明的是，本书具有很强的可读性，作者对林肯早年的生活、恋爱、婚姻，他的忧郁、他的律师和政治生涯、他对奴隶制的看法，他在政治和军事方面的决策、与内阁成员、联邦军队的将军们以及激进派共和党领袖们的关系等方面都有生动细致的描摹和深入具体的剖析。

最后要重申的是，本书是一部非常出色的林肯传记，而且在美国宗教史和思想史的著作中占有重要的一席之地。

目 录

1　绪　论　观念的冲突

21　第一章　美国体系

51　第二章　联邦的代价

81　第三章　必然性原则

113　第四章　利益的驱动

145　第五章　道德原则让我们团结在一起

177　第六章　偶然当上总统

213　第七章　亦战亦和

249　第八章　来自旋风的声音

283　第九章　辉格党保护神

325　第十章　对任何人不怀恶意

361　尾　声　救赎者总统

381　后　记

绪　论

观念的冲突

在搜寻了大量的伊利诺斯州南部的旧报纸之后,伊利诺斯参议员斯蒂芬·道格拉斯在 1860 年 9 月的第一周,《芝加哥时报》终于从过去找到了可以羞辱亚伯拉罕·林肯的东西。

《时报》的编辑们从 1844 年马科姆出版的一期遍布灰尘而且模糊不清的《鹰报》上发现了一个演说,这是林肯为亨利·克莱最后一次角逐总统助选所作的演讲,在演讲中,林肯胆敢攻击托马斯·杰斐逊这个美国独立之父。演讲声称"杰斐逊的品格令人厌恶",而令杰斐逊颜面扫尽的主要证据是他和他的奴隶萨莉·赫明斯的关系,以及他们所生的奴隶子女,此事在坊间流传已久。"虽然杰斐逊一直在哀鸣自由和平等、诅咒奴隶制,但是他将自己的孩子置于锤下,从他的放荡中赚取金钱。"

这不是通常用于严酷的政治羞辱的材料,但是当安森·切斯特将此文交给林肯,这个斯普林菲尔德的高个子律师的回复出离愤怒。林肯当时正在竞选美国总统,在过去的六年之中,他把杰斐逊撰写的《独立宣言》作为反对在美利坚合众国扩张奴隶制的道德标尺。他特地将杰斐逊誉为"崇高的开国之父们——华盛顿、杰斐逊和麦迪逊"其中的一员,并且在 1859 年把"杰斐逊的原则"确认为"自由社会的定义和公理"。

在一个民族争取国家独立的压力之下,杰斐逊沉着冷静、远见卓识,提出了彻底的革命纲领,这是可应用于所有人和所有时代的真理,铭刻于今日乃至未来,它将专制和压迫阻遏于襁褓之中。这些荣誉都属于杰斐逊。

林肯在 1860 年 9 月 6 日的《伊利诺斯州日报》以坚决的否认回应了《芝加哥时报》的攻击。"这是蓄意妄为的伪造……林肯先生从未在任何时候的任何演讲中讲过这样的话。"

伊利诺斯参议员斯蒂芬·道格拉斯

威廉·赫恩登

奇怪的是,林肯没有自己出面否认。"我希望不要用我的名字",林肯在给切斯特回信时写道,"但是我的朋友们会揭发这是针对我进行的伪造"。林肯这样做事出有因,事实上,多年后威廉·H.赫恩登(林肯的律师事务所合伙人和传记作者)写道,"林肯先生不喜欢杰斐逊的为人"和"政见"。林肯认为,杰斐逊集伪善与特权于一身,只是在口头上而不是在行动中追求自由,他是农业秩序的维护者,在团结农民和劳动者的迷雾中隐藏着精英阶层的规划。然而就在当时,即 19 世纪 50 年代,杰斐逊已经成为美国的象征,林肯将他对杰斐逊的"厌恶"公之于众不合时宜。此外,这些象征比其设计者的构想有更多的用途。林肯颠覆杰斐逊偶像的方法是通过拥护杰斐逊关于自由和平等的言论,然后将其作为揭发杰斐逊自己的政党正在背弃这些原则的手段,因为他们在保护蓄奴的南部的政治利益。林肯在 1858 年和民主党的竞争对手斯蒂芬·A.道格拉斯的大辩论中,乐于在杰斐逊的声明和杰斐逊的政治继承者正在为奴隶制进行的软弱的辩护之间挖设鸿沟,似乎使民主党的创始人成为林肯反对奴隶制的共和主义的信仰者。但是《芝加哥时报》的编辑们将托马斯·杰斐逊从他的敌人手中拯救出来显示了战术上的机敏,而且看到了亚伯拉罕·林肯和杰斐逊的志不同道

3

不合,他们深挖过去的演说来作证的做法也很聪明。

林肯出生时正是第三任美国总统杰斐逊的第二个也是最后一个任期结束前的三个星期。但是,林肯一生将不安地生活在这个伟大的弗吉尼亚人的阴影之下。他的文化价值模式与杰斐逊截然不同。杰斐逊精心将他的政治原则与个人生活剥离,他倡导公职人员的公共道德,私下里追求的却是享乐满足;他歌颂自由,却在一生中蓄养了150到200名的黑人奴隶。与之相反,林肯恪守道德规范,他之所以成为万众崇拜的偶像实乃自身的真挚和诚实所造就。林肯隐忍艰难的政治婚姻,却没有丝毫不忠的污点;他声称"天生反对奴隶制","我记不起我什么时候没有这样想和认为"。杰斐逊在宗教信仰方面的非正统也臭名远扬。林肯从19世纪30年代开始的非正统的立场和杰斐逊差别不大,但是在一生之中,林肯逐渐将政治观点与宗教主题相结合,最终求助于神秘的上帝,上帝的不可预测和不可抗拒的力量既使他困惑,也给他带来安慰。当关注的焦点由作为偶像的托马斯·杰斐逊转向作为政治家的托马斯·杰斐逊时,人们就会发现,他是反联邦党人、是华盛顿的批评者和亚历山大·汉密尔顿公开的敌人,是贵族共和党人和蓄奴者,是来自农村并对城市、工业以及任何与土地无关的财富的反对者。而当亚伯拉罕·林肯成长为成熟的美国政治思想家,他几乎在政治世界观的每一个方面都站在托马斯·杰斐逊的对立面。

当杰斐逊谈及自由和平等时,他代表的是一代正统的贵族共和党人,他们希望以"自然的"贵族政治以及由自给自足、而不是为别人工作来挣取工资的独立的自耕农为广泛基础,来取代君主专制这个非自然之物。林肯代表的则是下一代的属于中产阶级的北部和西部的商人和专业人士,在他们眼中,所谓"自然的"贵族无异于其他的类型的贵族。林肯所珍视的是自我本位的自由民主的灵活性,而不是温和的贵族共和国的稳定性。就像詹姆士·穆勒、约翰·斯图亚特·穆勒(林肯研究过他并是他的崇拜者)、边沁、理查德·科布登、约翰·布赖特这些伟大的英国自由主义者,林肯崇尚进步和中产阶级的个人主义,推崇19世纪新的资本主义网络在大西洋两岸展开所带来的改善经济状况的机会。林肯在1861年说道:"我认为,人生在世,不仅有改善自身状况的责任,还要使人类生活变得更好",他随即又用人们熟知的边沁的功利主义语汇对这种改善进行了解释:"我追求的是给最多数人带来最大好处的方法。"

对于杰斐逊和他的拥护者而言,稳定的对立面就是不稳定,而不是机会。这种担心部分来自于杰斐逊自身对稳定的渴求,对他来说,这意味着一个没有债权人的世界,所有的共和国公民在自己的葡萄和无花果树下耕作,不必担心赋税或债务,不被操纵,可以拒绝所有以牺牲他人利益来获取好处的诱惑。在杰斐逊心目中,善良的农民的形象是最好的代表。在他最著名的一段警句中,杰斐逊对政治道德和农村的共和国农夫的生活之间的联系进行了狂想:

如果说上帝有选民的话,那么那些在土地上劳作的人们便是他的选民,上帝使他们的胸怀成为特别贮藏他那丰富纯真的美德的地方。这里才是上帝保持神圣之火旺盛地燃烧的中心,否则这个神圣之火就会从地球上消失。耕种土地的广大群众道德腐化的例子在任何时代、任何国家都没有过。

这不仅仅是对农民的偏爱。在 18 世纪 90 年代,美国仍然是小农占统治地位的国家,农业人口占总人口的 75% 至 90%,这与英格兰不同,到 1800 年该国的农业人口仅占 36%。此外,由于极易获取廉价土地(特别是在美国革命扫除了英国对向阿巴拉契亚山以西地区拓居的障碍之后),加之美国没有封建贵族的存在,这使得美国农民通常直接拥有土地,而且没有封建负担,仅需交纳极少的赋税。在马塞诸塞州西部的汉普夏县的农业地区,65% 的纳税人拥有自己的土地,92% 的住房归居住者所有,而不是租借居住。那里的债务通常是亲戚朋友之间的小额借款,一般无需索要和支付利息。

由于土地所有权通常不会因债务、赋税或者是杂费所累而丧失,美国农民的生产主要是出于家用或本地消费的目的。美国的农户四分之三的生活必需品由自己种植或者生产,其余的部分由剩余的农产品购得。在临近主要海港的地区,农产品中很大的部分输出到外地市场。但是对汉普夏县的农民而言,由于陆路遥远难以到达波士顿,康涅狄格河上的瀑布急流又阻隔了与旧塞布鲁克的联系,他们的农作物首先由家庭消费,然后以货易货,换来当地杂货店主或者其他农民所生产的酒、茶和农用工具。除了那些居住在河海沿岸五英里以内的农民,很少有人种植只用于销售或输出的单一"大宗"农作物。

在杰斐逊的心目中,美国没有大规模的商业利益恰恰是自由得以幸存的保证。杰斐逊的自由局限于地方,而不是全国性的,其致命的敌人是中心的过多权力的集中。事实上,自由的兴盛和权力的存在成反比,这样,更多的权力被分散到各地,自由面临的危险就会减少。这意味着,主要的政治恶魔包括中央政府、大型商业中心城市,还有二者极为有害的结合。大政府需要征收大量的赋税,而税收将破坏土地所有人财产的安全;大城市是贪污腐败、权力交易的藏污纳垢之所。纸币、债券、抵押贷款和其他形式的债务之类虚幻财富的令人生疑的形式,对地产所有者的独立性造成了威胁。"除了牲畜(livestock)外,我没有什么股票(stock)",来自罗阿诺克最善言辞的杰斐逊党人约翰·伦道夫夸张地说道:

> 我决心不拥有这些东西,因为他们所形成的大而享有特权的体系正是我最为厌恶的,因为我愿做主人而不愿做奴隶。即使有个主人,我也希望他是带着肩章,让我敬畏,让我仰望的人——而不是耳朵后面夹着只羽毛笔的家伙。

最可能在健康的农业氛围中发现的不仅是自由,还包括美德。对杰斐逊的弗吉尼亚同乡、加罗林县的约翰·泰勒而言,"理想的共和党政治家"是"一个熟练的、有实际经验的农夫,当没有紧急的公职任务时,他的时间用于农活和阅读。当紧急任务完成后,他又开始干农活和读书"。放纵自私自利的魔鬼,随之而来的便是腐败堕落,因为追求奢侈享乐,会带来成功者的竞争和财富的积累,而对失败者而言,造成的是对他人的依赖和痛苦,共和国的稳定就此终结。杰斐逊这样写道:"我认为技术工人阶层是堕落的皮条客,也是颠覆一个国家自由的工具。"

但是,稳定则无需付出代价,这是为什么杰斐逊对市场、制造业和流动性的厌恶总是和种族问题纠缠在一起的原因。杰斐逊所依赖的农业财富(他花费一生的时间尽力支持,但徒劳无功)的维持靠的是对黑人奴隶的强制劳动,在美国革命前夕这些黑奴占北美英语人口的25%。拥有这些奴隶并且从中获利者在美利坚合众国的数量相对较少,但是杰斐逊党人常常以黑人如果获得自由而四处流动可能带来的威胁,召集数量众多的没有蓄奴的农民和城市工人到他们的旗下。杰斐逊党人设想的成功,依靠的是对黑人的诋毁和剥削,这是种族问题导致杰斐逊党人抵制资本主义流动性并为之发狂的原因。

如果林肯仅仅将杰斐逊的一个令人不快的疏漏来批评奴隶制的话,那么杰斐逊同样因为疏漏而产生的生活问题就不会引起他的"厌恶"。但是林肯对奴隶制的反对来自对奴隶体制的方方面面、甚至是对整个农业思想意识本身的强烈憎恨。虽然自从19世纪60年代以来,林肯所宣称的"一直"反对奴隶制的观点受到置疑(因为他在19世纪50年代之前对废奴没有兴趣),但是林肯反对奴隶制的主张并没有夸大其词,因为他将"奴隶制"定义为其压抑了社会活力和经济流动性或者阻隔了"所有追求美好的道路"的任何有关联的事物。林肯第一次对他所说的"奴隶制"的体验是他的父亲、一个杰斐逊式农夫是怎样在他年轻时利用和剥削他的劳动的。假以时日,在特定的环境中林肯很自然地把他对杰斐逊党人的"奴隶制"进一步扩展至杰斐逊的后继者所蓄养的黑人。尽管他对黑人能否"在肤色、体型、智力、道德进化或者社会能力"方面和白人"平等"一直持有种族主义的怀疑态度,林肯认为黑人奴隶制是与他对"条件改善"的自由主义渴望相对立的。

托马斯·杰斐逊

这是托马斯·杰斐逊和亚伯拉罕·林肯最明显的不同之处;这也正是杰斐逊和杰斐逊党人所畏惧的"野心的图谋"。

1800 年,当杰斐逊以压倒性优势击败联邦党人约翰·亚当斯当选总统时,前景大不相同。杰斐逊在共和国成立初期击垮亚当斯和联邦党人的支配地位,在他看来这是将美国带回 1776 年创立的发展轨迹。有意思的是,杰斐逊的 "民主共和党" 和联邦党人的差异与 1860 年林肯和民主党的差异要小得多。杰斐逊和他的联邦党敌人——汉密尔顿和亚当斯——在美利坚合众国应该由开明、宽厚、具有绅士风度的精英掌管的观点上有相当广泛的共识。汉密尔顿这个没有土地、没有家庭依赖的私生子对以贸易和商业作为创造财富和取得独立的手段的认识远远超过杰斐逊,因此,作为第一任财政部长,汉密尔顿向国会提出了成立国家银行(目的是为开发项目提供联邦资助),全面偿还独立战争时期的债务(18 世纪 80 年代以来持有美国政府债券的汉密尔顿的金融界朋友可以大发横财,但是对要缴纳税款来偿还债务的土地所有者而言却是个坏消息),并且由联邦政府对发展制造业提供支持等一揽子经济发展规划。

对杰斐逊而言,这看上去是把共和国卖给英国商业利益集团,然而如果过分夸大联邦党人和杰斐逊的民主共和党人之间的差异并不明智。汉密尔顿心中的商业经济是小规模的,他对把美国变成自由贸易区的观点嗤之以鼻;杰斐逊并非一直敌视各种形式的制造业,而且希望美国的农产品能够强势进入欧洲市场,这在 1812 年战争后尤为明显。杰斐逊在 1816 年写道:"如果现在反对国内的制造业,一定会使我们或者依附于(英国)或者衣不蔽体,像野兽那样在洞穴中生存。"

在文化方面,杰斐逊和汉密尔顿之间也有着许多共同之处。他们两个阅读的书籍和崇拜的政治理论家并无二致，而且他们都没有试图把美德和基督教或者其他形式的宗教道德联系在一起。杰斐逊是个自然神论①信仰者，认为传统的基督教仅仅是"奴役人类的工具……纯粹用于攫取财富和权力的发明"，而汉密尔顿则是个平平常常的美国圣公会教徒。和托马斯·潘恩和伊桑·艾伦这样的 18 世纪 90 年代美国更激进的自然神论者不同，杰斐逊至少表示出对拿撒勒②的耶稣作为拥有巨大价值的道德思想家的些许尊重，他曾先后两次对《新约》中他认为有价值的部分进行汇编。汤姆③·潘恩则对《圣经》进行粗暴且有杀伤力的攻击，称之为"一本充满谎言、邪恶和亵渎的书"。但是，杰斐逊和潘恩的区别在新共和国那些虔诚的观察家那里不复存在，当杰斐逊作为民主共和党候选人竞选总统时，新英格兰的牧师们预言，如果美国"采取不敬之举拥护杰斐逊——而不是上帝"，杰斐逊的胜利将引发"受到伤害的天国的正义复仇"。然而，杰斐逊在 1800 年的选举中获得了 53% 的选举人票，而世界末日并没有降临。

如果说在 1800 年有什么事情看上去行将就木的话，那就是美国的正统基督教。尽管许多英国北美殖民地的拓居者是宗教团体——例如宾夕法尼亚的教友派信徒或者是马塞诸塞湾的清教徒——这些团体使美国发展成为任何一种稳定的宗教文化的可能受到了严格的限制。多数的移居者宗教团体（清教徒和教友派信徒是主要的代表）归属于英国基督教激进的外围派系，他们对英国国教深怀不满，对他们自己领袖的谋求权威也怀有近乎自杀式的敌意。马塞诸塞湾的清教徒引入了相对严格的宿命论加尔文教④作为他们的正式教义，但是他们也输入了高度分散化而且几乎无法控制的公理会教派的规则，此规则允许任何独立的公理会按照自己的想法来修改加尔文教的教义。他们也确实修改了加尔文教教义，在启蒙运动理性主义的吸引下，新英格兰的领袖们摆脱了加尔文教，转向自然神论和唯一神论⑤这样的声望更高而且更"理

① 以理性为基础的神学理论，认为上帝创造了世界后就抛弃了它，不再支配生命，不再向自然现象施加影响力，也不再给超凡的启示。自然神论者推崇理性原则，相信人类社会是可以通过适当的政府组织和法律手段而不断改善和进步的。译者注。

② 巴勒斯坦地区北部古城。译者注。

③ 托马斯的昵称。译者注。

④ 主张人类不能透过正义的行为获得救赎。译者注。

⑤ 或称唯一神教派、一位论派、神体一位论、独神论、一位论等，是否认三位一体和基督的神圣的基督教派别。此派强调上帝只有一个，认为人性本质上是善良的，既可以借助于理性认识和经验知识来保持宗教信仰，也可以通过实践努力而邀神宠享福乐。译者注。

性”的宗教。

　　理应通过英国国教来支持和扶持基督教会的英格兰政府，本可以进行更多的努力来处理这些违反纲常之举，但是管理的成本很高。为了节省行政开支，英国政府在几乎一个世纪的时间里更喜欢让殖民地自我管理；让殖民地不服从英国国教的新教徒为所欲为也是出于节约成本的考虑。这意味着在发展较好的殖民地定居点，英国国教仅仅安插了少量象征性的前哨。在那些英国殖民者建立的没有特别宗教目的的殖民地，极少甚至没有正式的基督教。

　　直到 17 世纪 90 年代，英帝国的决策者决定结束善意忽视时期，开始在殖民地进行英国国教教区的战略性部署。但是数量太少而且为时已晚。1739 年，大觉醒这场主要的宗教复兴运动横扫了大部分的新英格兰和中大西洋殖民地，宣扬通过耶稣，在精神转变和救赎方面实现强有力但是极端的个人“新生”。这场运动只持续了不长的时间——到 1742 年实际上已经结束——但是它成功地重新唤醒了殖民地创始之初的激进宗教最激进、个人主义和反正统的强烈愿望。

　　然后，1775 年爆发的美国革命完成了 30 年前大觉醒运动开始的宗教分裂。忠于母国的英国国教分崩离析；但是大觉醒运动的“新光”①由于过分沉迷于精神上的激进主义而难以获得参加大陆会议的革命绅士的支持。这些“新光”或许支持美国革命，但是他们的支持没有得到热情的肯定，没有多少回报。1787 年的联邦宪法中没有向任何基督教教会提供政府资助甚至仅仅是表示承认的条文。对于新共和国的自然的贵族而言，启蒙运动的自然神论的“自然的”宗教信仰似乎更为适合，一个又一个州——新泽西在 1776 年、纽约州在 1777 年、杰斐逊所在的弗吉尼亚州在 1785 年——取消了官方对基督教教会的支持。杰斐逊毫不犹豫地预言，及至 1822 年，在他的农业共和国里，每一个还在世年轻人在离开这个世界时都是唯一神教信徒。

　　但是杰斐逊的预言并没有成真。杰斐逊是一个伟大的作家和演说家，没有人对此持有异议，但是在蒙蒂赛洛对自己财务的管理不善，说明他确实缺少管理方面的天赋。尽管他作出承诺，“1800 年革命”将是“我们政府原则上的一场像 1776 年那样的真正的革命”，但是彻底改变联邦党人政府的政策比他预想的要困难很多。他

---

① 大觉醒运动在扩大教会力量的同时，也改变了不同教派之间力量的对比并因此刺激了更多教派的出现。在福音奋兴浪潮的冲击下，各个教会内部都发生了分裂，采用新的教义支持福音奋兴的教士被称为“新光”，而反对新教义的守旧者则被称为“旧光”。译者注。

上任伊始就要极力付清联邦政府革命时期的剩余债务,这样他就可以取消汉密尔顿为偿还债务征收的赋税,但是杰斐逊的精打细算所减少的债务不超过总额的三分之一。联邦政府授权的合众国银行由汉密尔顿一手创立并且备受其恩宠,杰斐逊对出手干预一事也犹豫再三,因为事实证明合众国银行是美国在欧洲建立良好信用的主要工具。

杰斐逊深信,美利坚合众国所需要的是自给自足的农业和家庭作坊式的制造业,无需其他,这种信念直接造成了他最大的尴尬。1806 年之后,英国和拿破仑·波拿巴的法国联合对北大西洋进行了封锁,美国商船进退维谷。虽然杰斐逊更乐于谴责英国这个凤敌,但是封锁造成的破坏如此严重,亲法的杰斐逊也不能对波拿巴的暴行视而不见。由于美国没有强大的海军来对抗英法的干预,杰斐逊提议进行全面的禁运:美国将中止与所有交战国的贸易,自给自足的美国农民将自行生产。1807 年 12 月,杰斐逊党人占绝对优势的国会通过了《禁运法案》,他们弹冠相庆。

这确实没有什么值得庆祝的。美国的出口从 1807 年的 1.08 亿美元狂跌至 1808 年的 2200 万美元。在此过程中,港口商人破产,随后拖垮了向他们借钱的银行,依赖他们生活的码头工人、工匠和顾客也失去了工作。杰斐逊这才意识到,不管农村的农业有怎样的美德,美国经济比他预想的更依赖于国际进出口贸易网络。尽管他不会承认,在 1809 年初春离任之时,禁运只是一纸空文。"我们永远不能根除(汉密尔顿的)金融体系",杰斐逊哀叹道,"强化我认为极不道德的原则使我蒙羞,但是这种不道德的行为乃是最初的错误所致。"

杰斐逊认为他面对的是美国道德的堕落。实际上他面临的是初始的经济转型,此次转型在他离任也就是林肯诞生之时刚刚开始对美利坚合众国产生广泛的影响。从更广阔的视角来看,这次转型仅仅是以欧洲为中心、并在 18 世纪末和 19 世纪成为世界上最成功的商品生产和交换模式的资本主义的一部分。遗憾的是,很难对资本主义进行界定,因为资本主义模式包含四个不同的因素:以创业活动来追逐利润、以现金作为交换工具(这样所有的经济联系可以转化为纸币,使这种经济联系变得理性、无需面对面、可以远距离实现)、市场(任何交换商品和服务的有形和无形的场所)和政府(如果愿意的话,它可以封杀所有形式的资本主义交换)。

使资本主义闪耀光芒的是,它对自然经济秩序的主张恰好与 18 世纪启蒙主义追求事物的理性和自然秩序的热情融为一体。资本主义也因为完全适合自由主义的政治形式而兴旺起来,因此资本主义(作为一种经济理论)和自由主义(作为一种政治理论)成为共同推动整个西欧发展的强劲动力。理查德·科布登写道,商业是解决政治压迫的"灵丹妙药",他毫不赞同那些"决意摧毁制造商们以恢复中世纪封建主义时代"的人。

从这个角度观察,资本主义交换模式的急剧扩张不仅仅是改写了经济发展的游戏规则。这意味着人与人之间的联系发生了变化,现金、商品和市场为人们创造了替代农业经济的大量的新机会,甚至将农业经济转变为具有竞争性和流动性的企业活动。被杰斐逊党人视为全部财富来源的土地,不再是社会和经济联系的主要因素,其重要地位被市场所取代。

这种转变令杰斐逊党人感到恐惧。虽然杰斐逊本人是启蒙主义的代表,他所拥护的是以卢梭为代表的批判性的启蒙主义,而不是以洛克和亚当·斯密为代表的自由启蒙主义。自由启蒙主义以理性对自然的征服为傲,其中包括各种形式的传统"自然"社会;批判性的启蒙主义则认为征服自然也会使人类异化,回归自然是应对这种异化过程的唯一出路。这使得在杰斐逊党人的心目中重农主义不仅是一种经济思想,也是与宗教类似的信条,它加深了杰斐逊党人对经济理性主义作为一种弊端的轻蔑。理想社会是和谐与稳定的践行,激情的自由表达,对文化而不是商业作为共同体形式的赞颂(对杰斐逊党人而言,只是将黑人和白人在政治或经济上的不平等进一步强化)。虽然杰斐逊本人在他大量的著述中从未引用过卢梭,他完全没有必要这样做。正如康纳尔·克鲁斯·奥布赖恩①所写的那样:"在这里思想方面的继承十分明显,这是令人敬畏的外来遗产。"

但是至少经济的转变代表着杰斐逊党人能够认识和了解的那种威胁,甚至在他们谴责这种变化的时候。早期的共和国正在发生另一种类型的转变,这种转变令杰斐逊震惊,那就是福音新教在美国革命结束数十年后非比寻常的复兴。信奉三位一体论的基督教派非但没有逐渐消失变成唯一神教派,反而开始进行福音主义的扩张并构筑起自己的帝国,远远超过了美国总人口的整体增长,从1780年到1820年新建了1万个教堂,到1860年这个数字又翻了四番,教堂的建造成了"建国初期和内战前地貌无所不在的特色"。

这种惊人增长最明显的原因是以殖民地时期大觉醒运动模式为基础的福音奋兴

---

① 爱尔兰政治家和作家。译者注。

运动①的再次兴起。从1812年到1830年,第二次大觉醒在新英格兰爆发,但是这次"新光"的奋兴派继承人外溢到了纽约州北部和俄亥俄,并且与来自上南部的福音派浸礼会教徒以及以约翰·卫斯理的卫理公会派形式出现的新的一波福音主义热潮联手,穿越阿巴拉契亚山脉宣讲新生。

单从数字上看,第二次大觉醒运动就是一个了不起的成就:一个名叫阿萨赫尔·内特尔顿的奋兴派因使"3万多人"皈依而受到赞扬。但是使奋兴活动在文化意义上具有强大力量的是,奋兴运动的冲动态度与新的自由资本主义经济语言相一致。二者存在的基础都是对自我转变的承诺:在市场交换过程中,个人身份不再一成不变,可根据商品经济的需要选定或摆脱,而在奋兴运动的狂热中,上帝的力量可以将原来有罪的身份获得重生,所有的一切都变成新的。丹尼尔·沃克·豪②写道:"国家的发展和个人的改善这两个观念都得到相互的强化。"

努力拯救共和国的不仅仅是奋兴派。原来的公理会和圣公会教派的余部,以及他们在中大西洋地区长老会"守旧派"近亲,对"革新派"的奋兴运动就像他们对杰斐逊一样感到困惑不解。但是在奋兴运动的影响下,他们不再像革命前那样耍弄自然神论和唯一神论,而是创造了忏悔的正统学说和启蒙认识论的"理性的"综合体,谈论新生但是没有奋兴派那种情感上的激进主义。他们也通过对自由思想意识中"美德"这个最薄弱环节的批判,从侧翼包抄杰斐逊党人的不信仰基督教的行为。每个合格的自由主义者都了解共和国政体在政治上的脆弱性,与专制制度不同,共和国的存在依赖于人民的美德。但是法国大革命的暴行已经说明杰斐逊自然神论的道德原则不能保证避免无政府状态和断头台的发生。约翰·威瑟斯庞和塞缪尔·史密斯(普林斯顿大学这个长老会守旧派大本营的两任校长)提出的化解之道是,使宗教成为共和国必要的美德组成成分:"推动宗教成为造就具有美德和秩序人民的最好和最有效的手段。"

在使宗教成为美德的同义词的过程中,威瑟斯庞没有不明智地坚持将宗教与长老会的教义或是奋兴运动相等同,因此和杰斐逊一样对不稳定和资本积累心存疑虑

---

① 再度唤起基督教价值及忠诚的运动。唤起宗教热忱的奋兴式的布道,主要通过巡回式、具领袖魅力的传教士对大批聚众演说,被认为是将背离者拉回正轨的极有力方式。译者注。
② 美国当代历史学家。译者注。

的守旧派在 19 世纪倾向于民主党,而革新派的奋兴派则倒向其他政党。但是如果像塞缪尔·史密斯所说的那样,当宗教得到 "对亵渎神灵和不虔诚行为加以惩罚的法律" 的公开支持,美德可以得到最好的保障,那么守旧派和革新派都不会错过取得政府对基督教进行支持的机会,这正是杰斐逊不希望发生的。随后,这成为美利坚合众国各所学院(多数归教会所有)及其道德哲学教科书中反复重复的主题:新的公共秩序需要美德,美德需要对神的信仰,而基督教的上帝是最明显的被提名者。

这使得查尔斯·霍奇、弗朗西斯·韦兰、马克·霍普金斯、弗朗西斯·鲍恩、詹姆斯·黑文、阿奇博尔德·亚历山大和其他学院派道德哲学家,以普通的、不属于任何宗教派别的口吻讨论将政府支持的有神论作为共和国美德的基础,同时巧妙地对美国文化施加新教的 "影响"。到 19 世纪 40 年代,通过守旧派的说服和革新派的奋兴活动,新教教会拥有了几乎占美国总人口 40% 的追随者(正式的成员和与他们有联系的外围 "听众" 都包括在内),据理查德·卡沃戴恩估算,十分之九的追随者宣誓信仰新教正统学说,而杰斐逊曾过于自信地认为这是已经过时的信仰。

新教回归的巨大危险是可能在曾使它不可抗拒的美德方面出现问题。对革新派而言尤其如此。以乔纳森·爱德华兹狂热的加尔文主义体系为基础的奋兴派的道德要求,追求的是一种对至高无上的上帝绝对服从的宗教,认为每个人都孤弱无助、需要救赎,但是每个人必须自己进行把握来显示他们自身的道德责任。爱德华兹的继承者们巧妙地构筑了这两种观念之间的平衡,形成几乎难以承受的紧张状态,导致情感的目的和意图发生破坏性的转变,甚至到了信仰绝对的 "无私的仁慈" 的地步。"纯粹的、无私的、普遍的仁慈是决定人们是否真的爱上帝的简单而明确的标准。" 纳撒内尔·埃蒙斯宣扬道。如果未能达到此标准就说明了宣称皈依上帝实际上只是虚伪的行为,即使是一丝一毫的虚伪也会发酵成长影响全部。

这有利于道德英雄史诗的诞生, 为共和国贡献了查尔斯·芬尼①、哈丽雅特·比彻·斯托②和约翰·布朗。但是对那些自省之后发现自己这种品质的人而言,产生的则是幻灭和被疏远的感觉。曾竭力走上皈依之路却遭到失败的埃米莉·迪金森,只能哀叹于将她和上帝分隔开来的距离。"上帝之手现在被砍断了 / 上帝无法找到",她写

---

① 牧师,第二次大觉醒运动的领导者。译者注。
② 《汤姆叔叔的小屋》的作者。译者注。

道，她失落和无能为力交杂的感觉与亚伯拉罕·林肯早期对加尔文主义敌视与愁苦相交织的感受十分相似。

但是守旧派也面临着承诺难以兑现的危险。正如革新派的说教者设置了许多人难以跨越的障碍，道德哲学家们也轻率地预言美德是对不证自明的直觉的关注。这看起来没有产生问题，直到奴隶制问题的出现，此刻道德哲学家们陷入了争吵和犹豫之中，自由美德的统一战线开始失败。甚至无法说服美国圣经协会资助一个向奴隶免费发放《圣经》的项目，因为协会担心疏远了在南部的捐助人。但是就目前来讲，新教的回归使美国成为世界上基督教化最为明显的国家，成了具有教会灵魂的国家。艾尔弗雷德·卡津写道："此后美国的南方和北方从未感到他们是《圣经》的活典范。"

美国社会令杰斐逊感到惊讶的不仅是这些，但是这些问题在 1809 年杰斐逊离职时已经开始使他失去了信心。这些问题也造成了林肯与杰斐逊传统的彻底背离。不管从个人还是国家的角度，亚伯拉罕·林肯将成为自由资本主义最坚定和最有力的倡导者之一，一个坚定的辉格党人和杰斐逊传统的仇敌。同时，林肯也将成为 19 世纪最著名的以宗教思想制定政府政策的总统，死后经常地被称为"基督徒总统"的人；而他终生轻视守旧派的加尔文主义，因为他们试图强调宗教在共和国道德力量中的重要性，而且反对革新派福音主义激烈的方案。

然而，在这些背景之下，他的立场复杂多变，而且有时前后不一。他的一生就是对改变的追逐，从一个浸礼会农夫的儿子成长为有教养的企业律师，但是他在寻求改变的同时否认他曾有任何的企图，他是"偶尔被他人利用的人，在有限的时间内发挥作用"和"一块漂浮的木头"。虽然人们相信自由资本主义会拓展个人选择的视野，但是林肯坚持认为在其一生中并不相信自由选择，而是相信"必然性原则"。从思想上看，从很早的时候就被烙上了他父母的加尔文主义的印记。但是他在青少年时期激烈地反对这种影响，拒绝加入他父母的教会，并转向启蒙主义作为他思想上的指导，在宗教问题上转向"不信仰宗教""无神论"和汤姆·潘恩，在法律哲学问题上转向边沁的功利主义，在其他问题上转向"理性、所向无敌的理性"。

将这些作为理解亚伯拉罕·林肯的主要准则，要求我们做一些现代的林肯传记作家没有努力去做的事情，也就是将林肯严格地按一个思想者加以解读。正如马克·尼利所抱怨的那样，林肯传记或者是讲述人物历史（像威廉·亨利·赫恩登最先做的），以性格或是血统来解释林肯的成就；或者是讲述政治史（此类别的典范之作当属林肯的白宫秘书约翰·尼古拉和约翰·海所著的十卷本传记），赞美的主要是林肯作为总统、政治家或总司令的公共管理方面的能力。这些道路旁边的果实并非无足轻重；这里也不会为了加以区分而把林肯称为哲学家、神学家、神秘主义者（更多的是由于作者的个人目的而非林肯自身的原因，林肯被贴上了这些标签）。尤其要指出的是，这里无意试图将亚伯拉罕·林肯称为福音新教徒（他并不是）或是普救说、长老会教义、甚至是共济会纲领的虔诚信徒（他也不属于其中的任何派别）的虚假神话。

这里要做的是引用林肯在 1860 年春所讲的话，宣称重大的政治问题不能单靠政治措施得到解决。"不管这个问题何时得到解决，"林肯对奴隶制问题这样写道，"它必须在哲学的基础上解决。只有以某种哲学的公众意见为基础的政策才能够持久。"对林肯来说，"哲学基础"不是学院派哲学；它一定是超越纯粹政策的事物的一个条理清楚、连贯一致的思想体系。的确，林肯是个职业政治家，而不是个知识分子；但是他不单单是个政治家。虽然没有受过良好的教育（按照他自己的观点），早年过于贫困无力支付上大学的费用，甚至付不起到律师事务所接受单独训练的费用，那是 19 世纪三四十年代多数的律师所接受的教育，他天生具有惊人的记忆力和读书学习的热情。林肯相信，"凭借阅读的能力和爱好，可以接触到别人已经发现的任何东西"，而且阅读为他思想上的成熟提供了三个方面的大环境。第一是他早年在肯塔基和印第安纳成长过程中经历的严格的加尔文主义。正如威廉·巴顿曾写的那样，这是"比加尔文更加尔文的加尔文主义"。这也是林肯拒绝接受的加尔文主义，一方面是由于这是他父亲信仰的宗教，也是因为他无法在思想上理解和接受；但是加尔文主义对他的影响可谓根深蒂固，他头脑中的直觉常常很容易倾向于决定论或宿命论的观点，倾向于人类取悦于上帝的无助感，倾向于悲观地估测人的境遇。

第二个大环境是洛克的启蒙主义，它使林肯对宗教和卢梭似的热情持怀疑态度（他承认从未读完一部小说，浪漫主义小说的代表作《艾凡赫》只读了一半），相信个人权利高于社会习俗。然而，不管林肯从阅读汤姆·潘恩和罗伯特·彭斯这样的宗教上"离经叛道者的著作中培养了怎样的怀疑精神，随着时间的推移，他到达了"漫长启蒙"的终点，他一生的多数时间里还是个维多利亚时代的人。这意味着和卡莱尔、穆勒和乔治·艾略特①一样，丧失信仰对林肯而言并非成功的解放，反而造成了 A.

---

① 英国小说家，宗教怀疑论者。译者注。

N.威尔逊所说的"可怕可怜的痛苦"和令人生厌的"难以理解的孤立"感,只有屈从于"非人的、永无回报的律法"才能祛除这种痛苦。

最后一个大环境是古典自由主义,特别是经济自由主义。在林肯生活的时代,对有天赋的人和在道德上自律的人来说充满了解放和流动的希望,他赞同边沁的功利主义是解释人类自私行为的理性的——完全确定的——原因。然而在他自由主义者的行程结束之时,将会发现若没有自由主义似乎完全无法认可和接受的道德原则、甚至是神学与之配套,自由主义永远不可能达到解放和流动的最高目标。当他和有组织的宗教保持一定的距离时,他会发现自由主义对需要被限制于美德的公共框架内的权利的专注,而他将在父辈的加尔文主义的神秘复兴和对神意的理解中找到这个框架。

以这种方式审视林肯,我们可以通过对林肯思想的理解,专注于解决尼利对林肯传记中分歧的抱怨,专注于支撑林肯思想的文化脚手架,借此我们可以将林肯内在人格的神秘魅力和指引共和国度过最可怕的政治危机的公务活动重新结合在一起。

我们将林肯作为一个思想者加以关注,所面临的部分困难是他的写作仅限于演说或公开的信件。(他青年时期写的关于"不信仰宗教"的小册子或随笔被朋友们出于好意毁掉了,他们担心这会给他带来麻烦)。但是我们面临的更大的困难是找寻并承认美利坚合众国确有思想史存在。平民的虚张声势,拉尔夫·瓦尔多·爱默生对美国没有学者的轻蔑的哀叹,好莱坞对戴着浣熊皮帽子的乡巴佬举枪射击的大肆渲染,在最荒芜的草地上,最与世隔绝的长者极度庄重地与游走四方的福音传教士彻夜长谈,讨论宿命论和自由意志的错综复杂,或者 1829 年一个苏格兰自由思想家和一个巡回传教的长老在辛辛那提花了一周的时间辩论宇宙间智能设计的可能性,使两千人走火入魔等种种传言,所有这一切使我们麻木冷漠。从我们的烈性苹果酒和小木屋的形象里,我们得到的印象是,美国人头脑中实行的是极端的实用主义,对更广阔的思想领域漠不关心,拥有的只是通俗文化。在此范围之内,林肯看上去只是伟大的调停者、政治说教者、没有原则的决策者。

在这面镜子里内战前的美国几乎认不出自己了。约翰·布鲁尔写道,在说英语的新生共和国,"不仅比以往发行了更多的图书,而且读者可以新的和更多的方式得到它们……甚至那些不识字的人也生活在前所未有的图片文化中"。尽管在革命之后美国在思想上仍然处于西欧控制之下,它同时具备了自我意识,充满了生命力;即使缺少自己的哲学传统,美国发展了布鲁斯·库克立克所说的"思索的传统",尤其是在道德和思想哲学领域,大学校长、教区牧师和专业人士都参与其中。"喝茶",一个新英格兰的律师写道,"花整个晚上的时间,讨论原罪、邪恶的根源、宇宙的规划,最后讨论的是法律。"因为与教派之间的联系,大学被最关注于神学的神职人员所控制,美国的大学到处进行的是令康德、伯克利、里德和哈奇森激动不已的关于"英国经验主义僵局"的认识论问题的讨论。

虽然没有著名的大学和成型的文学传统,美国人受到了共和主义"每个人都应该有学习的机会"的信念的影响,同时,在市场作用之下发生的文学作品和印刷品的商品化,为共和国初期的美国人提供了种类繁多的思想方面的选择。在林肯生活的阶段,戴维·纽瑟姆写道,"维多利亚时代对书籍的消费达到了前所未料的巅峰,也许今后也不会被超越"。19世纪30年代城市里的剧院喧闹异常,工人和手艺人在那里闲散度日开怀大笑,并且和舞台上的演员争论不休,展示最多的是莎士比亚的作品,以至于詹姆斯·费尼莫尔·库珀称莎翁为"伟大的美国作家"。"外国人非难我们对物质利益格外偏重的时候",愤怒的乔赛亚·罗伊斯在林肯去世20年后写道,"他们没有看到我们是多么大的一个理想主义者的国度。"

无论走到哪里,你都会发现美国人对思想的敏感,对学说的好奇,对灵魂救赎的关注,更加关注的是孩子们的健康,喜欢聆听重大话题,不仅仅满足于物质,对财富的追求为的是理想的实现,而不单单是实现感官的满足……他会在繁忙的事务中停下来讨论宗教、教育、心灵的研究,精神上的救治或是社会主义……在我们的国家,就像人们马上就会发现,非常容易,太容易听到关于社会改革或对信条鼓舞人心的改变之类的新的宽容的原则的讨论。

正当林肯开始在律师行业里崭露头角的时候,狄更斯、鲍沃尔-李敦、威尔基·柯林斯①、托马斯·德·昆西、乔治·艾略特和弗雷德里克·马里亚特等人的作品未经授权定期在城市的周报上连载,一系列新的文学类季刊同时涌现,如《纽约人》(1833年)、《北美评论》(1823年)、《南方文学信使》(1835年)、《南方文学杂志》(1835年)、《伯顿绅士杂志》(1839年)和《德鲍评论》(1846年)。美国的科学在18世纪

---

① 英国文学史上第一位侦探小说作家。译者注。

已经有了长期的基础，支持出版了美国哲学协会的《交流》《美国科学艺术杂志》（1818年）、《新英格兰医学杂志》（1812年）和《美国农民》（1819年）。除了这些期刊还出现了众多的科学机构，包括耶鲁的谢菲尔德科学学会、哈佛的劳伦斯科学学会、费城自然科学协会、美国地质协会、纽约自然历史协会，甚至在1831年成立了俄亥俄历史哲学协会（俄亥俄1803年才成为一个州）。早在1818年英国的歌剧被罗西尼搬到了纽约的舞台。1855年，《音乐世界》的编辑理查德·威利斯吹嘘说总统、副总统、内阁成员和70名国会议员都阅读他的杂志。

那些在家门口无法得到科学、艺术或哲学的人可以从远处订阅。在1800年美国出版的报纸有200种，到19世纪中叶激增至2500种（得益于报纸的自由流通和周刊通过邮局的免费投递），杂志的发行量从1825年的125种增加到1850年的600种，美国图书业的市值从1820年的250万美元猛增至1856年的1600万美元，到1850年从业人员总数达到2.2万人。个人收藏图书超过1000册成为普遍的现象。路易斯·戈特沙尔克这样巡回演出的独唱演员行程5万多英里在三年间举办了900多场音乐会，受欢迎的钢琴乐既有歌剧咏叹调，也有快步曲。

1826年，乔赛亚·霍尔布鲁克在《美国教育杂志》上发起成立"成人道德教育协会"，并在创立了名为美国演讲协会的系统，在美国各地有3000个演讲协会，丹尼尔·韦伯斯特和拉尔夫·瓦尔多·爱默生是吸引大家的明星人物。霍尔布鲁克的演讲会只是这些协会中最大的一个：1828年纽约州一个名叫尤蒂卡的仅有8000居民的乡村竟有41个"慈善机构"。1841年一个年轻的费城法律专业的学生同时是"华盛顿图书馆、亨利学会和卡姆登文学协会"的会员。

每年花四美元，我可以接触到美国和英国最好的二十五种期刊。我们三口之家订阅的报纸有：《星期六信使》和《宾夕法尼亚人》、特伦顿的《市场报》和卡姆登周报的《邮件和民主党人》、华盛顿不定期出版的《阐述者》、费城的《时代精神》。此外，我每隔几天从老同学那里收到来自全国各地的报纸。

但是所有这些甚至都无法与在布鲁克农庄、新和谐村、霍普代尔、北安普敦和其他地方进行的社会实验的狂热相比，进行这些实验的是罗伯特·欧文、乔治·拉普和约翰·诺伊斯等"外来者和社区成员"。耶鲁大学教授本杰明·西利曼在1821年热情地将此称为"世界的思想时代"。

我们绝非试图贬低对亚伯拉罕·林肯的其他陈述方式,这里必须要做的是撰写一部思想方面的传记,传主通常不被认为是个知识分子,遗憾的是,他所生活的时代也通常不被认为是思想的舞台。站在实用主义一边的现代美国人不习惯将内战前的美国看成是思想意识繁盛的时期,而理查德·罗蒂这样的现代美国实用主义者认为对于民主而言思想意识实际上可能是危险因素的观点,这进一步加强了这一偏见。罗蒂在1988 年写道,"自由的民主不仅不用法律上的强权对待此类问题,而且不将此类问题作为社会政策加以讨论"。

或者,更为可能的是,我们现在由于害怕而不去考虑,如果我们像从1800 年到1860 年期间那样对思想意识不加限制,思想意识可能产生的影响。从富兰克林到爱默生到杜威,传统的美国思想体系本身是对失败的承认,是 "美国对哲学的逃避"(借用康奈尔·韦斯特的话)。但是这也有其优点:它为温和的不受干预的世俗主义提供了便利无害的大环境,摒除了宗教辩论和刻薄的原则,宽容某些边缘性的思想。我们朦胧地意识到,过去的观念的冲突曾经导致了内战的爆发,我们也隐隐担心将来它以"文化战争"形式所能带来的影响。

然而在另一方面,观念的冲突也给我们带来了亚伯拉罕·林肯。

第一章

美国体系

美国革命是一场反对羁绊与束缚的抗争。其中,最早被解除的限制之一是禁止向阿巴拉契亚山脉以西拓居的禁令, 这是英帝国当局在革命爆发前强加于殖民地的。英国的限制刚被解除,美国那些对新世界充满好奇的冒险家们便穿过众多山谷蜂拥而至, 遍布于广阔的俄亥俄河谷之间, 没有执照的土地公司如雨后春笋般大量涌现,出售他们自己都懒得勘测的地块所有权。1780 年,一个来自谢南多厄谷地、名叫亚伯拉罕·林肯的农夫卖掉了他在弗吉尼亚谷地的 210 英亩的农田,在当时已被叫做肯塔基的荒野中购买了 1200 英亩的新土地。

林肯一家是叛逆的清教徒,在净化英国教会和政府的希望彻底破灭之后,便和其他心怀不满的清教徒一样离开了英国。17 世纪 30 年代林肯家族的第一代抵达马塞诸塞的欣厄姆,从此他们便漂泊四方。林肯家的塞缪尔成了欣厄姆的一个织工,并于 1690 年在那里去世。他的一个名叫莫迪凯的儿子马上又踏上迁移之路,开始到了赫尔,随后又到了科哈西特;然后莫迪凯的两个儿子,亚伯拉罕和与父亲同名的莫迪凯在 18 世纪 20 年代彻底离开了新英格兰向新泽西的北部进发。

后来在 1730 年他们又迁到宾夕法尼亚东部的伯克斯县。与其父同名的莫迪凯 1735 年早逝, 在新泽西和宾夕法尼亚留下的 1000 多英亩的土地分给了他的四个儿子,约翰·林肯(在新泽西的第一次婚姻所生)、托马斯和直到当时仍碌碌无为的莫迪凯和亚伯拉罕。作为长子,约翰·林肯继承了其父在新泽西的 300 英亩的土地。但是,林肯一家似乎极不情愿放弃他们已有的土地, 所以约翰·林肯留在了宾夕法尼亚,其后在 1758 年跟随宾夕法尼亚的一股新移民潮南迁至弗吉尼亚的谢南多厄谷地,他在谷地的中央购买了哈里森堡北部 600 英亩的土地。

尽管他们四处漂泊,林肯家族家境尚可。留在欣厄姆的林肯家族十分兴盛,家族成员利瓦伊·林肯("弗吉尼亚·林肯"的远表兄)帮助起草了马塞诸塞革命宪法,并担任托马斯·杰斐逊的司法部长。约翰·林肯最小的弟弟亚伯拉罕和丹尼尔·布恩家族联姻,约翰的父亲在去世之前曾担任多个低级别公职。约翰在谢南多厄600英亩的土地足以使其成为弗吉尼亚乡绅阶层的一员,当美国革命爆发时,他的一个儿子加入革命队伍并担任军官,另一个叫亚伯拉罕的儿子和当地的望族联姻,在1774年的邓莫尔勋爵战役时任弗吉尼亚民兵的海军少尉,在1778年远征劳伦斯要塞时担任上尉。然而,当约翰去世后,把600英亩土地分给五个儿子,就不算个大数目了。因此,尽管最小的亚伯拉罕在1773年得到了约翰的210英亩土地,他没有安于现状,而是趁革命之机,在1780年越过阿巴拉契亚山来到肯塔基。

在林肯家族的迁移经历中,这次最不合时宜。由于美国革命期间失去英国的控制,弗吉尼亚趁机兼并了肯塔基,正是从弗吉尼亚匆忙设立的土地办公机构那里亚伯拉罕·林肯购买了在肯塔基的土地。趁弗吉尼亚还在和英国人作战之机,亚伯拉罕·林肯进入了尚未清理的丛林,那里许多主要道路被和英国人并肩作战的印第安人控制。1786年,亚伯拉罕和他的三个儿子清理空地时,印第安人部落发起袭击,杀死了亚伯拉罕。这些印第安人差点把三个孩子也都杀掉,当一个袭击者虏获年纪最小的8岁的托马斯离去时,年纪最大的莫迪凯突然举枪击毙了这个印第安人,他已经吓坏了的弟弟得以奇迹般生还。

对从马塞诸塞出发长途跋涉的林肯一家来说,亚伯拉罕·林肯之死是第一次非常沉重的打击。年幼的托马斯感受到了极大的重压,因为他的父亲去世时没有留下遗嘱,家庭的重担便落到了年纪最大的哥哥莫迪凯肩上。他的总统侄子后来难过地讲道,"我经常说莫德①伯父用所有的才干操持家务",莫迪凯·林肯后来被尊崇为一个"远见卓识"和"极具天赋"的人。但是,莫迪凯对他的才干和家庭财产毫不吝惜。莫迪凯·林肯"善讲故事……并且极为宽厚仁慈"。托马斯·林肯在1798年到田纳西的叔父那里干活,成为一个"四处游荡的打工仔",然后在肯塔基的伊丽莎白敦做木匠学徒,1803年他有了足够的钱购买伊丽莎白敦北边米尔河边238英亩的土地,还有伊丽莎白敦两块价值40美元的地皮,这些钱很有可能是他大哥给的。

三年之后,28岁的托马斯·林肯娶了南希·汉克斯为妻,她是伊丽莎白敦托马斯学徒那家木匠的亲戚(可能是侄女)。他们在伊丽莎白敦生活了不长的时间,在那里

---

① 莫迪凯的昵称。译者注。

他们第一个孩子萨拉于 1807 年 2 月降生。1808 年他们搬到了肯塔基哈丁县诺林河一个面积 300 英亩的农场。1809 年 2 月 12 日,林肯家又一个亚伯拉罕在那里出生。

亚伯拉罕·林肯对他的出生地没有任何记忆。那里耕地贫瘠,更糟糕的是,托马斯·林肯地产所有权不明,这使其陷入难堪的境地。出乎托马斯·林肯意外,农场先前的所有者拥有留置权,并在 1813 年便起诉了后来的所有者们(包括托马斯·林肯),要求归还这处地产。一年之后,林肯被迫亏本卖掉了在米尔河的其他地产,因为该处地产的所有权也存在问题。这些损失不能完全归咎于托马斯·林肯。由于最初的拓居活动是根据弗吉尼亚法律进行的,肯塔基的土地边界的设定根据的是过去英国的界线体系,该体系是以明显的地标和自然特征为依据来确定地界。但是,在肯塔基,那里的森林尚未清理平整,对地表的仔细测绘也尚未完成,今天还很明显的自然特征在明天很可能无影无踪。由于米尔河的地产原来的勘测线"没有完成"(没有形成连续的边界),托马斯·林肯因而失去了 38 英亩的土地和大量的金钱。

在放弃了诺林河和米尔河的两处农场后,托马斯·林肯还是在哈丁县的诺布河购买了一个面积只有 30 英亩的新农场。这个农场是亚伯拉罕·林肯的"最初记忆",尽管他在 1864 年的回忆并不特别令人鼓舞,"农场处于高山和深谷环绕的山谷之中,"迅急的洪水从深谷中"倾泻而下,冲刷着大地,玉米、南瓜籽和所有的东西都荡然无存。"托马斯和南希也不会过得更快乐。他们取名为托马斯的第三个孩子降生了,但是"三天便夭折了"。随后在 1815 年 9 月,肯塔基不稳定的土地所有权再次发生变故。"持有土地的承租人托马斯·林肯先生"被托马斯·米德尔顿这个富有的土地投机商的继承人起诉,他们突然发现林肯的 30 英亩土地归属于米德尔顿 1 万英亩的地块。

林肯在肯塔基的家 knob creek

事实上到 1818 年这起诉讼终结的时候,托马斯·林肯赢了这个官司。但是在此之前,托马斯·林肯已经对肯塔基变幻无常的土地所有权感到厌倦,决定再次迁移,这次他们跨越俄亥俄河来到印第安纳准州。由于印第安纳准州已经在新的联邦政府 1785 年和 1787 年的土地法令的保护下建立,不受弗吉尼亚州的管制,这次跨越俄亥俄河的迁移是林肯一家全新的开始。1804年,联邦政府从俄亥俄开始向西至伊利诺斯,进行了全面的土地测量,以一平方英里也就是640英亩为单位把西北部进行划分,根据联邦政府《1800年土地法》,这些政府土地的价格为每英亩2美元。

因为国会将土地销售视为财政收入的来源,最初的销售仅限于640英亩的地块,这意味着只有那些最富有的投机商才有希望购买这些土地。但是在1804年,来自民众的压力迫使国会逐渐将购买土地的下限降至160英亩,然后又降到80英亩。即便如此,不名一文的擅自占住者还是自行其道,而将他们赶走很困难,这样国会最终授予那些"改良了"土地并且能够支付最初"国会价格"的长期擅自占住者以"优先购买权"。

在托马斯·林肯这样的拓居者看来,这个制度的超常之处在于联邦政府为公正的勘测以及无争议的所有权提供了保证。此外,准州州长威廉·H.哈里森已经在1811年成功地将特库姆塞印第安联盟逐出印第安纳,特库姆塞酋长在1813年的泰晤士战役中战死于加拿大。在印第安纳,无论是杀死其父的印第安人还是夺走其土地所有权的投机商都不再威胁托马斯·林肯,这样,在1816年12月,当印第安纳正式获准加入联邦之时,托马斯·林肯一家便来到该州的南部,选择位于当时的佩里县、后来成为金特里维尔这个交通枢纽附近的小鸽子溪作为安身之地。"当时这里完全是没有道路和桥梁的荒野",林肯家的一个邻居这样回忆道,"所以托马斯·林肯和他的小家庭不得不在密林之间砍出一条路"。在一年之内,他为160英亩土地的四分之一地块第一次支付了16美元。

但是在印第安纳,厄运再次降临到托马斯·林肯的头上。1817年的秋天,南希·林肯的姑母和姑父伊丽莎白和托马斯·斯帕罗带着南希另一个姑母的私生子丹尼斯·汉克斯来到小鸽子溪。热情好客的托马斯·林肯把他们安置在自己地产上的小木屋,第二年春天他们开始清理自己的土地。但是在第二年的夏天,印第安纳南部出现了一种名为"奶毒症"的疾病,拓居者只是含糊地知道这是存在于牛奶中的毒物。事实上,这种毒物来自于奶牛常吃的有毒的白色蛇根草。喝了这种牛奶的人逐渐出现麻痹、恶心的症状,最终致死。最初染上奶毒症死去的是斯帕罗夫妇,接下来倒下的是南希·林肯,她可能是在斯帕罗夫妇临终前照顾他们时喝了有毒的牛奶,她于1818年10月5日去世。托马斯·林肯将南希葬于距离他们住所不到一英里的地方,只剩下两个失去母亲的孩子和再次无依无靠的丹尼斯·汉克斯和他相依为命。

看来在托马斯·林肯的血液中一直流淌着顽强和坚忍,因为他没有在这些挫折的重压下退缩,只等到第二年庄稼成熟后,他便返回肯塔基向哈定县农夫丹尼尔·约翰斯通的遗孀萨拉·B.约翰斯通求婚,她的前夫在1816年去世。他"闪电般"求婚,在偿还了萨拉·约翰斯通的几笔债务后,于1819年12月2日在当地一个卫理公会牧师的主持下成婚。由此可见托马斯·林肯是一个爽快人。随后,他把萨拉的财物——一个衣柜、一张桌子、一个衣箱、一个纺车、"两张床和被褥等物品"——打点完毕,带着约翰斯通的三个孩子(伊丽莎白、约翰和马蒂尔达),和萨拉一起跨过俄亥俄河,回到小鸽子溪。

对幼小的亚伯拉罕·林肯来说,萨拉·林肯的到来是一个小的转折。"林肯先生已经建好了一个还算过得去的木屋," 但是男女之间严格的分工对勉强糊口的农耕生活十分重要,在他的妻子去世后,托马斯·林肯很显然不知道如何打理由南希·汉克斯来做的"女人的活儿"。萨莉①·林肯"惊奇地发现她丈夫的房子里没有地板和门,没有任何家具,没有床和被褥,"林肯家的孩子们"没有足够的衣服",小亚伯拉罕和丹尼斯·汉克斯"主要穿鹿皮"。她"立刻在房子里铺了地板,装上了门窗","把她带来的衣服给孩子们穿上"。

萨莉·林肯不仅仅把生活变得"温暖舒适",她"善于管教子女",给小亚伯拉罕带来了母爱。林肯几乎从一开始就以他从来没有给予其他女人的爱来回报她的关爱。"她是他世上最好的朋友",他后来这样和约翰斯顿家的一个孩子讲。"没有一个男人对母亲的爱超过他对她的爱。"在他父亲死后,亚伯拉罕出手相助,保护她的经济利益免受他家那些想趁机捞一把的亲戚的伤害;他在1861年永远离开伊利诺斯之前最后看望的就是萨拉·林肯。"亚伯②是个好孩子,"她在林肯死后告诉威廉·亨利·赫恩登,"我可以说一个女人—— 一个母亲——很少无数次地讲:亚伯从来没有对我发脾气,不论是在表面上还是实际上,从来没有拒绝我让他做的事……尽管我不够聪明,我们之间总是心有灵犀。"

这是对格林童话里和继母关系的固定模式的倾覆,亚伯拉罕和他的父亲托马斯的关系则是对亲密父子关系模式更大的否定。究其原因,在一定程度上明显是托马斯的错。"在林肯小的时候,托马斯·林肯从来没有表现出他在乎亚伯拉罕这个儿子,"

---

① 萨拉的昵称。译者注。
② 亚伯拉罕的昵称。译者注。

林肯的一个亲戚在 1865 年回忆道，"他对亚伯拉罕冷酷无情，看上去他更在意继子约翰·约翰斯通而不是自己的儿子亚伯拉罕。"身材矮胖的托马斯脾气暴躁，不喜欢这个已经显示出"非同寻常的天赋"的"小孩子"，"一贯对他严厉"。托马斯认为自己是个喜欢开玩笑的人，但是邻居们记得当他的儿子开始在众人面前展示模仿天赋的时候，托马斯马上火冒三丈——有时甚至拳脚相加。"当陌生人骑马经过他父亲的栅栏，"丹尼斯·汉克斯回忆道，"出于维护自己尊严并取笑他父亲的目的，亚伯总是一定第一个开口问陌生人问题。"亚伯拉罕对自己一家之主地位的"放肆无礼的"挑战使他十分恼怒，托马斯"有时用木棒敲打他"或者用鞭子抽打。

　　林肯父子间的矛盾不仅仅是性格方面的冲突。尽管为了突出他儿子的成就，林肯第一个传记作者把托马斯·林肯描绘成几乎"一无所成"或者说是个"可怜的穷苦白人"，事实上，他是一个典型的自给自足的农民，能够养家糊口便别无他求，这是杰斐逊理想的"农夫"形象。一个邻居言简意赅地评论道，托马斯·林肯"满足于原有的生活方式；他简陋的小木屋能够遮风避雨；有足够的木头来烧……原有的生活方式对他已经足够"。他"生活悠闲，快乐满足"，并且"清心寡欲"。林肯的农场"饲养着不少的猪、马和牛"，当萨莉·林肯开始掌管家务，托马斯"种植了小麦、玉米和蔬菜等农作物"。林肯一家甚至"自己制作皮革，"小丹尼斯·汉克斯"用粗糙的皮革给他们做鞋"。甚至"衣服也都是自家做的……用的是自己种的棉花和亚麻"。从金特里维尔的一家小商店"他们购买了许多生活必需品"，但是"货币"实际上只是用来交换的"猪肉和鹿肉做成的火腿……还有浣熊皮"。总之，托马斯·林肯"只是自给自足"，"他的农产品只用来购买糖、咖啡之类的物品"。

　　在托马斯·林肯看来，他的儿子没有理由不按照这些传统农民的生活方式过活。"我被教做农活，"林肯在 1859 年回忆道，这意味着（就像他一年之后向约翰·洛克·斯克里普斯解释的那样）"虽然年纪很小……就手持斧头，从那时起直到 23 岁，他几乎一直拿着那个最有用的工具——当然，在犁地和收割的季节时用得少些。"当林肯进入青春期的时候，托马斯让他的儿子给邻居做帮工，这是农村用以维持生计的交换活动的一部分，孩子的劳动可以换来家庭所需物品。至少在 13 岁的时候，亚伯拉罕所干的活计包括割拾干草，砍劈木头做栅栏和柴火，在俄亥俄河的渡口打工，主要是为了"购买商店里的货物"。

　　这些经历非但没有使少年亚伯拉罕习惯于杰斐逊似的传统农民生活模式，反而使他怨气十足。林肯后来常常这样谈论当时的生活，"我父亲教我干活，但是从没有让我爱上做农活"——至少不喜欢他父亲让他做的农活。他在记忆中怀念的是一种截然不同的工作，林肯记得有一天在他放小驳船的俄亥俄河上的码头，遇到匆匆忙忙的两个人，让他载着他们去截住正行驶在河中央的汽船，这两个人各自"在我的小船的甲板上扔了50美分的银币"。

朋友，你可能觉得这是件小事，现在看起来，对我来说是件微不足道的小事；但是在我的一生中这是件非常重要的事。我几乎不敢相信我这个穷小子在不到一天的时间了挣了一美元……这个世界在我面前显得更加宽广而且更为公平。

亚伯拉罕·林肯接触到了商品经济。

当林肯快成年的时候，他和父亲的冲突更多了。由于忙于农活没时间上学，林肯总是懊悔他在教育方面的"缺陷"。记得他和姐姐上过"几个学校，如果可以叫学校的话"，但时间很短，他1860年时估计"他上学的时间加起来不到一年"（这和一个邻居估算林肯"大概上了四个冬天的学"大致相同）。这通常被归咎于托马斯·林肯，他的儿子以轻蔑的语气说他"只能勉强写自己的名字，"而且他对"教育"不加掩饰的轻蔑态度众所周知。（萨利·林肯同意这种观点，"林肯先生识字不多，勉强能写自己的名字……"）

但是林肯在1853年向伦纳德·斯威特承认"我父亲……很早就下决心让我接受良好的教育"，值得注意的是，由于林肯家居住过的肯塔基和印第安纳都没有公立学校系统，甚至连林肯家子女上的"语法学校"都要以募捐的形式交纳学费，这对于托马斯·林肯这样并不富裕的农民来讲是要作出牺牲的。根据所有的记录，从使用的教材看，当时的教育也不算差，现列举教科书如下：学习拼写用的是阿萨·罗兹的《美国拼写用书：供公立小学使用》（1802年出版）、也许还有诺厄·韦伯斯特的《美国拼写用书》（1783年出版）；数学用的是尼古拉斯·派克的《全新数学：供美国公民使用》（1788年出版）；学习历史使用的有威廉·格里姆肖的《美国历史》（1820年出版）、戴维·拉姆齐的《乔治·华盛顿的一生》（1807年出版），以及名气更大的由梅森·威姆斯"牧师"撰写的《华盛顿的一生》（1800年出版）；《肯塔基教师用书：包括阅读和口语方面的一些有用的指导》（1817年出版）、《美国演讲练习范本》（1811年出版）和威廉·斯科特的《演说术教程：散文和诗歌选读》（1779年出版），该书选取了莎士比亚、亚历山大·蒲柏、米尔顿、威廉·考珀和托马斯·格雷的"演说和著作进行背诵";还有（经过删节的）美国版班扬的《天路历程》、笛福的《鲁滨逊漂流记》（美国版《一千零一夜》）、甚至还有《伊索寓言》（很明显"没有地理和语法"）。

在关于教育的目的这个问题上林肯父子的差异更大。托马斯·林肯认为"教育的根本目的是让我能够用比例运算法计算"。当亚伯拉罕尝试 "永远不要让他放下书本，"把他父亲安排的外出做工的时间用来读书时，托马斯·林肯便火冒三丈，"他父亲有时因为他只读书不干活而打他"。对亚伯拉罕而言，读书是可以改变自我的"提高"途径，可以使他成为威姆斯牧师著作中的革命士兵或是阿金库尔战役①中英王亨利五世的一名弓箭手（来自斯科特的《演说术教程》），"这些人在我的记忆中留下了深刻的烙印"。"除了读书以外，他对其他事情不感兴趣，"过继到他家的姐姐玛蒂尔达·约翰斯顿回忆道，"他在学习上积极主动而且坚持不懈——只要能找到的书他都读。"好像上瘾了一样，他宁愿用工作所得来获取书籍而不是"买东西"，他"对读书如此痴迷，后来他父亲同意他外出打工赚钱购买凯莱布·宾厄姆的《美国教师用书》（1794 年出版）和《哥伦比亚演讲家》（1797 年出版），这两本书宣称会帮助年轻人和其他人提高雄辩技巧"。

虽然林肯所受的教育不算太糟，但是他本可以得到更好的教育，他后来常常因此而抱憾。在林肯家以西仅 50 英里的地方，罗伯特·欧文②开办了进行"新和谐"实验的场所，在那里"知识汇聚"，以威廉·麦克卢尔、查尔斯·莱苏尔、玛丽·弗里塔觉特和约瑟夫·尼夫为首的 1000 多名知识分子、自由思想家和教育改革者，计划建设一个"充满博爱、仁慈和善意"的新社会。过去曾是实业家的欧文为"新和谐"村提供资金，他在 1825 年从一个教派那里购买了土地，他建立了一个废除"私有或是个人财产"和"荒谬且非理性的宗教制度"的标新立异的社区的蓝图震惊了华盛顿。这项事业仅仅进行了两年，"新和谐"村就因领导权问题发生争执而分崩离析，欧文的"慈善家"号平底船把教授们倾倒在沃巴什河下游。但是林肯不可能对"新和谐"村一无所知——事实上，托马斯·林肯曾在"新和谐"村附近短暂拥有一小块土地——很多年后，丹尼斯·汉克斯声称亚伯拉罕·林肯曾经想方设法搞到"新和谐"村存在时间很短的《新和谐报》来读。

---

① 阿金库尔，法国北部阿哈西北偏西的一个村庄。1415 年 10 月 25 日，英王亨利五世在此村重创兵力远胜于己的法军。这次胜利显示了装备大弓的军队优于穿着厚重盔甲的封建武士。译者注。
② 英国空想社会主义者。译者注。

林肯和他父亲的宗教信仰差别很大，与"新和谐"村的宗教怀疑态度更为一致；事实上，在宗教问题上，林肯对他的父亲的批判最彻底。托马斯和南希·林肯夫妇曾是肯塔基小山独立浸礼会教会的信徒，该教会是遍布于肯塔基中部和田纳西严格信仰宿命论的加尔文浸礼会的分支，在印第安纳他们曾经加入成立于 1816 年的小鸽子溪浸礼会教会。尽管这些教会及其在各县的团体有诸多差异，并分为独立派、正规派等派系，（用詹姆斯·罗斯的话讲）他们都是"坚定的宿命论者，并且以他们信仰的教义为荣"。

这里的宿命论的含义是"在晨星一起歌唱之前很长的时间，上帝的子民们为新生命的辉煌而欢呼，全能的上帝俯视尚未出世的后代，当他们在他面前展示时，挑选了不同地方的一些人来享受来世，其余的人则被留在永远的黑暗之中"。所以，"在创世时没能被挑选的人面临的是如同身在无底深渊般无法改变且毫无希望的"境遇。这还意味着，如果一个人"没有成为选民，世界上所有的劝诫都不能拯救他，因为他们相信耶稣只为选民而死"。因此，许多加尔文团体对社会改革运动，特别是禁酒和废奴没用处。正如浸礼会原始派教友吉尔伯特·毕比 1832 年宣称的那样，该教派尤其鼓励"不设立改变异教徒信仰或是宣讲福音的布道机构；不在教堂设立照顾儿童的主日学校；不成立教授神学或是培养年轻人从事神职的任何类型的学校"。

对加尔文浸礼会教友而言，这种极端宿命论的吸引力在于"如果你是上帝的选民，不管是你的过错还是无知的力量都不能阻止你得救"这种信念，詹姆斯·罗斯记得（田纳西中部）的一个浸礼会组织中富有经验的牧师怎样"笑逐颜开……说当有人'宣讲强烈主张'宿命论，那就是'我的灵魂光耀之时'"。另一方面，罗斯记得"有一种可怕的观念使这些老基督徒郁郁而终"。

"我究竟是不是上帝的选民？我究竟有没有被弄错？如果这样，我将丧失所有的希望！"在风暴中颠簸的水手，当他的船下沉时，也许可以找到一块木板或者折断的桅杆，并且依靠它安然上岸；但是如果他不是上帝的选民，就没有木板、桅杆或是友善的海岸；他一定会在深深的海水中沉没。有理由相信在这种可怕的焦虑的控制下许多人丧失了理性……

宿命论设定的被上帝接受的标准极高，对那些能够超出此标准，并且以某种方式获知他们是上帝的选民，规定要具有"最高尚的思想，他们当中的很多人坚信自己在这些方面比身边的基督教教派更为优越,就像古代的犹太人与身边的异教徒进行比较那样"。但是对那些缺乏跨越障碍所需的竞技精神的人而言,这将造成致命的绝望;那是"令人沮丧的忧惧……在他们所有的热望无法实现之后,他们最终将迷失方向,"并且导致无法消弭的悲哀。

这并没有阻止加尔文浸礼会教派在边疆地区的成长,到19世纪40年代,单单是浸礼会原始派教徒(也被称做"反使命派或者是不妥协的浸礼会教派)约占《浸礼会注册年历》中的浸礼会教徒总数的20%。虽然小鸽子溪的教徒从某种程度上是更温和的浸礼会独立派,但是他们的信条认为"我们相信基督耶稣在创世之前以他的仁慈所进行的挑选,上帝的召唤以他特有的仁慈使所有选民获得新生并且变得神圣"。萨拉·布什·林肯被认为是一个"不妥协的浸礼会教徒"。但是虽然亚伯拉罕·林肯"在宿命论的教育下长大",没有证据表明他像家里其他人那样加入浸礼会独立派。萨拉·布什·林肯承认亚伯拉罕"没有特别的宗教信仰——在那时没考虑过这个问题,即使他考虑过——他也从未谈及此事"。

这并不意味着林肯不了解他父母的极端加尔文主义。一个邻居回忆道,"他有时去参加宗教集会,而且表现得中规中矩",萨拉·布什·林肯珍藏着林肯的第一个涂鸦之作,他在习字簿上写的四行字是著名的加尔文派赞美诗作家艾萨克·沃茨的一些诗句:

时间有如虚无缥缈的蒸气
岁月如此匆匆
疾如印第安之箭
或如流星飞过

但是林肯对加入父亲的教会没有丝毫的兴趣。"他从来不唱宗教歌曲",丹尼斯·汉克斯回忆说,但是他会在星期天布道的"树桩或者圆木上"做滑稽的模仿,"几乎逐字逐句重复布道的内容"并且"模仿浸礼会那个老布道者说话的风格和语调",逗得他姐姐和家里其他孩子捧腹大笑,直到托马斯·林肯"让他走开——派他去干活"。马蒂尔达·约翰斯顿回忆道,"当父母去教堂时",孩子们经常留在家里,"亚伯会取出《圣经》,朗读其中的章节——唱出赞美诗的歌词——然后我们一起唱"。但是据纳撒尼尔·格里格斯比讲,林肯"在印第安纳时,据我所知,从来没有立誓入教"。

当林肯快成年时,维系林肯和他父亲以及凑到一起生活的家庭其他成员的纽带开始断裂。1826 年,他的姐姐萨拉和阿伦·格里格斯比成婚,但是不到一年半的时间便死于难产。1828 年,当地的杂货店主詹姆斯·金特里雇佣林肯帮忙把满载腌肉和农产品的平底船沿着俄亥俄河南下运至密西西比河,最后到达新奥尔良这个大型海港。他每月能挣 8 美元,这是个不小的数目,这些钱必须如数交到托马斯那里。当时林肯已经到了能够挣钱养活自己的年龄,他决意不再把挣到的钱交给父亲,开始找机会自己出外单干,甚至想到俄亥俄河上的汽船上找工作。

但是,托马斯·林肯又有事情安排给他儿子来做。年近半百的托马斯对印第安纳的生活感到厌倦,决定再次迁移,目的地是西部伊利诺斯州新开发的可以购买的新土地。

杰斐逊建设自给自足的农业国的梦想最大的弱点不在于它的产品,而在于它再生产时所出现的问题。农场大家庭存在的必要性,并不是为了满足情感上的需要,那是后来城市中产阶级文化的解读,而是为了完成家庭生产需要进行的大量工作。家庭生产的困难之处在于经常出现新的问题:儿子们成年后需要他们自己的土地,女儿们结婚后也有同样的需要,因此现有的农业用地难以满足这些需求。到 1819 年,印第安纳的拓居者经过沃巴什河冒险西进,其他来自密西西比、田纳西和肯塔基的冒险家们跨过俄亥俄河,进入伊利诺斯这片过去由法国控制的领地。

从前,法国控制着密西西比河谷。但是法国人控制的伊利诺斯定居点分布稀疏,多数集中在密西西比河上的卡斯卡斯基亚或是沃巴什河的温森斯港周边的地区。七年战争后这些法国定居点转由英国人控制,弗吉尼亚趁美国革命之机迅速抢占了伊利诺斯,到 1784 年为了在美国革命后国会的土地法令的组织框架内占有一席之地,才很不情愿地将其转让给国会。但是,虽然《1787 年西北法令》正式在西北领地禁止奴隶制的存在,新所有权的每一层面都没有对法国人最初在 17 世纪带入的奴隶加以限制,英国人和弗吉尼亚人明确认可了法国人的奴隶所有权,事实上,国会规定肖尼敦附近重要的萨林斯盐场不受《西北法令》限制,那里可以继续使用奴隶。

伊利诺斯的新移民对这一切并不在意,因为他们当中很多人来自上南部或者南北卡罗来纳,在那里奴隶制的存在是理所当然的。“我们这里的大人物还有所有当官的都来自蓄奴州。”一个早期的移民写道。“每个警长和每个职员都拥护奴隶制。”这些移民的大多数是家里的小儿子,老家没有足够的土地给他们耕种;一些移民是年纪较大的农民,他们卖掉了原来的土地,想要以更便宜的价格买到更大的地块,这样既可以提供土地给儿子们,自己也可以在年老时获益。他们当中很少有人是出于对奴隶制道义上的厌恶来到伊利诺斯。托马斯·林肯前妻的亲戚约翰·汉克斯也是这股移民潮中的一员。

约翰·汉克斯是南希·汉克斯·林肯的堂兄,在汉克斯家族中只有他后来被亚伯拉罕·林肯赞为"英俊、诚实和高尚的人"。他在1822年和林肯家来到印第安纳南部并且在一起生活了不长的时间,1826年他又回到了肯塔基。两年后,他又来随着肯塔基北进的移民到了伊利诺斯中部的梅肯县;汉克斯曾给托马斯·林肯写信,力劝林肯家到他这里来。不知何故,约翰·汉克斯的信有如此的说服力,也不知是否单单是汉克斯的信发挥了作用,莫迪凯·林肯也移民到了伊利诺斯,建立了渴望西进的林肯家族的另一分支。1813年,国会授予伊利诺斯的占地者广泛的优先购买权,1820年后,仅支付100美元的现金即可在伊利诺斯得到80英亩土地的完全所有权。此外,伊利诺斯在头五年不征收土地税。

总之,1829年秋天,托马斯·林肯卖掉了在肯塔基的最后一点地产和他在印第安纳已经付清的80英亩土地,在得到小鸽子溪的浸礼会独立派颁发的遣散许可证后,全家(包括21岁的亚伯拉罕)于1830年3月1日出发,一起离开的还有约翰斯顿家、汉克斯家的成员和他们的新家庭——总共有13人。他们从印第安纳的西南角出发,沿着一条长长的弧线向北行进,跨过沃巴什河途经伊利诺斯的温森斯,然后进入伊利诺斯中部和桑加蒙河地区。

在迁徙途中,当印第安纳南部遮天蔽日的密林消失后,映入眼帘的是伊利诺斯色彩斑斓的如地毯般的大草原。这是"最肥沃的土地,地势平坦,呈现出十分优美的波状起伏",林肯家到达的几乎同一时间,出身名门的苏格兰人詹姆斯·斯图尔特在穿越伊利诺斯时这样描述,"所有的一切都乃上天所赐,如同英国的公园"。另一个苏格兰人帕特里克·希雷夫惊愕于"壮美的大草原……五颜六色的花草点缀其间……如海洋一般",认为这是对坚信人口的增长一定超过地球的供给能力的"马尔萨斯①先生的信条"的有力反驳。"如果众多的人口曾经食不果腹,应该检讨的是人类的行为,而不该归咎于大自然未尽其责"——或者说至少在伊利诺斯不是这样。

那里的人们不仅能言善辩而且有一技之长。来自英国的移民莫里斯·伯克贝克十

---

① 托马斯·罗伯特·马尔萨斯,英国经济学家,著有《人口论》,认为人口的增长比食物供应的增长要快,除非对人口的增长采用道德的约束或战争、饥荒和瘟疫加以抑制,否则会导致不可避免的灾难后果。译者注。

分轻视 1817 年在伊利诺斯最早定居点遇到的拓荒者，认为他们"文明开化程度甚低，生活方式如同半个印第安人"，实际上，伯克贝克对伊利诺斯拓居者的不屑在很大程度上缘于他对奴隶制的憎恶。伯克贝克的同伴约翰·伍兹更为敏锐地意识到"他们的多数人熟知法律……是一群坚定的共和政体的支持者，精通政治，并且是完全独立的……其知识素养程度之高根本不能仅以他们的外表来判断"。

但是，托马斯·林肯不可能全面了解大草原上的人们。亚伯拉罕·林肯在很多年后的回忆中，把他父亲从肯塔基到印第安纳再到伊利诺斯不停迁移原因归结为"有厌恶奴隶制的因素；但是主要是土地所有权方面的麻烦所致"。事实上，对托马斯·林肯而言，这两个原因没有什么差别。老林肯在奴隶制如何对待奴隶方面从来没有表现出强烈的同情；如果是这样的话，他对印第安纳南部和伊利诺斯都会感到不适应。伯克贝克的另一个同伴乔治·弗劳尔注意到，印第安纳南部和伊利诺斯南部"主要由来自南方的人构成，他们更看重的是所有权而不是自由"，（令弗劳尔气恼的是）其中包括对奴隶的所有权。（尽管《西北法令》已经对禁止奴隶制作出了规定，在伊利诺斯还是联邦准州的时期，小规模的奴隶制并没有被禁止，1823 年，正式将奴隶制合法化差一点写进新的州宪法。）更可能的是，托马斯·林肯对将同蓄奴的大种植园主竞争的前景感到忧虑，事实上，正是（托马斯·林肯这样的）来自上南部的自耕农的大力支持使得伊利诺斯在 1823 年拒绝了奴隶制，这些人并不反对奴隶制本身，也不同情黑人，但是他们对大种植园主涌入的可能性却十分在意。

托马斯·林肯并没有被尚未开垦的大草原的美景深深打动。联邦对伊利诺斯进行的土地勘测是根据植物的种类来判定土地肥沃的程度，依照那些标准，无边扩展的大草原对农场主而言几乎没有利用价值。虽然随着时间的推移和实践最终推翻了这种观点，但是在最初的阶段，伊利诺斯早期的农场主发现，大草原上的草弯弯曲曲的根系深植地下三英尺，只有套上五到十头耕牛的重犁方可将其铲断。因此，包括林肯家在内的多数移民迁至伊利诺斯林木茂盛的河滩，那里更易耕种、土地也更肥沃，可以随意放养猪和牛，而且有足够的木材用来生火和筑篱，而桑加蒙河就是这样的所在。

约翰·汉克斯在迪凯特以西 10 英里、"位于桑加蒙河北边的森林和大草原交汇处"的梅肯县安家，在那里林肯父子"在一年之内建造了小木屋，用砍掉的横木竖起了 10 英亩的围栏，犁好地并且种上了玉米"。在缓慢流淌的桑加蒙河岸边的树荫下，林肯一家找到了农民生存的天堂。"我们种植的棉花基本上可以满足穿衣的需要"，桑加蒙一位早期的拓居者回忆道，60 英亩的土地可以轻而易举收获 1000 蒲式耳玉米和 200 蒲式耳小麦、燕麦和土豆,家畜在凉爽的没有篱笆的河岸上长得膘肥体壮。

　　然而对林肯而言,河流具有不同的意义。1831 年春天,他的父亲和继母在迪凯特站稳脚跟,约翰斯顿和汉克斯这些亲戚“在同县的其他地点暂时立足”,亚伯拉罕·林肯沿着桑加蒙河寻找机遇。桑加蒙河自身看上去价值不大,但是有相当长的一段可以行驶吃水浅的平底船(视季节和水位而定),从迪凯特开始呈环形蜿蜒约 70 英里,桑加蒙河流入伊利诺斯河,随后在拥有深水码头的奥尔顿村以北处最终汇入密西西比河,密西西比河密苏里州的一边便是圣路易斯。从那里开始,水路交通直抵新奥尔良并可到达世界各地,这对林肯来说已经足够了。还在给父亲干活的时候,林肯听到了当地一个名叫约翰·F.波西的政客关于疏浚桑加蒙河的平淡无奇的演说。林肯立刻跳上了“一个箱子也许是木桶”,就“桑加蒙河的水上运输”发表了自己的看法,波西十分惊喜,这个年长者“鼓励林肯接着讲下去”。他确实这样做了,林肯在其后的 20 年一直在做同样的演说。

　　坚持不懈并没有使河流或是平底船成为致富的捷径。平底船的航速缓慢,使得运往圣路易斯或者新奥尔良的货物不能如期抵达。抵达目的地之后,平底船无法逆流而归,船上的水手只有从新奥尔良步行返回,另一种选择是用竿撑着、并且用绳索拉着细长狭窄的龙骨式艇在密西西比河逆流而上。但是,总有一些希望抓住一切机会并甘愿冒险的创业者。1831 年春,当地一个名叫登顿·奥法特的急于致富的人雇佣曾经驾平底船沿密西西比河南下的约翰·汉克斯运送一船桑加蒙的货物到新奥尔良出售。汉克斯了解亚伯拉罕·林肯曾为詹姆斯·金特里到新奥尔良运货的经历,而且也知道林肯“正要找个地方打工”,所以他向奥法特推荐了林肯和林肯继母的儿子约翰·约翰斯顿。

　　这并不是个容易干的工作。首先,林肯、汉克斯和约翰斯顿必须在桑加蒙河上划着独木舟南下到桑加蒙镇奥法特的货栈,造一艘平底船(根据汉克斯的回忆,是“18英尺宽、80 英尺长”,另一个见证人说是“大约 30 英尺长、12 英尺宽”),然后装上奥法特的货,有“桶装肉——玉米和生猪”——随后离开桑加蒙镇。在桑加蒙镇下游,平底船途经高踞悬崖峭壁之上、俯视着桑加蒙河的新塞勒姆,这是个小村落,在那里,平底船被小镇的水闸卡住,一半停在水闸上,另一半则悬在空中,几乎和船上的货物一起倾覆。又花了两个月的时间,才把奥法特的货物送达新奥尔良并卖掉。在此过程中,年轻的林肯被奥法特的奇思妙想所吸引。林肯的机敏使得搁浅的船安然驶过水闸,所以,当奥法特取得开办“在新塞勒姆的一家杂货店和磨坊”时,他雇用林肯做店员。

今天的新塞勒姆仅仅是重建的州历史公园的所在地，但是在 1829 年，当约翰·卡梅伦和詹姆斯·拉特利奇独具慧眼在此选址建造磨坊的时候，这里似乎有可能成为伊利诺斯中部最重要的商业中心之一。桑加蒙河在新塞勒姆附近变得更深，不仅为磨坊提供了动力，也许也具备了汽船在合适的条件下靠岸的深度。

如果乡村农业和东海岸或者新奥尔良的市场之间彼此隔绝，市场的魅力便无从显现。1810 年，从波士顿到纽约乘坐普通的四轮马车要花费 10 到 11 美元，加上旅途所耗费的时间（从纳什维尔到华盛顿需要 4 个星期）又增加了隐性成本。国会屡次呼吁联邦政府建设国道，但是只要是和站在杰斐逊一边的詹姆斯·麦迪逊和詹姆斯·门罗把持白宫，这些改善国内交通的法案就常常被总统否决。一些州政府出资在本州内修建收费公路或是给建设收费公路的公司颁发特许状，但是即使是当时最先进的以碎石铺就的新路也不仅造价昂贵，而且行进缓慢。

1807 年，出生于宾夕法尼亚的一个名叫罗伯特·富尔顿的创业者是个精明人，他入赘到了纽约富豪利文斯顿家族。他在哈得孙河上开始对以烧木柴的蒸汽机驱动桨轮为动力的船只进行试验，过去的船都是以竿撑或者船帆为动力。利用压缩蒸汽作为动力源可追溯至英国的托马斯·纽科门在 18 世纪初发明的简单的矿用水泵，但是直到 1765 年，詹姆斯·瓦特才设计出可满足几乎所有对大型人工动力需求的高效蒸汽机。一个名为约翰·菲奇的美国人曾于 1787 年尝试建造蒸汽驱动的船只，但是没有成功。富尔顿开着看上去"就像把偏远森林的锯木厂搬上了平底船然后点火"的蒸汽船在纽约和奥尔巴尼之间逆流而上，仅仅 32 个小时就行驶了 150 英里，在一个月之内，他的船每次出行都搭载了 90 名乘客。

富尔顿的蒸汽船能够将美国每一条适合航运的河流变成运送货物和旅客的快捷而且廉价的航道——实际上，这意味着蒸汽船可以清除将自给自足农业隔绝于世的无法改变的距离上的障碍，把商品经济带入那些从未被其渗透的地区。1811 年，匹兹堡的一些投资者建造了一艘 371 吨的吃水较浅的平底蒸汽船，这艘取名为"新奥尔良号"的蒸汽船在俄亥俄河下水，向新奥尔良进发。它轻易地驶过俄亥河瀑布，并在一场使大片密西西比河河岸倾覆的地震中幸免于难，在经历了三个半月的航行后最终抵达新奥尔良；虽然"新奥尔良号"在两年半后撞上巨大的暗礁而沉没，然而这艘小船却证明作为商船，它具有内河其他交通工具无法比拟的优越性。

甚至在"新奥尔良号"不幸沉没之前，亨利·M.施里夫仍在试验中的"企业号"

就能够在仅仅 25 天里逆流而上,完成从新奥尔良到路易斯维尔的行程;并可在不到54 天的时间内直抵匹兹堡。这种蒸汽船不仅大幅度减少了航行时间,而且在很大程度上降低了与市场相连接的交通和通讯的成本。1810 年,使用平底船将 100 磅的货物从路易斯维尔顺流南下运抵新奥尔良的费用是 5 美元。到 1830 年,蒸汽船将费用降至 2 美元,1850 年仅需花费约 25 美分。到 1820 年在密西西比河和俄亥俄河上运营的蒸汽船的数量为 31 艘;当林肯家到达桑加蒙河的时候,则有 361 艘蒸汽船穿梭在密西西比河及其所有支流,包括沃巴什河、莫农格拉希河、田纳西河、密苏里河、坎伯兰河以及阿肯色河等。

时间和距离的缩短成为将杰斐逊的农业腹地转化为东海岸市场的关键,蒸汽船并非交通条件改善的终极手段。蒸汽船只能在天然形成的河流上运行;如果河流没有自然流向某个地方,可以凭借人工修建的运河到达目的地。在"新奥尔良号"沿着俄亥俄河南下 6 年后,纽约州州长德威特·克林顿冒着风险发行了 700 多万美元的债券开凿运河,以连接哈得孙河上的奥尔巴尼和伊利湖,这样就可以实现连接五大湖以及上西北部的目的。托马斯·杰斐逊将运河嘲讽为"疯狂之举",但是在历时 7 年、进行 363 英里的开凿之后,克林顿成功开通了伊利运河,奥尔巴尼和布法罗之间运输货物的费用从每吨 100 美元骤降至 6 美元,通行的时间从 45 天减少到 5 天,这使克林顿洋洋自得。伊利运河的极大成功开启了开凿运河狂潮的序幕,在接下来的 15 年间,运河开凿总里程达到 3300 英里,其他的运河修建计划,如环绕尼亚加拉瀑布、还有和新塞勒姆更近的将伊利诺斯河与密歇根湖以及五大湖连接的设想也相继出台。

但是,即使是运河也无法与铁路的扩展相提并论。作为蒸汽机另一种使用方式的铁路最早出现在英格兰,1828 年在巴尔的摩建成了美国第一条以营利为目的的铁路线。到 1859 年,铁路已经挺进阿巴拉契亚山脉,并将每英里的运费狂减至每吨不到3 美分。运河、收费公路、蒸汽船和铁路合力把进入美国市场的运输成本降低了 95%,对地处边远的大草原上独立耕作的农民而言,市场现在变得触手可及。纳撒尼尔·霍桑在 1844 年这样描述,铁路汽笛"长长的尖叫是这世间最刺耳的声音"。

讲述着来自这滚烫车道忙碌的人和公民的故事,这些是忙于生意的人;难怪它发出如此令人吃惊的尖叫,因为它要将喧嚣的世界带入我们睡梦般的平静之中。

铁路带来的不仅仅是喧闹声。随着这种新交通方式的来临,"不仅是我们的家庭手工业者,还有我们自给自足的生活方式和习惯都在很大程度上消失了",桑加蒙的律师米尔顿·海如是回忆,他的侄子约翰·海后来成了亚伯拉罕·林肯的白宫秘书。

牛……纺车和织布机一起消失了。我们开始使用不同的材料建造不同风格的房屋。我们使用不同的工具并且以不同的方式耕作。然后我们开始询问市场是什么,我们种植什么农产品能够卖个好价钱。农民扩大了农场,不再满足于自己和孩子们能够耕种的土地,但是他必须雇用帮手,没人帮忙无法耕种他那大片的土地。

这里发生的事情毫不奇怪:安装着茶壶般锅炉和锡管烟筒的蒸汽船兴高采烈地不断往来穿梭,船上装载的来自英国棉纺厂或者是新英格兰仿制的廉价纺织品,摆上了桑加蒙地区和其他地方农村杂货店的货架,以现金或赊账购买的新商品取代了费力织成的家织土布。这些蒸汽船还从纽约或者巴尔的摩拖来开垦大草原所需的强有力的铁犁,还有用来清理原棉的轧棉机。

使用这些新工具生产了数量惊人的剩余产品,随后,这些剩余产品出售后得到的现金可以向杂货店主还债,直到最后,出于不可抗拒并且日益增长的购买欲,农场只生产能够在新奥尔良或路易斯维尔卖出大价钱的农产品。有人对此发出警告,如果遇到坏年景,只生产一种农产品或者用很多贷款购买过多新土地的农民将遭到重击,最终将因没有现金购买所需物品或者偿还银行的债务而摇摇欲坠,这些追逐利润的银行家可没有丝毫的宽容。"市场就像口中的暗疮",新英格兰一家农业报纸在1829年警告道,"当你在它上面吃东西的时候,它会逐渐侵蚀你的口腔"。

但是,新塞勒姆对上述警告不以为然,这个小镇上有酒店、两家其他的店铺、一个铁匠、一个锡匠、一个铜匠、其他一些手工作坊,还有一家邮局,是和磨面作坊一起快速发展起来的。1832年1月,在桑加蒙河上也有一家小作坊的文森特·博格,开始在桑加蒙大肆宣传他要租一艘取名为"护身符号"的蒸汽船,为了考察桑加蒙河上进行蒸汽船贸易的可行性,把这艘船沿着桑加蒙河带到新塞勒姆,小镇几乎沸腾了。尤其令人兴奋的是博格许诺 "以每100磅37.5美分的价格……从圣路易斯运货",这是当时通常费用的一半。特别高兴的是登顿·奥法特,他希望以低廉的成本实现与圣路易斯和新奥尔良进行对接,让他在新塞勒姆的小店发财致富。

奥法特发现,雇用了亚伯拉罕·林肯意味着他已经向成功迈进了一步。虽然林肯刚到新塞勒姆时还是一个"无依无靠、没受过教育而且一文不名的穷小子",但他"很快结识了一些人并成了朋友"。他由一个"瘦削而青涩"并且"个子高高、晃晃荡荡、样子可笑"的少年,成长为"身体健美强壮的"年轻人。"他的大腿十分完美",威廉·格林回忆道,他"重214(磅),6英尺4英寸高",而且"他在印第安纳时比在伊利诺斯更胖"。他衣衫不整,穿着一套"牛仔衣……足蹬一双笨重的长靴",头戴一顶"低沿宽边的帽子",但是凯莱布·卡曼很快发现他"是个非常聪明的年轻人",他的"谈话通常都是和书有关——例如莎士比亚和其他历史之类……他也常常谈论政治"。

作为奥法特的伙计,他恰恰具备如约翰·伦道夫那样的杰斐逊式贵族所轻蔑的美德:"关注于生意——对顾客和朋友和善周到,并一直以善意和诚实——亲切待人。"亨利·麦克亨利把他描述成"热心助人而且诚实可靠的好伙计:他的质朴使奥法特的生意更好"。在亨利·昂斯托特的印象中,林肯在新塞勒姆时"生活有节制、诚实守信、不讲脏话、不抽烟喝酒,所有认识他的人都喜欢他"。

他一直坚持读书。他向当地的一位老师学习塞缪尔·柯卡姆的《英语语法简编》(1823年出版),"也学习自然哲学"——读的可能是托马斯·布朗的《人类思想哲学讲稿》,或许是更有名的功利论神学家威廉·佩利的《道德和政治哲学的原则》(1785年出版)——还有从他所能找到的"可以从中汲取信息和知识"的书中学习"天文学和化学"。詹姆斯·肖特记得,"历史、诗歌和报纸是他阅读的主要内容","他很喜欢(罗伯特·)彭斯……他常常坐着读书到很晚,在早晨起床后又重新开始"。和林肯一起在杂货店干活的查尔斯·莫尔特比看见他"拿起彭斯的诗,读了又读而且十分崇拜……他喜欢的诗有《汤姆·奥桑特》《致魔鬼》《高原的玛丽》《美丽珍》和《荷恩布鲁克博士》"。他读的报纸通常都是政治类的:《国会全球报》《路易斯维尔报》《桑加蒙报》和圣路易斯的《共和主义报》。林肯读的诗歌中有些是新塞勒姆一个名叫杰克·凯尔索的人提供的,这个人性格和善,以前做过老师,后来四处游荡,他"受过良好的教育"而且"喜欢莎士比亚和钓鱼",常常"把亚伯……拽到河岸边,然后引用莎士比亚的话互相攻击"。但是不管他读什么,"他通常很快便对书的内容了如指掌——对一个只是读读而已的人来说——他的理解力非常强"。

林肯还参加了一个规模不大的辩论会,成员们每个月"在一个旧杂货店"见两次面,正是在那里,他与父母宗教信仰的差异表现得更为突出。林肯"经常表现出无神论的态度,在新塞勒姆读了(康斯坦丁·)沃尔涅的书和其他的书"。据亨利·兰金讲,林肯"使用的语言"是激进的自然神论,"根据《新约》讲述的历史,耶稣是个私生子,他母亲是个堕落的女人"。他没有援引耶稣之死使人从罪恶中得到救赎或者通过上帝的慈悲和忏悔实现"新生"的教义。但是,他对因原罪而生的"永刑信条"尤其感到愤怒,这不是因为他对原罪或者惩罚的藐视(他后来告诉一个朋友"他不能确信是否如我们的牧师所宣扬的,更多一点的惩罚,不对原罪更多的宽恕,会使世界变得更好"),而是他认为由于已经预先确定的行为而遭受"末日审判"的安排是不公正的。既然上帝已经选择给予某些人永久的拯救,那么所谓的宽恕和惩罚都成了无稽之谈。他相信"上帝预先已经决定了一切"。但是正是由于此原因,林肯并不认为相信"最终的结果将是永久惩罚的判决"没有任何的意义,他至少曾经承认他不相信个人灵魂是永存的。"那么你真的认为没有什么来世吗?"帕西纳·希尔问道。"希尔先生,恐怕没有,"林肯这样回答,"想到死亡是我们的终点实在令人不快。"

　　这种怀疑使林肯成为另一个加尔文主义的反对者、具有独立思想的彭斯的崇拜者。"彭斯使林肯成为怀疑论者",詹姆斯·马西尼回忆道,或者说"至少他发现彭斯思考敏锐而且勇于探索",特别是彭斯对于上帝公正性的批判,认为虽然上帝预先决定了一切,但是他还要人类履行他在创造人类时赋予的职责。在林肯的心目中,上帝一直就是个人,但是他是以"不容违反或怠慢的法律和秩序","引领并掌控世界的运行的上帝"。上帝如此遥不可及而且呆板机械,与寻求转意归主或者重生相比,顺从于环境是更好的选择。如彭斯所写的那样:

> 只有塑造我们心灵的他(上帝),
> 才能对我们作出最终的考验;
> 他知道我们心弦的每次拨动,
> 知道我们心思的每次偏移。
> 那么就让我们保持沉默,
> 这一切我们都无法改变;
> 注定的一切我们或许可以揣摩,
> 然而我们永远不知道我们被剥夺了什么。

　　1834年,林肯自己试着写了"关于不信仰基督教的小册子"。这可能只是大页书写纸上的《攻击上帝的神性——(〈圣经〉的)特别启示——的揭露》的一篇文章,他打算把这篇文章在报纸上发表。林肯或者至少是他的某个朋友意识到这篇文章可能会导致公众对他的愤怒,"文章写完后被付之一炬"。帕西纳·希尔记得,实际上是她的丈夫"从他的手中将文章抢走,然后扔进了火中"。但是在同一年,他确实匿名发表了一篇攻击曾做过浸礼会牧师的政客彼得·卡特赖特的文章,痛斥卡特赖特的追随者"在某种程度上受神职人员的支配"。由于"汤姆·潘恩……使用了类似的语言,一些报纸称林肯为无信仰者"。

关于林肯"不信仰基督教"的流言飞语对他细心管理奥法特的账簿没有产生丝毫的影响,尽管他读书而且参加辩论的同时还管理着奥法特的店铺,他并没有给人留下自命不凡的印象。伊利诺斯的拓荒者社团以约翰·麦克·法拉格所称的"亲密无间"而自豪,林肯对搞笑故事的惊人记忆力,还有给他父亲干活形成的强健体魄,使其具有亲和力。在詹姆斯·肖特的记忆中,林肯"喜欢开玩笑,大家愿意和他交朋友,他在同伴中十分引人注目",另一个新塞勒姆的居民回忆林肯"能扛动三个普通人费九牛二虎之力才能搬走的东西"。

奥法特吹嘘他的新伙计能够打败新塞勒姆最强悍的家伙。这些人推举他们当中最厉害的杰克·阿姆斯特朗和林肯一决高下。这场对抗是怎样进行的,或者说到底是谁获胜了,也许没有确定的答案(阿姆斯特朗后来承认"他把林肯摔倒在地,但是胜之不武");看来可以确定的是,林肯离开时赢得了大家的赞赏,新塞勒姆这些最粗鲁的人也许以后都会到他的店里买东西,他甚至还赢得了阿姆斯特朗一帮人一辈子的忠诚。"他的风度和勇敢征服了我们,"罗亚尔·克拉里回忆道,"杰克和(林肯)成了终生密友。"

当"护身符号"1832年2月底从圣路易斯驶达伊利诺斯河时,可能是奥法特说服了博格雇佣林肯作领航员。"看上去奥法特相信由林肯作领航员或是船长在桑加蒙河航行就会万无一失",一个新塞勒姆人回忆说。林肯和其他人一样,熟知桑加蒙河的习性和险滩,但是,让林肯到"护身符号"上掌舵可以增加人们对奥法特的小企业的关注,而且可以使新塞勒姆的土地价格上涨,这是更显而易见的原因。(林肯也很不明智地从可怜的积蓄里拿出一些钱来购买土地。)但是,不管林肯作为一个领航员具有怎样的天赋,即使冰雪消融可以使河水暂时上涨,桑加蒙河的深度只能使"护身符号"行驶过新塞勒姆到达博格的锯木厂。在河里未融化的冰块和桑加蒙河沿岸伸出的树枝的阻碍下,航行十分缓慢,有如爬行一般,林肯和其他雇来的帮手在行进时用斧头砸砍前面的障碍物。

"护身符号"的船长在博格的锯木厂等了一个星期,看看河水是否会上涨;当希望落空后,他将"护身符号"调转船头,喷着白烟缓慢驶回圣路易斯。因为出钱租借了船只，但是没有运来货物，博格丢下他的债主们不辞而别。这也使奥法特希望落空。当"护身符号"掉头离去时，新塞勒姆的店铺"要破产了——几乎就破产了"，由于"护身符号"没能开启市场之路，也许断了它的活路。

"护身符号"给林肯上了非常重要的一课。仅仅依靠自身的力量，并不能使世界上所有新的动力形式把封闭的自耕农的天地拉向市场。新的经济需要政府，所以"护身符号"在视野中怅然消失并表明大自然无力影响桑加蒙之前，亚伯拉罕·林肯已经宣布将参加伊利诺斯州议会的竞选，明确的目的就是"改造桑加蒙河"。

在1832年春涉足政治的亚伯拉罕·林肯发现此时的政坛简直是一片混乱，不仅伊利诺斯，整个美国都是如此。自从1800年全国大选以来，杰斐逊的民主共和党没有遭遇来自名誉扫地的联邦党人的强有力的竞争。但是，正如杰斐逊觉察到的那样，使美国接受杰斐逊的理念并不像他设想得那样容易：联邦党人并没有友善地退出历史舞台，美国的商人们抵制禁运，不可信的印第安部落在西部与向西北领地进发的美国农场主展开争夺。但是，杰斐逊党人只是将这些挫折看做是英国人对他们建立道德共和国理念的破坏，英国人的阴谋比联邦主义存在时间更长而且更加险恶。毕竟正是英国人在1811年鼓动特库姆塞联盟①成立，并为其提供武器，正是英国海军在公海悍然拦截美国商船并掳走货物和水手。因此，来自肯塔基州的亨利·克莱和理查德·M.约翰逊、来自南卡罗来纳北部的约翰·C.卡尔霍恩这些杰斐逊党人激进的新核心成员，开始考虑向英国开战，希望以此改变杰斐逊党人屡屡受挫的局面。

这些"好战的鹰派"中的一些人比杰斐逊更杰斐逊。出生于1777年的亨利·克莱于1810年作为银行、公司和联邦党人特权的反对者当选为国会议员，1811年亚历山大·汉密尔顿的合众国银行在国会寻求重新登记遭到失败有他一臂之劳。克莱宣称，全国性的银行"是由社会大众中一些特权人士组成的绝妙的联盟，其投资不用纳税，拥有大量的豁免权和特权"。但是他最严重的偏激行为是对来自英国阴谋的威胁的认识，英国是君主政体、贵族统治之母，当然也是国际银行业的源头。"我们有完全的证据说明（英国）将尽其所能摧毁我们——我们能依靠的只能是我们的决心和精神。"当时英国正专注于和法国进行生死争斗，英属加拿大没有设防，易于攻击，在克莱看来这是美国使英国人就范的天赐良机。进攻加拿大，"好战的鹰派"反复叫嚣，这

---

① 美国西北地区印第安人组成的部落联盟。译者注。

样可以迫使英国人在公海上取消敌对行动或者将加拿大并入美利坚共和帝国的版图。

1812年他们的机会来了,麦迪逊总统终于请求国会向英国宣战。然而,这导致美利坚合众国遭受了那个世纪在国际政治舞台上最严重的羞辱。因美军组织不力,英国在加拿大的小股驻军在1812年和1813年轻而易举将其击退,同时,英国海军对美国的海港实施了严密的近距离封锁,使美国的希望完全落空。美国军队除了1814年在加拿大侥幸打了几个胜仗,加之在根特与英国签署合约两个星期后在新奥尔良成功击退英军取得无关紧要的胜利外,1812年战争使美国吞咽了一个又一个伤亡惨重的苦果。英国人毫发无损地侵入了东海岸,甚至火烧华盛顿市;1814年10月,新英格兰诸州在康涅狄格的哈特福德召开会议,在口头上威胁脱离联邦;合众国银行在1811年不合时宜的关张使麦迪逊总统无从为战争提供资金,为避免美国政府破产,在1814年迫不得已向私人银行家借款。

1812年战争对杰斐逊的民主共和党的领导层不啻为一记重击,尤其是亨利·克莱。好像是为了弥补将国家拖入毫无准备的一场战争的过失,克莱现在成为被称为国家共和主义的代言人。克莱这个从前的银行杀手全力投入合众国银行的重建之中,建议成立第二合众国银行,该银行将作为国家的中央借款机构,提供3500万美元的资金。虽然克莱是个绅士农场主,但他现在号召建立全国范围的进口关税的新体系,这将增加欧洲进口制成品的成本,保护并鼓励美国人开始从事同类产品的生产,当然,可由第二合众国银行的贷款提供资本。克莱1816年在国会表示,只有通过这些方式,"国家的独立……将得以维持……并免受外国的侵犯"。

詹姆斯·麦迪逊在总统的最后任期、詹姆斯·门罗总统在1816年到1824年两个任期内,允许克莱和他的盟友迅速推动第二合众国银行特许状的颁发,将关税翻了一番,并且为修建连接梅斯维尔、马里兰和伊利诺斯准州的国道提供资金,这一切说明了1812年战争对杰斐逊党人的信心影响之深。州一级的立法机构也按照克莱的做法在1815年为各州的200家银行颁发了许可,在随后的三年中,又有392家银行相继建立,所有这些银行都分发贷款,同时使用纸制的钞票作为便于流通的货币。州议会也向公司颁发特许状,这些公司发行股票和债券,以便直接从主要的金融市场筹集资金。到1817年,一种全新的金融职业——股票经纪业——在纽约市出现。全国性的市场网络、后来被克莱称为"真正的美国体系"现在成为一项政府工程。

此时市场创新达到高潮,亨利·克莱未能预见的是资本主义扩张和衰退交替出现

安德鲁·杰克逊

的周期,在 1819 年衰退确实发生了。州议会授权成立的数量过多的州银行本应在金库内存有足够的硬币,用来兑换它们大量印制和发行的纸制货币, 但是,在战后无节制的大发展阶段,银行很容易将此置之脑后。当英国的棉花价格由高峰时期的每磅 33 美分跌至 14 美分的时候,棉花收入的下降使银行陷入极大的困境,到 1819 年春,衰退发展成了全国性的恐慌。拥有大量西部地产的新合众国银行取消了抵押品赎回权, 以不到 1819 年以前一半的价格将土地廉价出售。"西部所有繁华的城市都被抵押给金融势力," 托马斯·哈特·本顿哀叹道,"它们落入了庞然大物之口。"

经济恐慌引发的政治上的溃散,不仅使克莱的计划毁于一旦,他在民主共和党内部营造的政治同盟也随之瓦解,克莱对此无能为力。1824 年,克莱自己也成了这场政治溃散的牺牲品,田纳西州议会不按惯例,绕开了民主共和党地方成员会议,提名安德鲁·杰克逊竞选总统,克莱被弃置一旁。杰克逊在 1815 年指挥了新奥尔良保卫战,他的胜利虽然没有对和平解决美英争端发挥作用,但仍使他成了一个民族英雄。他来自南部而且蓄养奴隶,因此也得到前杰斐逊党人的拥护。他以对《旧约》的憎恶来憎恨银行家、投机商和开凿运河的人所有的规划,认为这些人玷污了共和主义的美德。"认识我的每个人," 杰克逊宣称,"都知道我一直反对美国的银行,反对所有的银行。" 他应对 1819 年恐慌的措施是让人民回归 "到我们以前的勤奋和简朴的习惯"。

克莱立刻将杰克逊视为他的敌人,克莱和他 "国民共和党" 的盟友约翰·昆西·亚当斯投身 1824 年总统竞选阻止杰克逊取胜。但是国家仍处于 1819 年恐慌造成的民怨沸腾之中,所以杰克逊在全国各地所向披靡,他获得的普选票数是他的对手得票的总和。但是,他没有得到选举人票的多数,克莱利用宪法中的技术性问题和约翰·昆西·亚当斯进行了一笔 "不道德的交易",安排众议院将亚当斯而不是杰克逊选为总统。

亚当斯本来有可能不在自己的就职仪式上露面。"不道德的交易" 给他的政府从一开始就染上了污点,使得亚当斯当政时期联邦政府致力于 "改善农业、商业、制造业,鼓励培养技工、一流的艺术、文学的发展以及科学的进步" 的所有努力都付之东流。1828 年,杰克逊再次参加总统选举,并大获全胜,这令亨利·克莱大失所望。杰克逊不进行任何的辩解,报复性解雇了 1000 多名和亚当斯或克莱有染的联邦官员,开放了佐治亚和亚拉巴马中部 2200 万英亩的上等棉花地进行农业垦殖,否决了下一步修建国道的计划,并且在 1832 年扼杀了要求重新颁发许可证的第二合众国银行。"杰克逊就是一个彻头彻尾的暴君",绝望的亨利·克莱叹息道,克莱只是希望能够"带着从停尸房里逃走的喜悦,尽快体面地"逃离华盛顿市。

辉格党领袖亨利·克莱

安德鲁·杰克逊的当选摧毁了共和党①、杰斐逊的政党和 1800 年革命的政党仍然独立存在的幻象。1834 年,克莱将他的国民共和党更名为"辉格党",辉格党在英国政治史上是反对军事贵族统治和政治专制的政党。"今天的辉格党人," 克莱在 1834 年 4 月 14 日参议院的演讲中宣称,"在对抗行政权力的侵犯"——指的是安德鲁·杰克逊——"反对行政权力和特权令人担忧的扩张。他们正在清查在一个竭力将政府全部权力集于一身的总统控制下的政府滥用职权和腐败的真相",并保护"持续燃烧不熄的火焰,这都是为了人民、宪法和公民自由"。

尽管克莱尽力将"今天的辉格党人"界定为好的共和党人,实际上辉格主义代表的是在政治公共价值观念上和杰克逊党人迥然相异的群体。最主要的是,辉格党人自认为是城市小型商业和金融集团、还有那些通常从事跨大西洋或者跨州和跨地区投资贸易的城市商人和金融家的政党。这并不意味着辉格党完全以城市为导向:实际上,辉格党得到了农民的大力支持。但是支持辉格党的农民一般是从事大规模商品生产的农场主,他们的产品销往外地市场,这些人和市场联系紧密,从州甚至是联邦对贸易的管制中受益。换言之,无论从经济上还是社会交往上,辉格党的成员并不严格将自身归属于所在的州和地区。在很多情况下,辉格党人希望摆脱所在地区和社区的限制,寻求在更广阔的贸易世界中,按照新的经济身份,以美德、自我发展和自我控制重塑自我。

这是克莱的"美国体系"能够吸引他们的原因,也是他们支持保护性的高关税

---

① 指国民共和党。译者注。

（可帮助美国企业和欧洲产品进行竞争）、用于改善国内交通的补贴（有助于清除进行进一步贸易的障碍）、交通技术的创新（主要是运河和铁路）和国家银行（可在全国建立可靠而且统一的投资、货币和金融体系）的缘由。尽管这招致了辉格党只是富人的政党的指责，但是辉格党人的回应是，他们的政党实际代表的是经济发展的机会。"谁是我们国家的有钱人？"一家辉格党人的报纸问道，"他们是在满是灰尘而且杂乱喧嚣的工场里靠辛勤劳动来养活自己的积极进取的技工，舒适雅致的住所是辛苦劳作的回报；他们是努力工作的商人，因克勤克俭而积累的财富使其能够不必在柜台前忙碌而去享受理所应当的闲暇"。对辉格党人而言，正是市场的力量赋予美国人重塑并改善自我的自由。

辉格党人也将自己描述为"审慎、勤劳和节俭的人们，"这不仅和经济行为有关，而且关乎道德行为。辉格党的经济依赖于全国经济的一致性，辉格党人也依赖道德行为的一致，这使得他们和新教革新派结成了盟友。并不是所有信仰福音主义者都成了辉格党，也不是所有的辉格党人都是信仰福音主义者，但是数量众多的辉格党人接受了这样的观念，即市场不是应反对的敌人，而是应加以利用的力量，其中的代表人物有狂热的奋兴派查尔斯·格兰迪森·芬尼、耶鲁大学的纳撒尼尔·威廉·泰勒和他的终生挚友莱曼·比彻等。辉格党为美国人提供了社会流动和自我转变的多种机会——由从事农业到专门的职业、从蛮荒之地到城市、从乞丐到富翁——由于自我转变是福音主义者转变信仰的全部内容，许多革新派发现很难将辉格党人视为敌人。确实如此，1853 年费城的一个名叫亨利·奥古斯塔斯·博德曼的牧师承认道，"死于战争的人数以千计，而死于贸易的人则数以万计"。但是压制银行或者瓦解公司并非解决之道，"死亡的沉寂将取代难以容忍但是有价值的铸造厂和机械工厂的喧嚣，"而且（对于信仰福音主义者的共同意愿而言更为致命的是）"我们的宗教和慈善机构的高贵盛装即使没有被彻底毁掉，也将失去功效"。

辉格党人与福音主义者转变信仰的一致性加之市场的能量，不仅创造了文化上的和谐，而且在美国世俗化的共和主义社会里，为新教政治一致性的产生打开了希望之门。比如，当 1819 年康涅狄格州投票废除了公理教会的时候，莱曼·比彻曾坐在铺着灯芯草的椅子上潸然泪下，但是他现在利用与共和主义一致的所有可资利用的渠道，以扩大基督教"影响"的方式，重建教会组织。当（因为"政教分离"的信条）教会无能为力时，他创办了一系列自愿改革的团体，从事基督教社会活动；然后他来到俄亥俄担任莱恩神学院的校长，以使西部免于罗马天主教的控制。与之相类似的是，亨利·博德曼将"我们的蒸汽机车和汽船"斥为"杀人机器"，但是他发现它们"与出售搀水的烈酒的店铺相比，是那样的呆滞和柔顺"。为了扩大基督教对社会的影响，比彻和博德曼乐于建立起和辉格党人的紧密同盟，辉格党人则在和福音主义力量的广泛联合中，发现了增进"美国体系"顺利实施所需的国家团结的理想方式。

这意味着，在共和国一直向民主的个人主义方向前进的趋势下，出于彼此的需要，世俗的辉格党人和新教革新派共同致力于维护联邦的统一。比如，虽然克莱这个肯塔基的蓄奴者和南部的蓄奴利益集团有着天然的联系，但是，他也在道义上公开谴责奴隶所有制，积极限制蓄奴制在美国的扩张，推动为获得自由的奴隶建立殖民地的计划（这更多是出于避免可能影响国家和谐的考虑，奴隶的利益并非主要因素），并且为了将南部的蓄奴州留在联邦，策划了一个又一个的妥协案。与之相类似，尽管莱曼·比彻是来自康涅狄格的北方佬，从骨子里反对奴隶制，考虑到避免在学生中造成混乱并破坏他在全国范围内扩大基督教的影响的计划，他还是努力在莱恩神学院压制所有关于奴隶制的讨论。不论是世俗的还是信仰福音主义的辉格党人，都认为只有一个强大的联邦才能保证市场的繁荣和基督教影响的确立，而且辉格党人不惜任何代价压制地方主义、个人的不道德行为和脱离联邦的活动。

辉格主义是一场有着广泛的思想联系的运动。它在和信仰福音主义的新教徒为共同的事业奋斗的同时，也和 19 世纪 40 年代的欧洲的自由主义有着明确的联系。和自由主义一样，它是基于理性的运动，特别是市场的经济理性。和自由主义一样，辉格党的思想体系赞美个人，虽然这里所指的并非杰斐逊党人心目中的无政府主义的、独立的个人，而是摆脱了地方的限制并走上了经济机会的自由之路、经济意义上的个人。然而，辉格主义的弊端和中产阶级自由主义的弊端一样，是它对普遍民主的怀疑，以及它持有的只有那些有知识的、并且没有贵族化的精英才能管理人类社会的信念。正如丹尼尔·韦伯斯特在参议院里所说的："门外的世界不像这些围墙之内的世界那样明智和爱国。"这使得民主党人将他们曾经的同道斥责为"购自英国的、银行—联邦—辉格贵族，他们穿着褶边衬衫、丝织袜子，带着小山羊皮手套"。从这个意义上讲，尽管也许只能从这个意义上看，安德鲁·杰克逊是正确的，克莱和辉格党人不是"人民"的政党。

但是，能否将杰克逊的民主党人（当国民共和党改称为"辉格党"，"民主共和党"这个带有双重标志的更麻烦的称呼便弃之不用）像他们所期望的那样成为"人民"的党也值得怀疑。尽管杰克逊把自己看做是"刚刚丢掉耕犁的美国农夫"的保护者,杰克逊党人将此转化为完全和辉格党人一样复杂的政治观念。民主党人直接引用杰斐逊的重农主义的词句,认为"农民是天生的民主党人……没有受到拥挤城市中的腐败和道德败坏的沾染"。

从田地里拉出 100 个农夫 (威廉·莱格特写道),从柜台上拉出 100 个商人,来比较真正的自然高尚品格,在每一个主要的智力、体力和道德方面,何人不愿将卓越的奖励给予那些身体强健的乡下人,而非那些瘦削病态、因生意和利益得失锱铢必较患得患失而憔悴不堪的会计?

辉格党人将经济机会主义和新教道德准则相掺杂,因此把公众对财富的渴求与私人的伦理道德结合在一起,而民主党人则将公私区分开来,认为在公共领域由多数人的民主来支配, 在私人领域则实行自由放任。"让人民以他们喜欢的方式去做",成为杰克逊党人的口号。民主党人几乎将政治美德等同于民众的意愿,他们既不需要也不欢迎来自基督教的道德准则或者是基督教的影响。"宗教的目的是以来世的幸福来规范人的行为,"莱格特在 19 世纪 30 年代的《纽约晚邮报》的社论中宣称,而"政治的"目的则全然不同,"是以公众的幸福来规范人的行为"。

这并不完全是反宗教的立场,因为在美国有一些重要的宗教团体喜欢民主党人的程度甚于辉格党人。长老会守旧派则分裂为民主党人和辉格党人,通常是因为南部的守旧派将民主党视为保护奴隶制的政党而支持它,而北方的守旧派常常是文化意义上的托利党人,辉格党人没有提供他们渴求的那种旧世界的社会组织模式。与之相类似的是,圣公会高教会派不想让他们的教会与资产阶级的共和主义有任何瓜葛。"这种制度最大的特点就在服从——基于原则而不是方便之上的服从——存于品德和圣谕,而非人的教导,"高教会杂志《国教教徒》在 1831 如是说,因而他们完全拒绝按辉格派提出的在社会上向上爬,自我塑造的观点。同时,福音派浸礼会和卫理公会的极端分子也有充分的理由认同民主党, 因而莱曼·比彻认为康涅狄格的民主党"包括了几乎所有小的教派,还有不遵从安息日的人、卖朗姆酒的酒鬼、不信教者"。和南方守旧派一样,浸礼会和卫理公会的一般信徒都很害怕政治干预宗教事务,杰斐逊和民主党坚定地主张政教分离使他们有安全感,而不觉得这是在削弱他们的 "影响"。

卫理公会和浸礼会的教徒认同民主党还因为民主党重激情超过重理性。就像卫理公会和浸礼会都会毫不含糊地诉诸强烈的情感来吸引人,来表达他们的宗教信仰一样,民主党也因他们富有"激情"地鼓动民主而闻名。民主党的演讲手册建议演说家在演讲中采用"迅疾、打断、怒吼、声嘶力竭、颤抖"等手段。到田间地头开展竞选运动的民主党和卫理公会的牧师一样"脖子伸得很长,头向前倾,因为激情而时不时地点头还不由自主地颤抖"。安德鲁·杰克逊本人就是个长老会守旧派,他的"热情"行为让托马斯·杰斐逊都吓了一跳,"他的激情太可怕了",年迈的杰斐逊在与杰克逊会面之后说。"因为情绪激动,他简直没办法讲话,我看见他几次都想说点什么,可是由于愤怒什么都说不出来。"这可能不是杰斐逊不轻易撒谎的原因,然而对激情的美化使反宗教的民主党和信仰宗教的人形成了联盟。因此更虔诚的一部分——"激情"派和顽固的守旧派——成了民主党,而中产阶级的革新派和守旧派中更中立的福音派则支持共和党。

虽然这在美国宗教激进分子和杰克逊党人当中,确立了某种共同的目的,但是这远非促进公共"影响"的蓝图。从宗教内容上看,威廉·莱格特要求的是"宗教的完全自由贸易",这就是说不要道德上的关税,不要"政府任何种类任何程度的保护、管制或干预"。在莱格特看来,这种观念甚至波及感恩节的设立:"我们很抱歉,即使是这个唯一的例外也应该遵循完全的政教分离的原则……" 甚至在 1832 年霍乱大流行之中,杰克逊威胁否决国会关于设立进行禁食和祈祷的感恩节的请求。"当宗教离开心灵这个合适的所在,加入尘世的喧嚣,"1835 年民主党全国代表大会警告道,"就是超出了自身的权限,甚至会玷污其清白。"宗教道德事关个人判断;政治道德并非由道德行为的抽象标准来定夺,而是由民主的共同呼声而定。如果多数的民众倾向于废除银行,不理睬印第安人的条约,认可"军事首领"①不道德的专横,那么他们就有充分的权利去这样做。

辉格党人和民主党人都将自己视为自由的维护者,但是人们很快发现辉格党人将自由视为不受乡下人所信奉的地方主义限制的自由,而民主党人视自由为约束财富和权力之间强大联系的特权。约翰·L.奥沙利文主办的《民主评论》在 19 世纪 30 年代的一篇社论中,认为自由是对城市"强大影响"的反对,"在城市中,财富集聚,奢侈腐化,贵族习气和社会分野日趋严重,各种观念因各色人等汇聚一处而产生并且

---

① 指的是杰克逊总统。译者注。

被夸大……";纽约工会会员伊利·穆尔宣扬自由是对"导致这个国家贵族阶层形成的财富不适当的集中和分配"的限制。因此,对民主党人而言,自由是一种消极的、而不是积极的观念,它的目的是用来保护而不是谋取。

这样,辉格党的原则和欧洲自信且民族主义的中产阶级自由主义愈发相似,而民主党人则越来越成为以使用奴隶为基础的农业以及憎恨中产阶级雇主或者抵制强中产阶级道德文化的产业工人的代言人。正如丹尼尔·沃克·豪所指出的那样,辉格党人所推动的是经济多元化但文化一体化的社会;民主党人更加推崇经济上的平等和一致性,但是对文化、族裔和道德多元化的扩展持宽容态度。(就像马文·迈耶斯曾讲过的那样)在19世纪30年代的背景之下,可以说,辉格党人是具有乐观精神的政党,而民主党人是忧虑重重的政党。"(民主党)政府采取了守势,"奥沙利文在1837年写道,"在我们这样的行政体系中行动可能产生各种各样的后果,想要避免滥用职权和贪污腐化而保持绝对的纯洁,如果不是不可能,也有很大的难度,然而,只要毫不动摇就可以做到诚实正直,就可以高扬爱国主义主旋律,在精神上鼓舞所有人。"

当亚伯拉罕·林肯在1832年第一次参加政治选举,伊利诺斯的政治世界一定深陷于"游说、地方利益和政治冒险"之中。在整个19世纪20年代,伊利诺斯最强大的政治势力不是一个政党,而是准州的前州长尼尼安·爱德华兹家族。但是到了1832年,对全国的政治斗争产生影响的模式也在约束和限制州一级的政治活动。林肯非常认同从农业生活中解放出来、赞同社会流动性、并且同意挣工资的劳工是"改善境遇"的保证等观点,因此很容易推断出林肯的党派立场。"我一直是拥护老练的亨利·克莱的辉格党人。"林肯在1861年告诉约翰·迈纳·博茨,而且他从一开始就证明了这一点。

第二章

联邦的代价

1832 年 3 月 15 日，亚伯拉罕·林肯在创刊不久的《桑加蒙日报》发表了竞选纲领（后来以小册子的形式分发），凡是读过的人肯定会留下这样的印象，这一定出自一个彻头彻尾的亨利·克莱的追随者之手。"时间和经验已经证明，"他告诉将来可能成为他的选民的这些人，"改善国内交通是有利于公众的事业。"他认为桑加蒙县最需要"改善"的是深挖和疏浚桑加蒙河。"和这个县的其他人一样，在过去的 12 个月里我对这条河的水流状况给予了特别的关注"，林肯当时相信，加宽原有的河道并建筑堤坝，加之挖掘横穿蜿蜒曲折的"之字形急转弯"半岛的新河道，将使桑加蒙的航运"完全畅通"。他承认，他不了解这项工程的费用。但是他相信"桑加蒙河航运条件的改善对该地区的居民非常重要，也是他们十分渴望的事情"。毋庸多言，桑加蒙河的加深一定会给新塞勒姆的商业带来直接的好处，就像在别处修筑铁路或开凿运河会给其他人带来好处一样。

在新塞勒姆，这是一个有号召力的竞选纲领，林肯在公众面前演讲的天赋的充分展现，使得这个竞选纲领更具感染力。就像他过去爬上树桩模仿浸礼会的牧师和两年前所作的使约翰·波西大为吃惊的关于"桑加蒙河的航运"的"树桩演说"那样，林肯现在已经做好爬上四轮马车和店铺平台的准备，力争成为州议员的候选人。他在帕茨维尔的拍卖会上进行了第一次"政治演说"，这个演说已经体现了林肯成熟的政治风格的所有特点：幽默、明确的辉格党的经济计划和几乎像道歉一样的谦卑。30 年后，詹姆斯·赫登根据记忆几乎将这个演说复原：

公民们：许多朋友恳求我竞选议员。所以我决定这样做。我想你们都知道我是谁。我的名字是亚伯拉罕·林肯。我的政见没有长篇大论，而且令人倍感亲切，就像一个老妇人的舞蹈。我拥护国家银行、保护性的高关税和国内交通体系的改善。如果能当选,我将不胜感激。如果被击败,我会和过去一样,以劳作为生。

尽管看上去"高大、笨拙、而且粗鲁",林肯"男高音般的声调……富有穿透力的讲话方式,能够使他的听众清晰地听到他最低的声音,不管有多少听众都是这样"。当"他被提问时,他的回答总是个性鲜明、简短扼要、直截了当、与众不同,而且恰到好处"。

如果没有被应征入伍打断,林肯这次短暂的竞选活动会更加成功。在18世纪90年代,美国政府一直在努力清除原来的西北领地上的印第安部落,多数的情况下和他们缔结条约,有时也采用武力。许多部落以为1812年的战争为他们提供了反击美国人的机会,但实际上这次战争成了美国大规模清除印第安人的借口,不仅是在西北领地,密西西比和亚拉巴马领地上的印第安人也未能幸免。到1819年,基卡普、波塔沃托米和奇珀瓦等原有的伊利诺斯部落都不情愿地交出他们在伊利诺斯的土地,换得的是联邦在密西西比河以西的土地。但是1832年的春天,在经历了一个少有的严冬之后,2000名索克—福克斯印第安人在黑鹰的带领下,拒不承认他们在1804年和1816年签订的条约,再次跨过密西西比河回到伊利诺斯北部,收回了他们原来进行农耕和狩猎的土地。联邦政府集结部队,并在1832年4月14日征召伊利诺斯州的民兵服役30天。

伊利诺斯在1826年实行了民兵制度,要求"所有自由的男性白人居民"在当地的连队自行组织起来进行训练,并且装备武器。在通常的情况下,这些连队的成员只是每年一天进行一次例行公事的训练,大量荣誉性的军官职位被委任给州长的朋友们。但正是出于此种原因,这也是从事政治活动和博取爱国名声的重要机会,也许正是出于上述目的林肯参加了民兵,而且"出乎他的意料",被选为新塞勒姆连的上尉。在30年后,经历了难以计数的选举的林肯回忆道,"他在此之前从未成功过,这次成功给他带来了极大的满足"。

对他的政治前途而言,更重要的是,林肯上尉有机会结识了一些伊利诺斯政坛正在冉冉升起的明星:伊莱贾·艾尔斯,伊利诺斯中部的土地投机商;奥维尔·希克曼·布朗宁,他的装备齐全的连队后来和林肯的连队编在一起;约翰·托德·斯图尔特,这个衣冠楚楚的来自斯普林菲尔德的律师有广泛的社会联系,他是民兵旅的少校,而且当时是亨利·克莱的"美国体系"在桑加蒙县最具影响力的拥护者。应该特别指出的是,斯图尔特注意到了这个身材瘦长的民兵上尉,并有意将来在政治上进

约翰·托德·斯图尔特

行栽培。"当林肯做上尉时第一次引起了我的关注,"斯图尔特回忆说,"他当时受到关注,主要是由于力量过人,格斗和体育技巧高超……(但)也是由于他为人友善易于交往、而且喜欢讲笑话和故事的缘故。"

在那个夏天,林肯的士兵只是绕着伊利诺斯西北角手忙脚乱地追赶黑鹰的一伙饿得半死的余部。"林肯常常表现出参战的渴望,他想见识真正的战斗,"本杰明·欧文回忆道,"但是未能如愿。"由于林肯"拥有世界上最混乱的连队",如果和黑鹰真正交火并不会有好的结果。这支由新塞勒姆的乡夫野佬组成的连队没有经过训练,林肯自己对如何操纵这样的队伍知之甚少,他甚至不知道怎样把他们由纵队变成横队。但是在几次小规模的战斗后,黑鹰离开了伊利诺斯就近进入威斯康星,已经疲惫不堪的民兵们趁机宣布他们没有在伊利诺斯之外追捕黑鹰的义务。林肯新塞勒姆的小伙子们回家了,但是林肯留了下来,在一个骑兵连做普通的士兵。即使在那时也没有见到什么真正的战斗。那年8月份在威斯康星南部巴德阿克斯河的一场小规模的恶战之后,黑鹰和他减员严重的余部逃之夭夭,之后,林肯回到了新塞勒姆,重新进行竞选活动,他还是因为一枪未发而愤愤不平。

从长远的政治角度上看,林肯在民兵中的那段经历使其从中受益,但是对那个夏天的议员竞选而言,则是毫无用处。他不在的时候,《桑加蒙日报》无意中在受欢迎的候选人的名单中漏掉了林肯的名字,不得不匆忙把"新塞勒姆林肯上尉"加进了栏目中。由于在民兵中服役,在离开部队到选举日之间,林肯只有两个星期的时间匆忙进行面对面的选举活动。"先生们,我刚刚从战场上归来,"他在一个匆忙组织的竞选集会上抱歉地告知,"我看上去衣衫褴褛而且黯淡无光。我几乎和我在伊利诺斯的河岸边的草原和森林追赶的那些人一样肤色发红。"结果林肯在桑加蒙县仅仅得到了657张选票,在13个候选人当中排在可怜的第8位。令他略感安慰的是,家乡新塞勒姆选区的选民几乎全部把票投给了他,但是与林肯已经失业这个更为难过的现实相比,这个安慰显得苍白无力。奥法特的店铺已经倒闭,可能早在林肯当初去民兵服役时就已经关张,"他现在失业了,没有任何收入"。

奥法特的失败本应是对林肯的提醒,新塞勒姆永远不可能成为一个市场贸易中心,这个小村子没有任何前途。但是林肯在新塞勒姆的社会关系方面付出很大,他不愿意让他的努力付之东流。他(像他所写的)"渴望留在他的朋友们身边,这些朋友对他非常慷慨大度,特别是在他走投无路的时候"。林肯极不想被看成是抛弃新塞勒姆的人,他不明智地把当民兵时拿到的工资和在与黑鹰作战时州政府给的奖励,还有许多期票拿出来,购买了自己的店铺,他和当民兵时的密友威廉·贝里结为合伙人。"当然,"林肯后来写道,这两个合伙人"只是欠债越来越多"。

绝望之中的贝里和林肯申请把他们的商店改为酒馆——"一个普通的食品杂货店——出售威士忌的店铺"——尽管林肯自己讨厌一般乡村酒馆出售的那种烈性酒。实际上,生意很糟糕,在1833年5月,林肯的朋友们不得不给他找了个在新塞勒姆做邮递员的差事,这样他才能有点微薄的收入。但是,即使是那个"微不足道的"职位也不足以谋生,这些朋友说服桑加蒙县的测量员让林肯做助手,尽管林肯对测量几乎一无所知。这些都于事无补。1833年,"商店关张了",在1835年他的酗酒的合伙人死后,林肯发现他负担的债务总共超过1100美元——这是一个普通劳动者每年收入的四五倍。到1834年春,他在新塞勒姆的另一家店铺做伙计,同时干一些手边的零活,也偶尔做些测量的工作。

虽然经历了这些挫折,林肯还是个"很有抱负的人"。崇拜他的奥维尔·希克曼·布朗宁称其为"有远大抱负的人",而威廉·赫恩登后来评论道:"他经常做打算,常常预先进行计划。他的雄心就像一个永不停歇的小型发动机。"在得到他知之甚少的测量工作后,林肯毅然决然"购买了指南针和测链"并起劲地学习起权威的测量教程,埃布尔·弗林特的便于携带的小册子《几何和三角方法:兼论测量》(1804年出版),和罗伯特·吉布森的大部头《测量理论和实践:包括熟练测量必须了解的说明》(1803年出版)。到1834年1月,他已经开始为县公路委员会作了第一次测量;在随后的两年中,他为巴斯、塔卢拉、彼得斯堡、新波士顿等城镇用桩标出地界,并为越来越多的出高价的私人顾客做测量。测量是一项艰难的户外工作,林肯必须监督和管理由测链员、旗号员和砍木头的人组成的小组,而且土地测量必须符合严格的联邦土地测量通用的几何学标准,不管地形有什么障碍物。但是这项工作报酬高(县里每天支付三美元)而且精明的测量员有机会事先了解好的地块,自己购买后再转手出售。从事城镇测量经常可以得到规划中的城镇的地块作为额外报酬;如果这个城镇发展起来了,测量员得到的地块将升值数倍。据大家所说,林肯很快就成了一个熟练的测量员："林肯先生完全控制了划定地界的裁决权，拓居者之间发生争执的时候，林肯先生的指南针和测链常常能够圆满地解决争端。"

但是，对亚伯拉罕·林肯而言，在县里进行测量最大的收益是有机会和桑加蒙县各处的人们交往。"他在所到之处到处结交朋友，"约翰·托德·斯图尔特一直这样评论，而且"赢得了公正诚实、善于演讲的名声"。1834 年夏天，他再一次从桑加蒙县宣布竞选州众议员，这次"因为他在县里的地位，特别是他在黑鹰战争中担任上尉带来的声望"，林肯在 13 个候选人名单当中排名第二。他和排名第一的候选人只差 14票，这足以使他获得州众议员的席位。

在另一个桑加蒙的众议员的印象中，林肯"穿着长袜，六英尺四英寸高"而且"耸肩驼背"。

他腿长脚大；胳膊很长，比我所知道的任何人的都要长。当站直的时候，让他的胳膊在身体两侧下垂，他的指尖能够碰到腿部的位置要比其他人低将近三英寸……他的眼睛棕色中带蓝，他的脸部狭长而且非常消瘦；在放松的时候，（他）没有任何表情，但是他在活跃的交谈中或是讲述的时候，或者听到搞笑的故事时，他便喜笑颜开，妙语如珠……他的眼睛闪闪发亮……所有的一切在毫无拘束的大笑中结束，在场的人不管喜欢与否都被迫参与其中。

他债务缠身，买不起一个具有一定地位的政坛人士的得体衣装。但是他能够借到足够的钱买一套"很体面的斜纹布套装"（因为"亨利·克莱曾穿着斜纹布套装前往国会"以此表明"穿着国产制成品的保护主义观点"，后来"这成了辉格党的装束"），11 月 28 日，他和其他来自桑加蒙县的议员们乘着马车参加州长在州府万达利亚召集的第九届会员大会的一次特别会议。

"没有什么……造成了这样一种根深蒂固的罪恶"，安德鲁·杰克逊写道，像"国会创立的国家银行那样"。杰克逊痛恨的不仅仅是被它的支持者称为第二合众国银行的机构。对杰克逊而言，一般来说，建立银行是个坏主意，因为银行只是危险的商业冰山的一角，这个商业冰山包括国家许可的公司、由纳税人资助的"国内交通改进"的计划、联邦对州事务的干预以及亨利·克莱对独立的美国农民的安全造成威胁的一整套可憎的"体系"。

但是在杰克逊的印象中，第二合众国银行已经成为巨大的难以根除的祸害。在那里,贪婪的私人投机者利用政府的信誉来累积财富的集中,这种财富的集聚是腐败的行为,不值得信任,然后把财富转成"纸币体系",变成银行纸币(可以代表银行硬币存款的实际价值,并被借贷出去赚取利息来为经济发展提供资金),然后银行纸币变成公司的股票和债券(公司经常接受纸币来汇兑股票和债券,这样就产生了双重的欺骗行为),和抵押借款(诱使单纯的农民追求过多的土地和商品)。"如果你的货币一直和现在一样都是纸币,将会滋生坐享其成聚敛财富的渴望,"杰克逊的语调就像守旧派的预言家,"这将增加依靠银行的贷款和银行的恩惠的人的数量;不惜一切代价赚取金钱的诱惑将越来越强烈,最终将导致腐败,腐败会渗入你们的政府机构并且在不远的将来,破坏你们政府的纯洁。"上述表述主观色彩浓厚而且夸大其词,但至少在以下方面是正确的:银行是资本主义的水泵站。当1832年第二合众国银行傲慢无礼地在国会亮相,要求再次得到许可时,自然成了杰克逊特别的目标。

杰克逊试图尽可能多地斩断这个多头银行怪兽的头颅,所采取的第一个步骤便是否决了国会给予第二合众国银行的许可,此举令人震惊。但是辉格党对杰克逊反对银行的行动表示强烈的不满,叫嚣这个"军阀"和他的政党"将使人们无法安全享有财产",并"把一个充分自由和充分平等的政府变成专制、腐败、混乱的系统,必然导致绝对的独裁统治"。而且令杰克逊大为沮丧的是,受他控制甚少的州议会马上授权成立了200家新的州银行来填补第二合众国银行留下的空缺,这些银行轻率地发行了数量众多的纸币,以至于货币供应由1.72亿美元激增至2.76亿美元。不管他是否愿意,以现金为基础成立的新公司和对国内交通改进计划的资助开始运作。

让杰克逊更头疼的是,从19世纪20年代开始,西部各州的议会一直在请求联邦政府将联邦在各州拥有的土地出售或分配给州议会,各州出售土地获取的资金可以成立更多的银行并且资助更多的国内交通改进项目。杰克逊怒气冲冲地说:"这些具有欺骗性的计划表面上是出于公众利益、州的利益和荣誉,""纸币体系及和它紧密相连的垄断和独占的特权"将"使联邦和州身陷重围,"在权力和自由之间不平等的斗争中,"农民、技工和劳工阶层"将"不断面临丧失他们对政府的公正的影响的危险,而且很难维护他们的正当权利"。

正是由于上述原因,当1834年11月末桑加蒙县新当选的州议员在万达利亚走下马车的时候,如果安德鲁·杰克逊在场,他不会喜欢在亚伯拉罕·林肯那里见到的东西。这不仅是因为林肯"坚决拥护辉格党的信条",和他为"由政府推动全国性的货币和国内交通改进,鼓励国内制造业"进行"强有力并且有说服力的"辩护的能力,而且也因为他和约翰·托德·斯图尔特站在了一起,斯图尔特是"该州最有能力也是最能干的陪审团律师",也是桑加蒙县永不满足的辉格党政治领袖。自黑鹰战争以来,斯图尔特就一直关注着林肯,他邀请这个身材瘦长的政坛新手和他一起来到房间,让林肯做他在议会的秘书之类的工作,并成为辉格党在州议会利益的代表。也许也是斯图尔特帮助林肯和《桑加蒙日报》签约,成为该报在万达利亚议会的通讯员,为林肯提供了在"数百个"未署名(猛烈攻击民主党)的政治社论中展示他的模仿天赋的机会。

最重要的是,斯图尔特逐渐安排林肯成为辉格党行动纲领的代言人。"林肯在基层会议上毫无作用,"威廉·巴特勒回忆道,但是"林肯和民主党一边的(厄舍·)林德在议会里为我们演讲,是我们依赖的两个主要人物。"事实上,林肯在州议会的椅子还没坐热,便提出议案,"应该告知我们的参议员,要求我们的众议员,利用他们在美国国会的全部影响"来推动伊利诺斯州联邦持有土地的销售,并确保伊利诺斯得到收入的20%。林肯也知道如何使用这些收入。他所提出的第一个议案是国内交通改进的措施——批准"在桑加蒙县的索尔特河上"建造一座收费的桥梁——他还支持"组建比尔兹敦和桑加蒙运河公司的法案,"还有州内公路扩建延伸的五个议案,以及新建一条将沃巴什河与密西西比连接起来的东西走向的道路。

但是林肯支持的规模最大的国内交通改进措施是修建伊利诺斯和密歇根运河,这是第九届会员大会的中心议题。在伊利运河最初成功之后的十多年时间里,从事贸易活动的企业家们一直在呼吁建造一座将伊利诺斯河上的拉萨尔镇和密歇根湖畔的乡村芝加哥连接起来的主要运河,在五大湖和密西西比河之间开通水路。更重要的是,通过五大湖和伊利运河,建立起伊利诺斯中部的农场主与东海岸市场的联系。约瑟夫·邓肯州长这个改弦易辙的杰克逊党人,极力拥护伊利诺斯和密歇根运河的修建,邓肯还召集了包括林肯在内的专门立法会议,主要目的是为了获得议会的批准并且得到修建运河的土地拨款。他一定从林肯那里得到了他需要的帮助:当1835年2月9日众议院对建造运河的议案进行投票表决的时候,林肯和斯图尔特,还有两个来自桑加蒙县的众议员,加入了支持交通改进的多数派,这个关于运河的议案以40票赞成12票反对的极大优势得以通过。

在就运河议案投票之后的四天后,议会正式休会,林肯回到了新塞勒姆,结束了他的第一次议员经历。这种反差一定是痛苦的:林肯在两个半月的时间里,见证了重要的州政治活动的最激烈的时刻,当他帮忙把不思悔改的民主党人杰西·B.托马斯提出的连续七个决议转给委员会时,他甚至感受到了全国性政治辩论的味道,这些决议号召铲除第二合众国银行并赞扬安德鲁·杰克逊反对"没有灵魂的公司"的行动。在新塞勒姆,林肯必须参与的全部事情包括枯燥乏味的邮递员工作,更多的测量县里公路的工作,还要偿还店铺经营失败欠下的债务。林肯的一些债主也很快提醒他还债:他回到新塞勒姆仅一个星期,县治安官便没收了林肯的马匹和测量工具并将其拍卖,用以赔偿一个失去耐心的债主。如果他没有领取议会 258 美元的薪水,如果没有好心的邻居帮他买回了他的工具,林肯将失去所有的谋生手段。

1835 年夏天的多数时间林肯花在了测量工作上,几乎把新塞勒姆邮局的差事放在脑后;既然杰克逊将军想要开除不忠诚的政府雇员,即使是那些最小的职位也不放过,如果林肯的友善没能使当地的民主党人为他保密的话,也许他甚至会丢掉那个工作。但是那个善意之举没有在他的心目中留下深刻的印象,12 月 7 日第九届会员大会在万达利亚再次召开第二次会议。在此次会议上,林肯不仅投票支持伊利诺斯和密歇根运河议案的第三次和最后的宣读会,而且向众议院提交了议案,建议成立桑加蒙河谷运河公司,为伊利诺斯中部的一些销售和出口公司以及新的南北走向的伊利诺斯中央铁路发放公司执照。

很明显,林肯努力使自己成为增强桑加蒙县和全国市场联系的促进者,因此他在那个夏天毫不费力再次当选,他的竞选纲领明确号召"分发出售公共土地给各州所得到的收入,使我们州和其他州一样,开挖运河修筑铁路……"斯图尔特在此时参加国会议员的选举,这样林肯成了由九个人组成的桑加蒙代表团的领袖(这九个人个子都很高,因此得到了"九个高个子"的绰号)。林肯从他的政治引路人那里学到了很多,他帮助回击好斗的民主党人对伊利诺斯和密歇根运河议案的抨击,并倡议发放更多的公司许可。

林肯还奋起捍卫在伊利诺斯还是准州的时候已经建立的伊利诺斯州银行,面对杰克逊反对银行的怒潮,该银行在全州扩大了已被否决的第二合众国银行无法再提供的商业信贷。在他迄今最长的正式演说中,林肯攻击了批评银行的民主党人。林肯宣称,银行带给伊利诺斯人民的只有好处:"银行使他们农产品的价格翻了一番,在他们的口袋里装满了可靠的流通工具"(也就是银行的纸币)。"伤害州银行的信用,"林肯警告道,"你将会使那些诚实而且无戒心的农民和技工口袋里的纸币贬值"——也就是说,林肯现在和辉格党的从事商品农业生产的农民和城市里挣工资的人站在了一起。

伤害州银行还将使林肯参与的规模最大的立法项目遭受重创，这项全面改善交通的议案不仅（通过州债券的销售）为资助伊利诺斯和密歇根运河借了850万美元，还为修建伊利诺斯中央铁路系统和疏浚挖深沃巴什河、罗克河、卡斯卡斯基亚河和伊利诺斯河等河流划拨了1000万美元，此外还给运河和铁路无法到达的地区的小型项目拨款20万美元。"到处都是铁路，"一个辉格党人诙谐地说，"到处都在召开关于铁路的会议，本州将变成一个网格状的烤架。"

对林肯而言，斗争在多数情况下都很艰难。辉格党人在州众议院在数量上是少数派，而且许多议员对在一个需要很多年才能完成和获利的项目上投入巨资心存疑虑。但是，在伊利运河和东海岸铁路公司的成功的刺激下，伊利诺斯民众"改进交通的狂热"和建立"本州的改进交通体系"的要求，变得"几近癫狂"。在议会会议开幕期间，万达利亚召开了为期两天的"改进交通"大会，甚至像万达利亚《州记录报》这样的一贯支持民主党的报纸也敦促读者"推选能够筹措资金改进交通的代表"。即便如此，第十届会员大会还是延期到3月，在林肯的努力下，全面改进交通议案在众议院以61票支持25票反对的优势得以通过，并开始发行债券。"如果没有林肯宝贵的帮助，我很怀疑这项议案能否像这样轻易得以通过。"运河项目发起人之一格登·哈伯德这样评论道。

但是，对林肯来说，胜利的到来是甜蜜的。在他身上刚刚发现的调度政治力量的能力，使林肯作为"公认的辉格党领袖"在众议院脱颖而出（据当时在伊利诺斯参议院任职的杰西·杜波伊斯所言），而且为他"在本州公认的辉格党领袖中"占了一席之地。正如《桑加蒙日报》预示的那样，全面改善交通的法案将确保林肯和其他所有"曾在该法的提出和推动方面表现出众的"辉格党人"在将来作为有功之臣载入史册"。他将不会返回新塞勒姆。他已经付清了欠款，现在这个小村庄正无可挽回地衰变为一个鬼城。在第十次会员大会的重要会议结束后，他打点仅有的一点行装，于1837年4月永久迁到桑加蒙县的县城斯普林菲尔德，这里也是他的政治引路人斯图尔特的活动中心，伊利诺斯州辉格党人占优势的地方。他将不再从事测量工作。在议会任职的经历使他接触到立法者和立法的过程，从中他了解到了伊利诺斯的权力分布情况和前途所在。

1837年4月12日，《桑加蒙日报》的一则短小的广告宣布"J.T.斯图尔特和A.林肯律师兼法律顾问，将在巡回法庭执业"。在斯图尔特再次帮助下，亚伯拉罕·林肯成了一名律师。

和许多其他事情一样，是约翰·斯图尔特在1834年林肯第一次成功竞选州众议员的时候"在私下的交谈中，""鼓励林肯学习法律"。林肯可能在很久以前产生过当律师的念头，甚至还在印第安纳的时候，当奥法特在新塞勒姆经营的店铺失败后，这个想法再次出现。但是他认为"如果没有更好的教育他不能成功"，所以在参加黑鹰战争之前没有付诸行动。尽管林肯缺少"教育"，斯图尔特在黑鹰战争期间初次提出了当律师的建议，后来又在1834年力劝林肯，最终说服他尽力尝试从事律师职业。

林肯所需要的教育比他意识到的更加缺乏，尽管这一点在开始的时候并不明显。在19世纪30年代，学习法律就是到美国七所进行正规法律教育的大学上法学院；这些大学仅有三所位于西部，而伊利诺斯一所也没有。任何的正规职业教育只是自行其是，更不必说法律，想要做律师、医生或者牧师的爱冒险的学生所接受的大部分教育是在本科阶段进行的，然后他们跟随有经验的从业者学徒。从1830年到1850年，芝加哥44名律师当中仅有4人上过法学院。

林肯与众不同之处并不是他没有接受过教育——他小时候所受的教育与很多同行相比并非相差很多——但是他从来没有上大学的"资格"。（林肯在1861年评论道："那是我常常感到遗憾的事情。"）他只是后来从斯图尔特那里得到过很少的关照。但是，正如威廉·赫恩登后来所写的那样，林肯"对自己极为自信"而且"认为他能做其他人能做或者想做的一切事情"。由于他曾通过读书学习了测量，他以同样的方式学习法律。"他从斯图尔特那里借来了书，并把这些书带回家，然后极为认真地读了起来，"并且在斯普林菲尔德的拍卖会上"买到布莱克斯通的旧版书……回到新塞勒姆之后，以他特有的干劲研读这部著作"。

威廉·布莱克斯通爵士关于英国习惯法的《评论》是内战前所有学习法律的学生的主要教材，26年后，林肯仍然向询问者建议"从布莱克斯通的评论开始"准备学习法律。作为提供给不了解法律但具备一定的推理和判断能力的读者的著作，布莱克斯通的《评论》的优点突出（书中的内容是一系列的专题讲座，而不是抽象的论文）；然而其缺点是这些讲座针对的是英国革命前的读者群，他们把国王的统治、国教至高无上的地位以及上帝的自然法当做理所应当的事情。美国革命者在反抗专制的过程中，强烈要求以受大众欢迎的成文法取代英国的习惯法，并急于找到替代布莱克斯通的著作。纳撒尼尔·奇普曼的《民众政府原则概略》（1793年出版）抨击布莱克斯通的君权思想"在一个民主的共和国中……根本无法接受，"托马斯·杰斐逊在1821年指责布莱克斯通使司法界"滑向托利主义"。

然而,放弃布莱克斯通和英国的习惯法传统并不像看上去那么容易。如果说推翻英国的君主仅仅是以十三个单独的拥有主权的地区取而代之,那么无论从法律上还是从政府上,都会产生一个主要的问题,即美利坚合众国作为一个整体应该在法律上拥有怎样的主权。联邦宪法是确立联邦政府拥有全国范围的主权的一个步骤;与之相配合的是,从 1790 年詹姆斯·威尔逊的《法律课》开始,那些具有民族意识的律师努力把布莱克斯通通俗化,将他的主权思想让渡给和州的身份无关的普遍意义的美国人民。像查尔斯·汉弗莱斯和蒂莫西·沃克这样的杰斐逊派的律师仍然批评布莱克斯通的影响。但是当林肯在 1834 年在拍卖会上买到《评论》一书时,布莱克斯通的这本书已经有 16 种美国化的版本,包括休·亨利·布拉肯里奇、圣·乔治·塔克和约翰·里德的著作都可以得到,这些著作为美国读者"作了众多的修改并增加了内容。"

英国自由主义者杰里米·边沁的法律功利主义是美国化的布莱克斯通理论的主要替代品,边沁在林肯开始学习法律的两年前已经去世。在边沁看来,布莱克斯通对君主政体和自然法的依赖是求助于虚构的东西,他建议以建立在"实用"的完全非宗教的基础上由立法者通过的具体法规来代替传统的习惯法,他所说的"实用"指的是"最多数人的最大幸福"。但是边沁的实用主义也坚持所有的政府必须具有重要的"绝对权威,"因为"如果不受惯例规定的具有绝对权力的一个机构的规制,集合在一起的人们便无法在政府统治的状态下生存"。由于这个原因,边沁的实用主义对宣传边沁的《立法理论》的理查德·希尔德雷斯、威廉·比奇·劳伦斯和爱德华·利文斯顿(他为路易斯安那州编写了边沁的法典,该州从来没有实行英国的习惯法)这样的不受宗教约束的辉格党人具有特殊的吸引力。

然而,像希尔德雷斯这样的不受宗教约束的辉格党人仅仅代表少数的辉格党人,在 19 世纪 30 年代,没有证据表明林肯对实用主义的了解程度超过了威廉·佩利。因此,林肯是从布莱克斯通那里,也许还有另外两个赞同将布莱克斯通美国化的辉格党人约瑟夫·斯托里和约瑟夫·奇蒂的论述中开始学习法律。(他在 1858 年和 1860 年向渴望提高自己的律师推荐的 19 世纪 30 年代已经出版的五本基础教材中,包括斯托里的《论英国和美国实行的公平法理学》和奇蒂的《实用辩护论》。)

这不足以使林肯对法律产生深刻的认识,但对于开始根据一本法律规则的书拟定简单的契约和合同而言已经足够,在一年半后,林肯在桑加蒙县申请了律师许可证。他只需展示具有基本的法律知识并且提供没有犯过重罪的证明,1836 年 3 月 24 日,一个"道德表现良好"的证明在桑加蒙县巡回法庭存档之后,1836 年 9 月 9 日,

林肯在斯普林菲尔德的故居

当林肯再次入选第十届会员大会之后，他得到了律师许可证。（但是直到 1837 年 3 月 1 日法律上允许他收费时，才正式注册。）

与此同时，林肯继续从事测量工作，同时等待第十届会员大会在万达利亚召开。如果斯图尔特没有在 1837 年 3 月会议结束时建议林肯到斯普林菲尔德和他在那里做固定的律师合伙人，林肯可能仍然从事测量工作。已经“全面开展律师业务”的斯图尔特 1833 年之后失去了亨利·E. 达默（一个哈佛法学毕业生）这个律师合伙人，因为他一直推举林肯在政治上的发展，所以对斯图尔特而言，帮助这个缺乏经验的律师在斯普林菲尔德自己的羽翼之下平稳起步也在情理之中。

斯普林菲尔德仅在 1821 年被定为桑加蒙县政府所在地，当时有一个 20 平方英尺的圆木建成的法庭和一个监狱，当地居民数量还不到一打。在 1823 年卫理公会的福音传教士彼得·卡特赖特第一次骑马来到此地的时候，这里仅有“一些冒烟的、仓促修建的木屋和一两幢被称为‘商店’的小房子……”但是位于斯普林菲尔德中心的法院使其成为磁石，吸引着 “来自肯塔基和大西洋沿岸各州不甘于现状的人们……年轻的医生、律师、农民、技工，这些人找到市镇和所从事的工作，进行土地投机，开始构建社会”。到 1835 年，斯普林菲尔德的居民已经接近 1500 人，具备了一个市场城镇的所有外部标志：19 家干货店、6 家杂货店、4 家药店和衣帽店，出售来自新奥尔良、纽约和费城的玻璃、瓷器和鞋帽，还有 18 个医生和 11 名律师。一个砖结构的长老会教堂落成，牧师是普林斯顿神学院的毕业生，随后在 1835 年建成了长老会第二教会，还有由伊利诺斯精力充沛的主教菲兰德·蔡斯创立的圣保罗圣公会教会。神学、法律、政治和小说的读者可以在威廉·曼宁的书店里得到满足；伯查尔书店经营的流动图书馆则提供“斯科特、库珀、欧文、马里亚特、鲍沃尔、菲尔汀和斯摩莱特”。

在斯普林菲尔德学院、斯普林菲尔德女子学校、技工协会、桑加蒙县演讲厅和斯普林菲尔德青年学会，也可以很容易学到这些阅读的内容，并就此展开讨论，在这些场所，"关于医疗职业的责任"（1833 年 12 月）的演讲和对"死刑应该废除吗"（1836 年 2 月）问题的辩论交替进行。

虽然斯普林菲尔德这样小，却让林肯感到畏惧。搬到那里还不到一个月，他承认"我在这里非常孤独，和我在任何地方感受一样……我还从未去过教堂，也不可能很快就去。我不去教堂是因为我感到我不知道怎样才是举止得体"。但是据一个斯普林菲尔德的律师所言，林肯"所到之处，所

乔舒亚·斯皮德

作所言都给人留下受欢迎的印象"。这种情况与在新塞勒姆相比更为真实。"有权有势有钱的朋友们一直在帮助他，" 威廉·赫恩登在许多年后写道，"他们为了争着帮助林肯几乎打了起来。"到达斯普林菲尔德的第一天，他走进阿布纳·Y. 埃利斯的商店打听买床铺被褥的事情，一小时之内，埃利斯的合伙人、一个名叫乔舒亚·斯皮德的来自肯塔基的移民，把商店二楼阁楼的房间给林肯居住。斯皮德很快成了林肯最亲密的朋友，因为林肯具有"抽象而冷静的头脑"，一些有抱负的年轻律师——县法院的助理办事员詹姆斯·马西尼、斯图尔特办公室的职员米尔顿·海、在 1838 年从普林斯顿毕业后加入这个小圈子的詹姆斯·C.康克林、埃文·巴特勒"和法院的其他的常客"——渐渐聚拢在斯皮德和林肯的周围。因为斯图尔特和林肯的办公室与马西尼的办公地点在同一幢楼内（位于在州议会广场西北角由一排店铺组成的"霍夫曼街"），马西尼的办公室成了"一种诗歌社团"或是"辩论或文学社团"的总部，"一个月一次有时两次通常在（马西尼的）办公室见面"。林肯好像为社团的非正式见面写诗，并且讨论法律和政治。

但是林肯讨论的其他问题更为敏感，并很快表明林肯不去斯普林菲尔德的五家教会和社交上的不适应几乎没有关系。"我想我第一次见到林肯先生时，他对于基督教的真实性持怀疑态度"，斯皮德回忆道，"当大家无事可做时"，（据马西尼所言）林肯"会谈论宗教——拿起《圣经》——读上一段——然后进行评论——在理性的立场上揭露其虚伪和荒唐。"这是启蒙运动的观点，阿布纳·埃利斯将此观点归结于

林肯阅读了"一些汤姆·潘恩的著作"。"林肯热衷于不信上帝的观点。"马西尼接着评论道。"林肯对基督教的信仰——和教义及原则的反对比我所听到的任何人的观点都更激烈:他使我感到震惊。"马西尼特别记得林肯称"耶稣是个杂种"而且"经常否认耶稣是上帝的救世主"。如果他有什么信仰的话,他"信仰的是法律——原则——因果关系——哲学"。但是他"没有基督教意义上的信仰"。关于林肯"不信上帝"和"自然神论"的传言在斯普林菲尔德已经妇孺皆知,"许多宗教团体——信仰基督教的辉格党人由于这个原因不愿为林肯投票",因为林肯胆大妄为怀疑宗教的辉格主义观点对辉格党与新教福音派教徒结成的政治同盟造成了威胁。

他在议会极力维护斯普林菲尔德公民的利益使其免遭更严厉的反对。自从1832年之后,将州府迁离万达利亚州议院的蹩脚建筑的压力,甚至对万达利亚这个城镇的压力,越来越大,桑加蒙县的人口和贸易实力的快速增长,为桑加蒙县代表提出的将州府迁往斯普林菲尔德的呼吁增加了分量。万达利亚试图建造新的州议院来阻遏这股潮流,但无济于事,此项工程在会员大会第一次会议(会议上采纳了全面改善交通的议案)之前尚未完工,此次会议撤销了将州府固定设在万达利亚的法令,并经过6个星期的讨论决定选择斯普林菲尔德为新的州府。在这场辩论中,斯普林菲尔德一方由林肯负责,他"是将政府所在地迁走方案的牵头人",斯普林菲尔德方面"对他负责给予了完全的信任"。林肯不仅驳回了随后几次为撤销迁走州府所作的努力,并且在为斯普林菲尔德筹集建造新的州议会大厦所需的5万美元政府资金的过程中发挥了重要的作用。

位于斯普林菲尔德的伊利诺斯州议会大楼

林肯在他的一生中第一次发达起来。作为约翰·托德·斯图尔特的合伙人,林肯所参与的业务已经成型而且相当赚钱,斯图尔特对林肯的慷慨非同寻常,他同意把合伙人收费所得平均分配。尽管斯图尔特和林肯多数的案件都是些不大的诉讼——非法侵入、收回不

动产诉讼、拒付、诽谤、离婚、养老金诉讼——收费不多,从 5 美元到 20 美元不等,合伙业务的数额(是斯普林菲尔德其他合伙业务数额的两倍)给林肯带来每年约 800 美元的可观收入,也使他有可能最终偿还新塞勒姆的债务。他甚至开始涉足房地产投资,在计划修建的比尔兹敦运河(斯普林菲尔德北边)的航线附近购买了 47 英亩的土地,并在 1836 年购买了斯普林菲尔德的两块地,又在 1838 年买了两块。

另一方面,要挣到做律师的酬金需要林肯付出极大的努力。桑加蒙县巡回法庭每年有两周的时间在斯普林菲尔德开庭,斯普林菲尔德的律师没有人幻想仅靠这两周审理案件所获的酬金过活,所以林肯和斯图尔特不得不跟随着巡回法庭的法官跑遍面积广阔的第八司法巡回区大大小小的法庭,参加在那里举行的听证会。

议会于 1839 年 2 月成立的第八司法巡回区最初包括桑加蒙、梅肯、麦克莱恩、塔兹维尔、默纳德、洛根、戴恩和利文斯顿等县;该司法巡回区定期重组并扩大范围,到 1845 年,已经覆盖 15 个县,将近占伊利诺斯州总面积的五分之一。由于县府之间相距遥远,巡回法庭法官被迫在伊利诺斯中部的草原上在一个不规则的环形路线上缓慢前行,草原上"没有人烟,简直就像创世之初那样荒凉",骑着马在几个星期内从一个法庭到另一个法庭,直到完成巡回。这个过程每年要进行两次,通常是从 3 月中旬(当联邦法院在斯普林菲尔德开庭结束时)到 6 月中旬,然后从 9 月初到 12 月初,在冬天乡村道路无法通行。当他们外出活动时,第八司法巡回区像纳撒尼尔·波普这样的法官跟在律师们的后面,这些律师大多"骑着马带着鞍囊"结队出行,"常常横穿大约 10 到 20 英里甚至更大的杳无人迹的草原"。

这些周游四方的律师组成了自己的小团体,他们在单调孤独而且没有尽头的旅途上聚在一起,在有法庭的小镇上停留两到三天,联系当事人、宣誓作证或者发表声明或者与证人面谈,他们一起进餐,常常在满是跳蚤的寄宿房间共寝。"一般而言,他们的文化程度不是很高,但是他们的素质要高于所受的教育——这是一种天然形成的未加雕琢的自然状态,"威廉·赫恩登回忆道,"他们有远大的抱负,浑身上下洋溢着男子汉的精神、健康状态和力量;他们来到这里为了向上发展而打拼,他们确实很拼命;他们在法庭和讲演台上会面,像勇敢的男人那样通过斗争来解决纷争。"然而,"这些男人在私下里一直是朋友,彼此之间没有恶意",正是在这种带着粗野的友善的氛围下,"虽然态度粗鲁,但友善而亲切"而且"法官和律师之间的关系很好",林肯感觉像在家里一样。他第一次发现了一个值得尊敬的平等社会,并对此惊叹不已,在多年以后,他在人们中的印象是唯一喜欢骑着马巡游的斯普林菲尔德律师,他在春天和秋天两段巡回法庭开庭期都骑马出行。"我觉得林肯先生很快乐——在巡回法庭上开心至极，"戴维·戴维斯法官回忆说，"这是他的欢乐之地，在其他地方并非如此。"

林肯与伙伴们交际融洽，他非常适合做律师。林肯的思维"数学般精确"，伊利诺斯习惯法的诉状极为关注细节，使林肯形成了严格的逻辑思维，他对于表达的精练、连贯和清晰的热衷几近狂热。"他的陈述非常清晰明了，"19世纪30年代和林肯一起担任州议员的约瑟夫·吉莱斯皮回忆道，"他讨厌修饰和铺陈之类，仅限于不加渲染清晰地陈述自己的观点，然后马上以极具说服力的逻辑阐明观点。"林肯决心把任何问题都以精确而有逻辑性的陈述表达出来，有时这使他深陷其中，威廉·赫恩登记得有些时候仅仅为找到恰当表述的准确词汇，林肯在地板上踱来踱去，几个小时眼睛紧盯窗外，或者因高度专注而变得难以相处。但是，像和林肯一起骑着马四处巡回的伦纳德·斯韦特回忆的那样，这种投入带来的回报是，"当林肯陈述一个案件时，常常事半功倍"。"他对案件的陈述十分擅长，"艾萨克·阿诺德同意这种观点："不管有多复杂，他会将其分解，以简洁清晰、所有的人都能理解的方式提出真正的问题。实际上他的陈述常常使得辩论变得没有必要，法庭经常会打断他：'如果是那样的话，林肯兄弟，我们下面听听对方的观点。'"

林肯对于被斯韦特称为"他清楚而明晰的陈述"的强烈追求并非无本之木，超常的记忆力使林肯能够轻易掌握诉讼的技术细节。"如果我喜欢一件事，"林肯多年之后说道，"一旦读过或听过之后便可牢牢记住。"大体而言，他曾经告诉乔舒亚·斯皮德，他"学东西很慢"，和他在一起的多数的律师认为林肯"从来没有花很大气力阅读"法律书籍，更喜欢埋头读诗歌或者戏剧。斯图尔特记得林肯"在巡回法庭上带着……像莎士比亚这样的书"，还有埃德加·艾伦·坡（林肯"读过《乌鸦》①并爱上了这本书……一遍一遍反复阅读"），戴维斯和斯图尔特回忆林肯学过"欧几里得几何学——这种精确的科学"，甚至"在巡回法庭上学习拉丁文语法"。

但是如果说他在学习方面速度缓慢而且并不系统，他也"很难忘掉学过的东西……就像一块铁，很难在上面刻上任何东西，但刻上之后几乎不可能擦掉"。所以，林肯几乎能够马上回忆起日期、人名、地名和面孔。（1855年，当一个人写信请求辨认曾

_____

① 埃德加·艾伦·坡的作品。译者注。

在黑鹰战争中在新塞勒姆连服役的克拉迪·巴尼特时,林肯的回应是他"个子矮小,脸上有伤疤,和我年纪相差不大"。)他能够认出好久不见的熟人、长篇背诵彭斯、拜伦或者莎士比亚的作品,甚至(赫恩登有一次见到他)"写了一篇讲稿……然后逐字逐句地重复一遍,而且毫不费力",林肯能够用这些本事给身边的人带来快乐。罗恩·赫恩登相信林肯"在我所认识的人当中记忆力最好,他简直是过目不忘"。

这种"极为持久、牢固而且强大的"记忆力使他向对方证人的反讯问极具杀伤力,因为他能够通过错综复杂令人迷惑的提问,在头脑中掌握证人证词的线索,然后,当证人前后不一或者彼此矛盾的证词表明他在作伪证或者撒谎时,他便恶语相向。在做律师和从政的初期,林肯获得了执意进取的名声。"我无论如何都不会放弃诉讼,"他在 1845 年告知一个当事人,"如果他们愿意就让他们起诉。即使是诉讼的关键之处对你不利,他们也会遇到不少小小的障碍,他们并没有把握获胜。"

他嘲讽别人的天赋使他在政治斗争中令人恐惧,他使用"智慧、趣闻轶事和嘲讽,直到他的对手被完全打垮"。根据斯蒂芬·洛根的回忆,林肯"一直非常独立而且心地善良",但是"当他被激怒时",林肯"暴跳如雷……在那些时候他很容易向人发起攻击"。他在 1840 年对杰西·B.托马斯充满敌意的杰克逊主义大加嘲讽,搞得托马斯"像一个婴儿那样号啕大哭,然后(他)离开了会场"。听到埃德蒙·"迪克"·泰勒这个由商人变成政客的民主党人责骂辉格党为"贵族阶层"后,林肯伸出手,撕开泰勒的马甲,发现一件很不民主党的"褶裥饰边的衬衫"的绲边和"重重垂下的刻着大印的金表"。

(林肯宣称)泰勒上校乘着舒适的马车,戴着小山羊皮白手套,拿着金头手杖,店铺遍布全县的时候,他这个穷小子在一艘平底船上干活,每个月挣 8 美元,仅仅有一条鹿皮做的裤子……如果你把这叫做贵族阶层,对于这项指控我承认有罪。

詹姆斯·马西尼说,这"对于善良的人来说太过分了——不管是民主党人还是辉格党人——他们捧腹大笑兴奋异常"。

林肯嘲讽的技巧在法庭上派上了用场。一个叫霍勒斯·怀特的记者认为,"没有人比林肯更知道如何将事情向有利的方向转变……在利用这样的有利条件方面没有人比林肯的速度更快,如果是以诚实的方式进行的话。"艾萨克·阿诺德记得,他的模仿天赋让"整群人笑得在椅子上坐不住","在对证人进行询问和反讯问方面,没有人比得上他"。"他能迫使要撒谎的证人说实话,撒谎的证人难以在林肯的反讯问下自圆其说。"如果证人或者对方律师很难对付,林肯会用无关紧要的事在陪审团面前插科打诨。一位斯普林菲尔德的律师凭借其一贯的敏锐和技巧办妥了案子,这时林肯发现他的领子扣错了纽扣,便抓住这个机会,问道"如果一个律师如此漫不经心……致使他的立领错位,那么他对法律的看法就不会出错吗?"整个法庭哄堂大笑。一个宣誓的证人名叫 J. 帕克·格林(J. Parker Green),林肯发现除了他的名字没有其他利用价值,便愉快地拿这个名字做起了文章:

为什么叫 J. 帕克·格林? J.代表什么?是约翰吗?好吧,为什么这个证人称自己为约翰·P.格林?那是他的名字,不是吗?那么,是什么原因使他不想让别人知道他正确的名字? J. 帕克·格林有什么东西隐瞒吗?如果不是这样的话,为什么 J. 帕克·格林那样分解自己的名字?

凡此种种,直到林肯把陪审团逗笑、让格林灰心丧气为止。

除了羞辱他人,林肯的幽默在法庭上还有其他的用途。他很快学会如何将在新塞勒姆开玩笑时讲的那些故事,变成赢得陪审团的例证和对对方律师观点的反驳。"如果案例冗长乏味,让陪审团感到厌倦,并且有疲劳甚至睡着的迹象,林肯会讲个有意思的故事,让他们打起精神重新集中注意力,"赫恩登回忆道,"然后他会沿着他的思路进行下去,一直讲完。"甚至到了很多年后,约瑟夫·吉莱斯皮仍然惊叹于林肯"有取之不尽的诙谐幽默的奇闻轶事,可用来说明每一个产生的话题"。林肯能够在笑声中连续质问对方律师,但是他的故事的作用不仅限于此。"他的故事的用途在于以下方面,"米尔顿·海评论道,"这些故事不仅仅是使大家高兴,因为它们常常说明了一些好的观点或者恰中要害,而趣味性大增。"任何一个错把林肯讲故事当成法庭上乡巴佬式行为的对方律师,很快会领教隐含其中的反复强调的逻辑推理。"与有清醒的头脑、勇敢的内心和强壮的右臂的亚伯拉罕·林肯进行辩论的那个人,如果想笑的话一定要开始就笑,"戴维·戴维斯写道,"因为在辩论结束后,那个会发现已被打翻在地,根本笑不出来。"伦纳德·斯韦特同意此观点:"他在案件的审讯过程中像蛇一样聪明,但是我在他的攻击下伤痕累累,不能担保他像鸽子那样无辜……任何一个把林肯当成头脑简单者的人会发现,当他很快明白过来的时候,已被打翻在地。"

但是,林肯适合做律师最根本的原因,在于律师这个行当适应遍布共和国的商业资本主义的扩张和市场交换。"律师是资本主义的突击队",查尔斯·塞勒斯[1]的表述令人难忘;到19世纪40年代初,法律杂志和法律指南越来越多关注于商法、破产和土地所有权的诉讼。银行和现金使得市场联系可以克服距离遥远的客观限制,原来增强面对面亲切交往的做法不足以保证信守协议或合同,这样,律师以市场运作保护者的身份走上前台。在殖民地时期做律师是绅士的兼职活动,目的是加强当地关于主日仪式和赌博的道德规范,现在律师成了中产阶级的职业,目的是保护市场活动不受侵犯,不管有怎样的社会成本,也不管社区的习俗惯例如何反对。

在1819年到1835年期间,一系列雄心勃勃的法律评论的出现强化了实施的手段,这些评论出自于内森·戴恩、彼得·杜庞修、古利安·韦皮兰克、詹姆斯·肯特和约瑟夫·斯托里笔下。韦皮兰克的《论合同原理》(1825年出版)抛弃了农村对公平交易和商品的内在价值的观点,将所有的交易归为单纯的"当事人协定";约瑟夫·斯托里的《财产价值法学体系》(1836年出版)放弃了财产价值为商品固有价值的观点,宣称"物品的价值……从本质而言处于变动之中,由千万种不同的条件所决定"。当市场联系使商品交易合理化,不带有任何感情色彩,排除了诸如种族、血亲或宗教等非理性的因素,除了个体当事人明确的理性选择外,退避于理性主义的法律拒绝支持其他任何立场。据斯托里所言,法律的"立场是,每个人……有权按照他选择的方式处理他的财产;他的交易是否明智谨慎、能否获利,不在正义的法庭的考虑范围之内,完全由当事人自己来定夺"。曾被当做道德过失的欠债行为,现在成了要清算到底的商业责任。如果身陷其中的负债者和破产的农民未能领会与要求严格偿还的"卑鄙的公司"签订的合同,法律将迫使心怀不满的乡下人就范。

法庭在促进市场交换能力方面有怎样的作用,在肯塔基的"列克星敦和俄亥俄铁路诉阿普尔盖特"(1839年)等州一级的案例上有所体现,当地一个针对铁路的"妨害性"禁令被州上诉法院推翻,根据是铁路("进步性改进的产物")不能仅仅因为"习惯法"传统赋予地方否决妨害行为的权力而被禁止。"法律因时而定",上诉法院警告道,"而且可以根据具体情况制定和修改"。但是,法律和市场的联盟在最高级别的美国最高法院得到最充分的体现,约翰·马歇尔(由约翰·亚当斯任命、托马斯·杰斐逊和安德鲁·杰克逊等人不共戴天的敌人)和约瑟夫·斯托里压制了一个

---

[1] 美国历史学者。译者注。

又一个对神圣不可侵犯的商业合同的挑战。在1819年"斯特吉斯诉克劳宁希尔德"案例中,最高法院推翻了纽约州授权免于债务的法律;同年的"达特茅斯学院诉伍德沃德"案例禁止新罕布什尔州取消达特茅斯学院的法人特许状,即使是该特许状出自于州。

对粗野好斗的民主党自耕农和工人而言,这使得律师成为市场的"秘密工会",他们蒙骗诚实的农民和城市里的工人,依靠"法律条文的增加和难以读懂的法律术语"收取"大笔费用"。但是林肯把市场看做穷人走向成功之路,作为一名律师,他不仅能自己在那条路上行进,而且能够免受他人的干扰和破坏。

林肯对从事律师职业做好了充分的准备,因为他现在将进入的是他航行过的风浪最大的政治水域。当林肯学习法律基础知识和在巡回法庭执业期间,一直是桑加蒙县的议员。除了特殊的会议,议会每年开会的时间只有三个月,这对林肯的律师工作没有大的妨碍。但是在1837年春开始发生了陡然的变化。正如郁郁不乐的杰克逊党人一直预言的那样,不能依靠国际农产品市场来支持大宗农产品,特别是棉花,拿着银行发行的现金得意洋洋的目光短浅的美国农民正在生产这些东西。早在1819年,英国市场的棉花价格已经开始下滑;投资于美国经济的英国投资者担心棉花获利的减少将导致美国资产负债表出现差额,开始把他们的商业票据兑现。

美国债务人急需硬币来向英国债权人还债,这引发了美国银行的挤兑风潮。到5月份,东海岸的银行已经被清洗一空:纽约银行暂停了所有的硬币支付,行动迟缓的出借人只能持有银行的纸币和债券,硬币支付的暂停实际上意味着这些纸币和债券已经一文不值。没有国家银行来管理纸币和硬币的流动,美国货币的价值直线下滑。州银行发疯似的请求收回贷款,希望能够凑到足够的硬币来维持营业;但是当债务人一无所有的时候,这些银行只好停止营业,和它们一起倒下的有银行的储户,还有它们收回的所有贷款以及那些被收回贷款的企业。成千上万的工人失去了工作——在纽约市就有5万人失业——查找政治上的替罪羊的活动开始了。

按照杰克逊党人的观点,明显是银行的过错,在完全运作不当的商业动机驱使下,残酷无情的跨大西洋市场体系使美国经济陷入困境。一个民主党的撰稿人攻击"银行系统"是"给产业界带来难言苦痛的根源","一下子把我们卷入英国贵族统治的漩涡"。费城独立厅举行的工人群众集会愤怒地将银行系统攻击为"欺诈和压迫的体系",同时,艾奥瓦、阿肯色和路易斯安那等州和准州的议会开始向银行业发布禁令。在伊利诺斯州的万达利亚召开的第十次全体大会的第二次会议上,民主党的议员们愤怒地请求对伊利诺斯州银行进行调查,试图通过不允许暂停硬币支付的法律,并废除改善国内交通的议案和该议案带来的巨额债务。

然而,在辉格党人看来,1837年的金融恐慌不过是杰克逊气急败坏胡乱干涉经济造成的灾难性后果,此结果已在预料之中。虽然杰克逊本人已于1837年3月卸任,但是辉格党人发现被杰克逊选定的继承人马丁·范布伦同样是个合适的攻击对象。"小范"努力校正经济巨轮的航向,但是他如果恢复国家银行势必将激怒他自己的民主党,他最佳的方案是让联邦政府通过财政部持有或者分发资金(实际上,是控制和稳定全国的货币供应)。这种"独立的财政"方案将联邦政府多数正常支付和应收账款收回,置于类似于合众国银行之类的控制之下,但没有原来的银行那种私人贷款或投资活动。此项措施并没有使杰克逊党人和辉格党人满意,民主党人对此无动于衷,而愤怒的辉格党人无法相信,杰克逊党人居然让政府的钱放在"独立的财政部"的金库里闲置不用,而不是把它用来刺激衰颓的经济。

在万达利亚,林肯对任何终止州银行或改善交通法案的举动展开反击。他没有在议会进行长篇大论,而是于1838年1月在斯普林菲尔德青年学会谴责了对州银行和改善交通计划的攻击,认为这里蕴藏着更大的阴谋,那就是"遍及全国的对法律日益增长的漠视"和"处于上升态势的以狂热而无法控制的激情替代法庭严肃审判的倾向"。不幸的是,这种倾向"遍及全国",但是他小心地把"在密西西比州和圣路易斯"这样的民主党堡垒发生的无视法律的特殊事例作为"最危险的例子,是对人性的反抗"。他希冀以"法律"和"法庭"来维护商业秩序的做法是典型的辉格主义,但是他也暗示了民主党表现的完全是决心实现非理性的和无法控制的个人愿望的"失控的激情",狂暴的愤怒与辉格党人寻求发展个人潜能的自律和理性截然不同。查尔斯·赞恩表示,林肯"从来不让他的自然情感或者心灵深处的感情失去控制肆意爆发……他们从伟大的知识分子和良知的启发和智慧中受益"。并不奇怪,激情是未开化者的标志,理性是开化者的标志,就像铁路和运河是"开化的"州的标志一样。

自治——"人民管理自己的能力"——无论从宪法还是从心理层面上讲,当激情或者民主党人掌控局面时将处于危险境地,因为屈从于失控的激情的最大的危险是它将轻易破坏共和政府的其他方面。法律和法庭的敌人"视政府为他们最致命的祸根","为政府停止运作而狂欢"并且"成百上千地聚在一起,烧毁教堂,将粮店抢掠一空,把印刷机扔进河里,向编辑们开枪,任意把不喜欢的人绞死焚烧"。林肯警告道,如果让这种情况继续,并且"以此为靠,这个政府无法持久"。在这种无政府状态下，最终会出现"一个最具才干、并且有足够的抱负尽其所能的人"，这个"杰出的天才"将不会仅仅满足于继承下来的共和国的组织机构内任职。"他认为在声誉的纪念碑上添砖加瓦不会扬名立万……他所渴求的是名望……"只有"尊重法律"，按照"我们本性的最基本的原则"，严格实行"理性，冷静、深谋远虑而且不感情用事的理性"，才能确保"建立并保持公民和宗教自由"。

青年学会并非政治舞台，林肯避免在那里发表直接的政治言论（尽管几乎没有人忽视林肯对"小范"和出现独裁的"杰出的天才"的前景作的具有讽刺意味的区分）。他在州众议院更加直截了当，指出如果美国政府最终动了恻隐之心，允许各州管理联邦土地的销售，土地销售的收入将会很容易为改善交通的法案提供资助并且也将拯救州银行。但是华盛顿的民主党政府没有兴趣倾听这样的请求，在第二十次大会上，甚至是林肯桑加蒙县代表团的辉格党同道也开始抛弃他。1839 年 2 月，他愤怒地提醒他们，桑加蒙县，比其他任何地方，"确实必须自始至终支持那个（改善交通的）体系"！但是这无济于事。甚至是桑加蒙的辉格党人开始一个个与林肯分道扬镳，林肯在 12 月悲伤地告知斯图尔特"议会在开会，银行的许可被取消，这是非法的行为。1840 年 1 月 28 日，林肯极力倡导并将其政治声望寄托于斯的伟大的改善交通法案被废止。林肯请求众议院"从被废止的法案中给州留下一点东西"，但是他的话没有发生任何作用。1841 年 7 月，伊利诺斯州在突出的债券问题上拒绝支付利息，伊利诺斯的债券价值狂跌至 14 美分。到 1842 年，当伊利诺斯和密歇根运河的所有工程停止时，只挖掘了 105 英里的运河；伊利诺斯中央铁路项目仅铺设了 26 英里的轨道，直到 1850 年议会才重新启动这个工程。

在这场崩溃之中林肯唯一满足的是范布伦政府倒台带来的快乐。1839 年的 11 月和 12 月，辉格党人和民主党人相互指责，在斯普林菲尔德展开了一系列的辩论，斯蒂芬·洛根、爱德华·迪金森·贝克和林肯与约翰·卡尔霍恩、乔赛亚·兰伯恩，还有伊利诺斯民主党的新星斯蒂芬·A.道格拉斯捉对厮杀。辩论的问题是全国性的，但是这场争辩很快变成了人身攻击，特别是在林肯和道格拉斯之间。和林肯一样，道格拉斯也并非出生于伊利诺斯（他生于佛蒙特）；他也在早年失去了双亲中的一个（父亲），也是向西漂泊来到伊利诺斯来寻找出路并做了律师。他和林肯的相似之处到此为止。道格拉斯比林肯矮一英尺，口若悬河并且矫揉造作，他是杰克逊派的民主党人。1836 年他进入议会和林肯共事，但是第二年便接受了由范布伦任命的斯普林菲尔德联邦土地办公室注册员的工作。他不是被称为"民主党分子"的激进的杰克逊党人的极端分子，但是这使他更合乎林肯这个辉格党人的胃口。"林肯和道格拉斯先生经常为县里的人们做演讲"，讨论的内容包括 "关税问题——银行问题，范布伦——和其他的关于民主党和辉格党的措施"。林肯在 12 月 26 日发表的关于"独立的金库"方案的讲演特别有力，这篇演讲稿被印成了用于政治宣传的小册子——这是他第一篇单独发表的作品，辉格党人嗅到了范布伦身边政治的血腥味道。

当 1839 年 12 月辉格党人精明地提名印第安战争的老英雄威廉·亨利·哈里森参加 1840 年全国性选举竞选总统时，发生一场辉格党革命的可能性大增。（他们为了使选票均衡，更为精明地把保守的弗吉尼亚前民主党人约翰·泰勒作为副总统的候选人，目的是把犹豫不决的杰克逊党人拉到辉格党的旗帜下。）"我从来没有见到我们党像现在这样前景光明"，林肯在 1840 年 3 月 1 日给斯图尔特的信中写道。"林肯先生很快乐，"阿尔伯特·泰勒·布莱索回忆道。"他全身心投入到了竞选之中，"帮助辉格党州委员会"组织整个州"，"确保每个辉格党人在即将到来的总统选举时被带到去投票"。林肯创办了为哈里森助选的报纸《老兵》，并且从 8 月中旬到 10 月底在伊利诺斯中部为辉格党州中央委员会工作，给哈里森摇旗呐喊，"讨论我们党的原则"并且"在大选前几个星期在县里四处活动，恳请、劝诱并要求选民出来投票"。

他被民主党人冠以辉格党人的"周游四方的传教士"的头衔：他在芒特弗农和肖尼敦与约翰·麦克勒南德辩论，与乔赛亚·兰伯恩在伊阔利蒂辩论（在那里林肯做的"演讲独具匠心，而且在吸引注意力方面煞费苦心，他的听众耐心倾听，其中的辉格党人都入迷了"），与艾萨克·沃克在阿尔比恩辩论，最后和斯蒂芬·道格拉斯在斯普林菲尔德的市场商行辩论。和"迪克"·泰勒一样，道格拉斯竭力把"辉格党人"贴上 "联邦党人——托利党人——贵族之类的标签。辉格党人反对自由、正义和进步"。这种说法刺痛了林肯，他"憎恶任何形式的贵族统治"并把杰克逊党人视为真正的贵族。就像他对付"迪克"·泰勒那样，林肯毫不犹豫展开反击，大声朗读范布伦 1835 年的政治传记的段落，表明"范布伦曾经投票支持黑人的选举权"。道格拉斯恼羞成怒，他"把书抢走，然后扔到人群当中——口中对这本书进行着诅咒"。

1840 年 11 月哈里森赢得了 19 个州，以压倒性优势得到选举人团的选票并当选总统，这对林肯而言是一场个人的胜利。但是在 1840 年即将结束时，林肯的快乐因为下面的事实而大打折扣：他在议会被辉格党同道所抛弃；哈里森虽然赢得了全国性选举，但在伊利诺斯遭到失利；在 1840 年州议会选举中，这个曾经的桑加蒙辉格党人广受欢迎的领袖在州众议院连任的选举中仅仅排在桑加蒙县的倒数第二位，此结果令人心碎。

但是在那时，林肯面临着更大的困境。他作出了一生中最大的承诺，然而未能履行。更糟糕的是，他作出承诺的并非他人，而是约翰·托德·斯图尔特的表妹玛丽·托德。

当在1837年春天林肯第一次来到斯普林菲尔德的时候，据奥维尔·希克曼·布朗宁所言，他"对社交活动知之甚少，而且很尴尬，当有女士在场时非常不好意思"。昆西的一家辉格党报纸在1841年将其描述为"身材细长，给人以松松垮垮的印象"，但这样的表述是出于政治方面的考量，已经笔下留情了。于林肯之前在斯图尔特的律师事务所工作的亨利·达默的回忆更为坦率，他"是我见过的看上去最老土的年轻人"。他没有特意打扮成浪漫的形象。林肯自己在1837年5月承认，"自从我到这以来只和一个女人说过话，如果她不想说，我也不会和她讲话"。他在新塞勒姆也对女人感到害羞。一个新塞勒姆的邻居记得，林肯"不怎么去看女孩子。他看上去并不害羞，但他好像对她们不感兴趣"。和林肯一道在平底船上打工的表兄约翰·汉克斯对此表示赞同："我从来没有看到他和女人在一起；他在此方面并不怕羞，但是他不和女人交往。"

尽管如此，即使他不愿让别人知道他不善于与女人交际，林肯对婚姻的"极大快乐"也是羡慕有加，在19世纪30年代他曾经至少两次认真考虑过婚姻问题。第一次交往的对象是安·拉特利奇，"一个友善的年轻女士"，她的父亲是新塞勒姆的创始人之一。拉特利奇实际上已经和另一个新塞勒姆人约翰·麦克纳马订婚，但是麦克纳马离开家乡去了东部，在两年后还没回来，拉特利奇和林肯"确实订婚了"。罗恩·赫恩登和许多新塞勒姆人都"知道他本来要结婚了"，多年以后，林肯和艾萨克·科格代尔说"她是个温雅的女孩；会是个可爱的好妻子；不做作而且很聪明，虽然教育程度不高"。但是1835年8月，她"染病故去"，也许是死于伤寒症。拉特利奇之死对"对爱情全身心投入的"林肯而言，"打击十分沉重，有人甚至认为他的思维受到了损伤"。他陷入了"极度的忧郁"，这种躁狂抑郁使人回想起信仰宿命论的浸礼会教徒对于无法控制的未来的绝望痛苦。他向威廉·格林哀诉，"我永远不能接受雨雪冰霜击打她的墓地"，他的悲伤变得如此严重，为了防止他"精神错乱或自杀"，"林肯先生的朋友们……必须看护"他"一两周的时间"。

林肯在新塞勒姆的邻居伊丽莎白·埃布尔向他介绍了她在肯塔基出生的妹妹玛丽·欧文斯，想以此分散他的注意力，林肯发现她非常"聪明可爱"，便振作起来向她求婚。"她生性活泼、善于交际、喜欢智慧和幽默——接受过正统的英国教育并且被

林肯夫人玛丽·托德·林肯

认为是有钱人"，最重要的是，她和林肯都是辉格党人，"在政治上……彼此心心相印"。但是当他于 1837 年迁往斯普林菲尔德，将精力集中于面前更为广阔的政治和职业前景时，林肯很快失去了对玛丽·欧文斯的兴趣。但是由于不愿意承担抛弃的责任，他费尽心机让她主动退出。在他所写的最令人曲解的一封信中，林肯暗示欧文斯"在我对你的真实情感方面可能存在误解"，所以她可以随意"抛开这件事，将我永远从头脑中去除（如果你曾经有过），不必回信，我不会因此抱怨"。就像他写的那样，他很想"在所有的事情上都不犯错误，特别是和女人相关的所有事情上"，但是很明显他急于让玛丽·欧文斯而不是他提出分手。欧文斯的智慧足以使她了解林肯模棱两可的真实用意。"我想林肯先生在使女人获得幸福的那些小的环节上存在缺陷"，她在 30 年后这样写道，她最终在 1838 年春拒绝恢复婚约。

"我已经决定永远不再考虑结婚，"林肯在和玛丽·欧文斯分手后写道。但正是这个响亮的独身宣言，加上他超凡的聪明天赋以及由于缺乏教育造成的令人同情的谦逊，使得林肯对斯普林菲尔德的社交名媛和媒人极具吸引力。林肯要再次感谢约翰·托德·斯图尔特。斯图尔特在肯塔基出生的两个富有的姓托德的表姐妹伊丽莎白和弗朗西斯，嫁给了斯普林菲尔德辉格党团体的精英分子，弗朗西斯嫁给了名叫威廉·华莱士的内科医生，伊丽莎白则嫁给了伊利诺斯准州前州长的儿子尼尼安·沃特·爱德华兹，他是个富裕的辉格党人，"如魔鬼痛恨圣水般"仇恨民主党人。林肯很乐于分担这种仇恨，斯图尔特把他从聚在马西尼办公室里的那些思想自由的伙伴那里拉走，带他周旋于斯普林菲尔德的聚会和宴席之间，这些活动加强了他对辉格党的政治忠诚。尼尼安·爱德华兹微笑着承认林肯是爱德华兹社交圈里的一个"有活力的新人"，但伊丽莎白·爱德华兹和伊莱扎·布朗宁"发现了他主要的优点"，因此这个圈子能够像迁就一个粗俗但是有趣的亲戚那样迁就林肯。正是在爱德华兹家 1839 年秋天的一次盛会上，林肯第一次被介绍给斯图尔特另一个姓托德的表妹，她叫玛丽。

玛丽是伊丽莎白和弗朗西斯的妹妹。她出生于 1818 年，父母亲的名字分别是罗伯特和伊莱扎,托德夫妇有六个孩子,他们来自肯塔基的列克星敦,是蓄养奴隶的种植园主。和大多数其他来自肯塔基中部拥有土地的人不同的是,罗伯特·托德以经商致富,无论从个人角度还是政治立场上看,他忠于亨利·克莱和辉格党。然而,伊莱扎·托德1825年难产而死,一年后罗伯特·托德再婚。8岁的玛丽与她的新继母还有兄弟姐妹不能很好相处,于是玛丽被匆忙打发到寄宿学校,在那里她学习了法语并且养成了敏感固执的性格,这表明她是爸爸的孩子。1837年,玛丽逃到了斯普林菲尔德两个成了家的姐姐那里,两年之后,由于"继母无情的折磨"使其在精神上遭到粗暴对待,她接受伊丽莎白·爱德华兹的邀请长期留在斯普林菲尔德。她那时19岁,"傲慢、自大、爱挑剔、不讲礼貌、说话风趣、充满怨恨",但是娇小而且"十分漂亮",长着"清澈的蓝眼睛、长长的睫毛,浅褐色的头发闪着古铜色的光芒,还有一张可爱的面孔。她身材迷人,绘画大师不能塑出比她更完美的胳膊和手"。而且她显然希望从斯普林菲尔德中意的辉格党单身汉中挑一个丈夫。

　　她选择林肯的可能性看上去像海王星一样遥远。林肯比玛丽的娇小身材高出一英尺,而且"在和女人交往方面所受的教育和聪明程度存在不足,无法和一位女士进行长时间的交谈"。但是即使对此方面已有了解,伊丽莎白·爱德华兹认为林肯"有发展前途",在玛丽1839年到斯普林菲尔德定居后不久,可能正是伊丽莎白在舞会上第一次介绍二人相识,并"第一个建议玛丽嫁给林肯"。事实上,他们除了见解相同之外还有很多共同之处:二人都因早年丧母而留下心灵创伤,都经济状况不佳而且梦想发财,都是狂热的辉格党人。尽管玛丽愉快地向所有出席爱德华兹宴会的年轻的辉格党人卖弄风情,但是她真正在意的是林肯。"托德小姐一心一意想得到林肯先生",奥维尔·希克曼·布朗宁回忆道,"从当时到现在我一直在想,在她和林肯先生恋爱过程中,大多数情况下是玛丽·托德献殷勤。"伊丽莎白·爱德华兹记得"我经常出现在他们坐在一起的房间,发现交谈的主角是玛丽"。

　　玛丽的聪慧使他着迷,她的机智、意志、性格和教养都吸引着他……林肯好像被某种超自然的力量所吸引,洗耳恭听而且目不斜视,没有别的选择;他倾听着,几乎一言不发。

　　客厅的谈话之后,是和朋友们的宴会、聚会和远足,最后到了1840年秋天,当林肯在伊利诺斯南部为哈里森总统竞选活动摇旗呐喊时,二人之间达成了某种默契。

接下来发生的是林肯一生中最不光彩的一段插曲之一，因为在 11 月末或者 12 月初的某个时间，林肯违背了约定，陷入另一场几乎自杀的绝望中。这件令人深感郁闷之事的发生实在事出有因。1840 年底对林肯而言实属多事之秋：他从 1837 年以来一直倡导的立法项目毁于一旦；1837 年以来一直和他住在一起的乔舒亚·斯皮德在 1841 年 1 月 1 日卖掉了与埃利斯合开店铺的股份，回到了肯塔基（他的父亲去世后，亲属们要他继承家业）；1838 年当选并且在 1840 年连任国会议员的斯图尔特，当时提议他和林肯接受显而易见的事实，结束他们的律师合伙人关系。由于合伙关系的中止加之林肯的政治活动处境艰难，对他"养活妻子并让她过上好日子的能力"产生自我怀疑并不奇怪，特别是一个希望能和她嫁得很好的姐姐过得一样好的妻子。

但是，其他更悲观的事实说明，林肯实际上已经意识到，如果与玛丽·托德结婚变成事实，他将和一个自己不爱的女人共同生活；他所爱的是爱德华兹的社交圈和辉格党的小圈子，而不是玛丽，他把对前者的爱错当成了对后者的爱；他在别人的操纵下作出了一个让他现在感到害怕的承诺。"在 1840 年和 1841 年的冬天——他对他的承诺感到极度沮丧，"乔舒亚·斯皮德回忆道，"因为他对他的婚约并不十分满意。"把事情变得更糟的是，11 月林肯为哈里森助选之后回来的时候，见到了另一个爱德华兹家的亲戚，尼尼安·爱德华兹 18 岁的堂妹马蒂尔达·爱德华兹，她当时在斯普林菲尔德和她的父亲、来自奥尔顿的赛勒斯·爱德华兹在一起，她父亲当时在参加议会的一个特别会议。斯皮德确信林肯被她迷住了。"在林肯和托德小姐恋爱时"，斯皮德 1865 年写道，"他，林肯，爱上了一个爱德华兹小姐。"奥维尔·希克曼·布朗宁对此表示认同，认为林肯"狂热地爱上了"马蒂尔达·爱德华兹；斯普林菲尔德的邻居们风言风语林肯"狂热地爱上了她，发现他没有像他想的那样依恋玛丽"。不管情况怎样，这已经十分清楚：林肯发现自己进退两难，一方面是他不再确信是他想要的婚姻大事，另一方面是伤害斯普林菲尔德辉格党贵族阶层的第一家庭，当时这可能永远毁掉他的事业。

他着手处理这些烦心事的第二件，向玛丽坦陈他"爱上了爱德华兹小姐"，林肯乞求她的安慰。会面的重压使得林肯手足无措，"在精神错乱之中他宣称他憎恨玛丽，爱恋爱德华兹小姐"。玛丽在苦闷之中安慰了林肯，但是林肯并未因此得到解脱。这导致了林肯再次"极度的忧郁"。林肯现在发现自己正在扮演着他戏剧性的想象中最糟糕的角色，他成了反复无常的任性的负心人。抛弃恰恰是他幼年时所接受的简单的加尔文主义教育中最让他感到恐惧的；他的母亲、他的姐姐和安·拉特利奇的逝去使他饱受被抛弃的折磨；这也是他和玛丽·欧文斯交往时所竭力避免的。然而，他潘恩似的"怀疑主义"表明这种反复无常正是对基督教的上帝的信仰的不合情理之处；一个理智的怀疑宗教的人必须改进基督教的信仰，而不是降到其水平之下。辉格党主义文化上的指导原则只有强制执行最严格的诚信，方可消除民主党对其崇拜市场利益的抨击，林肯现在似乎已经忘掉了这些。

在前一年所做的反对"独立的金库"的伟大演讲中，他在结束语中坦陈，没有什么能比"我的祖国的事业"更让他情绪高昂，"祖国被所有外界的人抛弃了，而我只身勇敢地站出来与那些胜利的压制者对抗"。现在他意识到这正是他对玛丽·托德犯下的过失，奥维尔·希克曼·布朗宁确信"他的良知使他为所做的不义之事和自食其言极度苦恼。"林肯深陷沮丧之中，到12月底时"林肯疯掉了"，斯皮德"不得不把剃刀从他的房间拿走"，"带走所有的刀具和其他危险的东西"。爱德华兹圈子里的另一个人感到林肯看上去"外表消瘦而虚弱，似乎没有力气大声讲话"。甚至到了1841年1月底的时候，林肯仍然感到"我现在是活着的最痛苦的人。如果我把我的苦处平均分配给整个人类大家庭，那世上将没有一张笑脸"。

但是，到了春天林肯已经有所恢复，与斯普林菲尔德最著名的律师斯蒂芬·洛根签下了新的合伙协议，8月，乔舒亚·斯皮德邀请林肯和他一道去他家在路易斯维尔附近的种植园休养度假。当时斯皮德自己订了婚，林肯能够沉浸于他朋友的幸福之中，甚至憧憬重新获得"完全的快乐"。"但是有一个从未消失的念头，还有一个人因为我的缘故而不快乐，"林肯接着又说，"这件事情折磨着我的灵魂。"这更多的是由于他自己的正直诚实，而不单单是玛丽·托德的缘故。"在我决定做一件事或者其他事情之前，我必须凭借自己的能力重拾信心，一旦决定就要坚持，"林肯在7月份给斯皮德的信中写道，"在这方面的能力上，你知道，我曾经引以为傲，认为这是我性格上唯一或者说主要的可取之处；我失去了这个优点——在何时和怎样失去，你也十分清楚。"因此，只有一条体面的路可走，在一年多时间之后，林肯和玛丽的几个共同的朋友（包括辉格党同事约翰·哈丁和他的编辑的妻子西米恩·弗朗西斯）开始精心安排林肯和玛丽·托德"不期而遇"的机会，使他们重归于好。

玛丽虽然"因林肯古怪的行为倍感羞辱，"但是她不同于玛丽·欧文斯，不愿意失去林肯。她"渴望得到林肯并为之努力，通过弗朗西斯夫人的帮助来达到目的"。伊丽莎白·爱德华兹对此并不赞同，质疑"林肯先生和玛丽·托德之间存在真正的爱情，认为这个婚姻是共同的朋友撮合的"。然而玛丽最见效的策略是林肯自身。"他头脑中的问题",特纳·金回忆道,"是'我要承担娶那个女人的责任吗'?"而玛丽直截了当的回答是告诉"林肯他有责任娶她"。就此推断,在道义上讲,结婚是不可避免的结局。1842 年 11 月 4 日,玛丽·托德和亚伯拉罕·林肯在爱德华兹家族豪宅的客厅举行了婚礼,婚礼由玛丽和爱德华兹家族做礼拜的圣保罗教会的教区长查尔斯·德雷瑟主持。

但是林肯的朋友们对这个婚姻的性质一直心存疑虑。最糟糕的看法是,这是林肯为了获得辉格党政治权力而作出的决定,其动机为人所不齿:约翰·托德·斯图尔特相信"林肯和玛丽·托德的婚姻完全是权宜之计",林肯婚礼上的伴郎詹姆斯·马西尼回忆说林肯"的表情和举止好像是要去杀人——林肯常常直接或间接地讲他是被爱德华兹家族扯进了这场婚姻"。最好的看法是,这场婚姻以高昂的代价再次证实了林肯对忠贞的追求和对被遗弃的恐惧。威廉·赫恩登宣称"林肯宁可自我牺牲,也不愿蒙受羞辱",奥维尔·希克曼·布朗宁对此表示赞同,他告诉约翰·尼古拉"可能对(玛丽)造成的痛苦和伤害在很大程度上唤起了他的良知"。

在恋爱这件事上,他一定感到和托德小姐订婚是个(错误)。但是事已至此,他感到自己有责任完全忠实于她——忠实迫使他完成婚约……我常常怀疑在当时的情况下他是否能够完全按照自己的意愿行事,他是否自愿向托德小姐求婚。

在没有宣誓加入任何宗教的情况下,履行忠诚的义务是基督教最明显的道德上的替代品,对一个视理性和秩序为生命的辉格党人而言,忠诚远非无关紧要。"我一直把他(林肯先生)看做我所认识的最诚实尽责的人中的一个",布朗宁回忆道,"在我们的交往中,我知道他严守职责,一丝不苟。"在和玛丽·托德的婚姻问题上,他再次向自己保证陷入"忧郁"之中只是小错,并不表明自我改变是错误的观念。

不可否认的是,对于一个尽管在州议会遭受政治上的挫折、但仍然胸怀大志的辉格党人而言,实现对忠诚的期许也很重要。林肯已经听说在 1840 年人口普查的基础上,伊利诺斯将重新进行国会席位分区,在包括桑加蒙县和伊利诺斯河沿岸辉格党人多势众的各县在内的伊利诺斯中部将产生一个新的议会席位。婚礼的两个月之后,林肯开始向新提议的第七国会选区的辉格党名流表示,由于"你们县和我们县几乎笃定被划为同一个国会选区……我愿意做(美国国会)的议员"。

第三章

必然性原则

从表面上看，林肯的生活在经历了与玛丽·托德的婚姻引起的混乱之后很快便安定下来。从在 19 世纪 40 年代末用银板照相法拍摄的照片上可以看出，林肯是怎样费力地清除他的农民形象：外表自信，近乎自大，头发光亮整齐，衬衫、丝质领带和马甲都很整洁，崭新的宽翻领的长礼服没有皱褶。他和新合伙人斯蒂芬·洛根的合作使他与另一个有影响的辉格党政界人士建立了联系，而且给林肯带来了数量可观的州高级法院的上诉案件。一个新的联邦破产法突然间给他们带来了大量的破产方面的业务——共有 77 件，这是伊利诺斯州最大的诉讼记录之一——而且为他们低价买进取消赎回权的土地开辟了内部渠道。"很少（有人）在地产出售时露面，债权人通常按实际价值的一半出价"，林肯注意到，即使"地产所有者认为他有能力赎回"，他"通常无法如愿，其地产就这样被赔本出售……"林肯刚刚成家，他在新塞勒姆的最后一笔债务还没有还完，所以他没有大刀阔斧买进取消赎回权的土地。就像他和约瑟夫·吉莱斯皮所讲的那样，他"没有能力进行投资，也从来没试过"。但是林肯一直有地产进账：在黑鹰战争中服役使他在克劳福德县得到了 120 英亩的联邦土地，还有在艾奥瓦准州的 40 英亩。林肯并不在意把内部渠道提供给其他人：比如，乔舒亚·斯皮德通过林肯买断了取消赎回权的房屋和地块，"其价值远远超出了债务本身"。

林肯仍旧积极参与到辉格党政治之中。老迈的哈里森在就职不久后便染上肺炎，继任仅仅一个月后便撒手人寰，辉格党人在威廉·亨利·哈里森在 1840 年总统选举中的伟大胜利很快灰飞烟灭。他的去世暴露出辉格党人犯了个可怕的政治错误。仅仅为了吸引那些对马丁·范布伦失去信心的民主党人的选票，他们把民主党人约翰·泰勒和哈里森搭档，让他当上了副总统。然而，当他继任总统后，便开始阻挠辉格党人在国会提出的每一项动议。正如林肯评论的那样，结果造成"通过泰勒先生我们敌人的政策得以继续实行"。这使得辉格党人更加清醒地认识到，必须由一个大家都信任的辉格党候选人领导 1844 年的选举，这样他们第三次选择了被林肯称为"政治家的完美典范"的亨利·克莱。

1846年的林肯

辉格党人在伊利诺斯不占优势，为了使克莱在总统选举中获胜，他们早在 1843 年春便着手制定竞选战略，林肯向斯普林菲尔德的州辉格党会议提出的方案成了伊利诺斯辉格党人的竞选纲领："进口关税对美国人民的富足必不可少"，"国家银行……对维系健全的货币非常必要，也十分正当"，"分配出售公共土地所得收入……符合国家的最大利益，特别有利于伊利诺斯州。"他还（和洛根、阿尔伯特·泰勒·布莱索合作）撰写了公开竞选传单，大声疾呼"征收外国进口关税"和"国家银行的必要性和正当性"，尽管"有人用令人费解的术语……极力反对此项措施的合法性"。在那年秋天辉格党在伊利诺斯州各地组织的集会上，林肯大声宣讲"辉格党三个主要原则——关税、健全统一的国家货币和分配公共土地收入"的变化。为了动员选民，林肯极力支持辉格党选区会议制度，这个制度是在伊利诺斯国会选区的基础上制定的，目的是使候选人提名合理化，减少派系争斗，并防止背离本党的原则。林肯对放弃原则的后果知之甚深，他自信地问道："如果能把他们充分调动起来并团结一心，辉格党人什么时候曾失败过。"

作为一个已婚男人，林肯的私生活看起来给他一种家庭中的满足，这种满足他过去仅仅想象为"天堂的梦想，远非任何尘世之物所能企及"。正如他向一个律师羞怯地坦白的那样，他的婚姻"对我来说妙不可言"。新婚燕尔的林肯夫妇住进了环球客栈的一个新厢房，玛丽的姐姐弗朗斯·华莱士刚从那里搬走，让林肯惊喜的是，房费"每周仅要 4 美元"。1843 年 2 月，他满心欢喜地告知乔舒亚·斯皮德，"玛丽非常好，仍然保持着过去那种友善之情，"但是到了 3 月份很明显玛丽有了身孕，林肯开始向斯皮德暗示"你将来可能会在我们的房子里见到一个和你同名的人。"他在 7 月底告诉斯皮德"我们仍是两个人，"但当玛丽在 1843 年 8 月 1 日产下一子后，他并没有取斯皮德这个名字，而是叫罗伯特·托德，这是玛丽父亲的名字。林肯马上搬出了环球客栈，开始住在斯普林菲尔德第四街的租房里，随后在 1844 年 1 月搬进了位于第八街和杰克逊街拐角处的一幢一层半的房子，接下来的 17 年林肯一家一直住在那里。他终于还清了在新塞勒姆欠下的大部分债务,付了 1200 美元的现金(从为他证婚的英国圣公会牧师查尔斯·德雷瑟那里)买下了房子,还有尼尼安·爱德华兹转让给林肯的小块地,也许是为了完成这笔婚姻交易。两年后,林肯第二个儿子降生,取名爱德华·贝克,这是林肯在议会长期的辉格党盟友的名字。林肯的家庭成员看来到齐了。

然而,这种表面的满足无法消除林肯的不安和不满足。他到斯普林菲尔德之初的老朋友们抱怨林肯依靠婚姻进入"骄傲自大的豪门——爱德华兹和托德家族"。对于"他和贵族阶层联姻"的说法,他尽力显得很开心(当阿布纳·埃利斯告诉他时"他开怀大笑"),但是这深深伤害了他,他把詹姆斯·马西尼"带到树林里谈林肯和贵族联姻的事情——'吉姆——我现在还是过去的亚伯·林肯,将来也不会改变——'"他当然没有出身于贵族阶层的感觉。他"上大学的愿望"一直压在心头(他在 1861 年向一个纽约记者说:"那些能够上大学的人应该感谢上帝。"),由于担心举止粗野,他格外阅读了像玛丽·G.钱德勒的《性格要素》这样的建议性书籍。(钱德勒的一些建议——"人生处处应行善"——很明显对林肯产生了长期的影响。)他当然不会感到拥有贵族阶层的收入。洛根仅仅将合伙收费所得的三分之一分给林肯,林肯每年有 1500 美元的进账,这比斯图尔特给他的还少。

洛根这个不讨人喜欢的"干枯的小个子"在法律界颇为自负,他发现林肯在法庭上的辩论业余而平庸。"我认为他缺乏研究",洛根嗤之以鼻地说,"尽管他有可能成为不错的律师……他的法律常识从来都不过硬。"洛根还认为林肯"读得不多",后来洛根认为

林肯—赫恩登律师事务所

指导林肯是他的功劳，"在林肯和我进来后，他拐个弯来到我这里，想尽量了解更多并学习如何准备案子"。洛根的高傲态度一定惹火了林肯，所以当洛根在1844年提议解散合伙关系时林肯没有提出异议，这样洛根的儿子戴维成了他新的合伙人。"也许林肯在那时很想自己干"，洛根回忆道，"所以我们在商讨之后心平气和地结束了合伙关系。"

林肯马上行动，这次他没有找斯图尔特和洛根这样的资深律师，找的是斯普林菲尔德一个名叫威廉·亨利·赫恩登的有前途的年轻律师。赫恩登为林肯和洛根工作过，在那年11月刚刚拿到在桑加蒙县执业的许可，他思想自由，喜欢喝酒，有些放荡不羁，他容易冲动而且能量十足，这与林肯令人发窘的深沉截然不同。赫恩登也是辉格党人，他是桑加蒙雄心勃勃的年青一代辉格党人的领袖，林肯想让他成为盟友。赫恩登也是博览群书，虽然（和林肯一样）出生于肯塔基，他在知识方面的兴趣却"转向新英格兰方向"[①]。这样，他随时可以为林肯品评书籍。"你一直是个勤奋好学的年轻人"，林肯在1848年这样称赞赫恩登。"几乎在所有问题上你都比我当时更见多识广。"

赫恩登对如此褒奖的回报是，他把高价购买的大量书籍摆满了（在州议会广场南边的）廷斯利商店二楼——他和林肯共用的律师事务所，这些书包括托马斯·卡莱尔和拉尔夫·沃尔多·爱默生的散文，西奥多·帕克和亨利·沃德·比彻的布道，法国"常识"现实主义作家维克托·卡曾和他的英国同道威廉·汉密尔顿爵士的书，D.F.斯特劳斯和厄恩斯特·雷南对《圣经》的批判，路德维希·费尔巴哈的左翼黑格尔主义托马斯·亨利·巴克尔的唯物主义历史著作，后来在19世纪50年代（当时律师事务所搬到广场的西侧，在林肯过去和乔舒亚·斯皮德一起住的商店的旁边），又增加了赫伯特·斯宾塞爵士的社会学进化论学说。除了这些书以外，赫恩登还在事务所里堆满了著名的英国自由主义杂志《威斯敏斯特评论》和美国与之相类似的《北美评论》和《南方文学信使》，加上从里士满的《探寻者》到霍勒斯·格里利的激进的《纽约论坛报》的全国版周刊这样一些主要辉格党报纸。这是"林肯所能接触到的"出版物，他"经常阅读部分栏目。"正像赫恩登发现的那样，林肯不是"一个普通的读者"，他"一直进行着思考，而且对他感兴趣的主题有深刻的分析"，他常常不知不觉

---

① 此时的新英格兰地区是美国的文化中心。译者注。

"陷入关于哲学问题的讨论,有时是关于宗教问题,或者这样那样的问题"。

林肯花时间最多的是政治经济类的书籍。"在理论方面,林肯先生对金融问题很擅长,"谢尔比·卡洛姆回忆道,"他很了解政治经济学。""我认为林肯喜欢政治经济学,愿意研究它,"赫恩登回忆道,而且赫恩登指出林肯对约翰·斯图亚特·穆勒两卷本的《政治经济学原理》(1848 年出版)特别感兴趣。和林肯一样,穆勒代表的是不安于现状的英国中产阶级知识分子,他们感受到了贸易的力量,憎恨英国的土地贵族通过其对议会的控制和《谷物法》这样的限制性农业立法,对贸易这股力量进行限制。林肯对穆勒的宗教怀疑主义也很崇拜,他的观点倾向于世俗化的加尔文主义信仰,相信人类事务中"哲学必然性"的不可抗拒的影响。一个被"必然性"所统治的世界没有意义,一个上帝根据人们受必然性影响的行为进行判断的世界也没有意义。穆勒写道:"我认为没有一个人是好人,我指的不是我的同类,如果因为我没有把他叫做好人而有人将我判处进地狱,那我就进地狱。"

在穆勒理论的美国变种当中,林肯最崇拜的是弗朗西斯·韦兰的著作,韦兰是福音派浸礼会教徒,布朗大学的道德哲学家。"林肯吃掉、消化并吸收了"韦兰的《政治经济学大纲》(1837 年出版),在这本书中林肯找到了辉格市场经济和新教辉格道德主义的完美结合。在商品市场方面,韦兰认为除了"能够满足人们需要的本质和数量"以及制造他们所付出的劳力之外,没有任何价值,这样就产生了价值的不可预见性,价值会发生剧烈的变动,但是不可预见性也为精明者和有天赋的人提供了获取财富的机会。所以,韦兰在其最生动的反对农业的表述中这样写道,"农民进入了一块新的未开垦的土地",在生产了"生活必需品"之后便从事商品农业。"因此会产生对技工的很大的需求",这样,农民中的"部分人放弃农耕","必定会成为商人"。那些集聚了财富的人可以付工资雇工;但是,因为雇佣劳动只是走向商业成功道路上的一个阶段,韦兰认为雇佣劳动力在任何方面都不比农业劳动力差,也不会有与雇主的冲突。"拥有资本的人和那些做工的人联合起来从事生产,"韦兰写道,"在劳动力的报偿和资本的报偿之间只是比例不同而已。"

这种资本家和雇佣劳动力之间的"和谐合作"在另一个林肯更青睐的作者的著作中有更生动的表述。亨利·凯里著述颇丰,他所著的《论工资率》(1835 年出版)、《政治经济学原理》(1840 年出版)、《过去、现在和未来》(1848 年出版)和《利益、农业、制造业和商业的和谐》(1850 年出版)也是林肯喜爱的书籍。和林肯一样,凯里赞成劳动力价值理论和保护性高关税,支持辉格党的劳资双方是经济伙伴而不是竞争者的观点。联合和竞争是生活的自然状态,凯里指出:"联合的力量越大,发展的趋势就越强。"在保护性关税的庇护下,农业和工业互相补充,工资的支付者和赚取者能够共存,取得"共同进步"和"发展"。

除了辉格党政治经济学外,林肯还"专门学习了地理和其他的科学"。尽管研究地理对一个伊利诺斯的律师来说可能有些奇怪,地理在 19 世纪 30 年代的英国和美国成了知识界特别渴望了解的学科,特别是查尔斯·莱尔爵士三卷本的《地理原理》(1830—1833 年出版)问世后。该书通过对化石和侵蚀记录的考察,得到了令人不安的证据,认为地球地理是长期发展的结果,而不是突然产生或是如《圣经》第一册描述的那样产生于灾难性的洪水。可能正是莱尔的结论激起了林肯的宗教怀疑主义,而地理教科书的科学细节的作用居其次;林肯对罗伯特·钱伯斯的《宇宙自然史的遗迹》(1844 年出版)的兴趣一定是由此而生,该书采纳了莱尔的观点,认为地球地理的发展是平稳渐进的过程,并将此观点应用于活着的生命体。"大约在 1846 年至 1847 年期间,林肯先生借走……并认真仔细地研读了《宇宙遗迹》",赫恩登回忆说,钱伯斯将莱尔的地理变化稳定状态的观点应用于解释生物体也是渐进自然发展的产物,而不是上帝专门创造的,这种观点使林肯成为"一个坚定的发展理论的信徒"——这是进化论者的态度,甚至产生于 1859 年达尔文的进化论诞生之前。

赫恩登对林肯读书方面最实际的作用在于法律方面。和洛根一样,赫恩登发现林肯"对基本的法律教科书读得很少",而且"从来不研读法律著作,除非手头的案子出现自相矛盾的问题",这时林肯只是寻找案子中用得着的援引例证。赫恩登承担了帮助林肯查找援引例证的工作,林肯依靠赫恩登"为他收集各种案件和判例",以便在讯问辩护中使用。林肯做这项研究主要的资料来自他所收集的大量教科书——一个造访过律师事务所的人在 1858 年称,有超过"200 卷的法律书籍还有各种其他方面的书籍"——还有几套期刊案例汇编(如《美国汇编》和《伊利诺斯汇编》),收集了州和联邦的重要案例的简短摘要,这样林肯和赫恩登就不必费力地翻阅一卷又一卷的法庭报告全文。这些教科书的作者包括将布莱克斯通的学说美国化的精英,特别是詹姆斯·肯特和约瑟夫·斯托里。林肯还利用了州议会的州最高法院图书馆,从律师事务所穿过广场即可到达,斯普林菲尔德的律师们在那里"研读案例并记下摘要",林肯经常在晚上给大家讲故事"打断了所有的阅读和摘抄工作"。

通常只有在上诉时,当林肯时间较为充裕的时候,他自己会"收集相关案例的证据、有争议的问题和法律条文,还有案例的摘要"。赫恩登认为,在上诉水平方面,

"林肯确实十分高超"。除此之外,在进行简单的初审时,林肯更喜欢在赫恩登提供的引文的基础上"作出选择,准备论据","常常让赫恩登先生非常反感的是",(一个旁观者说)"他看到自己收集的许多资料被弃置一旁"。

即使赫恩登很"反感",他几乎没有表现出来。赫恩登真诚地崇拜林肯,认为他是个"机敏、睿智、精明的人",他表现得像只"狡猾的狐狸",同时也"非常正直,一直讲真话,在所有的时候和任何情况下都做事诚实"。林肯对忠诚的赫恩登的回报比赫恩登最初想象的更大,他把他的合伙人赞誉为"和我合作到底的人"。但是,即使是将林肯视为"上帝造出的几近完美的人"的赫恩登也承认这个"完美的"人非常难以理解。"他不善交际……情感不外露",赫恩登承认,即使在他最高兴的时候,他的行为也常常有所保留,从 1841 年赫恩登最初和林肯相处起,他就注意到了林肯愈发"忧郁",即使是对"他相处的亲近的邻居"也变得冷淡。

"忧郁"的外表并非林肯新近的性格特征,这在安·拉特利奇的逝去带来的几乎自杀的沮丧和他的婚姻危机之前已经出现。那些接近他的人注意到,甚至在新塞勒姆的时候,他的"欢乐"表面下遮盖着深深的绝望、失望和无助。他在议会时告诉罗伯特·威尔逊"尽管他看上去非常热爱生活,他更是被可怕的忧郁所伤害","他单独告诉我,他的内心深陷于沮丧之中,他从来不敢在口袋里带着刀子"。但至少在 20 多岁的时候,这种忧郁被充分遮掩,多数人都没有注意到。他在印第安纳的一个邻居回忆道,"当亚伯在印第安纳的时候,他经常兴高采烈,或者说看上去是这样",在新塞勒姆几乎成为他的大姨子的伊丽莎白·埃布尔觉得他 "一直善于交际而且生气勃勃"。在 19 世纪 30 年代他给斯普林菲尔德的人们留下的印象是"性格和脾性十分一致的人",他"有时高兴有时难过,但是这两种情绪很快消失,他一直都是老样子"。

但是在 19 世纪 40 年代初之后,这种情况发生了变化。亨利·C. 惠特尼在 19 世纪 50 年代中期第一次见到林肯,感到林肯性格"最明显的是让人难以理解的深深的忧郁",连约翰·托德·斯图尔特开始发现林肯"深为忧郁所伤"。他妻子的姐姐伊丽莎白·爱德华兹发现他成了 "一个冷冰冰的人——没有热情——不愿意交际——心不在焉——若有所思"。据戴维·戴维斯讲,连"他的故事——笑话"都是为了"拂去忧伤,他不参加社交活动"。当州议会迁到斯普林菲尔德后,林肯没有参加过当地社区举办的任何团体和组织——民兵或是消防队或是共济会这样的兄弟会。"我想林肯先生没有参加任何秘密社团",阿布纳·埃利斯回忆说,"既不是共济会会员也不是秘密共济会会员"。当他被问及"他是否是共济会会员",林肯的回答是"我不属于任何社团,除非该社团服务于我的国家"——也就是辉格党。就连圈外人也知道林肯常常难以捉摸地陷入沮丧之中。"在这种情况下,他不习惯坐在火边,"劳伦斯·维尔登记得,"苦思冥想,自言自语,窃窃私语,毫无疑问这是那种奇怪心理的影响,坡在《乌鸦》中对此进行过诗意的描述。"

赫恩登认为,忧郁有时只是林肯在做律师几乎十年中养成的专注于思考法律问题的习惯。"林肯认为……他的脑力和生命力的持久性没有极限",他陷入案件和问题之中时的专注"程度极高,持续很久,甚至有些可怕",这种专注导致"身体和精神的疲惫,紧张的病态和幽灵般的幻觉,易怒,忧郁和绝望"。斯蒂芬·洛根承认做律师的重压使林肯失去了快乐。"他在新塞勒姆的时候,我想他的时间主要是用来嬉戏和享受交往带来的快乐,还有和平日里接触的人们的娱乐,"洛根回忆道,但是"他到了斯普林菲尔德之后,这些安排几乎都不存在了。"

为什么林肯变成了 "一个表情悲伤的人","当他走路的时候忧郁在身旁飘荡", 也有人大胆地指出其中更为痛苦的原因, 这与他和玛丽·托德·林肯的生活有关。从出生到长大,玛丽一直过着舒适的生活,日常杂务都是由身边的奴隶和仆人打理,她不适合做一个需要精打细算的中产阶级律师的妻子,林肯需要自己养奶牛挤奶和锯木头。"如果林肯先生偶然死去,"有人听到玛丽这样抱怨,"我一定在蓄奴州生活,他的灵魂在蓄奴州以外的地方永远找不到我。"即使罗伯特·史密斯·托德实际上每年都给足够的钱雇人做家务, 和这样一个心不在焉而且冷淡的男人一起生活,对于情感丰富而且受过良好教育的玛丽来说是个苦差事,这种情况逐渐恶化,成了赫恩登所说的"地狱般的家庭生活"。

做律师的林肯每年有 20 个星期都要离开斯普林菲尔德,不能和玛丽在一起,她发现林肯的新合伙人缺乏教养而且不成熟,连她在斯普林菲尔德的姐姐们都不掩饰她嫁给林肯犯了大错的观点,伊丽莎白·爱德华兹把林肯描述为"古怪而且完全不正常", 亨利·惠特尼认为林肯 "不能使任何女人快乐……他过于沉溺于他的精神世界,以至于在人际关系构成的这个星球没有立足之地"。"在她的家庭纠纷中,我一直对她抱有同情之感," 赫恩登在多年之后写道,"全世界都不知道她忍受了什么,忍受了多久。"

由于上述原因,玛丽·托德·林肯以武力作为自己的报复方式。和托德家许多亲戚一样,她狂躁易怒,玛丽的坏脾气很快表现出来,她变成了赫恩登所说的"母老虎",把林肯的婚姻变成"世上地狱般的家庭生活"。特纳·金把她描述成"使那个好男人备受伤害和折磨"的"恶人——女魔"。在其他情况下愤怒的爆发远不及她的勃然大怒:斯普林菲尔德的邻居们"听到林肯夫人向林肯歇斯底里般狂喊乱叫",看到她想动手打他,用的是烧火的木头或是书本或是扫帚把,发现为了躲避她对他的衣服或者举止折磨般的批评,林肯在半夜起床"在大街小巷快步疾走直到天明"。因为在钱的问题上"一直十分节俭",无意中林肯改变了玛丽,她在和商贩们讨价还价时极为吝啬,她早年把佣人当成奴隶的习惯使那些雇来做厨房杂务的爱尔兰姑娘忍无可忍。

由于名声在外,玛丽几乎找不到人帮忙做家务,不管多长时间,除非林肯暗中给佣人们一些好处让她们忍受他妻子的虐待。林肯雇了一个名叫玛格丽特·瑞安的移民小孩给玛丽帮忙的时候,林肯"告诉她如果留在那里他会比林肯夫人多付75厘——不要和林肯夫人吵架"。约翰·门多萨记得玛丽竭力和他父亲砍价,要以10分1品脱而不是15分的价钱买3品脱黑莓。"林肯先生在我的手里放了15分钱,告诉林肯夫人拿走东西放在一边。林肯夫人很不高兴。"这是回避问题,而不是解决问题。但这是林肯如何对待玛丽的一个片段。詹姆斯·库斯利记得当玛丽发脾气的时候,"林肯不加理睬——会抱起孩子走人——嘲笑她——在她狂怒的时候毫不理睬"。他不愿面对玛丽的情感问题,玛丽自己也无法控制她的暴怒,这样林肯的家庭很快成了赫恩登所说的"冰窟","里面没有热情、激情、安慰或是乐趣"。

在19世纪40年代,林肯"灼热燃烧的地狱般"的家并不是折磨他精神的唯一问题。他在1840年为辉格党在威廉·亨利·哈里森的竞选中卖力,不仅没有使辉格党占有总统职位,未能得到可以领取薪水的一官半职,却让约翰·泰勒捡了便宜,"一批没有在竞选中花1美元也没动过一个手指头的寄生虫得到了官职"。1844年选举更令人失望。尽管推出了被称为"我们英勇的西部哈里"的亨利·克莱,尽管林肯在伊利诺斯南部和中部还有印第安纳南部拥护克莱的大会上发表竞选演说,辉格党在一场十分接近的竞选中败给了安德鲁·杰克逊的追随者詹姆斯·诺克斯·波尔克。林肯"从政的美好理想"破灭了,他确信这场失败主要是由于西北部辉格党人倒向自由党这个反对奴隶制的政党所致。这种政治上的抛弃使他愤怒,因为林肯把这看做他辉格党灵魂中痛恨的不忠行为的又一个事例。在横穿伊利诺斯为克莱助选的一次大会上,他找出了威廉·梅这个背叛的辉格党人并极力挖苦。梅曾经抱怨,一个为辉格党观众集会竖起的当地的辉格党"选举柱"和辉格党的内心一样空洞。林肯厉声说"梅上校就是从柱子根部的空心处爬着离开辉格党的,他党内的朋友们甚至建议把空心堵上,这样上校就永远回不来了"。

当他被印第安纳的辉格党人请去到该州南部的克莱辉格党俱乐部讲话的时候,他对 1844 年竞选的失望进一步加深,当时在场的有他在金特里维尔的老邻居们。他"在十字路口的投票处"和许多他的老相识见面,但是使他深受打击的是更多的人已经远去,他们已经去世或者离开了这里。"1844 年秋天,考虑到我可能为克莱先生拿下印第安纳州有些许帮助,我来到了那个州我长大的街区,我的母亲和唯一的姐姐葬在那里",林肯一年半之后写道,"故乡那个地方,在其内里,和大地上的任何地点一样平凡;但是,看到它、它的一草一木和那里的居民还是在我的心中产生了诗一般的情感……"这已经足够了,他开始用苍白的比喻写了一首蹩脚的关于死亡的长诗:

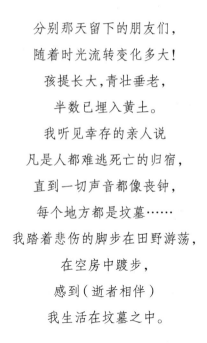

分别那天留下的朋友们,

随着时光流转变化多大!

孩提长大,青壮垂老,

半数已埋入黄土。

我听见幸存的亲人说

凡是人都难逃死亡的归宿,

直到一切声音都像丧钟,

每个地方都是坟墓……

我踏着悲伤的脚步在田野游荡,

在空房中踱步,

感到(逝者相伴)

我生活在坟墓之中。

过了一年,他在 1845 年偶然读到苏格兰诗人威廉·诺克斯的诗作"死亡",他在刚到新塞勒姆时可能读过这首诗,但是他现在"在报纸上零散地"看到了它。"这首诗是对林肯在生活中艰难攀爬的极好写照,所以成了他"至爱之中的至爱",他在以后的一生中反复吟诵(以至于一些人实际上以为这首诗是林肯自己写的)。这首诗也弥漫着忧郁和徒劳的感觉。

为何死亡的精灵应该骄傲!

如疾驰而过的流星——快速飞过的云朵——

一掠而过的闪电——瞬乎卷起的波浪,

他穿越生命在坟墓里度过余生……

这是瞬间的眨眼,这是呼吸的气息

从健康的怒放到死亡的苍白——

从流光溢彩的酒吧到棺材和裹尸布——

为何死亡的精灵应该骄傲?

　　老朋友、家庭和青春的逝去,和他在州议会看上去步入穷途末路的事业如此相似。19世纪30年代末他作为大规模的国内交通改善计划的倡导者所带来的影响严重下降。在伊利诺斯的联邦政府的土地上圈占的农民对林肯号召将公共土地分配给各州的做法深恶痛绝,因为这通常意味着被各州赶走,而在那些债权或是银行存款受到威胁的农民的印象中,林肯只是银行利益的维护者。1842年,他没有寻求在州议会连任,希望在1843年后期的选举中,国会重新分区所产生的第七选区会把他作为填补该区席位的当然的辉格党候选人。但是桑加蒙县的辉格党人推出的却是林肯的盟友爱德华·贝克,当得知是贝克的人在背后散布他是"贵族"时,林肯被激怒了。

　　辉格党选区会议决定支持的既不是林肯也不是贝克,而是相邻的摩根县的约翰·哈丁。林肯从这些失利中所得到的是哈丁不寻求连任的承诺,他会在1844年正常进行的议会选举中把机会让给贝克,贝克则许诺在1846年把机会给林肯。由于辉格党在新成立的第七选区的选举力量,哈丁毫不费力在1843年的选举中获胜,随后贝克在1844年取胜。但是,林肯的政治地位并不稳固,因为当贝克于1845年年底从华盛顿回来时,哈丁开始放风说自己要寻求连任。只是在以维护党内良好秩序为理由的诚恳劝说下,林肯最终才说服哈丁勉强放弃。

　　当林肯在1846年5月1日被提名为第七选区的候选人后,他很快突然发现自己面临着比和桑加蒙辉格党人站在一起更大的问题。

　　林肯早年在斯普林菲尔德所有的朋友——斯皮德、马西尼,甚至包括斯图尔特——都把林肯描述成宗教怀疑论者,在整个19世纪40年代没有迹象表明林肯在斯普林菲尔德去过任何一个教会。玛丽也没去过。"她的宗教信仰,"据赫恩登讲,

"和她丈夫差不多,怀疑宗教,是个不可知论者或者说倾向于无神论。"虽然她可能参加斯普林菲尔德的圣公会和长老会教会举办的女士们的聚会,但从来没有给她的儿子们洗礼。正如林肯所知,没有在大家的心目中形成信仰宗教的印象一直是主要的政治缺欠:早在 1837 年,他就意识到他的政敌向"我的一个老相识"打听"他是否曾听林肯说过他是个自然神论信仰者",而后在 1843 年当他承认他"不属于任何教会",他承受着"来自宗教团体的支持者的相当多的指责"。他有时出于自我保护这样对宗教问题作出回应,"他的父母是浸礼会教徒,是在浸礼会信仰中长大的"。但是就连斯普林菲尔德第一浸礼会教会的牧师诺伊斯·迈纳也不能证明林肯"是所谓的基督徒",虽然他喜欢林肯,常常把教会的马和马车借给林肯家使用。林肯坦率地向托马斯·D. 琼斯承认:"我父亲是浸礼会教徒,而我不是。"

除了在最心腹的人参加的聚会上,林肯一般对宗教避而不谈。他取得更高的社会和政治地位后(或者用不太礼貌的话讲,他更加融入辉格党集团),他愈加不承认"他不信宗教。"詹姆斯·马西尼注意到"他随着年纪的增长变得更加谨慎——在陌生人面前很少谈宗教"。1846 年,他在第七选区的国会选举中的民主党对手决意在此问题上大做文章,林肯无法再保持沉默。民主党人推出了卫理公会巡回布道的彼得·卡特赖特来反对林肯,10 年前林肯在社论中对他的攻击仍如鲠刺在喉。卡特赖特马上开始在第七选区"散布不信仰宗教的指责"来反对林肯,敦促虔诚的辉格党人以宗教虔诚而不是政见来投票。

1846 年 7 月 31 日,在离选举不到一周的时候,林肯决定公开发放传单,对卡特赖特的攻击进行回应,这个传单在第七选区发放,三周后在塔兹维尔的《辉格党报》上发表,此举充分表明林肯对于他"不信仰宗教"的讨论多么敏感。(在政治竞选中,通常用传单来发布指责和反指责的最新信息;约翰·斯图尔特曾抱怨竞选的每一天里他都要应对民主党人新的指责,第二天早晨又会发现另一张写着新的罪名的传单。)这个传单可能被当做曾说服林肯公开发表的被赫恩登称为林肯的"哲学"的声明,目的明显是扑灭卡特赖特的"流言飞语",但没有假装"造谣者"完全是无中生有。

传单在开头指出"在这个选区的一些街区流传着我公开藐视基督教的说法"。林肯对此小心地加以否认。"我不是任何一个基督教会的成员,这是真的",林肯承认。但是这并不意味着他是个"嘲笑者"。事实远非如此,"我从来没有否认过《圣经》的真实性;我也从来没有发表过有意诋毁一般意义上的宗教、或是某个基督教教派的言论"。把他在新塞勒姆写的那本暗示否认"《圣经》的真实性"的"不信仰基督教的小册子"丢在一旁,林肯否认任何对基督教的敌视,但是也没有证明对它的青睐。

事实上,林肯在传单里只有一个地方比较明确,尽管一如林肯其他的生活记录一样语焉不详,这是直入林肯的内心和性格深处的声明,"这是真的",他承认:

早年的时候,我倾向于相信我所理解的"必然性原则"——也就是说,人类的思维在此原则的驱使下采取行动,或者被某种思维自身无法控制的力量所掌控;我有时(一次、两次或三次,但从来没有公开地)在讨论中坚持这种观点。但是,我的辩论的习惯已经停止了5年多。我在此补充,我一直认为几个基督教派持有与此相同的观点。

和J. S.穆勒的"哲学必然性"一样,他所描述的"必然性原则"认为,人类对其行为的正确或错误,既没有自由意志也没有道德责任,自由选择决定其行为。如赫恩登在和律师事务所谈话中已经发现的那样,林肯认为"没有自由意志","人没有选择的自由":

事情将会发生,它们发生了,不可避免地发生了,一定会发生;人类是在他们无法控制的超自然的条件下形成的;命运决定情况的发展,就像各种力量、法律、一般的、绝对的和外在的,统治着物体和精神的世界……(人类)只是简单的工具,这个巨型钢铁机器敲打切割、碾压捣碎所有的事物,包括阻止它的人,而人只是这个巨型钢铁机器车轮上的一个轮齿,一个部件、一个小部件。

如赫恩登接下来解释的那样,林肯认为人们不能根据自由意愿进行选择,只是因为他们必须对"动机"进行回应。动机是"人类本性伟大并且是最重要的法则","驱使人们自愿采取行动"。动机具备此种力量是因为动机在最基本的层面上,和人类的自身利益相契合。"他的观念,"赫恩登回忆道,"是所有人类的行为都是因动机而产生的,这些动机的最底层是自身利益。"

(赫恩登记得)我们经常讨论问题,我的观点和他相反……我曾坚持认为人类是自由的,能够没有动机采取行动。他对我的哲学一笑置之,答道这是不可能的,因为动机在人类诞生之前已经存在……他挑激我让我没有动机并无私地行动;当我做了之后告诉他,他会非常仔细地分析和审查。在他得出结论后,我不得不承认他说明了整个行为是绝对自私的。

林肯似乎没有注意到,将所有的行为归结于像"动机"这样的客观原因,他会颠覆所有正确或错误的道德观念,或者所有对人类行为进行褒贬的可能。与之相反,林肯倾向于以他的"宿命论"对人类的罪过或责任的最明显的事例进行申辩。他"援引布鲁图①和恺撒的事例,认为是布鲁图在他无法控制的条件下被迫刺杀恺撒,反之亦然,恺撒是专门为了被布鲁图除掉而出现的"。

这种"必然性原则"最明显的根源来自加尔文主义的成长氛围,在他童年时期宿命论在印第安纳的浸礼会教徒中十分流行,他早期的宗教怀疑主义主要产生于此。不可否认,他的"忧郁"的根源和那些担心自己不是上帝的选民、而且不管自己怎样努力也无法如愿的人们那种宗教的绝望极其相似。但是这些加尔文主义的根源和暗示仅仅是林肯"宿命论"的基础。他的"原则"以及动机、必然性和自身利益这些难以理解的词汇,包含着浸信会教徒的论道中十分陌生的因素。这些词汇更为明显反映了边沁的宿命论,他对自由意志和必然性的评论和林肯的观点更为相似,比和穆勒的观点更接近。和林肯一样,边沁认为所有人类的行为都受到动机的控制:"在所有情况下,行为——人类行为的过程——完全受制于动机——永远都是动机所致……"

无论何种行为,以及随之发生的何种过错,往往由于动机的性质呈现出不同的特点,并产生不同的结果,这已是公认的真理。必须观察影响人类行为的几种动机。

这些动机对人类意愿的影响力来自于它们所诉求的自身利益,对林肯也是如此。"在所有情况下,(行为)完全受动机和相关的利益控制。"这样,每个选择——

---

① 马库斯·朱尼厄斯·布鲁图,古罗马的政治家和将军,图谋暗杀恺撒。在后来与马克·安东尼和屋大维的争权战中,在菲利皮战役中失利并自杀。译者注。

边沁和林肯都不例外——都是受动机驱使的,受动机支配的人类本性的基本特征是对自身利益坦率无遮掩的关注。"无私利的人类行为从来都不存在,"边沁写道,"因为从来没有任何不受某种动机或多种动机影响产生的自发行动,也不存在没有相应的利益相伴随的动机,不管是真实的还是想象中的。"并不奇怪,费城的律师约翰·阿林和路易斯安那最高法院的法官亨利·卡尔顿这两个美国法律界的边沁的崇拜者,发表了对自由意志的论述,不加掩饰地宣传边沁关于必然性的观点。"必然性随动机而变,"卡尔顿写道,"一旦动机确定,对客观必然性的力量的影响确定无疑。"

乍一看上去,必然性可能会导致消极的情绪,林肯确实不时表示他只是生活的被动的旁观者。但是像奥维尔·希克曼·布朗宁那些关系密切也更了解他的人认为,"宿命论"产生的并非听天由命的消极态度,更可能的是"他注定要比当时过得更好的强烈信念……我毫不怀疑林肯先生相信世界上注定有他的事业"。林肯的"必然性原则"最终的影响是宽厚仁慈而非消极避世。由于林肯是个"彻头彻尾的宿命论者"而且"相信命运将发生的定会发生,我们的祈祷不能阻止或改变天命","人类只是命运、环境和规律的工具",没有人"可以对他是什么和所思所做负责,因为他是环境的产物"。赫恩登相信,这是林肯的"耐心"和"他在哪里都对人宽厚仁慈以及没有恶意的真正根源"。虽然这种态度对林肯从事的审判律师职业而言不太合适,这里应该提及边沁处理犯罪问题的方式,他提出放弃把对犯罪的法律惩罚作为具有惩罚性质的法律制裁的所有观念,重新考虑将坐牢作为道德劝诫和重新做人的机会。约翰·阿林在其所著的《心灵哲学》(1851 年出版)一书中指出,惩罚不应该是"对仇恨的宣泄,而应该是激发罪犯心灵中从善动机的方式,这样……来修复他存有缺陷的道德状态"。

相信"必然性"的林肯同样对"惩罚"持批评态度,在请求对罪犯的刑罚进行复审时,他常常使用同样的说辞。"从目标、目的和意图上看,惩罚如父母教育子女一样,出发点是为了把罪犯变好;所以法律制裁要适可而止",林肯告诉艾萨克·科格代尔。他无法相信"基督徒所讲的上帝的惩罚",因为"他将惩罚看做教育的手段"。既然"人在世上只生活一小段时间",如果"上帝的惩罚是人的命运",面对如此危局的唯一明智之举便是"时刻警觉地度过短暂的一生"。

然而,在 1846 年,彼得·卡特赖特并没有要求林肯对"必然性原则"作长篇大论的解释。1846 年 8 月 3 日,林肯赢得了第七选区的 11 个县中的 8 个县,以 1500 多张选票的优势重创卡特赖特。现在林肯面临的问题比信不信上帝这个问题严重得多。

亚伯拉罕·林肯第一次被迫真正面对奴隶制问题。

美国的奴隶制一直困扰着林肯，但与我们所设想的方式并不完全一致。虽然林肯在 1858 年主张"我一直憎恨奴隶制"并声称"从 1836 年到 1840 年开始奴隶制问题一直困扰着我"，在 19 世纪 50 年代之前他所指的奴隶制是经济上的约束关系，或者说是将他自己这样的有抱负的人限制在"出卖劳动力的固定环境中，一生如此"的所有制度上的企图。

这种奴隶制指的是他年轻时在他父亲手下的经历，他开始把奴隶制和自给自足的农场经营以及美化这种生活的杰斐逊党人的意识形态联系起来，和落后的边远农村地区的心态联系起来，这种心态很容易使富有的土地持有者把持拥有权力的地位，并给予农民补贴和保护（特别是以廉价土地的方式）的安慰以此平息他们的不满。"我过去就是个奴隶"，林肯在早期的演讲中讲道；实际上，"在不同的时期我们都是奴隶"。林肯在人群中认出一张熟悉的脸，说道："我有一个叫约翰·罗尔的老朋友(很久之前在奥法特那里造平底船时帮过他)。他过去是个奴隶，但是他解放了自己，我过去是个奴隶，但现在我自由了，他们让我做律师。"在 1859 年的时候，阿德莱·史蒂文森对林肯简短的自我介绍的结束方式感到不解——"没有其他记得起来的标记或烙印"——因为这是"南部、特别是肯塔基经常用来通告'逃跑的奴隶'的话"。

第三章　必然性原则

辉格党政治和市场经济最吸引林肯的是从农业经济的狭隘的奴隶制中解放的感觉。与凯里和韦兰一样，林肯相信"劳动是满足人类需求的来源"。劳动赋予商品价值，"独立于资本，而且比资本更重要……事实上，资本是劳动的产物，如果最初没有劳动的存在，就不会有资本的存在"。因此任何剥夺劳动者生产的充分价值的企图都是（用韦兰的话讲）"抢劫"。然而，奴隶制正是这种"抢劫"。从这个角度看，奴隶制包括所有人，甚至是"注定一辈子给别人打工"的"自由人"。市场经济能产生流动性，不再"命中注定"固定在一个位置。"一个去年还给别人打工的人，今年会自己干，明年他会雇别人给他干活。"

然而，这并不能阻止"另一些理性者"宣称"资本和劳动之间不存在这种关系"。杰克逊党人对市场经济给劳动性质带来的变化，即从依靠自己的财产劳动来生产自己的商品，到依靠别人的财产劳动来挣取工资持怀疑态度。在杰克逊党人的印象中，雇佣劳动产生了对雇主及财富的依赖关系，比奴隶制稍好，而自给自足的农业则可以保证稳定和几乎完全的独立。但是林肯不认为雇佣劳动是一种依附关系，而是农民得到他们极少奢求的流动和成功的通行证。"这些人对北部的劳动者有怎样的误解！"林肯在 1856 年惊呼，"他们认为这里的人们一直都是打工者——但是这个阶层并不存在。"在自给自足农业中，一个人开始时一贫如洗，希望日子过得更好，结果发现自己在与世隔绝和辛苦劳作中越陷越深。在雇佣劳动中，任何"开始一贫如洗的人，在生存竞争中多数人都这样"，可以出去打工赚取工资，"希望在当年和下一年找到工作，以后给自己打工，最后雇人为他工作"！

林肯并没有试图让别人相信雇佣劳动会公平待人。"世界上任何时代都发生过这样的事情，一些人辛勤劳作，其他一些人却不劳而获。"他承认，这"是不对的"。但是市场向打工者提供的解决方式很简单，辞工走人另谋高就。工资远低于他们赋予商品的价值的工人会罢工，林肯"乐于见到北方盛行的劳动制度，劳动者想罢工的时候可以罢工，他们不必在任何情况下都要工作，不受约束，不必不管你是否支付工资都要工作！……然后你可以改善条件，你的境遇可以一直得到改善，只要人类还在地球上生存"！

雇佣劳动提供了改善境遇和自我提高的前景，这是自耕农社会和种植园奴隶制那种僵化不变的制度完全不具备的。在市场制度中，"起步时一文不名、勤俭度日的人，靠打工赚钱，一段时间后，自己用攒下的积蓄购买工具或土地；然后自己再干一段时间，最后雇佣刚起步的人帮助他"，这是"一种公正、慷慨、能够获得成功的制度，为所有人提供机会，给所有人以希望和动力，帮助所有人取得进步、改善条件"。

毋庸讳言，林肯是在描述他自己的经历，也是在给别人指点迷津，离开土地进入商品经济的流动性成为林肯辉格党政治哲学的核心。但是他没能把他的理念带到家里。林肯继母的儿子约翰·D. 约翰斯顿 1848 年在绝望无助的情况下写信给他，要借80 美元还债。约翰斯顿就像他的继父，一直是个自给自足的小农，和 70 岁的托马斯·林肯一样，生活在科尔斯县同一个农场里，一年又一年只是勉强维持生计而且看不到好转的迹象。因此林肯拒绝借钱给他：并不是因为他认为约翰斯顿"懒惰"——他不是个天生的游手好闲的人——而是因为约翰斯顿满足于做个"无所事事的人"，他"不怎么干活，仅仅是因为看上去得不到多少回报"，他需要了解打工赚工资的好处。

林肯的建议简单直接：离开农场，跳出自给自足的农业，在市场上找到支付工资的活计。"我的建议是，你应该去工作，为给你钱的那个人'拼命'。"约翰斯顿正确领悟了他的建议，林肯清楚地说明了约翰斯顿应该怎么去做才能谋生："让父亲和你的孩子们来负责家里的事情——做好农活；你去工作多赚钱，或者说用你赚的钱来还债。"林肯实际上鼓励约翰斯顿积攒挣到的工资的每一块钱,这样"你就会养成习惯不再欠债"。他没有让约翰斯顿到"圣路易斯,或是铅矿,或是加州的金矿"拼命工作迅速致富,"我的意思是你到科尔斯县家附近的地方找个工资高的工作"。"听我的话",实际上就是从事雇佣劳动,"你会发现这比给你 80 块钱的 8 倍还值钱"。

在林肯看来,他继母的儿子也"是个奴隶",流动和市场自我改造的力量是解放他的办法。从那个角度上看,林肯就像他所声称的那样,从开始就是奴隶制激烈的反抗者,因为他在伊利诺斯议会中所有的经济规划针对的都是打破杰克逊似的经济奴隶制。然而,这并没有促使他猛烈批评美利坚合众国制度化程度最深的那种奴隶制,这就产生了很多方面的问题,在 19 世纪三四十年代,林肯为何没有将其对"奴隶制"的愤怒拓展至对非裔美国人事实上的奴役。

这当然不是因为个人缺乏对黑人奴隶制的了解。虽然伊利诺斯的选民在 1823 年阻止了赞成奴隶制的州宪法会议运动,根据运输权法律,伊利诺斯仍然允许带入奴隶做临时性的工作,1827 年后该州对帮助奴隶从主人那里逃跑的居民课以罚款。取得自由的黑人受到一系列"黑人法典"的限制,要求他们携带自由证明,提供表现良好的保证金,否则有被当做"逃奴"被捕的危险,要服役一年。林肯搬到斯普林菲尔德的时候,城镇人口中仅有 115 名非裔美国人,但是其中的 6 个人是奴隶。和托德—爱德华兹家族的联姻使他进入了一个视非裔美国奴隶的服务和仆人为平常之物的家庭网络。林肯结婚的时候,尼尼安·爱德华兹至少有一个"契约奴"(这是伊利诺斯法律中使用的等同于事实上的奴隶制的委婉语,到 18 岁为止),林肯至少雇了两个自由的非裔美国妇女做家务,她们是玛丽亚·万斯和鲁斯·斯坦顿。林肯从查尔斯·德雷瑟(在卖房时他也有个名叫赫普赛的"契约奴")那里买来的房子所在的街区有21 个非裔美国人,既有自由人也有奴隶。

然而,虽然林肯在伊利诺斯和黑人奴隶制很接近,没有迹象表明在 1846 年之前黑人奴隶制使他感到十分不安。他憎恨作为一种严格经济关系的奴隶制;他也不喜欢作为使多数农场主与民主党人结盟的奴隶制;但是对于作为涉及个人不公正的奴隶制,对于只有黑人承受着不公正的情况,直到 19 世纪 40 年代很难发现他对此有任何关注。伊利诺斯会员大会于 1837 年 1 月作出决议,"根据联邦宪法,蓄奴州对奴隶的所有权是神圣不可侵犯的",林肯和辉格党法官丹尼尔·斯通提出抗议,"奴隶制的制度是建立在不公正和不道德的政策的基础上的"。但是林肯和斯通等了一个多月,在最初的决议已经被议会采纳之后才提出抗议,使林肯有足够的时间让州府重新选址的提案在大会通过,而增加了"废奴声明的颁布有加剧而不是减缓其破坏性的趋向"的内容使得抗议倒向了相反的方向。

事实上,林肯不肯为废奴运动出一点力,甚至当废奴主义者在伊利诺斯中部建立立足点的时候也是如此。1837年11月,奥尔顿一群拥护奴隶制的暴徒攻击了一家废奴主义报纸的印刷厂,该报归一个名叫伊莱贾·洛夫乔伊的长老会革新派所有,暴徒们毁坏了印刷机,枪杀了洛夫乔伊。这个事件震惊了北部各州,而林肯只是在1838年的社团演讲中简短提及暴徒们"把印刷机投入河中,向编辑们开枪"——即使在那时,也只是为了谴责暴民统治(他指的是民主党的统治),而不是为了介绍洛夫乔伊。林肯根本谈不上同情19世纪三四十年代的废奴主义运动,他认为"纽约的辉格党废奴主义者"在1844年总统选举中把选票投给了废奴主义的自由党,导致了亨利·克莱的失利。当1839年1月伊利诺斯州议会就谴责缅因州州长拒绝引渡两个被指控帮助一个佐治亚的奴隶逃跑的缅因居民的决议进行辩论时,林肯"倾向于投赞成票",因为引渡符合宪法的规定。同年,林肯代表戴维·贝利成功起诉了内森·克伦威尔,贝利带走了克伦威尔的"黑人契约奴"南斯,来补偿克伦威尔欠下的债务。南斯从贝利那里逃走,并宣称获得自由,因为伊利诺斯的法律禁止奴隶买卖。林肯轻易获得了胜利,但是执行对奴隶制的禁令则没有那么容易,贝利宣称他受到了欺骗。林肯的岳父1849年去世时没有留下明确的遗嘱,林肯代表玛丽和她的姐姐们要求得到包括拍卖托德家的奴隶在内的财产。

林肯在离开伊利诺斯到华盛顿任国会议员之前,为肯塔基奴隶主罗伯特·马特森做辩护律师的决定最充分地体现了他对黑人遭受不公正待遇的奴隶制的冷漠,当时马特森的奴隶简·布莱恩特为自己和她的六个孩子获得自由提起诉讼。1843年,马特森在科尔斯县购买了一个农场,并根据伊利诺斯的运输法,带一批奴隶每年跨过俄亥俄河从事耕种和收割。这些奴隶中有马特森自由黑人监工安东尼·布莱恩特的妻子和孩子,他们的身份还是奴隶。安东尼·布莱恩特希望能够最终从马特森那里买到家庭的自由。但是在1847年春天,简·布莱恩特惹恼了玛丽·科尔宾,她与马特森同居多年、根据习惯法是他的妻子,科尔宾威胁把简和她的孩子们卖到"南方的棉花地"。安东尼·布莱恩特寻求当地两个废奴主义者马修·阿什莫尔和海勒姆·拉瑟福德的帮助,他们建议布莱恩特一家宣布自由,因为马特森违反了运输法。

马特森立即依照1793年联邦逃奴法申请逮捕证,再次抓获了布莱恩特一家,并雇用了民主党律师厄舍·林德为他的发言人。县治安官员在查尔斯顿(县府所在地)

逮捕了布莱恩特一家,但是治安官员对他们的指控不是作为联邦法律条文中的逃奴（因为他们已经跨过了州界）,而是违反了伊利诺斯的"黑人法典",因为没有证明自由身份的文件。最后简和她的孩子们被投入了县监狱,马特森一无所获。受挫的马特森在巡回法庭起诉阿什莫尔和拉瑟福德,1847 年 11 月,林肯在查尔斯顿为林德的一个当事人的诽谤诉讼辩护,马特森和拉瑟福德都请林肯接手他们的案子。很明显马特森（也许是林德）先到了林肯那里,11 月 16 日,林肯和林德代表马特森出现在查尔斯顿的巡回法庭,指出马特森已经明确说明简和她的孩子们的工作仅限于季节性的雇佣,符合运输法。巡回法庭的法官——审理此案的是伊利诺斯最高法院的首席法官威廉·威尔逊——不为所动,作出如下裁决:虽然他进行了声明,马特森将简·布莱恩特扣留在伊利诺斯的时间长达两年,时间之长足以把她看做"永久性的"和自由的。在这个案子上,马特森和林肯之为并不光彩,林肯后来对此并无丝毫愧疚之情,他把案子摆在第一位。

很难不产生这样的印象,林肯对黑人奴隶制的冷漠至少和种族主义有一定的关联,这和左右着他的民主党对手的种族主义没有太大的差别,正是种族主义使他感到当奴隶制压制了有抱负的白人时是一回事,但是当它勒住黑人的脖子时又是另一回事。他当然对兜售粗俗的种族主义笑话没有什么禁忌,像他在 1849 年给摩西·汉普顿讲的 "老弗吉尼亚人的故事","在一个年轻黑人身体的某个部位上磨剃须刀"。在林肯 1841 年 9 月写给乔舒亚·斯皮德的姐姐的信中有一些迹象表明, 林肯认为作为一个种族而言,黑人远不及白人,奴隶制对他们来说有不同的意义。他告诉玛丽·斯皮德,那年夏天,他和乔舒亚·斯皮德在俄亥俄河的汽船上遇到了"12 个黑人",他们"6 个 6 个被链条拴在一起"。在这样的情况下,一般不会有什么快乐,但是"在像我们通常想的这样痛苦的环境下,他们是船上最兴高采烈和快乐的人"。林肯非但没有对此感到愤怒,反而被逗笑了,把他们比作"串在线上的鱼"。他们和我们不一样,他向玛丽·斯皮德暗示:"当一个人因为犯错被卖掉,他的妻子非常高兴,还在拉着小提琴;其他人则在跳舞,唱歌,开着玩笑,一天天玩着各种纸牌游戏。"

然而,并不能说种族主义使林肯对 1940 年代黑人奴隶制视而不见,因为一个顽固的种族主义者在 1837 年不会冒险公开声称"奴隶制的制度"为"非正义和不好的政策"。事实上有很多偶然发现的证据显示,林肯并非像马特森案件或是给斯皮德的信件所表现得那样对黑人遭受奴役毫不在意。约翰·汉克斯坚持认为 1831 年他和林肯乘着奥法特的平底船南下新奥尔良时,当林肯在新奥尔良的奴隶市场上看到"黑人戴着镣铐,受到虐待,遭受鞭打和痛斥",林肯的"心在流血","默默无语……陷入沉思"。汉克斯的回忆值得怀疑,因为林肯记得汉克斯实际上已经在圣路易斯下船,没有和他一起到达新奥尔良。也许汉克斯是将这次旅行和此前1828年的乘平底船南下之旅混为一谈,因为林肯在别的地方曾提及他年轻时在新奥尔良奴隶市场见到的"可怕的画面"。林肯自己在14年后写给乔舒亚·斯皮德的信中对1841年乘坐汽船见到的场面进行了更真切的描述。"1841年你和我乘着汽船从路易斯维尔到圣路易斯,当时水位很低,旅行枯燥无味",林肯使斯皮德记起,"在船上有10个或12个奴隶,被镣铐拴住一起"。林肯此时声称:"那个场景一直折磨着我……我承认我不愿见到这些可怜的生灵被穷追不舍,被抓获后又要遭受鞭打,辛苦劳作而没有报偿。"如果说在19世纪40年代奴隶制下的黑人对林肯有所触动,这种情感并没有持续很久,可以忽略不计。

事实上,黑人奴隶制极有可能激起林肯的愤怒,因为南部种植园对黑人的奴役建诸强权和对劳动的贬毁之上,这与林肯文化上的辉格主义和他的辉格党经济理念相背离。托马斯·杰斐逊在18世纪80年代已经看出,奴隶主对奴隶的绝对控制导致了蓄奴者的享乐主义,而且他们痴迷于此,这种沉迷于享乐的制度与辉格党人所推崇的自律格格不入。林肯认为蓄奴只能吸引"没有头脑的轻狂的年轻人,他们把工作看成是粗俗没有教养之举"。他告诉约瑟夫·吉莱斯皮:

你可能有一些土地,口袋里有些钱或者是银行的股票,当四处旅行时,最明智的是带个黑人随从,所有人会看到他,知道你有奴隶——这是世界上最易于夸耀的财产,如果一个年轻人求爱时,唯一的问题是他或是她拥有多少奴隶,而不是他们可能拥有的其他财产。对奴隶这种财产的热爱正在吞噬其他追求财富的热情。拥有奴隶不仅预示着拥有财富,而且显示了他是生活安逸、不屑于劳作的绅士。

蓄奴活动将劳动贬低为粗俗之举,使劳动者被种植园主阶层所掌控,并受到他们的蔑视。"林肯先生很激动,"吉莱斯皮回忆道,"严肃地说应该与这种思想进行斗争,如果可能的话对其进行限制。"由此看来,即使他有和其他美国白人一样的种族主义,奴隶制与林肯的辉格主义有着激烈的冲突,并迫使他将其谴责为"极为不公正",是"全国范围的极大的犯罪"。

但是虽然辉格主义使他激烈反对奴隶制,在直接与奴隶制的交锋中却面临着辉格党政治设置的几个实际障碍。联邦宪法是障碍之一,宪法(实际上没有使用奴隶制这个词)通过以下方式在法律上认可了奴隶制,每十年一次的联邦政府人口普查,禁止解放"根据一州法律须在该州服劳役或劳动的"逃亡者,禁止联邦干预各州事务,包括各州允许奴隶制并对其进行管理的法律。不对宪法进行修改,就没有希望结束允许奴隶制存在的各州的黑人奴隶制;而且由于南部在国会内人数众多的席位,制定废除奴隶制的宪法修正案的希望更为渺茫。"根据宪法,美国国会无权干预各州的奴隶制,"林肯在1837年解释道,甚至没有权力"在哥伦比亚特区废除奴隶制……除非特区的人民要求这样做"。

这样,当国家最需要团结统一和辉格党最需要团结一致来推行宏大的市场计划的时候,废奴运动所有的鼓动只是起到了使国家陷于混乱并处于分裂状态的作用。林肯在赞美亨利·克莱时曾指出,虽然克莱"在原则上和感情上反对奴隶制",但是在"如何立即废止奴隶制,而不导致更大的罪恶,甚至对自由事业本身造成损害"方面,克莱并没有可行的计划。林肯可能反对奴隶制,而且"越来越多的人出于对无限期延续下去的奴隶制的反对,开始对白人的自由宪章加以攻击和嘲讽——宣称"人人生而平等"。但是宪法和联邦使他别无选择,就像他对乔舒亚所说的那样,只有"咬紧嘴唇,保持沉默"。不管他"最初的冲动"究竟怎样,林肯向在肯塔基拥有奴隶的斯皮德保证,"我同样承认你的权利和我的职责,这是宪法赋予的。"

与之相类似,对于联邦保持统一的热望也使林肯对废奴主义者心存疑虑,"他们宁可把这些州组成的联邦撕成碎片……也不会让奴隶制持续一个小时"。如果说种族主义在林肯对黑人奴隶制模棱两可的态度上有什么实际影响,从这里可以看出,因为很显然林肯并不相信马上解放奴隶有什么实际意义。和他们以前的奴隶在一起生活,白人会感到不舒服,这些奴隶也无法适应白人社会。和克莱一样,林肯"没有意识到这里有人权问题的存在,黑人被排除在人类种族之外"。但是歧视的存在是事实,所以他能想象出的最平稳的步骤是"逐步解放"这一非对抗性的方案,为奴隶主提供经济补偿,然后将奴隶遣返到美国控制的非洲殖民地。"我最初的想法是解放所有的奴隶,然后把他们送到利比亚,——到他们自己的国土,"林肯在1854年这样评论。殖民开始后,该措施的优越之处将不言自明:"许多"被解放的奴隶"将移居殖民地",而对那些年幼或是有残疾的人,"南部将不得已实施"一种与伊利诺斯的"契约奴"相类似的"学徒制"。

林肯和克莱到哪里找到自愿实施逐步解放(即使是有经济补偿)、殖民和学徒制的人,这是他们都没有回答的问题。但是到 19 世纪 40 年代,以殖民方案解决奴隶制问题已经得到辉格党的普遍认可,主要在像克莱这样的辉格党人的推动下,美国殖民协会于 1816 年成立,并于 1818 年获得联邦资助,为遣返被解放的奴隶在非洲西海岸购买土地。美国殖民协会的努力收效甚微,部分原因是由于被解放的奴隶对回到非洲缺乏热情,他们当中的一些家族在美国生活的时间比想要施恩于他们的白人还要长,但更重要的原因是,此建议马上使南部的民主党人陷入恐慌,因为这将产生一个只有白人没有黑人的美国,一个没有奴隶从事农耕的南部。尽管这是白人对黑人的种族主义的恩赐,殖民实际上是对黑人奴隶制的批评。伦纳德·培根在其所著的《委员会报告……请求尊重美国黑人》(1823 年出版)中,明确表述了美国殖民协会的指导哲学,他相信殖民"将最终在我们国家根除奴隶制"并且"将最终拯救和解放150 万不幸的人们"。林肯在 1864 年对约瑟夫·汤普森讲,培根"对我关于奴隶制问题的看法影响很大",他完全同意培根的观点,所以他不想施加太大的压力立即废止奴隶制。"上帝将解决这个问题,以正确的方式解决这个问题,"他向罗伯特·布朗保证,"但是目前我们所能做的是等待。"

他之所以能够等待的主要原因在于他对市场最终将取得胜利的信心,他深信市场将像战胜自给自足的农业生产方式一样,最终战胜奴隶制这种过时的劳动制度。林肯和许多同时代的辉格党人一样,认为奴隶制是历史遗留下来的棘手问题,奴隶制消耗资源的速度快于它所产生的长期效益,无法与北部的市场和雇佣劳动力竞争。如果被法律认可的奴隶制仅被限于南部诸州,在那里奴隶制已经拥有合法地位,但是被禁止进一步的大规模扩张,辉格党人只能等待经济规律发生作用为他们解决奴隶制问题,不能立即废奴,这样将导致北部白人的不满,因为他们害怕被刚刚解放的奴隶劳工所淹没。然后可以实施"逐步解放奴隶"和殖民,(根据克莱和美国殖民协会的估算)所需费用比安德鲁·杰克逊 1838 年以强制手段将切诺基印第安部落赶出家园重新安置,或是在佛罗里达镇压塞米诺尔印第安部落的花费要少。也就是说,此问题在将来可自行解决;必然性原则将使奴隶制自行消亡,辉格党只需当心(如林肯在 1845 年向一个企图脱离辉格党的废奴主义者所解释的那样)"不要有意直接或间接地参与阻止奴隶制的自然死亡——当奴隶制无法在旧世界存在时,给它找个新的安身之处"。

但是找到新的安身之处正是奴隶制所十分擅长的。植棉业对土壤破坏严重,美国南部最重要的农业杂志《德鲍评论》的版面到处充斥着可怕的警告,"我们的制度对土地的消耗最为严重",在弗吉尼亚,"有 1 万个农场被废弃,"除非开垦新的土地种植棉花,弗吉尼亚将成为南部的典型代表。种植园主提醒南部的白人农民和北部的工人,如果奴隶制走向衰落,释放出的黑人劳动力将和白人竞争,从而对种族关系产生影响,因此这引起了所有人而不仅仅是棉花大亨的关注。这样,在民主党中维护农业利益者和民主党中的无产阶级的庇佑之下,植棉业开始向西部进发,跨越密西西比河,占据了密苏里的低地,说服伊利诺斯的选民将其合法化,并且缓慢移向与美利坚合众国接壤的墨西哥最北端省份得克萨斯。

这不是希望奴隶制自行消亡的美国人想看到的。"我们的联邦宪法通过时,"林肯在 1852 年解释道,"在密西西比河以东各州之外我们没有领土。"在那些原有的边界之内,奴隶问题已经被解决。"但是在 1803 年,我们从法国那里购买了路易斯安娜;它包括随后成立的密苏里州,还有更多的土地。"在密苏里,"没有采取任何措施来阻止奴隶制问题"。当密苏里于 1819 年以蓄奴州的身份申请加入联邦时,在国会激起轩然大波,北方议员视其为南部争取在西部的利益的跳板而加以抵制。这次对抗之所以具有很大的威胁,是因为与"其他问题"不同,其他问题几乎在左右地方所有家庭里面都有不同的观点,因而不会有分裂联邦的危险,而只会使朋友反目,但是这个问题却不同,它很可能将整个地区分化出去,"把反对者划出联邦"。1820 年,亨利·克莱拼凑出一个他认为既能够限制奴隶的进一步扩张又能防止对奴隶问题的鼓动分裂联邦的妥协案,争端受到了控制。

克莱的密苏里妥协案看起来意义重大,但实际上并非如此。克莱承认密苏里将作为蓄奴州加入联邦,但是他的密苏里妥协案沿北纬 36 度 30 分这条线把路易斯安娜购买地的其余部分一分为二。此线以北建立的新的准州将作为自由州加入联邦,而此线以南建立的准州将以蓄奴州身份加入联邦。重要的问题是,蓄奴州从中获利甚少,因为路易斯安娜购买地 36 度 30 分以南的三角地带至多只能组建一到两个州。但是在 19 世纪 20 年代,路易斯安娜购买地北部通常被视为一片荒原,从一开始人们普遍认为美利坚合众国将把南部和西部的边界一直扩展到墨西哥共和国的北部省份,然后在那里组建蓄奴州。

这是早在 1835 年极为可能发生的情况,当时美国在墨西哥得克萨斯的拓居者爆发了反对墨西哥政府的叛乱,并成功建立了独立的奴隶制共和国。得克萨斯人希望成为美利坚联邦的一员,加之 19 世纪 30 年代南部在民主党内的影响,有充足的理由相信得克萨斯将作为下一个蓄奴州被接纳(或者将其分为 5 个新的蓄奴州)。但是忙于应对 1837 年美国的经济崩溃的范布伦总统担心得克萨斯问题可能会在国会激起另一个密苏里似的对抗;其后,随着威廉·亨利·哈里森和辉格党人在 1840 年获胜,兼并得克萨斯的所有希望变得渺茫。

但是,哈里森在 1841 年的早逝将由辉格党变节为民主党的约翰·泰勒推上了总统宝座,为了取悦他的民主党老朋友,泰勒为在 1845 年接受得克萨斯做好了准备。得克萨斯人长达 10 年的叛乱带来的羞辱使墨西哥共和国怒火中烧,宣布不承认美国对得克萨斯的主权。1845 年接替泰勒的詹姆斯·波尔克无视墨西哥的警告,反而将其视为天赐良机,1846 年春美国的骑兵巡逻队在格兰德河附近有争议的地区与墨西哥骑兵发生冲突,随后波尔克请求国会向墨西哥宣战。虽然波尔克总统坚称他没有把战争作为扩张奴隶制的工具,但是甚至在战争结束之前,通向北纬 36 度 30 分以南的大西南部地区、一直到加利福尼亚和太平洋的门户,已经向奴隶制敞开。

奴隶制扩张出现了一种更为隐蔽的方式,19 世纪 40 年代南部的蓄奴者开始将奴隶制定义为一种劳动制度。在 19 世纪 30 年代以前,很少有蓄奴者对辉格党长期以来对奴隶制作出的解释提出异议:只是从殖民地时期流传下来的文化遗存,经济上的需求或是非裔美国人智力上的迟钝迫使其维持下来,未来如何并不确定。但是,棉花出口的大规模市场带来的利润攀升逐渐使南方人摒弃了辩护的姿态。到 1810 年,英国 48% 的棉花进口来自美国南部;到 1860 年,英国每年从南部进口 9 亿磅的棉花,占英国棉花进口总量的 90% 以上。

自此滋生而出一种新的论调,声称奴隶制是"好的,值得肯定",也许甚至优于自由雇佣劳动。"靠每天劳动为生的人,几乎难以为继,不得不在市场上出卖劳动力的人给出价最高者干活;简而言之,你们这些受雇于他人的体力劳动者和'技工'……基本上都是奴隶。"南卡罗莱纳的州长詹姆斯·亨利·哈蒙德嘲讽道。

我们之间的区别是,我们的奴隶受雇终生并得到很好的补偿;没有饥饿,没有乞讨,我们无需雇佣他人,也没有太多雇佣被雇佣的行为。你们以天为单位被雇佣,受不到照顾,得到的补偿甚少,这可以从你们任何一个大城市的任何一条街道上无时无刻不可见到的最痛苦的样子得到证实。为什么你一天当中在纽约市的任何一条街道上遇到的乞丐比你一辈子在整个南部遇到的还多。

对这些雇佣劳动的资本主义的受害者而言,奴隶制是"有益而恰当的补救",埃德蒙·拉芬在《奴隶制政治经济学》中如是推介,考虑一下,"把地球上这些鲁莽可怜的寄生虫和累赘变成奴隶……这样可以强制他们养成劳动的习惯,以满足他们对必需品的需求作为回报,这样可以在物质上、道德和精神上,按照慈善的标准养活他们以及他们的后代"。

拉芬和哈蒙德没有正式提出此建议,因为不甘于现状的棉花企业家们在奴隶种植业中发现了取代资本主义的经济组织形式。南方的种植园主和北方拥有工厂的同行一样,展现了资本主义企业家所有的贪婪本性。"这些大种植园主——拥有 1000 大包棉花的种植园主,"密西西比的一家报纸评论道,"在利物浦出售他们的棉花,在伦敦和勒阿弗尔①购买他们的葡萄酒;在波士顿给他们的黑奴购买衣物;在辛辛那提购买种植园的工具和供应品;在新奥尔良购买他们的食品和奢侈品。"当然,这是因为他们在奴隶制当中发现了可以替代雇佣劳动的劳动制度,他们可以拥有田园生活,但仍然可在跨大西洋的商品市场中发财致富。

这本来可能激起自耕农和工人的猜忌和反对,他们是资本主义的真正批评者,是民主党的中坚力量。但是植棉资本主义早在杰斐逊担任总统时起已经建立了和自耕农组成的同盟,因为蓄奴的棉花种植园主和内陆的农民在许多关键问题上利益一致。种植园主和自耕农都认为联邦政府的保护性关税制度受到非法操纵,不利于他们得到廉价的进口产品,都反对将联邦拥有的土地分配给各州(种植园主需要新的土地来种植棉花,自耕农需要新的土地以便擅自占用),二者都反对联邦政府支持国内改善交通的计划(对于种植园主来说,水路交通已经基本满足了南部棉花运输的需求,自耕农则痛恨因这些计划而征收的赋税,而且他们都担心,将铁路铺设到南部的联邦政府会过于强大,发现它有权干预南部的奴隶制)。

在利物浦交易所出售棉花的种植园主与靠种植小麦和土豆养活自己的自耕农的根本利益注定会出现分歧,这是确凿无疑的事实,也很难让农村的自耕农不得出棉花大亨们和新英格兰的银行家们有更多的共同之处的结论。所以,这种关系的真正黏合剂必定是种族因素而非经济因素;杰斐逊式的农夫对黑人的恐惧甚于对市场的恐惧,因此植棉资本主义发现了和杰斐逊的"耕耘者"建立同盟的机会,这个联盟的基础是维持黑奴的奴隶身份的共同决心。

---

① 法国北部海港城市。译者注。

这也要求种植园主玩一场精心设计而且风险极高的虚伪的游戏。为了把非蓄奴阶层团结起来，他们必须声称植棉业根本不是资本主义企业，只是大规模的自给自足的农业。密西西比的杰斐逊·戴维斯这样的棉花种植园主声称，他们对种植园的控制，并不像追逐利润的企业家，而是像那些鄙视"粗俗的暴发户……粗俗的地主、资本家和雇主"的前资本主义族长。他们还必须避免激起反对贵族的自耕农的愤怒。他们必须再次声称强加于黑人身上的"苦役，是为了人类的生计和文明的进步"，奴隶制服务于南部全体白人的利益，以此实现南部选民支持奴隶制和占据统治地位的植棉业的政治上的团结一致。而且他们还必须避免引起日复一日辛勤劳作的内陆农业劳动力的愤怒。

最后，他们必须说服北部城市的工人和他们一道反对辉格党的银行业和企业，其手段为谴责雇佣劳动和"利益和谐"无异于奴隶制，乔治·菲茨休在《南部社会学》（1850年出版）一书中宣扬"自身利益使雇主和自由劳工成为敌人"。种植园主阶层还必须小心谨慎，不能提及依照等同的逻辑，他们自己的奴隶可能以产业无产者的身份与北部的工人进行经济上的竞争，也不能提及奴隶制被证明是资本主义解决稳定而顺从的劳动力问题的最终方式。正如利奥尼达斯·斯普拉特于1855年解释的那样，这绝不像听起来那样牵强："工厂和筹建中的商店完全可以雇佣奴隶劳工。"如果这些虚伪矫饰处理得当，棉花种植园主可以把自己吹捧为单纯的杰斐逊似的农夫，以反对北部城市雇佣劳动的民主党人的身份与北部城市工人联合起来。

为奴隶制辩护的人这样在他们的资本主义和北部的资本主义之间进行了精明的区分。北部的雇佣劳动实际上是"雇佣奴隶制"，没有财产的白人为得到不确定的报酬被强迫从事卑贱的"底层"工作。与之形成鲜明对比的是，在南部，进行以盈利为目的的商品农业所必需的卑贱劳动完全由黑人来做。南部奴隶制阶层的白人享受着资本主义经济的好处，无需以"雇佣奴隶制"使他们的白人同胞蒙受羞辱，他们纵情于杰斐逊似的田园生活的狂想之中时，保证南部较低社会阶层的白人种族上的团结，甚至鼓励他们拥有一个奴隶来确保对农业财产的控制。

奴隶制在地理上和意识形态上两种形式的扩张对林肯那种最好对黑人奴隶制不予理睬让其自行消亡的观点提出了挑战。林肯从弗朗西斯·韦兰那里了解到，自由劳动和雇佣劳动基本上是一回事，"工资是劳动者和资本家之间合作的结果"。因此雇佣劳动不能被误认为是奴隶制，除非某个人在精神上被"目光短浅、愚蠢或者非常不幸"所奴役。（像拉芬和哈蒙德那样）将奴隶劳动改称为一种劳动保障，没有什么比这更能轻易激起他的愤怒。赫恩登记得乔治·菲茨休的《南部社会学》怎样激起"林肯的怒火,甚于那些最赞成奴隶制的书",该书攻击市场社会的流动性,称其为"痛苦和贫困的深渊"。雪上加霜的是,墨西哥战争为奴隶种植业在全新的西部开启了大门,可能为奴隶制提供所需的第二次机会。如果南部真的得逞,奴隶制可能尝试第三种形式的扩张,林肯在 19 世纪 40 年代末开始听到的赞成奴隶制的如下论调:奴隶制可能会试图以自由劳动的竞争者的形式侵入自由州。而自由劳动是亚伯拉罕·林肯一直倾注全力所维护的。

墨西哥战争爆发将近三个月时亚伯拉罕·林肯当选为国会议员,起初他没有发现得克萨斯、战争和奴隶制这些问题之间的特殊联系。他限制奴隶制扩张的草图中将得克萨斯让给了奴隶制,也许甚至让出了更多一点的西南部土地。"我本人对得克萨斯问题从来不感兴趣",林肯向一个忧心忡忡的辉格党支持者解释道。"我从未发现兼并有什么好处……;另一方面,我也从未看到兼并会怎样增加奴隶制的罪恶。"他最关心的是辉格党对发展市场的一贯要求,而且林肯将主要的精力投入到要求联邦政府重新支持国家银行体系,要求国内交通改进和降低关税等问题上。

辉格党人不可能从波尔克总统那里得到多少支持,他已经依靠民主党在第二十九届国会的多数优势否决了两个国内交通改进的法案,重新支持范布伦的"独立财政"计划,并降低了联邦关税。但是在 1846 年非大选年进行的选举中,辉格党在众议院获得了 4 票的微弱优势,增加了林肯得到联邦资金挽救他的伊利诺斯交通改进计划的希望。在启程前往华盛顿五个月之前,林肯在芝加哥参加了全国性的河流和港口会议,重新开始积极的游说,当他于 1847 年 12 月 6 日宣誓就任第三十届国会议员的时候,已经做好准备为"国内交通改进问题"进行"战斗,勇敢的战斗"。

当他设法将注意力转向墨西哥战争的时候,其托词是攻击波尔克总统在首先发动战争这一问题上像杰克逊一样的专横。林肯宣誓就职三星期后,和众议院的辉格党同僚一起要求波尔克证实,正如他所声称的那样,战争是由墨西哥的入侵而引发的,"我们的公民流血的具体地点是否是,或者不是,我们自己的领土"。林肯提出"开战地点决议"不会改变战争的进程;事实上,林肯抵达华盛顿的时候,战争的战斗阶段已结束,温菲尔德·斯科特率领的美国军队已经占领了墨西哥城。但是他和众议院的其他辉格党人确实希望在政治上让波尔克和民主党人难堪,使波尔克无法利用"辉煌的战绩""得到选票"并向辉格党开战。

"开战地点决议"非但没有使波尔克难堪,却对林肯产生了不利的影响,因为民

温菲尔德·斯科特

主党的报纸在全国各地大肆宣扬,称此决议是心胸狭窄的辉格党人出卖军人的例证。民主党人兴高采烈地在林肯的脖子上挂上了"长满斑点"的绰号①,民主党人在林肯的选区内的查尔斯顿、皮奥里亚和杰克逊维尔举行政治集会,开心地狂喊"长满斑点"的林肯得了"斑疹热"。甚至是焦虑不安的辉格党人也警告林肯,对战争的过分公开反对将付出失去选票的代价。"如果辉格党作为一个政党与波尔克先生展开争论,"林肯政界的老朋友安森·亨利警告他,"我在投票时(而不是其他场合)应该支持波尔克先生。"

不过辉格党人在 1848 年燃起了爱国之火,他们推举路易斯安那的奴隶主、在布埃纳—维斯塔取得战争中最伟大胜利的将军扎卡里·泰勒为下届总统选举的候选人。虽然林肯不得不承认泰勒缺乏政治经验,但他早在 1848 年 2 月便宣布支持泰勒,因为他很可能当选也是明显的事实。"我不得不说我支持泰勒将军作为辉格党候选人竞选总统,我很高兴我们能够推举他,他将带给我们一个辉格党政府,我们不能推举其他任何一个辉格党人。"如果说泰勒是个奴隶主这件事让林肯有所顾虑,那就让泰勒在与墨西哥达成的最后和约中是否包括将墨西哥北部地区割让给美国的问题上保持缄默,因为那将"使分散大家注意力的奴隶制问题扩大化并进一步加剧"。

但是林肯很快发现他无法摆脱奴隶制问题。1848 年 7 月,波尔克总统与墨西哥签署的和约将格兰德河作为美国和墨西哥共和国的边界,强迫墨西哥割让了 52.5 万平方英里的土地。这在美国北方各地引发了西部将被蓄奴势力占据的新的担忧。那年秋天辉格党全国委员会派林肯去新英格兰为泰勒助选,这个来自伊利诺斯的"能言善辩的辉格党人"充分了解了新英格兰辉格党人的焦虑。按常理来说,辉格党的候选人不必担心失去新英格兰地区。但是泰勒是个奴隶主,新英格兰的辉格党人担心墨西

---

① "长满斑点"的英文为 Spotty,由"地点"的英文 spot 得来。译者注。

哥割让给联邦的土地将处于一个奴隶主总统的庇护之下，为了消除他们的疑虑，林肯发现自己花了大量的时间。他发现强调"泰勒将军在银行、关税、河流和港口等问题上持有无懈可击的辉格党立场"收效甚微。他现在必须作出承诺"为泰勒投票可以更容易和更好地得到自由"。

就其本身而言，这种观点足以使泰勒在 1848 年 11 月当选。但是新英格兰地区的抱怨并没有促使林肯积极地反对奴隶制。在第三十届国会的第一会期，在请求反对奴隶制的南部政策上，林肯一直追随辉格党多数派投票加以反对，然后代表他的选区提交了在哥伦比亚特区废除奴隶贸易的请愿书，最后投票支持俄勒冈准州禁止奴隶制的议案。不过他也为对第二次反英战争中失去一名奴隶的奴隶主进行赔偿的议案投了赞成票，而且在众议院进行的关于奴隶制问题的 36 个重要演讲中，没有一个是林肯发表的。当第三十届国会在 1848 年 12 月开会时，林肯再次在奴隶制问题上摇摆不定，他支持了宾夕法尼亚议员戴维·威尔莫特提出的禁止将奴隶制引入墨西哥割让领土的附带条款，也投票反对采纳在特区废除奴隶贸易的议案，如果该议案不允许特区居民投票批准。在《纽约论坛报》看来，他是"奴隶制的强大但审慎的敌人，"他倾向于作出"十分现实，即使不经常成功的"努力。

只是在 1849 年 1 月 10 日当第三十届国会接近尾声的时候，林肯向众议院宣布他有一个自己的废除哥伦比亚特区奴隶制的提议。然而，这个提议并未有惊人之处：它要求就废奴问题进行公民投票，同时规定了适用于拥有奴隶的"政府官员"的运输权[①]，未成年人的"学徒期"，由财政部根据奴隶的"全部价值"对特区的奴隶主进行赔偿。这并非一个非常激进的姿态，事实上林肯从来没有正式提出这个议案，因为即使这样一个温和的反对奴隶制的措施——也许太温和了也无法获得众议院辉格党人足够的支持。乔舒亚·吉丁斯等北部反对奴隶制的辉格党人对其表示支持，仅仅是因为"这是我们当时能够得到的好议案"。当林肯走进特区市长、"参议员和其他我认为最了解民情的人"当中时，他发现南部的辉格党人对此根本无动于衷。

这也仅是他担任众议员期间在反对奴隶制方面采取的唯一步骤。感到沮丧的林肯对国会的工作不是很感兴趣。19 世纪 40 年代，众议员们没有办公室，在众议院地板上摆放的书桌上处理他们所有的工作，只有一个抽屉和隔板存放所有的东西。（林

---

① 指身为蓄奴州公民的美国政府官员因公务在特区停留期间可以携带奴隶的权利。译者注。

肯的位置是书桌的后面一排，在前总统约翰·昆西·亚当斯后面 20 英尺处，亚当斯当时是马塞诸塞辉格党的议员，直到 1848 年 2 月因中风去世。）"我讨厌坐下来看文件，"他在 1848 年 4 月给玛丽的信中写道，"我感到极为乏味。"他开始玩保龄球，进取心之间的平衡，给了他深度和灵活性，从 19 世纪 50 年代以来认识他的人都认为这是他最重要的支撑，成为战争中他最有价值的性格方面的财富。他对于天意指引的信赖使他的宿命论没有在战争最困难的时刻陷于无助的境地，而正是他的宿命论没有使他的中产阶级乐观主义在胜利时膨胀为傲慢自大。"这一升华的过程，"赫恩登写道，"给了林肯先生宽厚、慷慨、仁慈、亲切、宽容等品质和崇高的信仰，随便你怎么说，这是上帝的旨意。"

　　也许最终他希望卸任总统后在耶路撒冷或某个其他的朝圣地找到答案的来源。但是更可能的是，就像林肯在 1846 年向阿米达·兰金坦陈的那样："也许我注定要在晚年继续感受和思索一生的经历，就像心存疑虑的托马斯那样。"这些话说明他和 1831 年新塞勒姆那个玩世不恭的人或自然神论者或无宗教信仰的人截然不同。但是这些话并非一个皈依宗教的人或者是预言者的自白。实际上，这些话是在掉光树叶的树林里自暴自弃的、死一般的低声抱怨。

第四章

利益的驱动

由战后墨西哥割让土地引发的政治风暴最终爆发之前,亚伯拉罕·林肯已经不再是美国国会的一员。作为用于管理西部奴隶制的联邦政策,原来的密苏里妥协案的分界线刚好延伸至所有割让土地的北部,看上去割让土地似乎成了奴隶制猎取的对象。这样,虽然在法律上密苏里妥协案仅适用于路易斯安那购买案的土地,在墨西哥战争尚未结束的时候,南部的政客们已经开始按妥协案的条文要求在割让土地上实行奴隶制的自由。一些更为激进地推行奴隶制的南方人,甚至对以密苏里妥协案作为在西南部打开奴隶制之门的工具的观点表示不满。他们汇集在南部推行奴隶制的旗手、南卡罗莱纳参议员约翰·C.卡尔霍恩这个银发老者的麾下,列出理由来证明美国公民将何种"财产"带入割让土地不归联邦政府管辖(不管是通过密苏里妥协案还是其他的国会立法)。

问题在于,这些争论对南部以外的人没有意义。在二三十年里,密苏里妥协案已经被视为限制奴隶制的君子协定;因为国会管理西北领地和路易斯安那购买土地的先例由来已久,认为联邦政府根本无权限制奴隶制在割让土地上扩张的观点站不住脚。即使勉强承认联邦政府可能没有对割让土地上的奴隶制的管理权,那也并不意味着其他人没有此种权利。来自密歇根的参议员刘易斯·卡斯这个波尔克总统在民主党内最野心勃勃的对手,主张即使国会不具备管理割让土地上的奴隶制的权力,迁入割让土地的美国公民在自己组建准州或向国会提出请求加入联邦时,可以实施允许或禁止奴隶制存在于割让土地的"人民主权"。

但是卡斯仅仅希望"人民主权"方案能够帮助他在1848年选举中成为波尔克的当然继任者,最后的结果是,一方面惹恼了卡尔霍恩派,同时,少数坚决反对奴隶制的北部民主党人脱离了民主党,和自由党的激进分子组建了自由土地党。此次造成分裂的内部纷争,加之扎卡里·泰勒温和不带攻击性的政治态度,使民主党丢掉了本可轻易取胜的大选,把泰勒送入了白宫。

事实上,泰勒在处理割让土地问题上有自己的打算,(作为一个南方人和奴隶主)几乎让所有人大跌眼镜的是,泰勒主张在大部分割让土地上——加利福尼亚和相邻的新墨西哥——立即建州,直接以自由州的身份加入联邦。这等于直接将奴隶制排除在割让土地之外,(令卡尔霍恩派惊恐的是)此举完全建之于联邦权力基础之上。当1849年12月第三十一届国会开幕之时,南部和北部之间、辉格党和民主党之间的政治斗争爆发了。来日不多的卡尔霍恩已经不能宣读自己的演讲,要求"在获取的领土上"给予奴隶制"平等的权利",还要求制定永远禁止干预奴隶制的宪法修正案。如若不然,他警告道,"南部诸州……如果像现在这样,无法一直安全体面地留在联邦"。好像有预谋一样,南部各州在田纳西的纳什维尔召开会议,考虑以蓄奴州集体退出联邦来保护奴隶制的时机是否已经成熟。"事实已经明显,非常明显,每个地方的每个人都无法回避奴隶制问题,"来自佐治亚的亨利·L. 本宁写道,"我认为,最重要的是,联邦早日解散是南部维持奴隶制的唯一安全之策。"

重任落到了72岁的亨利·克莱肩上,这个冷静的辉格党政治家于1850年1月29日来到参议院,提出了另一个挽救联邦的妥协案,确保"友善地解决自由州和蓄奴州之间的所有争端"。克莱提交给参议院的方案要求允许加利福尼亚以自由州的身份加入联邦,因为它实际上已经是自由州;包括沙漠(或犹他)和新墨西哥在内的其余的墨西哥割让土地在自行组建准州时,将实行人民主权原则;作为对强硬的卡尔霍恩派的安抚,将在全国范围内实施新的逃奴法,给予蓄奴者从自由州抓回逃奴的新的法律权力(这将向卡尔霍恩派证明联邦的每个人都愿意尊重现有的奴隶制,即使他们对奴隶制并不认同)。

这是个公正的政治姿态,号召北部和南部的"彼此克制",如果克莱没有不明智地要求整个方案应被全部采纳,或者如果泰勒总统对克莱在辉格党中的地位不是那样妒意十足,这个妥协案可能会通过。但是克莱无法在参议院或者政府构筑足够强大的联盟来批准整个妥协案,最终是亚伯拉罕·林肯1840年选举的对手斯蒂芬·A. 道格拉斯(他在1847年在伊利诺斯州当选为参议员)拾起了克莱妥协案的旗帜,特别是关于人民主权的条文,使其最终在9月份得以在国会顺利通过。妥协案的通过也得益于固执的扎卡里·泰勒总统在1850年夏的突然去世,继任的辉格党副总统米勒德·菲尔莫尔乐于同道格拉斯合作,扑灭分裂联邦的火焰。

至少就当时而言,1850年妥协案使得国会摆脱了直接与奴隶制扩张针锋相对的梦魇。人民主权可以让割让土地上的人们自己作出决定。令民主党人更为高兴的是，因为1850年妥协案不仅迎合了辉格党人对国家统一和一致性的偏爱，也符合民主党人对地方主义和多元化的偏好，妥协案的大部分功劳归功于斯蒂芬·道格拉斯和民主党控制的国会，而不是克莱和菲尔莫尔。在1852年大选中，辉格党推举墨西哥战争的英雄、头脑僵硬的温菲尔德·斯科特少将为总统候选人，妄想重温1848年获胜的旧梦。但是斯科特仅赢得了4个州，白宫落入了相貌英俊的北部民主党人富兰克林·皮尔斯之手。

林肯对此可能会有很好的预判，因为他1849年未能从泰勒总统那里得到在土地办公机构任职机会的经历，已经使他相信泰勒是个被用做当挡箭牌的人，辉格党的领导层是该党自身最大的敌人。对于辉格党人的松散混乱，"当时我感到非常厌烦"，"我决心退出，不担任官职，做我的律师"。1849年之后他"对政治失去了兴趣"，决定"比以往更认真地去做律师"。他告诉赫恩登，他认为自己的"政治生命已经死亡"，"对在政坛东山再起也不抱希望"。1850年夏天《伊利诺斯州日报》发表社论要林肯竞选他在第七选区原有的议席，林肯断然拒绝。"我不会寻求下届议会席位的提名，对此没有兴趣"，他在给编辑的信中写道，而且他不允许"与之相关的内容中""使用"他的名字。

就像他向亨利·克莱·惠特尼所讲的那样，不再从事政治活动后，林肯"业务很好，和我的孩子们在一起，其乐融融"，在林肯的生活中，家庭和法律第一次成了他关注的中心。而且他又有了闲暇时间用来读书。林肯的亲戚哈丽亚特·查普曼在林肯那里住过一段时间，她回忆道："在阅读法律著作之余，他会读些文学作品，很喜欢阅读诗歌，当他埋头苦读时，常常会开始出声朗读并背诵一些喜爱的诗句"，"比如诺克斯的《死亡》或者察理·沃尔夫的《爵士约翰·摩尔在克隆那的葬礼》。"一个在布鲁明顿有财产和生意的纽约人朱利叶斯·罗伊斯在布鲁明顿的一家旅馆遇到林肯，发现他在埋头读书。"我在读荷马的《伊利亚特》和《奥德赛》，"当罗伊斯问起时林肯这样回答，"你也该读读荷马的书。他知道怎么讲故事，抓住你的心。"

除了读书之外，在19世纪50年代林肯家庭生活中还有很多事情值得关注。1849年12月，林肯的第二个儿子爱德华·贝克·林肯染病52天之后，于1850年2月1日去世。"我们非常想念他"，林肯在给约翰·D.约翰斯顿的信中写道。但是，他的悲痛却远深于此。在前一年的7月，玛丽·林肯的父亲突然去世，6个月之后，又失去了她的祖母,对于接连遭受沉重打击的玛丽而言,埃迪①的离去使她悲痛欲绝,她甚至不敢打开儿子的抽屉以免看到他的衣服。对林肯来说,小埃迪是个非常贴心的孩子,和他的哥哥罗伯特一样属于"少见的成熟类型",就他的年龄而言,简直是聪明至极。不管怎么说:他现在已经不在人世,在四岁生日之前。

10个月之后,另一个取名威廉·华莱士(以林肯做医生的亲戚命名)的儿子的降生,加上1853年林肯最小的孩子托马斯(塔德是他更为人所知的名字)的出世,给林肯夫妇带来了些许安慰。林肯现在对待孩子的方式和他以往从政时截然不同,对他的小儿子们极度溺爱。让一个旁观者吃惊的是,林肯和客人们坐在一起,"两个小男孩,他的儿子们,爬到(林肯的)腿上,拍他的脸,揪他的鼻子,用手指戳他的眼睛,一刻不停,没有受到呵斥,甚至没有被告知不要这样做"。詹姆斯·古尔利回忆道:"林肯常常带着他的孩子们在县里的铁路上散步——和他们讲话——耐心地解释问题。"林肯和他自己的父亲不同,不管他们做了什么,从来不体罚他的儿子们。让威廉·赫恩登绝望的是,林肯经常把儿子们带到律师事务所,让他们随便捣乱:

有时林肯会到我们的办公室来……带着一两个小孩子,是用一辆小车把他们拉来的,然后在我们的办公室写声明、申诉和其他法律文件。孩子们——一定是被惯坏了——把办公室掀个底朝天,乱扔书本,摔断铅笔,乱洒墨水,在地板上到处(小便)。我有太多次想扭断他们的小脖子,但是出于对林肯的尊重,我缄默不语。

有一天亨利·麦克派克和莱曼·特朗布尔来到办公室请教林肯问题,他们的见面被塔德打断,"他从6英尺远的地方……跳起勾住他爸爸的脖子。林肯伸出双臂抱住孩子……他们两个大笑起来,举止失常,旁若无人"。

林肯自己对此毫不在意:"他什么都不说,心不在焉,对他孩子们的错误视而不见。"林肯的解释是,在他的家庭里,"孩子们是第一位的",赫恩登私下里抱怨"如果他们在林肯的帽子里(拉屎)然后擦在他的靴子上,他会笑起来,认为这很聪明"。"我的孩子自由、快乐,没有受到父母专制的束缚,对此我很欣慰,"他宣称,"爱是把父母和孩子维系在一起的链条。"这条自我忠告使林肯成为约瑟夫·吉莱斯皮"所认

---

① 爱德华的昵称。译者注。

识的""最溺爱孩子的家长","他的孩子们简直是无法无天,但他对孩子们的胡搅蛮缠无意制止"。

玛丽·林肯的情况则大相径庭。没有她从小到大一直陪伴左右的奴隶保姆和女佣的帮助,玛丽感到养孩子辛苦而且单调,她曾抱怨"我在生命中最好的时光中一直是为他们服务的奴隶"。她把儿子所犯的错误当成是一种故意的反抗,她的反应就像以前的奴隶主那样,林肯雇佣的女仆记得玛丽"会把鲍勃①饱揍一顿",但是她然后会转向另一个极端,几乎像他们的父亲那样溺爱他们。有一次玛丽把一个新的钟带回家,并警告孩子们不要碰它。当然,这等于对破坏行为的鼓励,没多长时间"两个孩子就把钟拆得七零八落"。于是玛丽"打了他们"。但她事后马上对所做的事情感到后悔,她告诉孩子们"把钟拿走,怎么玩都可以"。

埃迪之死对玛丽·林肯的打击甚于她的丈夫。她不再去过去偶尔礼节性拜访的圣保罗圣公会教会,开始从斯普林菲尔德第一长老会教会新来的牧师那里寻求精神上的劝告,这个名叫詹姆斯·史密斯的牧师是个苏格兰人。这个选择纯属偶然。詹姆斯·史密斯1798年出生于苏格兰,在精神层面上,他的生活轨迹和林肯十分相似,令人感到不可思议:他在幼时失去了双亲,1824年移民到了印第安纳南部,做过买卖,对沃尔尼和潘恩的诡辩走火入魔并"得出宗教是为统治人类而发明的骗术的结论"。然而和林肯不同的是,史密斯在1825年的一次奋兴布道会②上改变了信仰,1829年被坎伯兰长老会教会任命为牧师,这个教会属于长老会极端革新派分裂团体。史密斯最终在19世纪40年代改变立场,回归他的先辈所信仰的加尔文主义守旧派。由于长老会教会在1837年正式分裂为革新和守旧两派,1845年史密斯被守旧派接受。史密斯和多数的守旧派一样,也是民主党人,但态度温和,并非极端"狂热"的杰克逊党人。他在肯塔基做过4年牧师,于1849年来到斯普林菲尔德,他代表的是南部温和派的态度,但是坚决反对联邦的分裂,此种态度符合玛丽·林肯的口味。和林肯一样,史密斯热情支持禁酒改革,但是,仍和林肯一样,他并没有实际行动。林肯在牧师"布道"时分发的捐赠名单上唯一的一次签名,是1853年在史密斯的"关于酒的讨论——它带来的麻烦及改过"的布道会上。

---

① 林肯的大儿子罗伯特的昵称。
② 以恢复宗教信仰为目的的集会。译者注。

史密斯和林肯最基本的相似之处是在于他们的思想,史密斯完全被守旧派将宗教问题的讨论建之于理性和可能性而不是宗教热情或"狂热"的基础上的倾向所同化,这种宗教理论被史密斯的几位守旧派同道发展完善,他们是阿奇博尔德·亚历山大(他所著的《真实性、感召和圣经权威性的证据》于 1836 年出版),雅各布·詹韦(他所著的《圣经的内在证据》于 1845 年出版)和查尔斯·佩蒂·麦基尔韦恩(他的著作《基督教的证据》出版于 1832 年)。1841 年,史密斯因为在关于"旧约经文的真实性、可靠性和启示"的公开辩论中压倒了一个受欢迎的律师和"自然神论的维护者"、查尔斯·G. 奥姆斯特德(《圣经自身的驳斥》的作者,出版于 1836 年,该书是潘恩似的著作)而获得了短暂的全国性声誉。辩论持续了连续 18 个晚上,史密斯和奥姆斯特德交替上阵,每次发言两个小时,每晚还有半个小时的反驳时间。

史密斯辩论的全部内容在 1843 年出版,该书长达 650 页,题为《基督徒的辩护,包括公正的声明以及对无宗教信仰者反对〈圣经〉的古代遗迹、真实性、可信性和神灵启示的主要异议的公平考察》,直接针对的是"被休谟、沃尔尼、泰勒、潘恩、奥姆斯特德等基督教的反对者的断言和诡辩引入歧途"的"那些受过更好的教育的年轻人"的"判断和理性"。他没有从"情感问题"的角度来为基督教辩护——那样会使人把基督教单单看成热爱的对象——而是从"理解"的角度出发。实际上,这是从自然神论者和基督教唯一神教派的教徒的立场上来挑战他们的观点,指出"决定其他历史问题的观点"也能够用来解决这个问题。

然后史密斯着手去做的,是使他的听众和读者从"精神的存在和作用"转向精神本体的存在,再从那里转向上帝的存在,即"一种明智强大至极的精神"。与只建立于情感之上的宗教信仰截然不同,"可能在全部的道德指南中找到另一种真理,根据理性的最公正的法则,道德指南中存在这种严格的证明"。通过《旧约》,他以他的方式承认创世纪中创造万物的六天并非精确的天数,但是强调上帝创造万物的真实性,指出古代历史和文学与《圣经》中对以色列的国王们和先知们的记载的相似之处,使人们相信"以色列的先知们是真正的上帝的先知",以此说明"弥赛亚的预言已经由耶稣基督完成"。这并非从信仰出发的观点,而是从理性出发转向信仰,史密斯对自己 "从不认为任何事情是理所当然" 引以为傲。他 "从头到尾都在进行推论",因此"公正的理性现在产生了诚实的结论"。

这种理性的观点最可能减轻林肯对布道者的怀疑和不满。林肯"在所有的时候都保持理性",和林肯一起做律师的查尔斯·赞恩评论道。"他从来不允许自然情感或内心的情感失控,变得不安、兴奋或衰颓。"所以,虽然史密斯是个保守的民主党人,他能够接近两个政党的文化界限,没有招致林肯这个不相信宗教的辉格党人的不满。从了解到的玛丽·林肯内心生活的零散片段上看,史密斯也一定在 1850 年给这个痛失爱子的母亲留下了深刻的印象:被邀请到林肯家里主持爱德华·贝克·林肯葬礼的正是史密斯,而且两年以后,玛丽·林肯出现在第一长老会教会的地区性执行理事会上,接受教会的"审查"——也就是说,以前从来没有正式参加教会的她被要求对宗教经历和自己转意归主作出有说服力的陈述,同时宣誓忠于长老会的教义和组织。而且她努力说服她的丈夫租了个第一长老会教会的小包间并粉刷一新,以供她的家庭使用,并强制她的孩子们参加第一长老会教会的主日学校。

但是,即使是由史密斯进行指导,林肯对宗教仍然避而远之,虽然在 1860 年他的支持者们会发现将林肯说成"每次都去教堂礼拜的人"和"租用斯普林菲尔德长老会教会的包间并慷慨支持该教会的人"的好处,把林肯描述成宗教的支持者在政治上是必要的,但是不可否认的事实是,第一长老会是"属于林肯夫人的"教会,而不是亚伯拉罕·林肯的。他的律师朋友们从来没有在林肯那里听说过"些许耶稣是上帝的儿子和人类的救世主的表示"。戴维·戴维斯后来认为他"不了解林肯宗教信仰方面的任何事情"而且"没有人知道"。

林肯对宗教问题的沉默并非由于他不想了解基督教。19 世纪 30 年代之后在他的演讲和公开发表的文献中可以零散发现《圣经》典故, 他告诉约翰·兰登·凯恩"《圣经》是恰当引文最丰富的来源"。林肯在一群人中讲话时,一个长老会的牧师由此经过,并无恶意地大声叫道:"大人物在的地方,必有人群相围。"林肯马上进行还击,"嗬!牧师请尊重《圣经》一些;'尸首在哪里,鹰也必聚在哪里'"(路迦福音的一个典故 17:37)。他一些有名的笑话和故事也显示他对基督新教教义有相当深刻的理解。他感到长老会守旧派反对普救派牧师在城镇传教的做法很可笑:"一个人来到我们中间,宣讲对全人类的拯救。但是兄弟们,我们只能等待更好的东西。"他曾对阿布纳·埃利斯讲,如果在洗礼方式上有人是正确的,那一定是浸礼会教徒:"他认为把人完全浸入水中的洗礼是洗礼这个词的真正意义所在,因为他说约翰在约旦河中为救世主施洗,因为河水很深他们沉入水中然后出来。"他很快开玩笑说,"在所有教派中他最喜欢圣公会,因为他们对一个人的宗教信仰和政治观点同样不在意。"

但是,即使林肯在 19 世纪 50 年代取笑基督教的弱点,与 15 年前相比,其中的轻蔑成分少了很多,林肯早年被马西尼称为"不信仰基督教的狂热"也少了很多。一直在抚慰玛丽·托德·林肯的丧子之痛的詹姆斯·史密斯认为，埃迪·林肯之死也使林肯在宗教问题上清醒了很多，"我发现没有福音的慰藉，儿子的去世使他极度悲伤沮丧，"史密斯对长老会的一个牧师讲，"直到此时我很少听说过他对宗教的看法，大致看来他是个自然神论信仰者，对于《圣经》与神的起源持怀疑态度，但是和多数持怀疑论者不同的是，他显然一直在读《圣经》。"并不奇怪的是，对林肯这样的"宿命论者"而言，"他对与天意和神的启示相关的宗教的基本内容感到困惑不解，认为理论上很难讲得通"。

林肯并不怀疑宇宙秩序中有某种形式的"天意"的存在；问题在于这种"天意"的性质是什么。"在对天意的信仰上，没有人比林肯更强烈、更坚定"，威廉·赫恩登指出，但是这并不意味着"他相信人样的上帝"：林肯"信仰的不是基督教意义上的天意，而是规律和法则——因果关系——哲学"。赫恩登1854年回忆道："我写了个演讲稿读给他征求意见时，他让我删除上帝的字样，因为我的语言指的是像人一样的上帝，但他坚持认为这样的人物从来都不存在。"1848年林肯在看过尼亚加拉瀑布之后写的没有完成的便条中，将瀑布的威力归因于"5万吨重的水"的"巨大力量"，而不是某种神意。任何人如果坐上一段时间把便条写完，当然会"在沉思中被征服"，但是他们也将认识到"事情本身并无神秘之处。全部的结果都在预料之中，任何了解原因的智者都会这样"。

在林肯看来，天意最基本的含义只是因果关系导致的"必然性"，正如愿望对动机和自身利益召唤的自然反应。在由必然性控制的宇宙中，将所有人类活动归结为某种形式的因果关系满足了林肯的需要。"林肯在整个人生中都在对动力规律和最终结果进行思考，"伦纳德·斯韦特对赫恩登讲。即使林肯愿意将天意归结为上帝的某种信息、目的或力量，这种观点仅仅与长老会对上帝的看法有些许相似。"他去的是守旧派的教会，"查尔斯·H.雷认为，"但是尽管从表面上看同意该教派的可怕信条，根据对他的了解我有理由相信他的'本质上的虔诚'，如果这意味着相信不可能的事情，则带有否定的意义。"即使说林肯对上帝的定义看上去和现有的定义相似，他的定义并非守旧派神学家所描述的圣父、圣子和圣灵三位一体的正统观念，而是一种变形，只承认圣父——遥不可及、严厉、全能、无法沟通——不承认圣子和圣灵。

林肯的一些朋友认为他和唯一神教派的观点很接近，杰西·费尔（本身属于唯一神教派认为"他很崇拜和认可"唯一神教派。事实上，费尔和赫恩登都认为波士顿激进的唯一神教派教徒西奥多·帕克在思想上和林肯最为接近。然而，完全抛弃了正统的三位一体论的上帝一位论是新英格兰对宿命论的反抗;但是林肯从来无法把对他笃信的"必然性"与上帝一位论反对人的自由意志的观点相调和。"在宗教问题上,林肯先生是理论上的宿命论者,"约瑟夫·吉莱斯皮写道,"林肯先生曾对我说他无法不相信宿命论。"尽管唯一神教派以威廉·埃勒里·钱宁所称的"一贯致之的理性"自诩,即使是钱宁(曾于1819年提出反对"狂热"的影响)在19世纪50年代迅速发生了变化,发出了"专注于热情和理性"的呼吁。其他人相信林肯的宿命论主义使他和普救说极为接近,该理论宣扬人类所有灵魂的最终拯救,是19世纪新英格兰对加尔文主义的另一种反抗。从在新塞勒姆的时候开始,林肯一直在思考人类所有的行为是否预先注定,那么在来世对所有人的惩罚则是上帝最大的不公,因此林肯对威廉·汉纳讲"他永远无法相信永刑"。汉纳甚至宣称林肯先生在1856年告诉他,他是普救说的信徒,艾萨克·科格代尔确信"他是个普救说信徒,根源在于信仰和感情",因为"他不相信有地狱——基督徒所讲的永刑"。

尽管他的观点和唯一神教派或者普救说有相似之处,林肯既没有加入这两个教派,也和他们没有联系。他拒绝加入"任何社团,除非是为了我的国家的利益"。对于天意的看法把他拉向长老会,他对理性的挚爱以及他谨慎的主流辉格主义把他拉向长老会的守旧派,而不是革新派的改革者和奋兴派的阵营。然而即便如此,林肯还是保持着距离,坚持着自己的立场。伦纳德·斯韦特认为林肯"和多数公认的教徒一样相信上帝",但是"依照我的判断,他对礼仪或形式持怀疑态度"。虽然他和詹姆斯·史密斯一样相信天意,"然而他对天意的判断来自于和对待其他事情一样的伟大法则"。查尔斯·雷认为"在他看来,如果正统所指的是长老会的教义,那就是个天大的笑话;但他非常和善而且小心谨慎,并不毫无根据地挑战任何人的信仰"。

然而,虽然天意和必然性赋予了林肯这样的"宿命论者"在分析事件发展时运用"伟大法则"的力量,它们在解释特定的悲剧性事件的根源方面存在自身的问题。像埃迪去世这样的时刻无法以此减轻痛苦,除了屈从并无化解之道。林肯年轻时接触的顽固的浸礼会教徒所信仰的加尔文主义,已经教会他这种屈从的感觉在道德上是有益的,因为这起到了极好的宣泄作用,有助于作出转变信仰和带来宗教幸福感所需的具有重大意义的决定。但即便如此,实际上的恩典取决于不可预知的上帝,对那些没有得到恩典的人来说,天意的打击很容易导致绝望,除非在精神中有某种途径化解。"布道者谈论宣扬'奇迹般的信仰转变'",林肯向本杰明·H. 史密斯抱怨,但是"平心而论我不时对此产生怀疑"。

林肯对不可改变的"必然性"的了解不仅仅来自加尔文主义。"大约在1850年"林肯向赫恩登吐露他怀疑他母亲是私生子,不知从哪里听说的这件事(也许是从他姓汉克斯的亲戚那里),赫恩登后来感到林肯甚至对自己是否为婚生子女也产生了怀疑。和必然性一样,私生子的身份使受害者遭受痛苦,而且无法改变,赫恩登认为,关于私生子身份的流言使林肯相信"上帝专门降祸于他",其程度如此严重以至于林肯说"在我活着的时候"严禁赫恩登透露给任何人。这样,天意一方面为林肯提供了转变信仰、寻求尊重和采取行动的先决条件,另一方面又使他无法获得恩典,无法得到满足自身愿望的方式和能力,甚至在他的孩童时代已经如此。

19世纪50年代,林肯没有和玛丽·林肯一样加入教会,并非由于他在新塞勒姆时曾巧妙地说过"他不信宗教",教会有充分的理由欢迎他,他若想加入几乎没有任何问题。没有加入教会是由于林肯感到没有作用和价值,料想怒目而视的天父只是要求林肯达到他所无法实现的尽善尽美。这比"必然性"可能造成的被动消极更可怕,也是19世纪50年代林肯对宗教的评论中弥漫着痛苦哀怨的原因。乔舒亚·斯皮德认为林肯"努力想成为一个信徒,但是他的理性无法让他明白并解决救赎这个大问题"。他向亨利·兰金一家吐露了这种愁苦之情,他对兰金的母亲讲"也许我命中注定要在黎明中前行,通过生活来感知和思考我的道路,像托马斯那样心存疑虑"。

虽说这使他游离于教会之外,但林肯仍受到詹姆斯·史密斯的影响,史密斯和多数的布道者不同,至少他能吸引林肯倾听他的"布道和讲话"。(史密斯曾对林肯讲,"你前途远大。你甚至能成为总统"。)这个守旧派的牧师试图通过自己理性主义的辩护学来化解林肯的"困惑",他认为如果一个人能够被说服认为《圣经》是真实的,那么与相信上帝的仁慈和救赎也相距不远,因此他敦促林肯通过阅读《基督徒的辩护》来自省。林肯至少接受了史密斯的部分建议:尼尼安·爱德华兹记得林肯曾讨论"史密斯博士关于基督教的证据的一部著作",托马斯·刘易斯这个第一长老会教会非神职的长者确信,通过史密斯的影响,林肯"改变了对基督教的看法"。就此推论,林肯愿意承认史密斯"肯定上帝的权威和《圣经》的启示的"观点"无可辩驳"。

但这并不能说明林肯相信这些东西。多年以后罗伯特·托德·林肯告诉赫恩登,他从不记得"史密斯博士'改变了'我父亲的信仰……我也不知道在此问题上他有什么确定的看法,因为我从来没有听他谈起过"。约翰·托德·斯图尔特知道史密斯"最晚在1858年曾试图转变林肯的宗教信仰,但没有成功"。林肯对斯普利菲尔德的邮递员詹姆斯·凯斯讲,他相信:

存在世间万物的创造者,他无始无终,具有全能的力量和智慧,地球及其居民的运作遵从于他创立的原则,并得以维系,动植物获得了生命。他有这种信仰的原因是因为这世间万物如此奇妙,不像是随意而生,更像是经过某种伟大的思维经过巧妙的创造和安排而出。

但是史密斯的推动并不能使他相信造物主上帝和救世主耶稣之间存在着必然的联系,也无法使他相信《圣经》不仅仅是"恰当的引用"的来源。对耶稣基督的信仰"最好是想当然",林肯对凯斯说,只是它"以某种可疑的形式"出现,这种信仰值得承认仅是因为"至少基督教的体系是天才的创造——也许是通过精心设计来做好事的"。在赫恩登看来,林肯对史密斯的《基督徒的辩护》的使用仅仅是把它放在了办公室的书架上:"林肯把它拿到了办公室,然后弃置一旁,据我所知从来没有再拿起它,从来没有屈尊在上面写上自己的名字,从来没有对我提起。"(和其他那些常常把藏书与大家共同分享的斯普林菲尔德的律师一样,赫恩登通常在他书上的四五处地方写上他的名字,以示拥有。)虽然林肯不时参加第一长老会教会的一些宗教仪式,但他星期天上午常常在"铁路边的商店"消磨时光,"在安息日读报,给工匠讲故事",或者待在办公室,任由从主日学校回来的儿子们放肆撒野,赫恩登对此愤怒异常但只有保持缄默。"他是一个月去一次教堂还是一年去一次教堂,"伦纳德·斯韦特评论道,"他对此很少在意。"

有意思的是,这对林肯在辉格党内正直、忠诚和真诚的声誉丝毫无损。在赫恩登的印象中,"他的精神和道德本质是诚实","作为律师他坦率、公正和公平,从不粗俗刻薄"。欧文·里夫斯法官记得林肯"绝对的真诚给法庭和陪审员们留下了深刻印象"。正如斯普利菲尔德的牧师 G. W. 彭德尔顿所言,他能够这样做,"但不故作虔诚,"这使得林肯成了一个谜团,不过即使是彭德尔顿也承认"他可能和多数完全放弃宗教的人一样品行端正"。尽管林肯"远远达不到教会的教义也不使用普通的教会的语言,"令伦纳德·斯韦特释然的是,他发现林肯"相信真理的主要法则,恪尽职守,履行上帝的责任,相信正义必胜、邪恶必败"。被彭德尔顿、斯韦特和赫恩登所忽视的是,"毫无""虔诚"正是林肯道德准则的动力,这并不难理解。这是许多维多利亚时代来自虔诚的新教家庭但不信仰宗教的人的特点——比如小说家乔治·艾略特、哈佛大学校长查尔斯·艾略特,或是有名的不可知论者罗伯特·英格索尔——他们从家庭里汲取了清教徒的真诚和坦率,然后将其转化为他们自己的基督教。责任成为宗教道德上的替代品。如果他们感到确实无法将自己说成是基督徒,通常正是高度的诚实使他们拒绝虚假的基督教或者陷入疑惑之中。基督教新教的道德观比其神学信仰更为持久,作为对信仰缺失的补偿,林肯这样的"无宗教信仰者"加强了对诚实的追求。

然而,林肯在中年阶段刻意降低了"怀疑主义"的调门。这次调门的降低如此明显,以至于詹姆斯·马西尼将其误解为一种政治策略,当然也存在这种可能:

林肯知道他会成为一个伟大的人物——是个有前途的人——指望当上总统之类的角色,深知原来的无宗教信仰或是无神论的指控将被用做反对他的工具,为了免受羞辱——玷污和不受欢迎,他踩在基督徒的脚尖上说道——"来吧改变我的信仰":年长者——包括牧师等在内的教会里的各阶层成员蜂拥而至将他包围,他像一个英国 17 世纪的求正教徒向世界敞开胸怀。

虽然他不常去教会,林肯现在偶尔承认"对上帝单纯的信仰",如此"单纯"以至于不附带任何具体义务,斯皮德记得林肯对"真诚的基督徒"怀有"极大的尊敬",林肯"常讲最有抱负的人可以活着看到每个希望的破灭,而没有基督徒能够眼睁睁地看着希望的破灭,因为只有在生命终止时圆满才会到来"。在多大程度上,林肯的"最有抱负的人"是指他自己,我们不得而知,也正以因为此,我们很难将林肯的痛苦与自我保护的虚伪分开来。但是那抹痛苦却不容置疑,这点正是林肯担当州议员自称"不信仰任何宗教"时所没有的。

这种痛苦在 19 世纪 50 年代林肯对待他父亲去世这一必须面对的重大家庭危机时表现得最明显。林肯在 1831 年离开他父亲在迪凯特附近的农场之后,父子之间的关系更为疏远,在此之后托马斯·林肯的所作所为证明了他儿子的离去乃明智之举。托马斯·林肯几乎马上离开了迪凯特,买了个新农场并且试着经营一个锯木厂,锯木厂的生意失败后,最终他于 1840 年在科尔斯县购买了 160 英亩的土地。他越来越深地陷入债务之中,亚伯拉罕不得已在 1841 年出手相助,以每亩 200 美元的价格购买了 40 英亩的土地,然后还给老人自己使用,以此保全他父亲的地产。即便如此,托马斯·林肯在 1842 年不得不抵押了一半的地产来缴纳教育税。当年晚些时候林肯和玛丽·托德结婚时没有邀请托马斯·林肯,这并不奇怪。在 19 世纪 40 年代后期托马斯·

林肯的身体每况愈下，他越来越依赖的是约翰·D.约翰斯顿这个继子，而不是他自己的儿子，不过约翰斯顿并不可靠，他所做的是向当律师的兄弟伸手借钱，而且胃口越来越大。

在借钱的时候谎报托马斯·林肯的健康状况，这种情况越来越多。1849 年 5 月，约翰斯顿发疯似的给亚伯拉罕·林肯写信，说托马斯"心脏出了毛病……他很想在临死之前见你一面，我听到他在最近几天想要见到你的哭喊实在让人心碎"。他实际上在撒谎，让林肯更为恼怒的是，约翰斯顿流着眼泪提到托马斯·林肯"认为我们的救世主为他准备了荣耀的王冠……"那是托马斯·林肯所期待的事情；亚伯拉罕·林肯不能相信上帝对他如此青睐，约翰斯顿接着很不明智地提及托马斯·林肯"让我告诉你的妻子，他爱她，让她准备好和他在上帝那里见面"——是她，而不是亚伯拉罕。所有这些产生的结果是，当一年半后约翰斯顿又开始写信，告知更多的托马斯·林肯健康恶化的情况，亚伯拉罕·林肯没有理睬他，"因为我写不出什么有用的东西"。

1851 年 1 月 12 日林肯终于给约翰斯顿写了回信，礼貌而坚定地表示拒绝返回科尔斯县。威廉·华莱士·林肯出生后，玛丽仍然处于产后的不适之中，更关键的是，即便在老人来日无多的情况下，父子之间的隔阂也还是越来越大以至无法调和。"如果我们现在见面"，林肯告诉约翰斯顿，"是否会痛苦多于快乐，无从知晓。"不能与他父亲和解这件事情，好像使林肯想起在另一件同样给他带来痛苦的事情上的无能为力，他使用童年时代的语言说出以下的话，他一定知道这是他父亲的宗教希望的实质，但是对他自己而言，他认为这还很遥远，并不可能：

经历的所有事情都在告诉他记得拜望和信任我们伟大、善良和仁慈的上帝，上帝不会以任何极端的方式抛弃他。上帝注意到一只麻雀的落下，以及我们头发的数量；上帝不会忘记相信他的垂死的人……如果现在就离去是他的命运，他很快会和以前死去的亲人愉快地（相见），通过上帝的帮助，我们（其余的人）希望不久之后（成为）他们（其中的一员）。

难以想象这出自于 19 世纪 30 年代的"无宗教信仰者"之手，尽管这主要是（赫恩登认为这仅仅是）处事得体但关系疏远的儿子对来日无多的父亲的尽孝之举。在感伤情绪中夹杂着林肯一家所坚信的加尔文主义的回音；还有林肯无法寄望于基督的救赎的信息。他愿意相信别人得到上帝的恩典，但自己却无法承认。林肯顶多只能为相信命中注定的父亲提供"上帝的帮助",而不是在父亲与耶稣基督这个救赎圣子之间进行调停。五天之后托马斯·林肯离开了人世。他的儿子、他唯一的儿子没有参加葬礼,没有在墓地上树碑,直到他死去两年之后,才给自己的儿子取名托马斯以示怀念。

个人的损失对亚伯拉罕·林肯的律师工作没有留下明显的痕迹,林肯在华盛顿期间多亏赫恩登打理业务,当他在 1849 年重拾旧业时,几乎没有受到什么影响。1850年到 1855 年期间,林肯和赫恩登处理的案件翻了一番多,从每年 150 件增加到 400多件。林肯在律师事务所范畴内的法律事务上显示了前所未有的才智,比如遗嘱和财产或是数量不多的刑事案件。(刑事案和遗嘱加起来在他的家乡桑加蒙县业务中的比例不到 5%。)他更喜欢处理第八巡回法院的私人和财产方面的诉讼,1849 年他在斯普林菲尔德重新安顿下来后,马上回复到在各县法庭之间游走的快乐的律师生活之中。同年,一个名叫格兰特·古德里奇的芝加哥律师邀请林肯去芝加哥和他合伙执业。但林肯回复道,"他宁愿在巡回法庭间游走……不愿意定居在芝加哥在那里终其一生。"早在 1850 年秋天,林肯"有 7 周的时间没有出席巡回法庭,在家里为竞选做准备"。

连续不断的巡回旅行与他的家庭需要之间的冲突少于 19 世纪 40 年代,因为 19世纪 50 年代中期铁路在伊利诺斯的稳步扩展使林肯能够比以前更多地在周末回到斯普林菲尔德。到 1857 年,他能够乘火车抵达每个县府的巡回法庭。1853 年国会的重新分区将第八巡回法庭的管辖范围缩减到了 8 个县,1857 年减少到了 5 个县,由于桑加蒙县巡回法庭的迅速扩张, 他的巡回法庭工作主要在斯普林菲尔德进行,在那里他处理了 3200 多个案子(超过他全部巡回业务的一半)。更让林肯高兴的是,他身躯肥大的朋友戴维·戴维斯在 1848 年当选为巡回法官,这样林肯和戴维斯在巡回法庭形成了联盟,他们的关系十分亲近,有时戴维斯让林肯代表他坐在法官的位置上。"当戴维斯法官头疼或不舒服时,他常常会离开法官席,叫一个有声望的律师在他的位子上坐一两个小时",尚佩恩县的一个叫贾斯珀·波特的职员回忆说。"他叫的最多的是林肯先生,他们十分亲热,是亲密的朋友。"单在 1858 年一年当中,林肯代替戴维斯以法官的身份审理了 95 个案子。每年两次巡回法庭开庭的间歇期间,他在斯普林菲尔德的伊利诺斯最高法院、斯普林菲尔德和芝加哥(1855 年以后)的联邦区法庭和巡回法庭处理数量越来越多的案件,他在芝加哥处理案件的数量达 431起。1849 年到 1861 年期间他甚至在 6 个美国最高法院的案件审理时担任诉状律师。

此时他在第八巡回法庭的律师中已经获得了一定的资历,19世纪50年代之后他开始为一些刚开始执业的律师提供指导,像24岁的伦纳德·斯韦特(后来与林肯和戴维斯一样成为第八巡回法庭最受人尊重的律师之一),他在缅因州出生,举止优雅,还有亨利·克莱·惠特尼,他1854年开始在尚佩恩县的厄巴纳做律师(惠特尼以法官的身份第一次在法庭上出现在林肯面前),还有劳伦斯·韦尔登,他于1854年从俄亥俄来到伊利诺斯开始在克林顿做律师。和对待宗教问题一样,时间和阅历将林肯在做律师之初生硬粗暴的对抗主义磨平。与10年前对证人和杀人犯的敌对态度截然相反,"他在已经执业多年的巡回法庭上对刚在几个县府定居的年轻律师们格外和善"。威廉·沃克记得,当他在斯普林菲尔德学习法律的时候,林肯是怎样没有预先通知造访爱德华·贝克的律师事务所,"拿起一些教科书……对我们进行细心严格的检查,有时对我们的回答报以会心的笑声;他和我们度过的时间通常很有趣而且收益颇多"。劳伦斯·韦尔登记得"我到他那里时总是很有信心,因为我确信他对我的问题全都知道,而且会很高兴地向我提供帮助",亨利·克莱·惠特尼发现林肯"心地非常善良,很愿意提出建议,因此年轻律师们经常拜访他"。

到他那里寻求帮助时我没有感到丝毫的矜持;因为他似乎马上使我感到亲切或是亲密;而且这根本没有自私的动机——只是对刚刚开始起步的年轻律师发自内心的纯粹的善意和仁慈。

虽然他愿意把年轻的巡回律师们招致麾下,林肯在斯普林菲尔德只接纳了少数的学生或职员在他的指导下学习,部分的原因是他更喜欢巡回法庭的工作,部分的原因是他自己所接受的法律方面的教育导致了他对每天监督学徒的做法的轻视。"我有太多的时间不在家,对跟我学习法律的年轻人有好处",他在1855年对艾沙姆·雷维斯讲;此外,"如果你自己决心成为一名律师,事情已经成功了一半"。他认为没有理由改变自己的自学方法:"找到书,然后阅读学习,直到你了解到这些书的主要特点;这是主要的事情。"当谢尔比·卡洛姆向林肯请求到林肯—赫恩登的事务所学习法律时,"林肯先生告诉我父亲他无法给我以足够的关注,进行问答式的教授和指导,因为他当时很忙,常常不在家"。

林肯的资历也使他得以在巡回区和其他的自身律师建立了大规模的非正式业务伙伴关系网络,多数的伙伴关系只是口头协定,是林肯到场的时候进行的合作,

"所以在这个县有林肯和琼斯伙伴关系,在那个县有林肯和史密斯伙伴关系;但是伙伴关系仅限于林肯参与审理史密斯和琼斯的案子,并从他们那里分得酬金"。林肯与沃德·希尔·拉蒙的合作是最紧密的伙伴关系之一,拉蒙是个弗吉尼亚人,长着浓密的海象般的胡须,来自弗米利恩县的丹维尔。拉蒙和林肯的关系与林肯和赫恩登的关系大不相同;但是林肯在拉蒙那里发现了和赫恩登一样的非常可靠的个人忠诚。林肯在丹维尔和拉蒙进行合作的同时,和"布鲁明顿三巨头"戴维·戴维斯、伦纳德·斯韦特和杰西·费尔建立了同样紧密的关系,斯韦特出生于缅因,费尔来自宾夕法尼亚,他曾经放弃了律师工作,在房地产业赚了大钱。和这些人在一起,林肯最喜欢的是"法庭上惬意愉快的气氛,戴维·戴维斯坐在法官席上,他面前是'12 个遵纪守法的好人',他们来自县里各个地方,被召来'诚实而恰当地审理案件'"。

最重要的是,资历使他承担起辉格党文化培育方面最重要的职责,扮演此角色的是凭借协调、妥协和理性而超越于个人或党派之上的资深政治家。在他为准备一个关于律师工作的演讲(可能是斯普林菲尔德演讲会经常举办的职业讲座的一部分)而整理的一系列笔记中,林肯建议"青年律师们"在案件审理时应更多地依赖于坚实的前期研究和准备,而不是在陪审团前迫使证人说实话或是做煽情的辩解。"应该练习和培养即席讲话的能力,"因为"这是律师与公众沟通的途径",但是对于有远大抱负的律师而言,"过分依赖演说……是最致命的错误"。他开始鼓励"妥协",视其为处理案件的一个目标。1845 年,当时更为锋芒毕露的林肯建议当事人"不要妥协,可不惜任何代价;如果他们愿意,就让他们起诉"。10 年之后,林肯不再试图把法庭变成口头决斗的比赛,力劝新律师们"劝阻诉讼",(像辉格党的克莱那样)"如有可能,就要说服你的邻居进行和解"。自己"永远不要挑起诉讼",他警告道。他在1851 年建议当事人,即使手头的案子对自己非常有利,"如果可能的话,最好息事宁人",他向另外一个当事人提议,如果"你能够庭外解决","无需进行指控"。一个当事人批评林肯愿意接受部分清偿债务的做法,他被告知"得到部分偿还的债务,要比单单依靠法律解决好得多"。赫恩登看到他在办公室里用案件的不确定性来警告当事人,"在这个案子上你有过失,我建议你进行和解,如果你不这样做,不要提出诉讼,因为你有过失,一定无法获胜,你必须支付一大笔费用"。19 世纪 50 年代戴维·戴维斯在法庭上对林肯进行观察,认为他的朋友"将避免争议作为基本准则——讨厌争吵——讨厌任何人言辞尖利,除非他的职责——他的荣誉或责任——原则需要,他从来不会违背此准则"。

正如赫恩登所指出的那样,这并没有使林肯在法庭上更容易对付,却使他比 10 年前更加难以捉摸,更不直截了当,更不可预知。在和蔼亲切的背后,隐藏着无所不在的忧郁感还有明显的沉默寡言,即使他最亲近的朋友和被保护人也无法看穿或使其消散。"虽然他举止笨拙,对社交惯例置之不理,亚伯拉罕·林肯身上有一些东西让人肃然起敬",唐·派亚特写道。"大家见到他会立刻产生敬意。"亨利·克莱·惠特尼也发现林肯身上有"一种难以言表的东西博得了尊重"。这是一种平等甚至是"兄弟般"的尊重。但是那种"东西"也是尊敬他的人自己无法也不愿看穿的那层遮蔽物。年轻的阿德莱·史蒂文森记得"在布鲁明顿他常常被称为林肯先生。人们不叫他'亚伯'·林肯。"戴维·戴维斯说,他是"我曾经见过或将来可能见到的最沉默寡言、守口如瓶的人",赫恩登认为林肯是个"沉默寡言、守口如瓶、一言不发的人"。

如果一个人来见林肯,要了解不想让他知道的事情,但是林肯不想拒绝他,林肯对此十分在行。在这种情况下,主要是林肯在讲话,围绕着他所猜想的关键问题闪烁其词,但从不接近问题的关键,他的回答中夹杂着无穷无尽的故事和笑话。会见轻松有趣让人愉快,会见者高兴地离开后,感到他完成了使命。当他走出一段距离清醒下来之后,就会产生疑问,"啊,我究竟得到了什么"? 吹走林肯诙谐的讲话的泡沫之后,他会发现并没有留下什么实质性的东西。

真正的长者活在这个世间,却不属于这世界,是人们的一员,但同时也与人们保持着距离。"林肯先生极少显露其内心世界——如果说他曾经这样做,"赫恩登评论道,"他保留着内心世界的一个角落,连亲密的朋友也无法知晓。"

林肯不仅习惯于作为一个前辈的行事方式,实际上他受用于此。在 1849 年来到梅肯县府迪凯特的简·马丁·约翰斯的记忆中,他既不是呆滞的以前做过农民的人,也不是将要成为的辉格党贵族,而是个单纯的老派绅士。"我认识林肯之初,拓荒者的怪样子已经荡然无存,如果他曾经如此,他的行为举止现在则像个老派绅士,不矫揉造作,朴实无华,'当一位女士走进房间,他马上站起身来,他礼貌的举止会使不拘小节的人感到羞愧'。"布鲁明顿的律师詹姆斯·尤因认为"林肯先生并不懒散,也不是个诙谐的人。"朱迪斯·布拉德纳记得"林肯先生不像一些人所说的那样不修边幅",但"他的衣服不大合体……用的是最好的料子。他的亚麻衬衫总是那样干净整洁"。伊莱休·沃什伯恩 1847 年在芝加哥第一次见到林肯,对莱尔·史密斯称其为"老亚伯"（虽然林肯当时只有 38 岁） 感到奇怪，1858 年他对 "老林肯先生" 的称呼欣然接受。"他们多年来一直在搞恶作剧，" 林肯即席评论道，"我不到 30 岁的时候就开始了。" 甚至在 1854 年，他在给田纳西的一个远亲的信中写道："我已经不能说自己是年轻人了。"

1858 年 5 月 7 日为威廉·阿姆斯特朗辩护时的林肯

伦纳德·斯韦特作巡回律师时在丹维尔的一家旅馆第一次见到林肯，感到他是 "我见过的人中最让人不可容忍的一个"。但正是因为林肯愿意承认自己的 "朴素寻常"，而不是如斯韦特料想的那样强求 "尊重的程度"，赢得了斯韦特对 "这个幽灵" 的忠诚。林肯的衣着和他的举止完全一致：戴维·戴维斯发现林肯更喜欢 "在脖子上系着一个老式的硬宽领巾" 而不是领带，亨利·克莱·惠特尼发现自己被这个在斯普林菲尔德颇有名气的律师的形象所吸引，他的帽子 "是棕色的，已经褪了颜色，上面的名字总是破旧不堪或者已被磨掉"。

他披着个短斗篷，有时是披肩。他的外套和马甲松垮地挂在他那庞大的身躯上，他的裤子总是有点短。他一只手拿着个褪了色的绿雨伞，他的名字 A.林肯用很粗的白色棉线或纱线绣在里面。伞的球形把手已经不见踪影，合上伞的时候，常常用一根粗绳系在中间以防张开。他的另一只手拿着个毫不张扬的毛毡手提包，装着些法庭上要用的文件，还有内衣，够用到返回斯普林菲尔德。

为众人所知的是，林肯不愿对私人诉讼收取过高的费用，而且欣然接手了几个不收取报酬的刑事案件，这强化了他的前辈地位。他有时对向当事人收取费用感到不好意思，1851 年他微妙地向安德鲁·麦卡伦暗示他当时欠了一大笔钱。"我从渥太华得到消息，我们赢了在戈尔廷和萨林县的官司，" 他在给麦卡伦的信中写道，"就像那个荷兰法官在主持婚礼时所说的 '多希望现在我有一百元了。'" 1852 年，他挽救了威廉·弗洛维尔的财产，弗洛维尔是斯普林菲尔德一个自由黑人理发师，当时弗洛维尔卷入了 "卖给他的几个城镇地块" 的所有权的官司。1858 年，他无偿为年轻的威

131

廉·阿姆斯特朗辩护,阿姆斯特朗是他原来在新塞勒姆摔跤对手及朋友杰克·阿姆斯特朗的儿子,被指控谋杀詹姆斯·梅茨格。主要目击证人声称在满月的光线下他清楚认出阿姆斯特朗是凶手,林肯拿出年历证明那个晚上月亮实际上已经落下,以此揭穿了唯一不利于阿姆斯特朗的证词,这个年轻人被释放,投入了他充满感激之情的年迈母亲沾满泪水的怀抱。一年之后,他出庭为奎因·哈里森辩护,哈里森刺死了林肯在议会的老对头彼得·卡特莱特的孙子。林肯以受害者临终之时对哈里森的原谅恳请陪审团,尽管法官试图不接受受害者的临终证词,在林肯的努力下陪审团宣判他无罪。

19 世纪 50 年代当林肯由政界转向家庭和律师工作之时,他事业早期的斗争精神已经变得成熟和稳定,这并不意味着他不再被远大的抱负所驱使。19 世纪 50 年代,他的巡回法庭的工作重心开始发生转移,由他当斯图尔特和洛根的助手时处理的琐碎诉讼转向土地方面的官司。他仍然拒绝跟着戴维斯和其他律师同行进行大规模的土地投资,他把"经常为了发现所有权上的缺陷,彻底检查契约登记情况,并以此挑起争端,将金钱收入囊中"的律师痛斥为"魔鬼"。尽管如此,作为打官司的报酬,他在 1851 年得到了斯普林菲尔德和布鲁明顿的几处城镇地块(5 年之后他转手出售获利甚丰),斯普林菲尔德以北在芝加哥密西西比铁路沿线有个新建的城镇,1853 年林肯代表该镇打官司,不仅得到了一处地块,而且这个城镇以他的名字命名。林肯以他一贯的行事风格告知该镇的创立者,"你们最好不要这样做,我从来没听过什么重要的东西以林肯命名";不过他既没有拒绝这个荣誉,也没有拒收地块,这也是林肯的行事风格。

他曾在州议会大力倡导的铁路成了他最有利可图的客户,他们打的通常都是土地官司。从 1840 年到 1860 年, 伊利诺斯的铁路里程由 26 英里飞速增长至 3000 英里,1850 年,在妥协案的高潮时刻,国会授权将在伊利诺斯州 250 万英亩的联邦土地出售,用于建设被拖延的伊利诺斯中央铁路。在州长威廉·H. 比斯尔的大力支持下,伊利诺斯议会仅仅经过一个月的激烈辩论和政治运作 (林肯做了铁路的说客),于 1851 年 2 月通过了成立伊利诺斯中央铁路公司的议案。很明显,随后会有大量的土地诉讼,因为铁路力图证明对被擅自占领的地块的所有权。伊利诺斯中央铁路从北到南贯穿伊利诺斯,将该州一分为二,该铁路最南端的起点是俄亥俄河与密西西比河交汇处的开罗,然后在森特勒利亚分叉,一条线路通往伊利诺斯西北角的加利纳,另一条直抵该州东北部的芝加哥和五大湖。伊利诺斯中央铁路将使伊利诺斯农场主不再依靠圣路易斯和新奥尔良，或者南部蓄奴州的任何地点，芝加哥将成为该州占统治地位的贸易中心，纽约的市场将成为主要的交易场所，所起的作用远远超过1848年最终开通河道的伊利诺斯和密歇根运河。铁路的修建也将产生大量的诉讼，在接下来的10年中伊利诺斯的律师们不用为工作发愁了。

　　林肯在15年前曾为伊利诺斯中央铁路辩护，加之在国会任职获得的经验和地位，而且因为铁路穿过第八巡回区，争议最大的所有权官司集中在那里，上述因素使林肯成为代表铁路法律权益的炙手可热的人物。"他不仅在他的政党中最负盛名，"一个伊利诺斯中央铁路公司的董事建议道，"而且是公认的比斯尔政府（铁路问题方面）的特别顾问。"他们马上就需要他；1853年春天，尚佩恩县的擅自占地者就铁路的路权向第八巡回法庭提起诉讼；更具威胁的是，麦克莱恩县试图向议会已经宣布免税的铁路地产征税。（议会向伊利诺斯中央铁路公司发放的特许状已经向铁路收取了年度总收入的税款，付出的代价是，在开始运营的前6年免征地方的地产税。）实际上，在布鲁明顿和麦克莱恩县的拉萨尔之间的第一段铁路已经建完，该县向铁路征收地产税的理由是州无权干预县在地产方面的权限。

　　这起诉讼的实际意义在于，这是事关地方是否有权阻止大企业以及随之而来的规模更大的市场网络进入其领地的斗争，因此铁路起诉了麦克莱恩县。在这个问题上，林肯的利益所在不言自明。"问题的重要性是，一方面公司在该县拥有土地，同时这是在本周出现的最大的法律问题，"他写道。可能抱着让林肯不要介入诉讼的目的，尚佩恩县提出付给林肯数量可观的律师费，以此对铁路公司施以重击。但是到了10月份，该县没有付钱，也没有再考虑进行暗中交易，10月24日林肯受雇于伊利诺斯中央铁路公司的总法律顾问梅森·布雷曼，律师费为250美元。

　　这只是林肯和他的主要企业客户伊利诺斯中央铁路公司之间长久合作的开始，林肯从中获利颇丰。林肯告诉伊利诺斯中央铁路公司的总律师詹姆斯·F.乔伊和麦克莱恩县的这场官司"利益攸关"，"会全力争取"。第八巡回法庭几乎马上驳回了伊利诺斯中央铁路公司对麦克莱恩县的起诉，这样诉讼请求于1854年2月被州最高法院接受，最高法院可对伊利诺斯全州的此类案件一并作出裁决。最高法院举行了一次又一次的听证，直到1857年最终一致作出了有利于铁路和州的决定。（林肯撰写了诉讼要点并和乔伊一起出庭辩论，为此他得到了5000美元的酬金。）为期6年的免税期在1857年到期，州审计员杰西·杜波伊斯杜波伊斯估算铁路地产价值1300万美元，着手向其征收营业税。铁路公司狡诈地提出异议，称其地产价值不到800万美元，并坚持说特许状将税率限定在 7%,然后雇佣林肯为其辩护。林肯确实做到了,不仅说服州最高法院接受了铁路公司对地产的估价,而且和政界的老朋友杜波伊斯做了笔交易,允许铁路公司缴纳部分税款,并游说议会修改条文限制将来征税。

林肯和伊利诺斯中央铁路公司的合作并不仅限于此。从 1854 年到 1859 年,林肯代表伊利诺斯中央铁路公司打了 50 多场官司(包括州最高法院审理的 11 个案子),包括从联邦政府授予的土地上赶走擅自占地者,还和要求铁路公司承担责任的家畜饲养者打官司,因为铁路沿线没有设置足够的栅栏,还有市场发货延迟对他们的牲畜价格造成了损失。(他仍然继续关照像约翰·托德·斯图尔特这样的老朋友,帮助斯图尔特购买了一块上等的铁路用地,此前联邦土地办公室已经停止了此类交易。)到 1855 年,他已成为伊利诺斯中央铁路公司在第八巡回法院事实上的代理人,巡回区在伊利诺斯中部的扩展使林肯成为该州最有前途的国内交通改进项目的关键人物。“虽然我们藐视大企业的贪婪,” 赫恩登轻声笑道,“我们两个都要感谢上帝让伊利诺斯中央铁路公司落入我们手中。”

林肯最终几乎得到了其他每个铁路公司的生意,在 19 世纪 50 年代,这些公司都想在伊利诺斯的心脏地带铺设铁轨,包括托尼卡和彼得斯堡铁路公司、奥尔顿和桑加蒙铁路公司(以及接替它的芝加哥和密西西比铁路公司)、还有俄亥俄和密西西比铁路公司。(多年之后,有传言说在 1860 年纽约中央铁路公司让林肯去做纽约支线的总律师。)一直愿意代表任何能支付费用的人打官司的林肯,也从事反对铁路公司的诉讼,其中有对桑加蒙和摩根铁路公司未支付欠款的小官司,也有大地产所有者提请的规模较大的诉讼,他们的土地因芝加哥、柏灵顿和昆西铁路公司的蚕食有贬值的危险。但严格地说,他打的最为轰动的铁路官司根本不是铁路官司,而是因密西西比河的一艘名为 “埃菲·阿夫顿” 的汽船被破坏而起的一起民事诉讼。

1855 年,经营着从伊利诺斯中央铁路公司的拉萨尔向西至密西西比河的罗克艾兰这条支线的罗克艾兰铁路公司,创立了子公司罗克艾兰建桥公司,在罗克艾兰建造一座横跨密西西比河的铁路桥,这样铁路可以延伸至新建立的艾奥瓦州的达文波特。实际上,罗克艾兰铁路公司是伊利诺斯中央铁路公司的一只长臂,是北部市场体系在密西西比河以西的第一个立足点。罗克艾兰铁路公司不仅承诺开始艾奥瓦农业的商品化进程,而且承诺把艾奥瓦的农产品拉往芝加哥、五大湖和自由的北部。1856 年 5 月 6 日每侧均有外轮的汽船 “埃菲·阿夫顿” 号装载着货物和大约 200 名旅客在新建的罗克艾兰铁路桥下逆流而上,通过桥墩时一侧的外轮在急流中停转,汽船转回和一个桥墩相撞,随后燃烧起来,大家都想知道事情的真相。船长雅各布·赫德和"埃菲·阿夫顿"号的船主们马上在联邦法院提请上诉,控告罗克艾兰铁路公司,宣称大桥危及河运,并要求赔偿船只和货物的损失。当然,其真正的目的是拆掉大桥并清除其对密西西比河运造成的威胁,在芝加哥有传言称圣路易斯的商业利益集团贿赂了阿夫顿号的船长,故意撞向大桥。

罗克艾兰当地的一个律师还有林肯与铁路公司的律师一道处理这个案件,林肯的加入一方面是由于他和伊利诺斯中央铁路公司的关系,也是因为他曾参与了桥梁阻碍交通方面的两起联邦案件。案件的审理工作于 1857 年 9 月在芝加哥开始进行,最高法院的助理法官约翰·麦克莱恩(曾是杰克逊派循道宗信徒,后来成了辉格党人)出庭监督。此案进行了两个星期的公开辩论,过程十分艰难,充斥着宣誓作证、讯问和对老练的证人的交互讯问,最后两天由林肯为桥梁公司做辩护总结。

这是林肯作为一个律师表现最佳的时刻,因为林肯的总结充分展示了他对案件细节的掌握。这个曾经的测量员不辞辛劳查访了案发现场,对距离和桥下的水流量进行了测量,并且得到了原告没有查寻的证人的证词,船主们发现他们依靠的是"没有进行试验的人所做的陈述——仅仅是推测而已",但为时已晚。根据一个土木工程师的证词,他否认桥梁的建造会对船只的行驶造成任何特别的困难;他援引其他证词说明赫德船长已经穿过该桥,清楚地知道右舷发动机发生了故障,因此是他自己利用了碰撞的机会。更糟的是,该船的领航员纳撒尼尔·帕克从来没有花时间"熟悉方位,"在桥下鲁莽地向前行驶,造成了阿夫顿号的毁坏。

林肯辩论最引人入胜之处在于他试图将整个案件由单纯的民事案件变成北部和南部的利益之争,民主党和辉格党的政治文化之争。林肯指出,很明显真正的原告不是阿夫顿号的船长和船主,而是圣路易斯的商业局,是区域主义和地方主义对伊利诺斯贸易发展的钳制。在此案中,原告要求得到的不是正义,而是南部河运利益集团凌驾于铁路之上的特权,这是他们不应得到的特权。领航员帕克的行为只是证实了这个经周密计划的阴谋的存在,因为帕克展示了民主党政治中搬弄是非的所有特征。"他本不该鲁莽,"林肯指出,"他本可免遭不幸"——好像撞桥事件是民主党的反动分子对辉格党铁路的攻击。这实际上可能是林肯内心深处的想法,因为他指出有利于原告的判决,在很大程度上,是"分裂联邦"的判决,给整个案件投下了不祥的阴影。在法官进行了一个下午的说明之后,陪审团讨论了 4 个小时,结果陷入僵局,9 个人支持桥梁公司,3 个人反对。随后一次又一次的上诉持续了 5 年时间,直到美国

第四章　利益的驱动

最高法院。最终桥梁公司和林肯大获全胜。

林肯越来越成功的律师生涯为他带来了铁路公司以外企业的生意。财力雄厚的商业客户开始送上门来,包括尼古拉斯·里奇利在斯普林菲尔德新建的煤气厂、桑加蒙县、麦克莱恩县和摩根县至少9家以上的银行、两家保险公司、还有圣路易斯的一家风险投资公司。林肯曾持续数月进行测量,在陪审团前做"数学般精确"的表述,同样的想法使他对机械装置及相关的专利案件特别感兴趣。他办的铁路公司的案子在一定程度上代表着对机器战胜农耕的敬意,在他离开他父亲的农场后,林肯对农业的唯一兴趣就是农用机器的开发,它将淘汰自给自足农业单调乏味的工作。"蒸汽动力的成功应用是农耕活动迫切需要的",他在1859年9月威斯康星州农业节上讲,这是他最不可能发表言论的地方之一,他承认"我从抽象的角度对蒸汽犁进行了大量的思考"。

他确实这样做了。1849年他为使河滩上搁浅的船只漂浮起来设计了一个笨重的装置,虽然没有造出来,还是进行了专利申请(15年之后,仍然在努力将"护身符"号驶入桑加蒙河),1858年和1859年他罕见地做了两个与政治无关的演说,主题是赞扬"发现和发明"。他在演讲中称发明是人类天生的特性。"人不是唯一从事劳动的动物;却是唯一能够提高劳动技能的动物",林肯在第二次演讲的开头讲道,"而其他的动物只是进食睡觉而已"。人类的历史是自身不断进步的发展过程,始于"老"亚当。"他站在那里,是个非常完美的人",并非出于偶然,此时林肯脑海里浮现的一定是父亲的形象。

他一定非常无知,行为举止单纯。他没有足够的时间通过观察来学习;他没有近邻教他任何事情。他的早餐吃的都是自己生产的东西,而不是来自世界的其他地区;他很可能没有世界还有其他地区的概念。

世界从"第一个人"开始进化,最初通过对语言的掌握,随后又得益于"观察、思考和实验"。蒸汽动力的开发自然是最好的例子,但是从历史发展的顺序上看,首先是文字的发明,随后产生的是印刷机、多轴纺织机、运输工具,最后是人工动力及其在"压榨机和其他机器上的应用"。他也对一种发明如何激发另一种发明的创造力感兴趣。"文字和印刷术"导致了"美洲的发现和专利法的诞生",随着每一项新的发明的诞生,产生下一项新发明所需的时间越来越短。

林肯大致描述的是由不断前进的发展阶段构成的历史，其顶峰无疑是蒸汽机的发明和美利坚合众国的诞生。在印刷术时代刚刚来临之时，人们"根本没有意识到他们的生活状况和智力水平能够得到改善和提高"，"他们以为自己天生无法获得平等的地位"。但是印刷品的易于获取和美洲的发现，促进了"思想的解放和随之而来的文明与艺术的进步"。这样，物质成就的增长自然导致了对自我改善和自由的更多需求。林肯认为"专利法"是这个发展过程中最无法预见的因素。在林肯看来，这意味着土地不再是衡量财富的主要标准。"发明、创造和改进"是大西洋两岸市场的真正资本，而通过专利法对这些创意加以保护，为新的工业时代提供了像合同概念那样的基本的法律支持。林肯认为，促使人们进行试验的动力和人们做其他事情一样，来自于功利主义的"利益的驱动"。如果此利益得不到保护，不能免遭剽窃和盗用，将永远无法激发出"天才的火花"。由此看来，历史是进步的过程，在此过程中，物质上的获取和政治上的解放互相依赖，并以此"解放思想""打破枷锁，形成思想自由的风尚"。

令林肯感到不快的是，他所做的赞扬专利法的辉格党主义演说没有产生大的反响，此后他开始进行专利案件的审理，为这些理念找到了更好的用武之地。1850年林肯在芝加哥的联邦地方法庭的第一个案子是为查尔斯·霍伊特辩护，霍伊特被指控从专利持有人那里窃取了水车的设计图。这场官司打了两个星期，林肯最终大获全胜，这成了从1851年到1855年他在联邦地方法庭参与的专利侵权案的典范。

林肯在1855年经推荐参与了他处理过的最重要的一起专利案。尽管林肯感兴趣的是"蒸汽动力"，收割机无疑是将自给自足的农业转变为商品农业最为有效的机器，而最成功的收割机则是塞勒斯·麦考密克1847年之后在芝加哥设计制造的"弗吉尼亚收割机"。虽然麦考密克轻易垄断了农用机器的市场——到1859年他已在老西北部售出3万多台收割机——麦考密克仍然对他的竞争对手时刻保持警惕，如有可能便以残酷的竞争使其破产（就像他对巴尔的摩的奥贝德·赫西所做的那样），并以专利侵权为借口把他们从市场上赶走。约翰·H.曼尼在伊利诺斯罗克福德的公司生产的一种小型收割机在伊利诺斯中部很受欢迎，与贪得无厌的麦考密克发生冲突，1854年麦考密克在联邦地方法庭起诉曼尼侵权，要求停止生产曼尼收割机并赔偿40万美元。

麦考密克预先聘请了许多全国有名的律师，但是对麦考密克怀恨在心的东部竞争对手决心利用此案给不可一世的麦考密克一个教训，所以曼尼的支持者出钱网罗了一些重量级的法律天才为曼尼辩护。因为此案将在芝加哥的联邦法庭审理,曼尼的总辩护律师、来自费城的乔治·哈丁着手寻找一个可靠的伊利诺斯律师同他们一起进行辩护,结果是,芝加哥的艾萨克·阿诺德和林肯曾在律师业务上加以提携的拉尔夫·埃默森(现为曼尼的私人法律顾问)都向哈丁推荐了林肯。

林肯在此案中投入的干劲与后来参与的"埃菲·阿夫顿"案件相仿,他考察了曼尼在罗克福德的工厂,在芝加哥查询了双方律师最初的证言。"我去了芝加哥的联邦法庭,在那儿得到了诉状和答辩的副本",林肯向曼尼的另一位律师彼得·沃森报告说。"我在芝加哥期间,外出去了罗克福德,花了半天的时间研究分析了曼尼的机器。"哈丁曾明确地暗示,因为此案将在芝加哥审理,可能由林肯在约翰·麦克莱恩法官面前做辩论总结。遗憾的是,麦克莱恩宣布将在辛辛那提审理此案,当林肯到了那里,他发现哈丁不再需要来自伊利诺斯的律师。林肯不得不退居二线,律师团的另一个成员、一个名叫埃德温·斯坦顿的匹兹堡人取代了林肯原来的位置,此人声嘶力竭、目空一切。

斯坦顿这个民主党人把林肯看成是来自农村的律师,林肯不喜欢被如此误解,这不利于律师团的合作氛围。后来林肯恨恨地对赫恩登讲,他无意中听到大嗓门的斯坦顿询问曼尼,为何带来"那个(该死的伊利诺斯)长臂猿,"因为林肯"一无所知,对你毫无帮助"。(赫恩登说)"蒙受羞辱伤心难过的"的林肯在案件审理结束后悄悄地打点行装离开辛辛那提,委婉地表示他永远不会再来皇后城①(但是 1859 年他又到了辛辛那提)。虽然牢骚满腹的林肯预料"他输掉了官司",但是麦克莱恩法官做出了曼尼获胜的判决,林肯得到了 1000 美元的报酬,远远超过了他最初 400 美元的律师费。

即便遭受了这次挫折,林肯当时打交道的是那些可支付高昂的律师费的当事人,在 19 世纪 50 年代, 他的年均收入达到 3000 美元 (是普通劳工阶层收入的 8 到 10 倍)。据纽约的信用评估企业 R.G. 邓恩公司(朗和布拉德斯特里特公司的前身)的估价,他资产总额约为 1.2 万美元,而且他没有未偿还的债务。他供他的儿子罗伯特在斯普林菲尔德的私立学校读书,并在 1856 年花了 1300 美元把他一层半的房子扩建,新修了整个二层。在 45 岁左右的时候,林肯的职业生涯日益成功,与此同时他保

---

① 辛辛那提的别称。译者注。

持着一个资深辉格党政治家的简朴生活方式。然而这仅仅意味着他成了十足的辉格党之谜，他严格自律，没有堕落到热衷于赚钱消费的地步，但是他的自我约束力也使他能够赚到足够的钱任意消费。

在辛勤工作赚取资历的同时，他从来没有完全失去对政治的兴趣，政治对林肯来说几乎完全是辉格党的事务。尽管19世纪50年代初通常被说成是林肯政治生涯的分水岭，这主要是林肯自己的表述，仅仅从他放弃了对重要的政界职位的追逐、专注于做律师而不是从政来谋生的角度看，这是正确的。但是他一直是伊利诺斯辉格党的关键人物。1851年，林肯（和斯图尔特、沃什伯恩、吉莱斯皮和奥维尔·希克曼·布朗宁一道）在斯普林菲尔德组织了辉格党州代表大会，并继续为《桑加蒙日报》（后来改名为《伊利诺斯州日报》）撰写反对民主党的文章。1850年7月泰勒总统去世的时候，林肯应邀在芝加哥举行的辉格党纪念会上致悼词，称颂泰勒提出了解决奴隶制扩张这个"当今时代一个重大问题"的完美措施，并夸张地将以前曾是将军和奴隶主的泰勒誉为作出"清醒冷静判断的"辉格党典范，他"不沉溺于享乐"，"不为博得掌声而造访公共场所；而是像地球在轨道上运行那样安静地留守在自己的岗位"。1850年，一个来自桑加蒙县名叫理查德·耶茨的活跃辉格党人建议辉格党重新竞选林肯原来在第七选区的席位，当时林肯是他的政治顾问，1852年，为了使辉格党在总统选举中获胜，他在伊利诺斯为后来竞选失败的温菲尔德·斯科特摇旗呐喊。

演说的要点和林肯以前的观点并无二致："在国内交通改善问题上前后不一的虚假民主"，"保护性关税"的必要性，斯科特承诺"公共土地"的竞选纲领，"辉格党人投身于自由土地和废奴活动"的不恰当性。1852年德高望重的亨利·克莱在竞选激战正酣之时离开人世，林肯再次应邀在州府斯普林菲尔德举行的辉格党人的集会上致悼词，他再一次使其成为称颂克莱以及克莱所代表的辉格党特性的活动。克莱早年因玩弄女性和打牌欺诈而声名狼藉，他和约翰·昆西·亚当斯仍然背负着1824年"腐败交易"的恶名，林肯对此不予理睬，而是聚焦于克莱作为一个"真正的爱国者"所发挥的作用，他对自由和平等的追求使他走上了和解妥协和国家统一的中间道路。"他所做的事情都是为了整个国家"，林肯宣称，而不是为了地方或地域的多元化。克莱"热爱他的国家，主要是因为这是个自由的国度……因为他看到了人的自由、权利和活力的发展、兴旺和昌盛"。林肯称赞"西部哈里"的是，克莱将思想意识置于人们的需求之上："他渴望国人幸福，部分是由于他们是他的同胞，但主要是为了向世界展示自由的人民能够过上幸福的生活。"

　　时至 1852 年,林肯不再是新塞勒姆那个风趣的喜欢开玩笑的人,变成了沉默寡言、小心谨慎的律师和辉格党思想家。年轻的比利·汤普森"上学放学时在街上遇到了林肯先生",注意到他"在街上根本不留意他人;实际上除非我们和他讲话,他才会看到我们。他走路的时候双手背在身后,眼睛注视着上方,不注意任何人"。久而久之,约翰·托德·斯图尔特发现林肯"感兴趣的是原则以及诸如政治和全国性的大事,特别是对他有用的事情"。林肯"对人没有概念,没有准确的认识或想法",赫恩登抱怨道。"他几乎不认人。"实际上,伦纳德·斯韦特认为林肯"在和人打交道时"是个"世间少见的趋炎附势的人"。但是"林肯在原则问题上从不见风使舵——只发生在和人的交往上……"

　　1846 年艾奥瓦准州被批准以州的身份加入联邦,根据斯蒂芬·道格拉斯的推测,时机已经成熟。密苏里和阿肯色是在密苏里妥协案限定之下于 1820 年和 1836 年在路易斯安那购买地之外组建的最早的州,艾奥瓦建州之前在密西西比以西的原来的购买地上没有组建一个州。在这个来自伊利诺斯的资深参议员心目中,这是件荒唐事。道格拉斯问道:"有这样一个宽达 1500 英里、野蛮人充斥其间、所有直接联系被切断的荒野,我们怎么能开发、培育和保护我们在太平洋沿岸的巨大利益和财富?"道格拉斯认为造成这种停顿状况的罪魁祸首是密苏里妥协案,因为妥协案对在原来的购买地北纬 36 度 30 分以北的地区引入奴隶制的限制,打消了南部移民、议员和开发商的兴趣。不消说,道格拉斯认为:北部平原的气候自然不利于使用奴隶的种植业的发展,"当气候、土壤和生产排除了奴隶制从中获益的可能时,他们不会准许奴隶制的存在"。因此密苏里妥协案是个没有必要的刺激物,在阻止奴隶制方面它不比自然界贡献更大,而它却最大限度地阻止了南部对开发新的领土的支持。

　　根据 1850 年妥协案组建起来的新墨西哥州和犹他州,向道格拉斯展示了组建准州的更好的、争议更少的方式,那就是人民主权原则,"作为我们的共和制度建立基础的伟大的自治基本原则"。道格拉斯指出,将密苏里妥协案搁置一旁,让人民主权成为在路易斯安那购买地构建准州的原则,那么国会中的南方人将会支持大平原上准州的组建而不会感到蒙受羞辱,同时,国会中的北方人很可能会觉得在那里奴隶制将永远不会变成现实的制度。实际上,将密苏里妥协案搁置一旁,让人民主权像它现在在墨西哥割让的领土上那样控制路易斯安那购买地,国会和民主党都将永远不必再因奴隶制的纠纷而争斗不休,因为国会将把对奴隶制未来的决定权交给准州的人民。

道格拉斯向肯塔基参议员阿奇博尔德·狄克逊承认,篡改密苏里妥协案确实可能会"掀起轩然大波"。35年的时间已经使人们产生了密苏里妥协案将永远存在下去的感觉,特别对北方人而言,它一直是奴隶制和自由摩擦产生的协定,奴隶制得以存在但是处于从属地位。但是道格拉斯认为,值得与这场风暴放手一搏。"兼并加利福尼亚和新墨西哥之后,奴隶制的焦虑不安……产生了不利的影响,因为公众的注意力从我们原来的路易斯安那购买地转移,把所有的希望和渴求集中于我们新得到的土地上,"道格拉斯解释道。人民主权把"1850年妥协案建立的原则"拓展至原有的路易斯安那购买地,"只要奴隶制问题存在",它将向波涛汹涌的水中倾注泥土,并使得西部的开发得以进行。

1853年末,当堪萨斯和普拉特河沿岸的定居点派代表团到华盛顿,请求国会在被他们称为内布拉斯加的广阔地区组建准州的时候,这个问题被直接带到了身为参议院准州委员会主席的道格拉斯面前。道格拉斯早在1844年就提出了组建内布拉斯加的议案,1853年,众议院根据原有的密苏里妥协案组建内布拉斯加准州的新的议案被提交众议院,由于南部议员的坚决反对而未能获得通过。道格拉斯吸取了上次的教训,策划了一个新的内布拉斯加法案,并于1854年1月提交参议院。该法案的最终版本将幅员广阔的内布拉斯加分为堪萨斯和内布拉斯加两个独立的准州,并宣布密苏里妥协案无效,让"那里的人民以自己的方式完全自由地组成和管理他们自己的机构,只服从美国宪法"。

道格拉斯很快发现他对堪萨斯—内布拉斯加法案可能产生"轩然大波"的判断是正确的。北方人谴责人民主权是拆除密苏里妥协案所构筑的篱笆,使奴隶制自由进入内布拉斯加的阴谋诡计。北部的报纸猛烈攻击道格拉斯"在奴隶制的脚下卑躬屈膝",北方的政客们吼叫道"道格拉斯有个狂妄的企图",要争取南部的支持"竞选下届总统"。来自密苏里的爱德华·贝茨等辉格党人大叫,道格拉斯抛弃密苏里妥协案是为了贿赂南部提名他竞选总统,是"彻头彻尾的拉选票的花招,而纽约的辉格党参议员(前纽约州州长)威廉·亨利·西沃德则提醒道格拉斯,他让奴隶制成为人民选择的对象,已经将奴隶制是个不能仅由多数人决定的道德问题抛在脑后。西沃德警告道格拉斯,他力图避免国会对奴隶制扩张问题展开争论的良好愿望,忽视了这样的事实,即"你如此轻蔑的奴隶制争端是保守与进步、真理与谬误、正确与错误之间永无休止的斗争"。来自俄亥俄的萨蒙·蔡斯等自由土壤派民主党人以及来自马塞诸塞的"正义"辉格党人查尔斯·萨姆纳,对道格拉斯极为恼怒,发表了一篇题为

"独立民主党人的请求"的文章,谴责堪萨斯—内布拉斯加法案是:

> 对神圣誓言的极大破坏;是对珍贵权利的罪恶背叛;是将来自欧洲旧世界的外来移民和我们各州的自由劳动力排除在这片广阔的未开发地区之外的丑恶阴谋的组成部分,将其变成了可恶的专制体制。同胞们,我们恳求你们拿出地图,看一看这个没有根据、不计后果的法案要向奴隶制开放的是怎样的土地。

一股"蓄奴势力"——奴隶主和拥护奴隶制的政客组成的暗中阴谋集团——炮制了这个"阴谋",并且现在开始准备将整个国家"永久地置于蓄奴的专制体制的束缚之下"。

但是道格拉斯"没有被北部的辉格党人和废奴主义者的暴力和侮辱吓倒"。他得到了富兰克林·皮尔斯总统的支持,而皮尔斯能够以政党纪律的力量影响国会民主党的多数派,因此堪萨斯—内布拉斯加法案以微弱的优势分别于 3 月和 5 月在参议院和众议院通过。"这场风暴将很快平息",道格拉斯向佐治亚参议员豪厄尔·科布保证,"北方人民在理解之后会支持这个法案。"

事实上,道格拉斯很清楚在北方的处境比他承认的更为艰难,国会在 1854 年 8 月休会期间,道格拉斯立即返回伊利诺斯去压制自己州对堪萨斯—内布拉斯加法案的反对。道格拉斯闷闷不乐地说道,借助一路上焚烧他的模拟像的火光,他可以在夜里从波士顿走到芝加哥。当他 9 月 1 日在芝加哥试图向一个 8000 人的人群发表演说时,两个小时的嘘声最终迫使他闭上了嘴。但是道格拉斯是个斗士,这个秋天他必须在伊利诺斯战斗。由民主党人詹姆斯·希尔兹把持的另一个参议院席位要到期重选,为确保希尔兹连任,道格拉斯必须使拥护堪萨斯—内布拉斯加法案的民主党人入选州议会。但是道格拉斯的说服力是无与伦比的,民主党非凡的内部纪律的高压也是不可战胜的;到了 10 月初,道格拉斯去斯普林菲尔德参加伊利诺斯州博览会,在州议会的众议员大厅发表讲话,此刻,反对的嘘声已经被对道格拉斯维护"美国所有团体的自治权利"的欢呼声压倒,道格拉斯终于在他的家乡看到了政治上的理解。

但是只要力所能及,林肯不会让这种事情发生。"1854 年,工作几乎完全取代了他对政治的关注,"林肯几年之后写道,"此时,密苏里妥协案的废除使他受到了前所未有的刺激。"这并非夸大其词,虽然与之相关的原因比听起来更为复杂。从实际的角度看,堪萨斯—内布拉斯加法案引起的骚动为林肯这样的伊利诺斯辉格党人提供了将伊利诺斯民主党人从内部分化为拥护和反对堪萨斯—内布拉斯加法案两个派别的宝贵时机，如果能够得到反对堪萨斯—内布拉斯加法案的民主党人的支持，辉格党人就可以在政治上从中渔利。由于辉格党人从未在州议会获得稳固的多数席位，也由于理查德·耶茨在那年秋天第七国会选区寻求连任的选举中岌岌可危，这对林肯重返伊利诺斯辉格党政治前沿是个不错的时机。

林肯也把堪萨斯—内布拉斯加法案造成的混乱局面视为个人发展的良机。"林肯看到了他的机会和道格拉斯垮台的可能"，赫恩登写道。议会中民主党多数派的分裂可能转化为詹姆斯·希尔兹支持者的分裂，这意味着在新的一届议会2月份开会时，辉格党候选人有望赢得伊利诺斯在美国参议院任期较短的那个席位。所以，虽然林肯在第七选区极力为理查德·耶茨摇旗呐喊，他也在选区之外积极活动，这样他的名字再一次出现在了辉格党州众议院的选票上。

但是刺激林肯的不只是堪萨斯—内布拉斯加法案带来的泡沫般的机会。整个法案——从人民主权的确立到密苏里妥协案的废止——使林肯对奴隶制现状的自鸣得意遭受重击，这也是辉格党人的普遍心态。他一直将奴隶制看做共和国的污点，但是北方人和南方人都以维护联邦统一为由任由这个污点存在，只要奴隶制被限制在现有的界限内，这个污点将会自行痊愈。然而，林肯认为，密苏里妥协案的废除彻底颠覆了奴隶制不会向准州扩张的旧观念——甚至打碎了每个人都认为奴隶制是个严重的问题这个假象——使联邦将为奴隶制的扩张（不是限制）付出新的代价。最让他恼怒的是，奴隶制的扩张是在道格拉斯的"人民主权"这个民主的选择的谎言之下进行的。在9月份他写给《伊利诺斯州日报》的一篇社论中，林肯将堪萨斯—内布拉斯加法案比作：

一块上好的草地，里面有绝妙的天然泉水，用篱笆围住，约翰·卡尔霍恩承认这块地为亚伯拉罕（土地原来的所有者）所有……约翰·卡尔霍恩后来对林肯的草地垂涎欲滴，就去把篱笆拆掉，让草地暴露在他那饿慌了的牲口面前。"你这个无赖，"林肯说，"你干的好事！你这是为了什么？""啊，"卡尔霍恩回答，"一切正常。我拆掉了你的篱笆，仅此而已。我的真正目的不是把我的牲口赶进你的草地，也不是把它们从草地上赶走，而是让它们完全自由地形成它们自己的进食观念，按照它们自己的方式指导它们的行动！"

一旦人民主权使得奴隶制在西部建立起来，种植园制度将有可能遍布大平原，更糟糕的是，奴隶劳工可能会出现在小规模的制造业和商品农业中。这不仅将西部变成了民主党的大本营，而且会减少北部中产阶级和劳动阶层在西部找到新的经济机会的可能，将自由劳动力禁锢于现有的"自由"州，并遏制了"自我改善"的希望。

全国上下对如何最好地利用这些准州十分关注。我们想让它们成为自由白人的家园。如果奴隶制在这些准州扎根，此种设想就难以实现。蓄奴州是贫穷的白人迁出的地方；而不是迁入的地方。新的自由州是穷人要去的地方，在那里他们的境遇将得到改善。

最糟糕的是，"人民主权"可能会成为破坏北部自由州法令的新论据的基础，使奴隶劳动这种劳动制度出现在美国各地，既包括种植棉花的南部也包括实行工业资本主义的北部。"我们必须遵守宪法的妥协案，"林肯承认，"让奴隶制进行扩张，与白人劳工竞争并降低他们的价值，公理何在？"

堪萨斯—内布拉斯加法案使得奴隶制可能出现在美国各地，奴隶们会在北部抬起齿轮，在西部收获谷物，在南部采摘棉花。这种可能性是对林肯以下信念和誓言的嘲讽，即自由市场将使自由劳动力得到可靠的保障，物质进步将一直推动"思想的解放"，拥有无限向上发展权利的北部工厂的工人能够和工厂的所有者一样享受一种"利益的和谐"。"这件事情正在像野火一样在各地蔓延，"林肯发出了警告，"几年之后，我们将愿意在伊利诺斯接受这种制度，整个国家也将如此。"这样，在1854年夏天，林肯的政治方案再次出现波动，不再包括银行、改善交通和公共土地分配等辉格党惯常的行动纲领。现在，奴隶制成为他最重要的主题，林肯第一次开始拟定完全针对此问题的演讲。

由于奴隶制现在取代了过去他的辉格党传统观念中重视农业的杰克逊派的恶魔似的角色，他对奴隶制的整个处理方式发生了转变。奴隶制不再只是白人能够拿来开玩笑、或者当做行将就木的老古董打发掉的令人难堪的事情。在林肯看来，它现在成了道义上的冒犯，道德上的犯罪，这种道德使经济流动的观念战胜了他自己的农业"奴隶"出身，认为奴隶制是令人难以想象的倒退，从此以后亚伯拉罕·林肯开始认为黑人也是人，一个和他一样有着辉格精神、会逃跑、会成功的人。

第五章

道德原则让我们团结在一起

1854 年秋天的多数时间里,林肯实际上没有从事律师工作,几乎完全投身于在第七选区为理查德·耶茨助选和他自己与詹姆斯·希尔兹竞选州议员的角逐之中,这充分说明了堪萨斯—内布拉斯加法案在何种程度上"激励了"林肯。但是从他为自己和他人所作的冗长的系列竞选演说中可以发现,对林肯而言希尔兹不足挂齿。虽然希尔兹在国会对堪萨斯—内布拉斯加法案的支持冒犯了林肯,林肯真正的政治对手是希尔兹背后的斯蒂芬·道格拉斯,阻止希尔兹连任的主要目的是打击道格拉斯的政治地位。

林肯在 1854 年所作的演讲只有四篇较完整地流传下来（其中的三篇仅仅是因为速记记者为当地报纸提供稿件记录下来才得以幸存）,但是那年夏天和秋天林肯每次竞选公开露面的记录都有着同样的基调。他以国父们一直反对奴隶制开篇:他们禁止奴隶制向原有的西北领地扩张,希望西部成为"遍布数百万自由富足的白人的幸福家园,没有奴隶掺杂其中。他们无法避免奴隶制已经存在于联邦南部诸州这个令人生厌的事实,但是他们并不认为奴隶制的存在乃理所当然,而是为了建立全国范围的联邦才容忍它继续下去,"其必要性需要讨论"。即使是密苏里在 1820 年以蓄奴州的身份加入联邦,也只是个让步;实际上密苏里妥协线明确地限制奴隶制向西部扩张。1850 年妥协案也只是那个交易的继续。"我们从来没有打算破坏原来的密苏里妥协线。"

然而现在堪萨斯—内布拉斯加法案已经将此打破,废止了密苏里妥协案,使"堪萨斯和内布拉斯加准州……像密西西比或阿肯色还是准州时一样向奴隶制敞开大门"。道格拉斯为此辩护的似是而非的借口是人民主权原则,似乎拓居准州的人若没有让准州变为蓄奴州的机会便"无法过活"。但是堪萨斯—内布拉斯加法案背后的真实动因是"蓄奴势力"的私利。蓄奴者"得到他们要求的所有东西,妥协线以南的所有地区已经拨给了奴隶制；他们已得到并且吃掉了他们的面包的一半；但另一半还没有被吃掉……蓄奴势力试图将其抢走"。自成立之始维系联邦的交易现在被弃置一旁，"此时用尽交易份额的一方要求废除妥协案，重新分配财产"。

林肯马上驳斥了道格拉斯所说的堪萨斯和内布拉斯加的气候和土壤永远不适合奴隶制，"因此对此不必在意"的观点。这是"缓兵之计"，林肯轻蔑地哼道，是"催眠曲"。密苏里正位于内布拉斯加的普拉特河地区的旁侧，"奴隶制不失时机马上挺进，直抵边界之端……如果获准，它不会进入堪萨斯和内布拉斯加吗？为什么不？什么能够阻止"？

然而，他对道格拉斯对堪萨斯—内布拉斯加法案的另一辩解采取了迥然相异的应对方式。道格拉斯指出，应该在准州给奴隶制机会，因为这是自由拓居者在选择自己的政府类型时行使他们的人民主权的权利。"自治原则是正确的——绝对正确而且永远正确，"林肯承认，"但是用在这里并不恰当。"实际上，允许选择奴隶制导致了人民主权对自治原则的颠覆。林肯问道，黑人奴隶是人，和白人农民是人一样："说他不能同样实行自治，"奴隶制不是"把自治彻底破坏了吗？白人自己管自己是自治，但是，如果他管自己又管别人，这就不止是自治——这是专制"。这样人民主权成了结束某些人自由的工具。一种可能的回应是，奴隶根本不是人，"既然你不反对我把我的猪带到内布拉斯加，所以我也一定不反对你把你的奴隶带进去"。但事实是没有人相信这些。否则，为何南方人同意禁止非洲奴隶贸易，从事这种贸易的人要判处死刑？"这不过是把野黑人从非洲运来卖给那些愿意买的人罢了。可是你们从来没有想到把捕捉和出卖野马、野牛或野熊的人绞死。"

但是林肯不仅仅称奴隶制实际上与道格拉斯所承诺捍卫的原则相冲突，他现在开始从道德的角度反对奴隶制。美利坚合众国的伟大成就是"我们主张给所有人机会；我们期望弱者变得更强大，无知者变得更聪明；所有人在一起变得更好更幸福"。如果黑人，"在这块法律上不认可、道德上谴责奴隶制的土地上，被看做是人，即使是最早踏上这块土地的人也无权借用人民主权来认定在未来永远使这里的人处于奴役状态正确与否"，对"神圣自治权利"的诉求不能超越道德。奴隶制是个错误，这个道德上的错误"我们仁慈的天父已经明示"，因为它是对指导林肯生活的自我追求和自我改善的道德观的否定。人民主权的可憎之处在于其完全把决定看成是选择的问题，"假定奴役他人在道德上是合理的"。

林肯持此言论有些奇怪，不仅是因为别人未发表过这样的观点，而且是因为

"蓄奴势力"的私利正是他所认为的人类决策的动机,不顾及道德上的告诫,诉之于人民主权,正是林肯在其他方面对人类行为的预期。但是现在,对这个不相信宗教的功利主义者而言,对奴隶制的反对不再仅仅停留在自由主义的立场上。长期以来他憎恶和蓄奴相联系的享乐主义,但此批评仅限于蓄奴者自身,与奴隶制无关。他需要以一种道德观来羞辱人民主权对私利的诉求——这不是关于责任的冷漠的道德观,而是关于自然法则、甚至是自然神学的道德观。这样,林肯第一次不是从动机的角度,而是联系某种自然道德,开始讲奴隶制造成的破坏。"几乎每个人对哪些是错误的行为都有自己的看法,"林肯评论道,即使是"辛辛苦苦把面包屑拖到窝里的蚂蚁也会激烈地保护自己的劳动果实,抵抗任何攻击它的强盗";与之类似,夺走了奴隶的劳动果实的奴隶制,也会激起劳动者同样的愤怒。这"非常显而易见,为主人辛苦劳作的奴隶中,即使是最沉默寡言愚笨至极者,也一定知道他受到了不公正的待遇。"他甚至以詹姆斯·史密斯的护教学的风格,利用上了自然神学。"我想如果自然神学能够证明什么,那就是奴隶制在道德上是错误的。"就像道格拉斯曾揭露的林肯自由主义的阴暗面,"认为除了私利之外没有其他的正确的行动原则,"在这次努力中,尽全力说明事情的真相,自由主义并不仅有单一的真理观或是有效的原则。林肯的斗争现在是所有辉格党自由主义者最后的斗争,其目的是寻找对失控的权利的某种道德上的限制,但同时不能后退到原来杰斐逊党人那种受到严格限制的社会。

然而,这并不意味着他失去了必然性仍旧统治着政治事务的坚定信念。他没有向南部蓄奴者宣战,正是因为必然性已经将他们定格。"南部蓄奴者不比北部的我们更好或更差……北部的我们不比他们更好。如果我们处于他们的境地,我们的行动和感受会和他们一样;如果他们处于我们的境地,他们的行动和感受也会和我们一样。"国父们也屈从于必然性,在奴隶制拥有合法地位的州认可其存在,他无意变成一个彻底的废奴主义者,干预南部的奴隶制。"南部原本就有奴隶制,他也会忠实地容忍它的存在。"

实际上,林肯远非废奴主义者,他对如果奴隶制被废除如何处理南部的奴隶并没有好的想法。"我最初的冲动是解放所有的奴隶,然后把他们送到利比亚,——到他们的故乡。"但是这明显不切实际,"突然实行是不可能的"。目前他当然不打算"解放他们,让他们在政治和社会上和我们平等",黑人奴隶可能有和白人一样的"自然权利",但是这并不意味着他应该在美国政治制度中得到公民权方面或政治上的平等。"我在感情上不愿意承认这种平等;即使我愿意,我们很清楚那些广大的

1858年的林肯

白人群众不会愿意。"所以，"既然在联邦成立之时奴隶制就存在于蓄奴州,他对此无能为力。"

但是"容忍奴隶制的存在,与保护蓄奴者宪法赋予的权利并将奴隶制拓展至一个已经是自由的、未被奴隶制玷污的准州,存有巨大的差异"。堪萨斯—内布拉斯加法案推翻的不仅是密苏里妥协案，还有国民所设想的"必然性"迫使美利坚合众国勉强"容忍"奴隶制这种罪恶，这等于公开声明美国人对奴隶制任意在北美大陆自由发展毫不在意。"我痛恨奴隶制是因为它使我们的共和国丧失了对世界正义的影响——使得自由制度的敌人有理由嘲笑我们是伪君子——导致真正热爱自由的朋友怀疑我们的真诚。"那么,解决的办法是或者由国会立即废止堪萨斯—内布拉斯加法案,或者根据"公众意见"的要求"恢复妥协案"。

林肯在 1854 年竞选活动中,把这些主题带到了温切斯特、卡罗尔顿、杰克逊维尔、厄巴纳、布鲁明顿、皮奥里亚、昆西,甚至芝加哥(10 月 27 日)。但是他在斯普林菲尔德给人留下的印象最深,道格拉斯 10 月 3 日到了那里借州博览会之机向聚集的人群宣传堪萨斯—内布拉斯加法案并支持该法案的民主党候选人。恶劣的天气迫使道格拉斯留在室内,有 2500 人塞满了州议会会堂以"大声的欢呼"迎接"小巨人"。其中的一员没有欢呼,就是林肯。"我将毫不费力地回应这个演讲,"林肯对斯普林菲尔德的银行家约翰·邦恩讲,"我能说明他所说的事实不是事实,驳倒他的观点。"在州议会会堂的台阶上,林肯宣布他或另一个反对堪萨斯—内布拉斯加法案的民主党人莱曼·特朗布尔将在第二天下午对道格拉斯作出回应。他不会把这么好的机会让给特朗布尔,所以是林肯在第二天两点站在了讲台上,在三个小时的时间里他沉重打击了道格拉斯,这是"他一生中""最具才华和有效的"演讲之一。

林肯面对的最困难的问题是人民主权表面上的自然性,人民有权为自己和他们的财产按他们喜欢的方式制定规则。这通常是正确的,林肯解释道,因为没有人想要干预任何州或是准州限制猪和马的流动,如果"蓄奴者有和自由人带着自己的猪或马同样的权利把他的黑人奴隶带入堪萨斯",在奴隶制问题上人民主权也是正确的。但是"黑人……是猪和马同等意义上的财产吗"？林肯回答道:"很明显并非如此。"黑人有"头脑、感情、精神、家庭温情、希望、快乐、悲伤——这些使他们超过了猪或

149

马"，所以他们的命运和其他人一样不是"人民主权"应讨论的对象。相反，奴隶制自身，不仅仅是其在南部以外的扩张，"从抽象的角度看，普遍引起了自然法则的公然愤怒"。因此，其结果将是奴隶制以自治之名自由进入准州，而不是自治得到维护。而且，在世界面前，这将自治原则扔进了自治的阴影之中，因为在此事件中自治原则的主要后果不是自由的扩张，而是对自由的破坏。将奴隶制隐藏在多数人的意愿之后，美国人——

正在从我们先辈崇高的共和信仰堕落，摒弃这个原则并以我们政府的最高法令宣称我们不再在自由和奴隶制之间作出选择——我们视二者为同等之物——我们愿意让我们的准州在两者中作出选择！这是不光彩的教材。我们助长了人类奴隶制的扩张，同时宣称自己是人类自由的唯一的朋友，这等于在世界面前宣布自己是政治上的伪君子。

然而，虽然奴隶制是不道德的政策，虽然它令人困窘，解决奴隶制最好的答案是限制而不是废除。10月16日晚，在道格拉斯皮奥里亚的竞选演说之后，林肯进行了一场火炬演说，声明他无意干涉已获宪法承认的蓄奴州的奴隶制。"我希望在现有的制度和奴隶制的扩张之间进行区分，并且保持这种区别，这种区别如此广泛明晰，诚实的人"不会将其混淆。他在很多方面甚至不反对人民主权。但是"我要强调的是，没有人好到这个地步，能够不得到另一个人的同意就统治那个人。我认为这是一个主要原则，是美国共和主义最后的靠山"，"奴隶主和奴隶的关系是对这个原则的破坏"。

这是他最伟大的言论（不到10年之后）的先声，林肯告诉皮奥里亚的听众，"大约80年前，我们宣布人人生而平等；但是现在我们已经从那个开端堕落至宣称某些人对他人的奴役是'神圣的自治权'。现在应做的不是助长奴隶制，而是承认奴隶制正在"致命地破坏世上迄今所见的最神圣的政治制度"。

我们的共和长袍已经染污，在灰尘中拖曳。让我们来重新把它洗干净。让我们即使不是以美国革命的鲜血，也要以美国革命的精神把它洗得洁白。让我们使奴隶制从它自称的"道德权利"回到它现有的法律权利和"必然性"的论据上来。让我们使奴隶制回到我们的先辈给它规定的地位；让它乖乖地待在那里。让我们重新采纳《独立宣言》以及与《独立宣言》相一致的方针政策。

两天之后，林肯在《伊利诺斯州日报》的社论中发出了另一个伟大演讲的先声，他预言，对道格拉斯之流的鼓励就是对奴隶制的让步，将来美国只能成为"奴隶的国家或是自由人的国度"。

可是当时还是民主党的天下。林肯赢得了议会的席位，但是理查德·耶茨和其他的辉格党议会候选人惨败给了民主党候选人。然而，获胜的民主党人大多是堪萨斯—内布拉斯加法案的反对者，在州议会尤其如此，甚至在最后的选票还在计数的时候，林肯希望能够说服由辉格党人和反对堪萨斯—内布拉斯加法案的民主党人在议会组成的联盟放弃希尔兹，选他本人做美国的参议员。"根据他在州内的地位和在竞选中的巨大贡献，大家的共识是如果……反对堪萨斯—内布拉斯加法案的人控制了议会，林肯先生将取代希尔兹将军，"伊莱休·沃什伯恩回忆道，"我知道这也是他自己所期望的。"可能早在 8 月份他已经进行了计划，选举一结束，他便辞去了在议会的新席位（伊利诺斯法律禁止在任议员做美国参议员的候选人），开始竭力游说辉格党同事和心存不满的反对堪萨斯—内布拉斯加法案的民主党人，他知道可以说服这些人不给希尔兹投票。

实际上，林肯本可以组成只差三票便可占多数的联盟，领先于希尔兹（有 41 人承诺选他）和莱曼·特朗布尔（他有 5 票）。"我想我比其他任何人获得了更多的承诺"，他在 2 月 6 日给沃什伯恩的信中满怀希望地写道。但是当 2 月 8 日议会开始投票时，道格拉斯派撤掉了希尔兹，代之以受欢迎的民主党州长乔尔·马特森作为拥护堪萨斯—内布拉斯加法案的民主党候选人。林肯的追随者陡然降至可怜的 15 人。林肯不会允许道格拉斯派得逞，他痛苦地放下了自己的剑，建议他的追随者"放弃我，投票给"莱曼·特朗布尔。林肯的分析是，特朗布尔这样的反对堪萨斯—内布拉斯加法案的民主党人要好于一个道格拉斯派，尽管他也一定想过最好不要让民主党人当选。他公开安慰"对他表示同情的朋友""这没什么……我认为这个事件的原因在于人"。在林肯自己看来，他被抛弃的经历再次重演（像他和约瑟夫·吉莱斯皮所说的），"在他朋友们的房子里受到了伤害"。在选举后招待会的晚上，林肯大度地祝贺特朗布尔；但是玛丽·林肯以后再也没有和茱莉亚·特朗布尔讲过一句话。

莱曼·特朗布尔

　　1854 年竞选的这些演说不仅勾勒出了林肯随后 8 年的政治纲领,也标志着他的政治词汇中增加了新的不同寻常的内容。尽管林肯常常根据需要找出常见的《圣经》典故(甚至在竞选参议员失败后对吉莱斯皮苦涩的谈话也引用了小先知的话),那些引用现在发生了令人吃惊的富于启示性的转变,仿佛他的意向和政治跃向了具有预兆性的新层次。堪萨斯—内布拉斯加法案是"共和国早期信仰的可悲堕落",没有"拯救的意味";奴隶制扩张从本质上是错误的,"他从心里觉得它是错误的,他将一直这样讲"它是错的;阻止奴隶制将拯救联邦,所以像圣母玛丽亚那样,"全世界数百万自由的快乐的人们将起来向我们致敬"。尤其是以牺牲来洗净自由的共和长袍的看法与流传千年的圣约翰启示录中烈士们的象征惊人地相似,他们的白袍"在耶稣的血中"洗白。这也是典型的审判而非和解的形象;即使在暗示中,林肯也无法去除上帝是要求清洗苦难和血的最高审判者的观念。"奴隶制并没有和平消失的希望",他在 1855 年 8 月给乔治·罗伯逊的信中悲观地写道:"现在我们的政治难题是,'作为一个国家,我们能继续一半奴隶一半自由永远并存下去吗?'"

　　同样令人吃惊的是《独立宣言》在林肯的讨论中作为主要的论据突然出现。在 1854 年之前的演讲中,林肯只有两次公开引用了《独立宣言》,一次是在 1838 年青年学会的演说,一次是在 1852 年致亨利·克莱的悼词。但是并非出于一个辉格党人利益的需要。当然,《独立宣言》出自托马斯·杰斐逊之手,在 18 世纪八九十年代是杰斐逊政党的象征之一。但即使在杰斐逊 1826 年逝世之前,《独立宣言》逐渐成为令民主党、特别是南部的民主党困窘之事。当南部越来越依赖于棉花种植业,民主党越来越依靠南部的势力获得领导权和财政上的支持,许多民主党人开始不再理会《独立宣言》。约翰·C.卡尔霍恩认为,1776 年之后《独立宣言》对美国不再重要:它只是"在名义上作出的……宣言,各殖民地人民权力在国会的代表,宣布它们成为——'自由和独立的州',在"将这些单独的组织合并为一个国家"方面没有发挥作用"。尤其让卡尔霍恩气恼的是《独立宣言》中"平等"的字句——"所有人生而平等",他认为应该意识到"承认这样一个大的错误在我们的《独立宣言》中占有一席之地的危险性",特别是因为它暗示了"南部黑人从属于白人种族是完全错误的观点;说明……前者虽然根本没有资格拥有自由……但是被完全授予了自由和平等的权利……"

　　将《独立宣言》融入政治策略中的是辉格党人,而不是杰克逊党人,他们便利地以辉格党的方式称赞它创立了一个单一统一的国家,而不是卡尔霍恩在宪法中发现的由各州组成的同盟。《独立宣言》中对辉格党人最具吸引力的莫过于充满争议的

"平等"字句,因为在辉格党的字典里平等马上被解释为经济机会主义,这样,《独立宣言》是对辉格党政治纲领的认同。"我们一定要宣扬《独立宣言》的伟大真理,所有人生而平等,"亲辉格党的克利夫兰《先驱报》在19世纪50年代宣称,这样做意味着"我们一定要建设从大西洋到太平洋的铁路,建起学校和教堂——我们一定要教育所有的人"。堪萨斯—内布拉斯加法案使得辉格党人更多地求助于《独立宣言》。理查德·耶茨在1854年竞选中对堪萨斯—内布拉斯加法案的批评是它与"美国《独立宣言》的精神"相冲突。

对林肯而言,开始求助于《独立宣言》采用的是现成的辉格党策略。"我喜欢那些先辈的观点",林肯宣称,他在皮奥里亚的演说中谈得最多的是"我们的《独立宣言》"和其中关于平等的字句。"《独立宣言》声称,'所有人生而平等'",林肯在斯普林菲尔德的演讲中宣布,这意味着"指导我们政府的信条是普遍的自由"。最强烈反对奴隶制进入准州的正是"《独立宣言》的作者",他们起草了"在新的准州禁止奴隶制的政策……因此,远在宪法之前,在美国革命的清新环境之中美国国会就将这一政策付诸实践"。

林肯认为《独立宣言》这个文件不仅超越了对民主党人至关重要的州权,甚至超出了国界。《独立宣言》,"建立了自由社会的公认准则,是所有人都熟悉的,被所有人尊敬"。林肯指出,阅读宪法的移民们看到的只是外国的规则;但当他们读到《独立宣言》时,发现的则是超越语言、地域或以前的国籍的思想和原则,这些思想和原则将美国人团结在一起,追求生活、自由和幸福。"我们人口的一半……来自欧洲——德国、爱尔兰、法国和斯堪的纳维亚半岛",林肯在1858年评论道,在起草宪法或各州的权利时,这些人没有个人恩怨或者祖辈的利害关系。"但是他们通过《独立宣言》",林肯认为,发现了超越于出生地的原则,不管他们生于另一个国家还是联邦其他的州。"他们读到了先人所说的'我们认为这些真理不言自明,人人生而平等'时感到那个时代的道德训诫明确了他们和那些先人的联系……他们有权得到平等,就像他们是《独立宣言》撰写者的至亲。"

林肯也将《独立宣言》解读为对辉格党经济扩张这一重要需求的推动。任何有价值的平等观念的基础是经济上的"进步",这种权利是林肯首先在《独立宣言》中发现的。"它给人以希望,在适当的时刻所有人肩上的重担将被解除,所有人应该有平等的机会。这是《独立宣言》所表达的思想。"林肯用民主党领袖的话语给他们的尾巴打结并非为了取笑的目的。"那些所谓的(杰斐逊)传人几乎不再提他的名字",所以只要他把杰斐逊限定于《独立宣言》,特别是他对《独立宣言》所作的辉格党人的解读,他很愿意做一个将"所有荣誉让给杰斐逊"的辉格党人。

他没有试图声称杰斐逊指的是"所有人得到的东西或社会地位是平等的"。每个社会给予其成员的国民权利或社会权利各不相同,一些社会可能会正确地或错误地限制一些集团的国民或社会权利。林肯认为,在一个以白人为主体的社会里,黑人必须忍受下等国民或社会权利的法律规定,这可能成为美国生活的永久特征,此种可能性促使林肯建议以渐进的解放和殖民而不是废除奴隶制作为解决此问题的最终方式。但是"任何一个理智的人不会否认非洲人在他自己土地上拥有所有的自然权利",这种自然权利是《独立宣言》"承诺给所有人类"的。即便是在美国的土地上,非洲人必须忍受被减少的社会或国民权利,杰斐逊在《独立宣言》中确立的自然权利也不能被剥夺。

然而,林肯对《独立宣言》的运用比辉格党传统的政治文本更为深刻。在他从中寻找谴责奴隶制扩张的道德理论的过程中,《独立宣言》开始发挥了类似《圣经》的作用,而国父们则扮演着创造林肯1838年所称的"公民宗教"中政治先祖的角色。正如《旧约》的箴言,"忠言逆耳"。《独立宣言》所称的所有人生而平等,就是赋予其以自然法的力量,甚至更多。"对我们而言,将奴隶看成人很自然;是人,不是财产",因此"《独立宣言》所说的一些事情适用于我们,也适用于他们"。这样,对黑人的奴役背离了建国者的神圣文件,背离了自由,迈向了奴役每个人。"那么我们会对自由的普遍性或是我们的先辈阐述的那些神圣原则的有效性产生绝望——我们将放弃对永恒的信仰并任由奴隶制无限制的扩张。"

然而这不同于奋兴运动革新派狂热的道德主义。林肯没有像急进改革的废奴主义者那样提出撕毁宪法,似乎宪法是对《独立宣言》的破坏。威廉·加里森震惊于保护追逐并重新捕获北部的逃奴的联邦法律,他攻击宪法,认为宪法支持邪恶。1844年他在《解放者》上指出,建国者设计的是"国家的有色人口付出代价的联邦",因此废奴主义者的选择是"宣告契约终止,不再为之效劳"。但林肯认为,任何将宪法置之一旁的做法将导致所有人以最快的速度丧失自由。林肯强调指出,宪法是对《独立宣言》所承诺的自由的具体体现,并不与之相矛盾,因此其基本大意必然是反对奴隶制。1787年制定的宪法和依照宪法创立的联邦,"是金苹果旁边的银色画框"。"画框不是用来掩盖或是破坏苹果;而是用来装饰它,保护它",但这并不意味着银框可以任意处理。要"永远忠于自由、联邦和宪法",林肯提醒道,"忠于自由,应根据原则而非私利——不是为了特殊的阶层,而是为了所有人,忠于联邦和宪法,这是推动自由的最佳方式。"

林肯这样没有宪法理论,并非因为他对理论不感兴趣,而是因为他相信,在宪法文本和建国者的历史语境中,可以轻易发现建国者原本的意图。如果像加里森痛苦地描述的那样,《独立宣言》的精神和宪法许可的实践相互矛盾,这只是愿望和现实之间的矛盾。林肯解释道,这和要求《圣经》的训谕"和你的天父一样完美"并无区别。

我认为,救世主没有指望任何人能够和天父一样完美;但是……他将此设为标准,最努力达到此标准者获得了最高程度的道德完善。所以我说关于所有人生而平等的原则问题上,我们尽力去达到……让我们把这个政府回到宪法制定者最初规定的轨道上。

在完美和政治这两个问题上,愿望是现实和理想的未来之间真正的连接点。绕过宪法来推进《独立宣言》的理想,即使"在政治上是有利的、在道德上是正确的",也将是对"宪法或法律全部基础"的放弃,开启了"不受限制的专制主义"之门。林肯在1848年甚至批评修改宪法的建议为导致毁灭的错误。

我们不应该为了一些微不足道的事情去触动它。最好还是不要跨出第一步,否则就会养成总想修改宪法的习惯。最好还是使自己习惯于把宪法看做是不可改变的。要把它改得比现在更好简直是不可能的。新的条文会带来新的困难,从而引起并增强进一步修改的欲望。不,先生,让宪法保持现状吧。新手无从下手,制定它的人已经完成了他们的任务,离我们而去了。谁来改进他们所做的工作?

尽管宪法在一定程度上在法律上认可了奴隶制,这只是由于在1787年面对的是做出那些让步来赢得一部全国性的宪法、还是堕入全国范围的无政府状态和混乱之间的选择;也因为做出那些让步的制定者们期待的是奴隶制逐渐自行消亡。"你如果研究了关于宪法的辩论和国会第一次会议,你会发现没有一个人说奴隶制是件好事",林肯写道,"他们都相信奴隶制是一种罪恶。"

和许多反对奴隶制的北方人不同,林肯没有要求终止1850年逃奴法那些可憎的条文,因为尽管他憎恶该法案的实施,它保证了南部处于宪法的控制之下。"我没有对宪法的任何部分发起攻击或进行斗争，"林肯宣称，"我一直认可南方人捕获他们的逃奴的合法权利。我一直反对国会干预这些州制度的合法权利。"但是认为宪法因此应给予奴隶制在新的地区发展，并以道格拉斯的观点为掩护成长为奴隶制新的版图，实际上是对宪法宗旨的否定，道格拉斯认为宪法对人们在新的疆土上的所作所为没有作出道德上的判断。就像他曾请求道格拉斯的追随者们"抛弃这些东西，来拯救平等的伟大原则"，他还进一步讲道，"不要干预宪法的任何事情。必须维持宪法，因为它是对我们自由的唯一保障。"

林肯不能想当然地以为所有的辉格党人以同样的方式解读杰斐逊，他们没有这样做。在选举方面，辉格党一直没有在大选中获得显著的胜利，那些选举时刻的失败使他们永远无法得到可用来分配的官职来奖励忠诚者或惩罚背叛者；事实上，他们急切地与杰克逊党人严格的政党纪律保持距离，自杀性地宣布对严格控制政党的厌恶；其根据是政治上的和谐（像经济上的"利益和谐"那样）应自然产生于共同拥有的文化，并对以拟定总统内阁作为党派团结的良机嗤之以鼻。这种寄望于政治私利的做法所产生的后果是，当像奴隶制这样的有重大分歧的问题出现时，辉格党人没有一个全国性的领袖，没有统一的政治行动，以使北部反对奴隶制的辉格党人和南部拥护奴隶制的辉格党人的政治立场达成一致。

当然，民主党中的自由土壤派1848年的叛离已经证实，民主党人也必须面对同样的分歧。但是，民主党人有更好的组织，更遵守党派的纪律，对忠于民主党的人有更多的奖赏。而辉格党人甚至在1850年妥协案实施之前便开始分崩离析。第三十一届国会上辉格党的高层会议拒绝批准该妥协案，甚至置来日无多的亨利·克莱的恳求于不顾；辉格党在纽约、俄亥俄和宾夕法尼亚等州的会议上以令人难堪的票差否决了该妥协案；1852年辉格党提名温菲尔德·斯科特为总统候选人的全国代表大会上，经过53轮投票才选定斯科特，主要是因为大会无法就妥协案问题达成一致——运气欠佳的斯科特后来在接受提名的信中十分小心，对妥协案只字不提。

堪萨斯—内布拉斯加法案只是使情况变得更糟，因为它事实上废除了辉格党人视为"神圣的协定"和他们具有历史性贡献的妥协案。"先生，当你通过这个法案的时候，你推翻的不仅是密苏里妥协案，还有1850年的调解和1852年辉格党巴尔的摩政纲"，康涅狄格的参议员杜鲁门·史密斯警告道，"你将辉格党彻底摧毁，变成万个微粒。辉格党不可能再举行全国代表大会。"

史密斯所讲的一些"微粒"加入了美国党，这个排外主义小党组建于1850年，主张对移民和移民入籍加以限制，以此阻遏19世纪40年代以前所未有的速率涌入美国的欧洲移民潮带来的政治影响，与辉格党民族主义的阴暗面相契合。美国党最初仅是纽约市的一个秘密社团，在四年的时间内迅速发展成为全国性组织，其别名"一无所知党"广为人知（在该党最初的加入仪式上宣誓他们以"我什么也不知道"来回答对该党秘密的询问）。当辉格党越来越陷入政治上的停顿中时，他们致力于在政治上排挤天主教移民的做法吸引了辉格党革新派的加入。

至少对北部的辉格党人而言，在州一级与同样心怀不满的北部民主党人进行"联合"是另一条出路。"联合论者"希望以反对堪萨斯—内布拉斯加法案和奴隶制在准州的扩张作为联合政治行动的基础。但是，联合对辉格党人来说是个有风险的策略，因为联合论者将马上与全国性政党脱离关系，将徘徊于政治荒野之中；如若主张联合的辉格党人超出内布拉斯加问题一步，讨论关税或国内改进，主张联合的民主党人便会立刻抛弃他们，（和1848年许多自由土壤党人一样）回归老杰克逊党人的怀抱。此外，将注意力集中于堪萨斯—内布拉斯加法案的辉格党联合论者，将难以说服公众他们不是奴隶制问题上的死脑筋，废奴主义者大声叫嚷加入政党联盟并将采取主流辉格党人无法接受的做法，将使他们的处境更为艰难。

1854年秋天，当反对堪萨斯—内布拉斯加法案的怒潮处于沸点之时，辉格党人在伊利诺斯未能与反对该法案的民主党人成功结盟，充分暴露了政党联合的风险。林肯10月份在州博览会上与道格拉斯的冲突之后，强烈反对奴隶制的欧文·洛夫乔伊和伊卡博德·科丁的激情使得辉格党人和民主党都难以控制，他们号召在全州成立政党组织，"将政府置于共和轨道上"并反对"取消密苏里妥协案……以及蓄奴势力的扩张和联合。"他们希望效仿那年夏天密歇根反对堪萨斯—内布拉斯加法案的联合论者组织"共和"党的成功经验。但是废奴主义色彩浓厚的科丁和洛夫乔伊未能说服林肯或其他伊利诺斯辉格党的头面人物加入他们的组织。尽管成立了"共和党"州委员会并通过了谴责堪萨斯—内布拉斯加法案和1850年妥协案的一系列决议，林肯明确拒绝加入共和党州委员会。"我认为我对奴隶制的反对和共和党的成员一样强烈，"他在1854年11月向科丁解释，但是他不能抛弃"老辉格党，一定要继续"支持它，"直到一个更好的政党取而代之"。

1855年竞选参议员的失败迫使林肯重新审视他对政党联合的反对态度，他再次质问忠诚的情感是否使他效忠于一个失败的事业。单凭辉格党的力量不足以击败希尔兹，实际上在州议会某种形式的"联合"已经使林肯得到了他赢得的选票；他最终将那些选票让给特朗布尔这样的反对堪萨斯—内布拉斯加法案的民主党人的决定本身就是联合的姿态。林肯在 1855 年一直为这些问题所困扰，甚至当他从"政治"回到巡回法庭重拾旧业也未能从中解脱。当 1855 年 8 月洛夫乔伊力劝林肯加入伊利诺斯的"联合"运动，林肯耐心地解释道，"我比你更急切地阻止奴隶制的扩张"，但是"鉴于当前的政治氛围，我担心做错事"。当月的晚些时候，他告诉乔舒亚·斯皮德："我想我是辉格党人。"但是在他的周围"没有辉格党人了，我是个废奴主义者"的声音不绝于耳，这正是有可能玷污他的联合运动的那种激进思想。

有一件事情是"确定的"，他告诉斯皮德，他"不是一无所知党人"。"当它像野火一样四处蔓延"，林肯"在各个方面、任何地点和任何时间反对一无所知主义"，赫恩登评论道。就像林肯对洛夫乔伊所说的，"我不理解任何对黑人品行颇有微词的人怎能加入一个降低白人阶层品格的联盟"。由于林肯自己没有确定的宗教信仰，他对于信仰新教的辉格党人对"政治上浪漫主义"的焦虑并无共鸣，感到一无所知党人是对"作为一个国家，我们开始即宣称'人人生而平等'"的永久否定，甚于卡尔霍恩之流。这未能阻止一无所知党在 1854 年试图让他做州议员候选人，关于他秘密宣誓一无所知的流言至少使他在 1855 年参议员选举中丧失了关键的一票。如果这就是党派联合的前景，林肯最好继续做一个辉格党人，不参与其中还更好。

然而，在 1855 年 10 月底，林肯最终还是悄然走向政治联合。在丹维尔（他在那里和沃德·希尔·拉蒙保持着巡回业务伙伴关系），他接受了"联合论者的邀请"发表反对道格拉斯和堪萨斯—内布拉斯加法案的讲话，一个民主党批评者叫骂道，这种方式"正适合他们"。四个月后，当另一次总统选举迫近之时，一个名叫保罗·塞尔比的共和党律师和组织者、《摩根县日报》的编辑，组织了一次由迪凯特反对堪萨斯—内布拉斯加法案的编辑们参加的会议，目的是为共和党征召可能的联合论者，林肯和理查德·耶茨出现在邀请名单上。

应邀参加编辑们的聚会并不奇怪，因为党派报纸的编辑通常有许多职业和政治身份（就像塞尔比自己那样），而且编辑们常常组织起来成为县或州政治会议的前期组织网络。奇怪之处在于洛夫乔伊和科丁的故意缺席；实际上，在与会的 14 名编辑中（包括《派克市自由报》的约翰·尼古拉和从林肯以前的支持者西米恩·弗朗西斯那里买下了《伊利诺斯州日报》的 E.L.贝克），没有一个是废奴主义者，多数是以前的辉格党人。也就是说，共和党组织者精心按照林肯希望的方式向他示意。林肯这次谨慎地向塞尔比许诺他将"在迪凯特开会时试着做些事情"。"尽管他没有参加会议上大家的商讨",他和会议决议委员会坐在一起并提出了"建议",这样他可以出于实际需要写出他将加入共和党的条件。

这些条件正是"一个老辉格党人"的要求:重申《独立宣言》,谴责堪萨斯—内布拉斯加法案,限制奴隶制的扩张并恢复密苏里妥协案,反对一无所知党的排外主义,支持"自由意识和政治改革"——但不煽起全国的废奴运动。在会议结束的宴会上,编辑们请求林肯表态竞选州长,甚至在道格拉斯1858年到届时和他竞选参议员。林肯拒绝了竞选州长的建议——他觉得像威廉·比斯尔那样的反对堪萨斯—内布拉斯加法案的民主党人更适合参加竞选——但是他喜欢和道格拉斯交锋的想法,"说道,他的处境像一个被强盗攻击的人,强盗要他的钱,他答道,'亲爱的伙计,我没有钱,但是如果你和我到亮处去,我会把钞票给你';林肯先生接着说,如果你让我走,我会把钞票给你"。

迪凯特编辑会议接下来召集了全州的政党联合会议,于1856年5月在布鲁明顿会面。由于布鲁明顿会议的组织者中(包括林肯的合伙人赫恩登)许多恰巧来自伊利诺斯共和党领导层,林肯的"钞票"实际上是承诺加入共和党,前提是他们在两年后支持他与道格拉斯竞选参议员。当然对此他们极为乐意。林肯允许赫恩登以他的名义在5月10日邀请桑加蒙县的联合论者派代表参加布鲁明顿会议,当布鲁明顿会议于5月29日召开时,270位代表狂热地支持比斯尔代表联合论者竞选州长 (对手是道格拉斯的助理和在国会的现场指挥威廉·理查德森), 德国移民弗朗西斯·霍夫曼竞选副州长,竞选纲领(由奥维尔·希克曼·布朗宁起草)谴责堪萨斯—内布拉斯加法案是"对各州坚定信仰的悍然破坏"。

但是会议事先精心部署的行动发生在晚上,一个又一个激烈反对奴隶制的演讲将会议的炽热气氛升级至癫狂状态,此时召唤林肯的声音响彻大厅。"来自桑加蒙的亚伯拉罕·林肯在震耳欲聋的掌声中走上讲台",《奥尔顿信使周刊》如是报道,在那里他不用讲稿发表演讲,这是他一生中最重要的讲演之一。演讲中对政党联合不再有怀疑或犹豫:"他在此准备和愿意与他一道反对蓄奴势力的任何人联合。"在此他还发表了在经济方面对奴隶制的基本观点:奴隶制在南部以外的扩张意味着奴隶劳动力和"白人奴隶制"将在全国取代自由劳动。这里他还援引了被道格拉斯和民主党人放弃的《独立宣言》和"个人权利",并指出"他现在必须挺身而出进行捍卫"。在这里他向南部盟誓:如果他们试图以威胁脱离联邦来解决准州的问题,他们会发现"我们不想让联邦分裂,我们也不想让你们分裂它"。

不仅是他的观点,林肯的精神也熠熠生辉。"现在他刚刚受洗获得新生;他有着新皈依者的热情;被熄灭的火焰突然燃起;他少有的激情熊熊燃烧……他站在永恒正义的宝座之前",赫恩登感叹道,他曾尽力做演讲的记录,但是15分钟之后便放弃了,"将纸笔弃置一旁享受此刻的激情"。不仅仅是赫恩登,"记者们扔掉了笔将他们的工作抛在脑后"。托马斯·赫恩登记得林肯"好像踮着脚尖,他高大的身形挺立着,他长长的手臂伸展着,他的面孔闪耀着兴奋的红光"。芝加哥记者约翰·洛克·斯克里普斯的下颚大张,无法自控——"没有一个听众曾为一个人雄辩的口才如此激动"——斯克里普斯将林肯走下讲台描述为全国舞台上一股新生力量的到来。

布鲁明顿会议上的商讨事实上没有提及共和党的名字,但是此次会议指派代表参加了三周后在费城召开的第一次共和党全国提名大会,伊利诺斯代表团提名林肯作为可能的副总统候选人。虽然来自新泽西的辉格党人威廉·戴顿最终获得了提名,林肯惊喜地得知他得到了三分之一的选票,仅是略有不快地对由辉格党人转为联合论者的戴顿表示支持,认为"他远比我更适合在他所在的位置上"。林肯对共和党的总统候选人约翰·查尔斯·弗里蒙特有更多的保留意见,弗里蒙特是著名的军人和探险家、前民主党人,来自密苏里,他的岳父托马斯·哈特·本顿是安德鲁·杰克逊手下最忠诚的政治随从之一,他依靠的是作为杰克逊最老的政治盟友之一的弗朗西斯·布莱尔的影响。林肯最初希望共和党人提名约翰·麦克莱恩法官,因为麦克莱恩是辉格党人,他的"提名将为共和党赢得所有辉格党人"。理想破灭的辉格党人可能会"容忍布莱尔或弗里蒙特做副总统候选人——但仅此而已"。

然而,他"最热诚地"承诺支持共和党候选人名单,老西北部的共和党人都向林肯发出邀请为弗里蒙特助选。在6月第八巡回法庭夏季休庭到11月的大选日期间,林肯用几乎所有时间为弗里蒙特和比斯尔发表助选演说。"我从未见到他像这次选举那样对胜利如此乐观",赫恩登在给莱曼·特朗布尔的信中写道,"林肯相信弗里蒙特将在该州获胜。"这并不奇怪:富兰克林·皮尔斯做总统的四年被腐败和管理不善搞得千疮百孔,反对奴隶制的民主党人指责皮尔斯和道格拉斯把他们的灵魂出卖给了南部。来自费城的奥利弗·帕克谴责皮尔斯是个"新罕布什尔民主党分子……这使他成为适合奴隶制势力操纵的对象"。布鲁克林的民主党编辑沃尔特·惠特曼(他的《草叶集》第一版在前一年刚刚面世)乞求"救赎者总统"的出现,他将"充分实现以州权为代表的个人权利,这些州是联邦的基石"。然而,在6月份的民主党全国代表大会上,惠特曼和帕克得到的候选人不是皮尔斯,而是詹姆斯·布坎南——一个乏味但不让人生厌的宾夕法尼亚人——和全面认可堪萨斯—内布拉斯加法案的政党选举纲领。

即便如此,弗里蒙特的竞选活动并非看上去那样容易。当6月份布坎南的提名在斯普林菲尔德宣布时,林肯提醒莱曼·特朗布尔"许多具有保守意识和略微亲奴隶制倾向的辉格党人倾向于支持他"。他自己的演讲是对1854年反对堪萨斯—内布拉斯加法案演说谨慎的重复,他再次回顾了国父们反对奴隶制的意图("我们的先辈们向世界发布宣言,'人人生而平等'"),堪萨斯—内布拉斯加法案将这些意图黑白颠倒的愚蠢行为,以及恢复密苏里妥协案的必要性。但是在8月底,亨利·克莱·惠特尼看到林肯在彼得斯堡有半个小时的时间里被"空气中充斥的猫一样的叫喊、口哨声和锡制喇叭声"所干扰,然后他才能让自己的声音被听到。在伊利诺斯的奥尔尼,他"在厌恶和失望之中举起双手,说——'哦,我不能引起这群人的兴趣',然后离开了讲台"。民主党报纸攻击他是"黑鬼派",声称"他时不时地夸夸其谈,致使他的听众以为将发生极端的废奴主义运动,而在老辉格党人的眼中……他使他的评论变得温和,以期达到理想的效果"。

林肯发现,在伊利诺斯,有太多的反对堪萨斯—内布拉斯加法案的辉格党人还在紧抓辉格党这艘大船船尾的栏杆,即使它正在下沉。詹姆斯·马西尼拒绝加入共和党,以辉格党候选人的身份竞选林肯原来在第七选区的席位。约瑟夫·吉莱斯皮告诉林肯,他对布鲁明顿会议的认可"是对本州的辉格党人和真正的保守人士的彻底出卖。"弗莱彻·韦伯斯特和詹姆斯·克莱这两个辉格党名义上的领袖的拥护者都公开支持布坎南。尤其让林肯恼怒的是,在巴尔的摩召开的最后一次辉格党全国代表大会上,唯一健在的辉格党总统米勒德·菲尔莫尔被提名竞选总统,他为了联合一无所知党曾公开进行了一无所知的宣誓,而且吉莱斯皮同意支持菲尔莫尔。菲尔莫尔几乎没有获胜的可能,但是林肯知道他阻止了犹豫不决的反对奴隶制的辉格党人投向共和党联合论者,这样反对堪萨斯—内布拉斯加法案的势力被分化,将选举拱手让给了民主党。在写给菲尔莫尔通信人的公开信中,林肯恳求道,"不要上当。布坎南是这次选举中的获胜者。把伊利诺斯给他吧,没有什么能击败他;即使大家坚持把选票丢给菲尔莫尔先生,布坎南也将赢得伊利诺斯。"

林肯个人几乎和马西尼和吉莱斯皮一样对他的一些共和党同仁有许多保留意见。"政党刚刚组建,"林肯写道,"在组建过程中,原有的党派联系必须被打破,唯一需要的是政党荣誉的吸引和有影响力的领袖。"他急于将欧文·洛夫乔伊和废奴主义者排除在共和党领导层之外,在 7 月份他对亨利·克莱·惠特尼讲,伊利诺斯第三选区的共和党人支持洛夫乔伊竞选国会议员,而不是支持林肯的朋友伦纳德·斯韦特,"这让我无法理解"。但是他对加入共和党的反对堪萨斯—内布拉斯加法案的民主党人同样感到厌恶,他们中的一些人把破坏性极强的党内纠葛带进了新成立的共和党。芝加哥的"大个子约翰"·温特沃斯在布鲁明顿会议上加入了共和党阵营,他也对 1858 年道格拉斯的参议院席位充满渴望;温特沃斯正在酝酿和诺曼·贾德进行一场你死我活的争吵,贾德是反对堪萨斯—内布拉斯加法案的州参议员,他在 1855 年颜面无光的参议员竞选中抛弃了林肯转而支持乔尔·马特森;而贾德为戴维·戴维斯、奥维尔·希克曼·布朗宁和其他的伊利诺斯中部的辉格党中坚力量所不容。"共和党"是个"合成物——由各党派、组织等组成",戴维斯写道,正如林肯在 1856 年所言,"道德原则是将我们联合起来的原因,或者说几乎是唯一的原因"。林肯最终意识到他的责任是在所有人面前保持原则,而不是个性,使前辉格党人放弃菲尔莫尔,前民主党人离开布坎南。"我们力量的联合将以某种形式产生影响,是我们控制国家不可或缺的因素。"

林肯反对菲尔莫尔和布坎南最佳的论据是堪萨斯—内布拉斯加法案产生的后果。早在 1854 年夏天,拓居者们开始涌入堪萨斯,他们很快将自己分成了拥护和反对奴隶制的派别,都决心行使将决定堪萨斯作为准州和州的未来的人民主权。那里危机四伏,因为每一方都想终止另一方认为正确的政治信仰;双方马上开始了残酷的争斗,操纵选举以期控制准州的立法机构。到 1855 年年底,拥护和反对奴隶制的堪萨斯人建立了两个相互敌对的议会,制定了两个相互敌对的准州宪法;同时暴力活动逐渐升级,1856 年 5 月,一股拥护奴隶制的部队攻击并焚烧了反对蓄奴势力在劳伦斯的首府。暴力活动并不仅限于堪萨斯境内。堪萨斯的冲突迫使国会的北方议员行动起来谴责人民主权,称其已彻底破产,南部的议员则攻击堪萨斯的北方移民是废奴主义者是捣乱分子。1856 年 5 月 19 日,一个名叫普雷斯顿·布鲁克斯的南部众议员杖击马塞诸塞参议员查尔斯·萨姆纳,致其昏迷,当时萨姆纳正在参议院谴责"堪萨斯的罪行"。斯蒂芬·道格拉斯梦想通过人民主权和平民主解决分歧的准州反而变成了"流血的堪萨斯"。

如果愚钝的皮尔斯总统被再次提名为民主党候选人,堪萨斯的彻底失败将引发北部民主党人的溃散,为弗里蒙特获胜创造有利条件。然而,詹姆斯·布坎南和堪萨斯的暴行没有任何牵连(他是皮尔斯政府驻英的外交使节,不在国内),而且由于共和党人尚未成熟,其政治基础几乎完全来自北部,共和党联盟不大可能将布坎南指责为拥护奴隶制的傀儡,给菲尔莫尔贴上不可能当选的标签,尽管林肯在 9 月恳求他的辉格党老朋友们"在这个州,每张投给菲尔莫尔而不是弗里蒙特的选票事实上将降低弗里蒙特当选总统的可能性"。他还应该加上,确保布坎南当选。民主党人在宾夕法尼亚和印第安纳先进行的选举中取胜,在 11 月的总统大选中,尽管弗里蒙特和菲尔莫尔加在一起得到了 220 万多张选票, 布坎南得到了 180 万, 由于多数票被拆分,菲尔莫尔之流成功地将胜利送给了布坎南。

然而,与菲尔莫尔的 87.4 万张选票相比,弗里蒙特得到了 134 万张普选票,对于第一次参加竞选的政党而言,给人留下了深刻的印象,这说明就国家整体而言,其政治中心越来越倾向于积极限制奴隶制。从长远观点看,这对民主党是个坏消息。支持布坎南的大部分选票来自于南部,超出以往,怀有报恩心态的布坎南将在南部的压力下清除所有对奴隶制扩张的限制。尽管布坎南赢得了伊利诺斯,但伊利诺斯还是选比斯尔当了州长。在大选后一个月芝加哥举行的共和党宴会上,林肯发表讲话祝贺他的共和党同仁迫使富兰克林·皮尔斯下台,"使共和党候选人在本州当选"。他还督促菲尔莫尔之流搁置对共和党的猜忌,"关注真正的问题……共和国原有的正确的'中心思想'……'人人生而平等'"。借此,加之团结一致的反对堪萨斯—内布拉斯加法案的联盟,他们将在 1860 年的下次大选中击败布坎南。与此同时,林肯自己也有了在 1858 年将斯蒂芬·A.道格拉斯拉下参议院席位的计划。

亚伯拉罕·林肯在此项事业上最重要的支持者并非他人,而是詹姆斯·布坎南自己。此前 10 年在奴隶制问题上使全国政治倍感焦虑的是,担心由国会作出的任何关于奴隶制扩张的决议将变得难以处理, 在华盛顿无法形成可能的和平解决方案,联邦可能会因此分崩离析。即使是颇具影响力的 1850 年妥协案实际上是国会就不在国会解决此问题而达成的协议, 是让墨西哥割让土地上的人民主权在远处解决问题。堪萨斯—内布拉斯加法案的初衷也是把人民主权扩展到路易斯安那购买地,希望以此使问题得到缓和。但是"流血的堪萨斯"令人震惊地表明人民主权这项措施有怎样的局限性;萨姆纳杖击事件更为生动地说明了如果发生在堪萨斯的灾难将此问题抛回国会可能产生的后果。

美国最高法院此刻介入其中,以"德雷德·斯科特诉桑福德"案例来保护国会和联邦,此政治时机的选择堪称怪异。德雷德·斯科特是出生于弗吉尼亚的奴隶,聪明但是没有受过教育,1843 年他被他的主人、一个军医从密苏里带到伊利诺斯,后来又到了威斯康星准州。1842年,斯科特和他的主人回到了密苏里,在主人去世的第二年,斯科特向圣路易斯县巡回法庭提出申诉,要求获得自由,理由是曾在自由州居住过并由此获得自由人身份。密苏里最高法院最终驳回上诉,不愿对任何可能招致其他经常移居的奴隶提出类似诉讼的"法案表示些许支持"。但是斯科特上诉到联邦法院,到1856年该案由美国最高法院的首席法官罗杰·B.塔尼进行审理。

13年间随着上诉级别的不断上升,"德雷德·斯科特诉桑福德"案件已经有了相当高的知名度,特别是上诉的部分要求来自于他在联邦准州居住过的经历,其自由土地的地位最初是由联邦政府颁布的《西北法令》规定的。最高法院判定斯科特的自由身份,将被视为对谁有权决定联邦准州自由或是奴隶身份这个由来已久的问题的司法裁决。林肯在圣路易斯附近有很多律师业务,因此他知道德雷德·斯科特案件,1857年1月,当法庭对此进行辩论之时,他在推测法院是否会利用此案发布"针对准州的奴隶制问题对准州立法机构权利的宪法限制"。

然而,几乎没有人想到裁决的尺度,直到1857年3月6日,布坎南就任总统两天之后,塔尼亲自处理此案。"德雷德·斯科特诉桑福德"案不仅根据宪法规定的黑人永远不能被视为公民否认了斯科特的合法地位,而且宣布联邦政府无权限制准州任何公民财产的移动或地位。"准州是美国的组成部分,政府和公民都可根据宪法进入准州,宪法对他们各自的权利进行了明确规定;联邦政府无权超越法律文件赋予的权利对个人或财产进行干预,根据法律也不能否认其已有的任何权利。"让新就任的詹姆斯·布坎南高兴的是,这确凿无疑地使奴隶制不再是联邦政府解决的问题;它也将约翰·C. 卡尔霍恩没有人有权禁止蓄奴者将奴隶制向别处迁移的论调送上神坛,并以违反宪法为名否定了具有巨大影响力的妥协案,甚至否定了准州立法机构在国会监督下在决定是否准许奴隶制存在而行使人民主权的权利。"在奴隶财产问题上,宪法没有赋予国会更大的权力,也没有给那种财产比其他任何种类的财产更少的保护的权利。"塔尼曾是安德鲁·杰克逊摧毁第二合众国银行的亲信,之后被杰克逊任命为最高法院的法官,他为一劳永逸地解决了奴隶制扩张的争端而沾沾自喜。

事实并非如此,它在北部引发了另一场激烈对抗情绪的爆发。所有准州的大门不加限制地向奴隶制敞开,并且命令他们必须敞开大门,如果出现一个更好的案例,塔尼确立的原则使得塔尼法院可以在自由州也取消对奴隶制的所有限制。霍勒斯·格里利的《论坛报》谴责德雷德·斯科特案是 "对错误的声明和浅薄的谬论的整理";纽约立法机构给予黑人新的州选举权,并委托撰写了一份报告,预言"此项裁决……将违背我们的意愿把奴隶制带入我们的边界,产生不道德的、令人沮丧的、毁灭性的影响",以此与法院公然对抗。《奥尔巴尼晚报》用讥讽的口吻祝贺"共和国三十四万七千五百二十五名蓄奴者""最高法院……转变为人类奴隶制的宣传员"的胜利。总部设在华盛顿的《国民时代》尖锐地评论道:"蓄奴势力的寡头政治控制了政府,在参众两院占有多数席位,还有最高法院。还有什么留给了人民?"

然而,德雷德·斯科特案例最大的输家是斯蒂芬·A.道格拉斯,这不是因为道格拉斯特别同情斯科特,而是因为德雷德·斯科特案例使得人民主权不再是解决奴隶制扩张问题的手段。如果国会不能禁止奴隶进入准州,那么由国会创立的准州立法机构的决定,不论是根据人民主权还是其他什么,同样是违反宪法的,因此道格拉斯制定的了不起的政治方案失效了。对道格拉斯来说更糟糕的是,布坎南总统以不加掩饰的喜悦欢迎塔尼的裁决(有人说是他们积极密谋的结果),并宣称他有意接受拥护奴隶制的准州宪法,该宪法由在堪萨斯勒孔顿的亲奴隶制的立法机构拟定,因为堪萨斯问题的解决办法与德雷德·斯科特案例相一致。如果道格拉斯试图坚持人民主权,他不仅要找到与德雷德·斯科特案例保持一致的某种方式,还要在参议员连任选举即将到来之际,在伊利诺斯议会和他自己的民主党领导层直接对抗。"阴谋正在进行,"党内的知情人警告他,"在下次会议时鼓动议会反对你——不是你的共和党敌人——而是你在党内的敌人。"

但是,就像他对1850年妥协案和堪萨斯—内布拉斯加法案进行的指导所显示的那样,道格拉斯不会轻易屈服。1857年12月9日,在第三十五届国会的开幕式上,道格拉斯猛烈抨击勒孔顿宪法是"对堪萨斯人民权利的公然破坏",他将"斗争到底"。他坚持认为,如果准州立法机构保持必要的权力和治安法规来保护人民主权,人民主权能够将奴隶制排除在准州之外;实际上,单凭这种人民主权作出的决定就能够把奴隶制排除在外。布坎南警告他,在堪萨斯问题上,任何与政党路线相抵触的行为都将受到安德鲁·杰克逊制定的党纪的处理,道格拉斯尖刻地告诉布坎南,"总统先生,我想你还记得杰克逊将军已经过世了"。布坎南以将道格拉斯的支持者——政党工作人员和邮递员——集体开除作为回应。"老公羊①已经把断头台上好了润滑油,完全做好了准备",一家反对道格拉斯的报纸露齿而笑。道格拉斯之流的头颅将"以旧机

---

① 布坎南的绰号。译者注。

器启动的速度掉入筐中"。

　　"民主党内部就堪萨斯宪法展开的争吵"的情况让林肯满心欢喜,因为这(就像堪萨斯—内布拉斯加法案一样)将使伊利诺斯的民主党人分裂为道格拉斯的支持者和忠于布坎南的两个派别。这种情况可能产生的问题是,道格拉斯对布坎南的反抗将激起共和党人的同情,他们可能把道格拉斯视为名誉上的共和党人,并支持具有全国声望的道格拉斯,而不是地区性的英雄林肯。正如他所担心的那样,包括纽约的威廉·西沃德和《纽约论坛报》的霍勒斯·格里利在内的东部共和党领袖,公开向道格拉斯示好,共和党出资大量印发了道格拉斯反对勒孔顿宪法的演讲。林肯早在 1857 年12 月就注意到了这场运动的威胁,他心怀不平地向华盛顿的莱曼·特朗布尔询问,东部的共和党人知道他们在做什么吗?"不断吹捧、赞美和推崇道格拉斯……难道他们认为牺牲我们在伊利诺斯的人,就能最好地促进共和党的事业吗? 如果是这样,我们希望立刻知道;我们马上投降可以省去不少精力。"他对赫恩登抱怨道,"我感到格里利对我这个老共和党人和经过考验的反奴隶制者不公。他在大肆鼓吹道格拉斯,一个不忠实、未经考验的人,他是个骗子、善于钻营的人,以前是南部的工具,现在又反咬一口。"

　　为了使伊利诺斯的共和党人保持团结,林肯多了一项工作,就是使伊利诺斯的民主党人陷入分裂。他默不作声地鼓励布坎南派的民主党人推出候选人与道格拉斯的人对抗,并筹集共和党资金资助反对道格拉斯的报纸。为保持共和党的团结,林肯和共和党州委员会决定不再等到进行州议会选举之时才宣布他竞选参议员的意向,在夏初即召开州代表大会,这将使林肯马上得到伊利诺斯共和党人的全力支持,议会选举则成为林肯挑战道格拉斯提前进行的全民公投。"他已经意识到一些党内的朋友怀疑他获胜的能力,就像民主党人宣称并相信的那样,他的对手在发表竞选演说的讲台上从未失败过。"

　　6 月 16 日州代表大会在州议会的众议院大厅召开之时,凶猛的洪水在密西西比河和伊利诺斯河中汹涌上涨,林肯的支持者们做

《纽约论坛报》的霍勒斯·格里利

好了准备使林肯成为全场的焦点。曾在1855年令林肯痛苦万分的诺曼·贾德也走在库克县代表团的前面,手中的旗帜醒目地宣布"库克县支持亚伯拉罕·林肯",贾德的代表团成员——《芝加哥日报》的编辑查尔斯·威尔逊——在决议报告被委员会通过后,起身提名林肯为"伊利诺斯共和党竞选美国参议员的第一个也是唯一的候选人"。这等于明确告知格里利和东部的共和党人,伊利诺斯不会接受道格拉斯。当林肯在代表大会的闭幕会上现身发表接受提名的演说时,他同样着手削弱道格拉斯可能得到的来自共和党或其他人反对奴隶制的选票。他对这个演说进行了精心准备,关起门来读给朋友们听来判断他们的反应,表达简明扼要、精确而且十分尖锐。

我们执行一项政策已快五个年头了,这项政策公开宣布了目标,并充满信心地承诺,要结束奴隶制问题引起的动荡不安。在政策的执行过程中,动荡的局面非但没有平息下来,反而不断加剧。在我看来,要到一场危机终于降临并过去以后,动荡才会平息。"一座裂开的房子是站立不住的。"我认为这个政府不能永远保持半奴隶制半自由的状态。我不希望联邦解体——我不希望这座房子倒塌——但我确实希望它停止分裂。它要么变成这一种东西,要么全部变成另一种东西。或者反对奴隶制的人将制止奴隶制的进一步扩大,并使公众相信它正处于最终消灭的过程中,或者拥护奴隶制的人将把它向前推进,直到它在所有的州,无论老州还是新州,北部还是南部,都变得同样合法。

尽管堪萨斯—内布拉斯加法案和密苏里妥协案的废止在某种程度上缓和了奴隶制问题,带来了希望,但是"流血的堪萨斯"和德雷德·斯科特案的发生说明奴隶制永远不会消亡,让道格拉斯见鬼去吧;奴隶制将像林肯所预见的那样持久,将扩张膨胀,直至或者奴隶制击败北部,或者它迫使北部将其摧毁。林肯经深思熟虑以具有预示性的口吻,借用福音书中"裂开的房子"提出了这个难题,其不可避免的后果将不是分歧的和平共处,而是毁灭和崩溃。

这场"危机"的出现不仅仅是因为道格拉斯是个无能的政客。林肯接下来将1854年以来裂开的房子的政治史置于奴隶主势力的阴谋这一背景之中,这是来自华盛顿、由布坎南、皮尔斯、塔尼和斯蒂芬·A.道格拉斯(尽管令人难以置信)所主导的"完整合法的共谋",目的是推动奴隶制的全国化。不管道格拉斯表面上与布坎南有怎样的矛盾,林肯说道,从一开始道格拉斯就与塔尼、皮尔斯和布坎南携手促成奴隶

制的胜利,不仅是在准州,而且是整个联邦。"我们无法确定所有这些精确的工作都是预先安排好的",林肯有所隐晦地承认道:

但是,当我们看到大批加工过的木料,知道其中不同的木料是在不同的时候和不同的地方由不同的工人——例如斯蒂芬、富兰克林、罗杰和詹姆斯——加工制造的,当我们看到这些木料被拼合起来,看到它们恰好形成一座房子或一个磨坊的框架,所有的榫舌和榫眼都正好适合各自的位置……在这种情况下,我们就不得不认为斯蒂芬和富兰克林和罗杰和詹姆斯是从一开始就互相心照不宣的,他们全都按照一个在第一次打击前就拟定的共同的计划或一张共同的草图行事。

堪萨斯—内布拉斯加法案是第一块木料,作为第二块木料的德雷德·斯科特案恰好在"美国最高法院进行讨论……在下一次总统选举之前"。裁决被延迟到布坎南就职之后,这样布坎南就能令人生疑地劝告"人民遵守即将作出的判决,不管其内容如何"。林肯预言道,下一块木料将是"非洲奴隶贸易的恢复","(道格拉斯)怎么能阻止呢"? 这个故事的寓意很明显:除非阻止道格拉斯,"我们才会舒舒服服地躺下来做着密苏里人民将使他们的州成为自由州的美梦;然而,当我们醒来时会发现,最高法院已经把伊利诺斯变成了一个蓄奴州"。

"裂开的房子"演讲使代表大会陷于狂热之中,赫恩登喜气洋洋地预言它将使林肯成为总统。但是全州报纸读者的反应清楚地表明,林肯在竞选活动的门槛上摔了重重一跤。他的共和党支持者心平气和地"表达了对演讲内容和精神的强烈反对意见,尤其是"对首次提出的"裂开的房子",其他的朋友们事后直率地对他讲:"你愚蠢的演讲会毁了你——会使你在竞选中失利——也许你以后永远不会得到任何职位。"约翰·阿姆斯特朗"在人群中到处听到共和党人在讲——'该死的愚蠢演说;它会搞死林肯和共和党'。林肯很快知晓了原因。伊利诺斯全州对裂开的房子的解读是林肯对内战即将爆发的明确暗示,由于"政府不能永远保持半奴隶制半自由的状态",他将站在废除奴隶制运动的前沿,即使要被迫征服南部。

"令我深感痛心的是,演说的一部分竟会被解释得与我的本意大相径庭",后来林肯在给约翰·洛克·斯克里普斯的信中生气地写道。毕竟从1854年竞选活动之后,他曾经将堪萨斯—内布拉斯加法案造成的政治局面比作"裂开的房子",在该演讲前一个月,他在爱德华兹维尔的一个演讲中使用过"一座裂开的房子是站立不住的"的表述来说明他"政府不能永远保持半奴隶制半自由的状态"的信念——都没有引起公众的憎恶。而且在"裂开的房子"演讲中,他明确阐明"我不希望联邦解体——我不希望这座房子倒塌"。他只想以尽可能有力的措辞说明道格拉斯对密苏里妥协案的破坏是奴隶制全国化的开端,使美国人只能面对共和国马上废除奴隶制越来越变得不可能的情况,或是接受奴隶制一统天下这个令人不快但无法避免的选择。

不要紧。它听起来像是要挑起地区冲突。就像在演说结束语中所讲的那样,他认为理所当然的解决方式是恢复密苏里妥协案,这将使奴隶制回到原来"最终消失的方向",而不是北部和南部之间的内战。没有人会靠道格拉斯来解决这个问题。"他对此根本不在意。"林肯关于詹姆斯·布坎南和斯蒂芬·道格拉斯事实上正在全国进行几乎不加掩饰的伪装的奇怪主张,对那些耳际一直回响着"裂开的房子"这一比喻的人并没有帮助。也许林肯真的认为民主党的所有分歧只是用来欺骗正直但容易上当的辉格党和共和党人的伪装。可以肯定的是,林肯自认为只有明确地把道格拉斯放到敌对面(即使把道格拉斯和布坎南称为真正的盟友),才能避免伊利诺斯和其他地方的共和党人同情道格拉斯,并且不抛弃林肯。

道格拉斯起初对应对林肯的挑战不感兴趣——实际上无意以任何方式作出回应,那会使人们产生林肯是真正的对手的印象。在道格拉斯于7月9日向伊利诺斯选民呼吁选他做民主党议员之后的三个星期里,林肯被迫从一个集会到另一个集会跟在道格拉斯后面,寻找着临时演讲的机会以进行反驳。他试图使阴谋论得以继续,并直接攻击人民主权原则,称其为最后的希望已被德雷德·斯科特案摧毁的幻觉。但是他有太多的时间花在了躲避道格拉斯对他的攻击上,否认共和党人要干预南部的奴隶制,否认他要分裂联邦、发起内战,否认他鼓动人们挑战最高法院。林肯竭力利用伊利诺斯农民对德雷德·斯科特案会使奴隶制向自由州扩张的恐惧,道格拉斯则以伊利诺斯白人对种族问题的恐惧和"黑人共和主义"将在所有地区废除奴隶制,自由的黑人移民将涌入伊利诺斯的前景,轻易挫败了林肯。美联社以头版半个版面报道了道格拉斯7月16日进行的另一次演讲,但是对林肯的回应只用了五行的篇幅。"林肯先生跟着道格拉斯参议员的做法甚至遭到了朋友们的强烈反对",《纽约信使报》对此嗤之以鼻。林肯很快发现他和他的竞选活动"现在需要资金",赫恩登认为林肯变得"忧郁——对自己能否成功很没有把握"。

当林肯在芝加哥和州共和党领袖紧急会晤后,写信给道格拉斯建议进行一系列的正式辩论,"在目前拉选票的过程中分别向相同的听众发表演说",此时7月份已经快结束了。道格拉斯不欢迎这个主意：道格拉斯在竞选活动中处于领先地位，不需要通过一起辩论来取胜。但是也许是因为道格拉斯对竞选活动的进程充满信心，也许因为他不想被看做不情愿，他同意公开与林肯会面，"在本州任何一个国会选区的一个引人注目的地点，除了我们已经讲过的第二和第六选区"。按照决斗的规则，道格拉斯选择了地点："弗里波特、渥太华、盖尔斯堡、昆西、奥尔顿、琼斯伯勒和查尔斯顿"。

对林肯而言，道格拉斯代表了许多事情，所有这些都是坏的事情。从他们两个在万达利亚做州议员开始，当时林肯结识道格拉斯已经 20 多年了，他在道格拉斯身上看到了他所憎恨的几乎所有的民主党原则。在 19 世纪 50 年代步入成年阶段的时候，五英尺四英寸矮小身材的道格拉斯已经不断成长为"小巨人"——众议员、法官、参议员——斯蒂芬·A. 道格拉斯将成为下一届民主党总统候选人的传言在伊利诺斯流传甚广。与之形成鲜明对比的是，林肯在政坛并不得志。"22 年前我和道格拉斯法官相识，"1856 年 12 月林肯沮丧地写道，"我们当时都还年轻；他比我小一点。甚至在那时，我们都雄心勃勃；也许我和他一样。对我而言，在理想的角逐中遭到了失败——绝对的失败；而他则取得了辉煌的胜利。"

他无法抑制对于道格拉斯身材（和林肯自己相比）具有象征意义的不一致以及他全国性声望的气恼，1852 年他尖刻地评论道，过去"道格拉斯法官不比我们其他人强多少"，但是现在道格拉斯"已经超过了我，在阔步前进；虽然他个子矮小，我几乎不值得引起他的注意"。在竞选活动中林肯一直对道格拉斯热诚相待，但是私下里"林肯看不起道格拉斯"（据亨利·克莱·惠特尼所言）。道格拉斯是个伟大的演说家，在辩论中"不可能占到他的便宜"。尽管如此，正如林肯对托马斯·J. 赫恩登所说的，"实际上道格拉斯是个说谎的人"，他告诉克利夫顿·穆尔，"道格拉斯一天会对一万个人撒谎，虽然他知道下次他必须向五千个人否认"。

这次竞选给了林肯戳穿那些谎言的最佳时机。1858 年 8 月 21 日，一个灰蒙蒙的夏日的下午 12 点钟，一列挂着 17 个车厢的专列将林肯带到了渥太华欢声四起的拥挤的车站，渥太华在芝加哥西南 80 英里处，位于在林肯的努力下开挖的伊利诺斯和密歇根运河边。一辆装饰着常青树的马车等着林肯，通过欢呼声此伏彼起的街道来到华盛顿广场新建的木质讲台，在老榆树的浓阴遮护下，林肯将平等地面对他这个具有讽刺意味的对手。

两个候选人都准备好了辩论策略，在渥太华由道格拉斯开始的长达一个小时的演说包括他在其他地方辩论的基本要点。他的策略是"迫使"林肯"从保守的立场走向一个或其他极端",“裂开的房子”演说将是他的主要武器。道格拉斯很快发起攻势,称林肯是个激进的废奴主义者,他曾试图策动“原来的辉格党”采取废奴主义,甚至曾对制宪元勋处理奴隶制的智慧提出质疑。林肯相信共和国不能保持半奴隶制半自由的状态吗? 为什么不能? 道格拉斯回答道。制宪元勋们不是创造了此种状态吗? 与林肯的分析相反,美利坚合众国实际上是被设计成保持半奴隶制半自由的状态:“在制订宪法时,他们知道在一个如此广阔、存在如此多样的气候、生产方式和利益的国家,不同地区的人民必然需要不同的法律和制度……因此,他们规定每个州保留自己的立法机构和自己的主权,在本州内拥有充分全面的权利决定地方而不是全国的事务。”

废除奴隶制打破了原有的规划,最好的后果是,在伊利诺斯解除对黑人移民的限制,他们的“黑人定居点占领你们的大草原”并“将这个美丽的州变成自由黑人的聚居地”;最坏的后果是, 正如裂开的房子的说法所暗示的那样, 它将很可能引发“联邦的分裂”和“地域之间的战争”。他警告伊利诺斯人不要被林肯利用《独立宣言》及其“平等”的表述反对奴隶制所愚弄。《独立宣言》的署名人从未给予黑人“平等地位”,道格拉斯自己“不认为黑人和我平等,断然否定他是我的弟兄或什么亲属”。并不是说道格拉斯热爱奴隶制,或者“在他的生活中——他本人——在他的财产中”必须要不顾及黑人的权利。但是,那些权利是由每个州自己决定的。“我们无权进一步干预,但是我们必须让每个州自行作出决定。”让每个州有自行处理奴隶制的权利要好得多,其隐含的意思是,每个准州在和平决定奴隶制未来的问题上拥有自己的人民主权——若让林肯当选参议员,这样的结局无法得到保证。

林肯在渥太华讲坛最初本能的反应是再次采取原来的守势, 对他是废奴主义者,他试图领导修改宪法并干预蓄奴州的改革运动,或是他试图推动种族平等之类的指控加以否认。“我无意直接或间接地在实行奴隶制的州中干预这种制度,”林肯回应道,“无意使白种人和黑种人在政治上和社会上处于平等地位。”但是这件重要的事情并非伊利诺斯 1858 年的真正问题——真正的问题是,在制定堪萨斯—内布拉斯加法案甚至在应对德雷德·斯科特案时打着人民主权的旗号的道格拉斯, 是否在事实上推动了奴隶制向准州的扩张,并为奴隶制向自由州扩散打下了基础,林肯很快便回复到进攻的态势。“我们在奴隶制问题上将永远得不到安宁,直到反对奴隶制的人制止它的进一步扩张, 把它放在使公众认为它正在最终消亡过程中的地位为止,” 堪萨斯—内布拉斯加法案和道格拉斯的人民主权已经不幸地证明它们对此无能为力。"现在应用于奴隶制问题的人民主权的确允许一个准州的人民要奴隶制的话就可以拥有奴隶制,但如果不要奴隶制的话却不许他们不要。"

然而,因为奴隶制不仅是政治上的麻烦事,单凭对限制和压缩奴隶制的讨论不足以解决这个问题。奴隶制是对美利坚合众国认可的最基本的自然权利的破坏,即使承认"自然的差别"使黑人不可能在政治上和社会上与白人"完全平等","也绝对没有理由说黑人没有资格享有《独立宣言》中列举的各种天赋权利——生命、自由和追求幸福的权利,"不管立法机构的意愿是怎样的。至少"在吃凭自己的双手挣来的面包而不用任何人恩准的权利方面"——林肯视之为最基本的政治上的天性——"他和我是一样的,和道格拉斯法官是一样的,和每一个活着的人都是一样的"。

这是他在竞选中对道格拉斯作出的比以往更好的回应,但是这并未击中道格拉斯与本党的"布坎南派"争吵这一软肋。约瑟夫·梅迪尔敦促林肯,"千万不要采取守势……揭穿道格拉斯是个叛徒和阴谋家,是个拥护奴隶制的、具有欺骗性的蛊惑民心的政客"。艾奥瓦的共和党人詹姆斯·格兰姆斯建议林肯"应当反过来猛烈攻击他的敌人,——对道格拉斯先生的指控进行辩护是徒劳的,因为驳倒一个后他会编造出另一个"。在这些鼓动的鞭策下,8月27日林肯来到了伊利诺斯西北角的弗里波特进行第二次辩论,他希望其手中的楔子将使道格拉斯无法把分裂的民主党人团结起来。在浓云密布的一天,在1.5万多位的听众面前,林肯向道格拉斯一连串提出了四个问题,第二个问题针对的是道格拉斯自己政党的分歧——"美国准州的人民能够以任何合法的手段,违法美国任何公民的意愿,在制订一部州宪法之前,将奴隶制排除在外吗?"——第三个问题试图诱使他承认德雷德·斯科特案只是奴隶制全国化的热身——"如果美国最高法院裁决各州不得将奴隶制排除在外,你赞成把这个裁决作为政治准则予以默认、通过和遵守吗"?

林肯这个出色的盘问者知道道格拉斯"在伊利诺斯的每次演讲中一百次"或多或少回答了第二个问题,答案是肯定的:尽管有德雷德·斯科特案,甚至更多,尽管有他自己政党的领导,"最高法院今后无论对奴隶制能否根据宪法进入一个准州这个抽象问题作出何种裁决都是无关紧要的,人民有合法手段按照自己的意愿引进或排除奴隶制,因为奴隶制除非受到当地治安条例的支持,在任何地方一天、甚至一个小时也生存不了"。这样做的目的是把道格拉斯和布坎南的争吵置于民主党的选民和议员不会忽略的中心位置,也是为了说明愚蠢的道格拉斯实际上被堪萨斯—内布拉斯加法案和德雷德·斯科特案例背后的奴隶主势力阴谋所欺骗。第三个问题对道格

1858 年 8 月 26 日的林肯,此时是林肯和道格拉斯第一次辩论结束后的第五天

拉斯更具杀伤力。尽管他憎恶德雷德·斯科特案作出的裁决,他的否定必然引起民主党的进一步分裂;然而,如果塔尼的另一个裁决终止了自由州反对奴隶制的法令,道格拉斯则几乎无法置之不顾。他所能做的最好的回答是否认将出现第二个德雷德·斯科特案例。"林肯竟会提出这样一个问题真使我感到诧异," 道格拉斯嘲讽道,"我告诉他说,这种事情是绝不可能发生的。"

虽然没有办法给辩论打分,但是各家报纸将弗里波特多数的得分给了林肯。共和党的《芝加哥论坛报》强烈要求"把道格拉斯先生变成这种或那种东西,鱼、肉或是家禽,让他无法躲闪逃避",该报的编辑查尔斯·雷宣称"道格拉斯的辩论能力被明显高估"。道格拉斯自己感受到了林肯攻击的猛烈,在给一个朋友的电报中称,"在我的道路上恶魔当道。看在上帝的分上……来帮我和他们斗争"。他讨厌从另一个政治集会上听到的传言,说"我无法坚持我的立场",三个星期的间歇后,当道格拉斯在伊利诺斯南部的琼斯伯勒再次和林肯面对面辩论时,道格拉斯提出了自己的阴谋论。如前所述,他所围绕的是林肯废奴主义的变化、林肯对黑人社会平等地位的妄想、林肯对分裂和地域间战争的渴望。但此时他揭露道,反对堪萨斯—内布拉斯加法案是"某些不满足的、野心勃勃的、失望的政客所为",他们的头子就是林肯,他和莱曼·特朗布尔这样的自由土壤派民主党人"私下里达成协议"企图建立一个规模庞大的地区性政党,并通过这个组织"控制国家的政治命运"。三天后,当辩论移至查尔斯顿这个林肯原来第八巡回区的地盘,道格拉斯加大了赌注,宣称 "有人以造谣中伤而不是公平的方式阴谋将这次选举为黑色共和党服务",道格拉斯暗示这个阴谋还试图推动"黑人的平等地位和黑人的公民权"。

这可能不是出色的辩论,而是精明狡猾的政治手段,因为在白人种族优越论盛行的伊利诺斯,一个政治家如果不对那些含沙射影的批评做出回答便无法继续生存。让道格拉斯高兴的是,这使林肯陷于守势。林肯在琼斯伯勒的回应和查尔斯顿的开篇演说,是整个辩论中最软弱无力的部分,主要用来否认与特朗布尔和废奴主义者相串通的指控。在查尔斯顿,面对伊利诺斯南部出生于南方的移民听众,过于急切的林肯没有阐明他对"白种人和黑种人社会上和政治上的平等地位"的反对,便具体说明"我现在没有也从未主张让黑人做选民或是陪审团成员,也不认为他们适合从事公职或者和白人妇女通婚"。这使得道格拉斯能够以虚伪的指控抨击他,在芝加哥宣扬他同情废奴主义,在伊利诺斯南部鼓吹他亲近奴隶制。这也使得道格拉斯愉快地重新回到在渥太华进行的第一次辩论,没有理由认为共和国不能半奴隶制半自由地很好存在下去。"我们为何不能继续这样发展下去?只要我们遵守并履行我们的先辈建立政府的那些原则来实行统治,我们就能够继续这样发展下去。"

然而,先辈们的意图正是林肯准备最充分的辩论内容。"我要说当这个政府最初建立的时候,先辈们的政策是禁止奴隶制向美国新成立的准州扩散,在那里奴隶制并不存在。"不是共和党人而是道格拉斯将"先辈们"的意愿抛在一旁,因为"道格拉斯法官和他的支持者破坏了这项政策,将其置于新的基础之上,并把它推向全国,使其永久存在"。1850年妥协案、堪萨斯—内布拉斯加法案和勒孔顿宪法提出时都承诺要解决"奴隶制引起的动乱",但结果是"我们无法清楚地看到这场动乱何时能够结束,就像我们无法预言世界末日何时到来一样"。因此,"没有办法结束我们中间的奴隶制风波,除非……把奴隶制永远限制在它目前存在的老州"。当然,除非提议"我们投降,让道格拉斯法官和他的支持者为所欲为,把奴隶制扩大到所有的州——不再把它说成无论如何是个错误——把奴隶制当成一个普通的财产问题,说起黑人就像说起我们的马和牛一样"。

直到查尔斯顿,从道德的角度把奴隶制说成是"一个错误"正是林肯不愿做的事情,即使当时这几乎是令人满意的评论。但是当10月7日辩论回到伊利诺斯北部的盖尔斯堡,林肯对奴隶制罪恶的攻击成了他论点的中心内容。"直到此时我还没发现道格拉斯法官……愿意对奴隶制和自由进行区分,"林肯指责道,"他发表的所有见解都不认为奴隶制有任何过错。"

我承认我属于国内这一类人,认为奴隶制在道德上、社会上和政治上是错误的……我认为奴隶制是错误的,基于此种信念产生一项不让那个错误蔓延扩大的政策,在某一时刻那个错误将会终结。另一种看法是奴隶制没有错,从而产生使它变得更为强大的政策,那样的话奴隶制永远不会终止。道格拉斯法官和他的支持者与共和党是不同的。

这促使道格拉斯重新指责林肯虚伪地对他的要点进行调整以迎合伊利诺斯北部的选民。但是,伊利诺斯北部的白人是否不像伊利诺斯南部的白人那样迷恋于白人种族优越论尚不清楚；更可能的是林肯在第四场辩论中，还在摸索用于攻击道格拉斯的合适的武器。一旦找到这种武器，发现呼吁反对奴隶制的不道德性发挥了作用，这便成了他每次演讲的最高潮。"道格拉法官和共和党人的真正区别，"林肯在盖尔斯堡声称，"是……他所表达的所有感想都抛弃了奴隶制是错误的观点。"当林肯和道格拉斯一周后在昆西这个密西西比河畔小镇相会，他更大气地发表了观点，认为"说到底，这种意见分歧不外是认为奴隶制错误与那些不认为奴隶制错误的人之间的分歧"。

奴隶制是错误的基本原因在于，《独立宣言》已经确立的原则是，无论肤色如何，人至少应保证拥有三种自然权利——生命、自由和追求幸福的权利——而奴隶制与此原则相冲突。道格拉斯激烈否认杰斐逊和"先辈们"曾试图保证白人以外的人种拥有这些权利。林肯认为，这使得共和国在道格拉斯的推动下向奴隶制全国化这一后果灾难性的急剧下滑。"使黑人失去人性——剥夺其努力成为一个人的权利"的运动的目的是"在公众的心目中把联邦所有州的黑人当做财产，只是财产。"他在昆西的第六次辩论的开头指出，"把观念的分歧"降到"最低的限度"，"只是认为奴隶制是错误的人和不认为奴隶制是错误的人之间的分歧……按照这样的做法，随着时间的流逝，可能存在终止奴隶制的希望"。两天之后在奥尔顿的最后一次辩论中，林肯将对奴隶制的反对和对从早年开始就令他气恼的阶级特权所有原则的反对融合在一起：

> 这是个现实的问题。当我和道格拉斯法官拙劣的演说结束后此问题还将在这个国家继续存在。这是全世界正确和错误这两个原则之间的无休止的斗争。这两个原则从最初就面对面地存在；而且将继续斗争下去。一个是人类共同的权利，另一个是君主们的天赐王权……无论它以何种形式出现，不管是出自为了控制本国人民靠他们的劳动成果为生的君主的口中，或是以一个人种为奴役另一个种族的借口出现，都同样是专横的原则。

道格拉斯对林肯将关于政府政策的辩论变成道德论坛的建议感到惊恐。在道格拉斯的语汇中，公民和社团只是拥有权利的个人按照其意愿以选择的方式处理所拥有的权利，而他们的选择是不是道德的与这些社团之外的人无关。"林肯承认除了奴隶制以外的所有国内的问题由各州根据宪法的规定处理。对于奴隶制我们有什么比其他问题更多的权利？"林肯抱怨"我不期待所有的地方废除奴隶制的那一天"，道格拉斯不知道为什么他不"期待每个州被允许按自己的意愿行事的那一天"。"道德问题只是个人的问题，在辩论的公共场所无立足之地。"如果一个州"选择永久保持奴隶制，这是它自己的事情，和我们无关。如果它选择废除，很好，这是它自己的事情，和我无关。我更关心的是自治的伟大原则——人民自己支配自己的权利——而不是为基督教世界所有的黑鬼做什么"。

1858 年 10 月 1 日和道格拉斯进行第五次辩论之前的林肯

辩论结束的时候，林肯的期望值迅速攀升。9 月底的时候他对斯普林菲尔德共和党俱乐部讲道，"他所到之处天空晴朗、前景光明"，在奥尔顿最后一次辩论结束的一周后，他向诺曼·贾德吐露"我现在对我们将取得胜利十分自信"。如果 11 月 2 日的实际普选票决定了对参议员的选择，林肯会发现（就像他 10 月 24 日向贾德解释的那样）情况是"势均力敌，我们稍稍有利"。他发表了约 60 个演说，在全州行程 4300 多英里，（和莱曼·特朗布尔和其他的共和党参选人）为共和党候选人得到了 12.5 万张选票，支持道格拉斯派民主党人的选票为 12.1 万张，布坎南派得到了 5000 张选票。

但是共和党得到的众多选票在全州或是在州议会选举中分布不均。1858 年选举的 87 个席位中，民主党候选人得到了 46 个，共和党只有 41 个席位。加上州参议院 13 个没有重选的席位，民主党保持着 54 对 46 的优势，1 月份州议会开会的时候，单一党派的选票使得道格拉斯再次当选联邦参议员。

议会选举的当晚林肯知道已经没有成功的希望。选举的消息令人沮丧，伴随着"全年最恼人的一次冰冷如注的暴风雨"。当林肯踱入夜雨之中，他经过的斯普林菲尔德的一条街道十分湿滑，"我的脚步失去平衡，一只脚奇怪地撞到了另一只脚"。但他努力"站稳，把街区照亮，"并评论道，"这只是滑了一下，没有跌倒。"这看上去像是减轻一次政治失败所带来的痛苦的极好暗喻，这次失败丢掉了他一年绝大多数的律师业务，使他"现在身无分文，甚至没有给家里的钱"。他不会灰心丧气。在给一个政治支持者的信中那个写道，"斗争必须继续。一次、即使是一百次失败也不能放弃公民自由的事业"。"大叠"共和党选票"值得维持"，在下一次选举中使用，他告诉诺曼·贾德，即使"在那一天我也将在队伍中战斗"而不仅仅是"选票上的一个人头"。

第六章

偶然当上总统

林肯—道格拉斯辩论虽不是林肯当选总统的直接原因，然而林肯因此得到更多的关注却是事实。《纽约晚邮报》称，"这一代人中没有哪个人像林肯这样通过一场辩论就功成名就。"《芝加哥论坛报》编辑查尔斯·雷兴高采烈地告诉林肯，"你就像拜伦，早上醒来发现自己一夜成名。……几百个人向我询问，急切地想知道道格拉斯的新对手的所有情况。"这其中最重要的人就是雷本人，他写道，"我怀疑林肯不是富人家的孩子"，并设法让林肯写了一个简要自传。（在这里雷花很大篇幅写林肯是怎样毕其一生的努力来掩盖自己的农民出身，是雷发现林肯的出身十分卑微。）杰西·费尔报道说他东海岸的商业伙伴都在问："现在和道格拉斯辩论的来自你们州的那个林肯何许人也？"费尔认为虽然没能取得胜利，"你会全国闻名"，并且，"即使不能当上总统也能做一个令人畏惧的总统候选人"。林肯对费尔的热情不以为然。"哦，费尔，不要把我和总统扯上关系，在伊利诺斯州之外就几乎没人知道我是谁。"

然而事实并非完全如此：林肯—道格拉斯辩论不仅被媒体报道，而且在现场有四个善速记的《芝加哥时报》和《芝加哥论坛报》记者进行了逐字逐句的抄录，48小时之内就在芝加哥各大报纸上全文发表。东部急于报道道格拉斯的报纸也刊登对方的辩论词，正如费尔对林肯所言："你的演说，全部或部分地在东部得到了报道。"林肯意识到，到第五场辩论时，"我在芝加哥、琼斯伯勒和查尔斯顿做的演讲"都"出版了，所有认字的人都读得到了"。在昆西辩论中，他说"这七场讨论"已经成为"不仅是面对在场观众而是面对整个国家观众的一场戏剧中的连续片段"。12月末，林肯对亨利·克莱·惠特尼说，有人想把辩论的全文以书的形式出版，被他搁置了。

在中西部的共和党其他竞选活动中林肯成了香饽饽。他不得不拒绝诺曼·贾德提出的在芝加哥市政选举中为共和党助选的请求，因为在1858年竞选中"失去的时间和生意""对在这世上本来就不富有的我影响甚巨"。在1859年秋天林肯告诉霍金

1858年7月1日拍摄于芝加哥,林肯手中拿的是一份德国的反对奴隶制的报纸

斯·泰勒,他"不断接到邀请……去明尼苏达;现在我又接到两个到俄亥俄的邀请",并且"感到不得不拒绝",因为去年和今年我对生意的疏忽 "会导致经济上的困难"。最终引他出山的是与斯蒂芬·道格拉斯再次交手的机会。俄亥俄的邀请上说 "道格拉斯也去那里",当时道格拉斯正在为民主党11月的州选举做巡回演说。因此在1859年的9月,林肯动身开始了他在俄亥俄和印第安纳间的环游,代表哥伦布、哈密尔顿、辛辛那提、代顿和印第安纳波利斯的共和党候选人,后来又为威斯康星州伯洛伊特和简斯维尔的共和党候选人演讲助选。

他几乎很少去注意他助选的地方候选人。"谈起政治就没法不谈起道格拉斯法官",1859年在印第安纳波利斯林肯发表竞选演讲时这样讲道,就像是1858年辩论经过短暂休息之后的继续。整体上讲,在俄亥俄、印第安纳和威斯康星演讲中运用的一系列论证策略与辩论中相同。先辈们(林肯辩论说)在奴隶制的问题上已取得共识,即"奴隶制在准州的扩张应该受到限制",然而,道格拉斯和堪萨斯—内布拉斯加法案破坏了这个共识。更糟糕的是,这个共识被替代,并企图暗中将奴隶制向全国扩张。人民主权论只是道格拉斯为达到这种扩张目的哄骗人民的花招而已。人民主权论什么都不能保证,更不要说保证人民选择的权利。虽然道格拉斯宣称人民主权论会使准州有权利拒绝制定必要的奴隶制法规,然而奴隶制一旦进入,便没有什么人民主权可以将它赶走。"奴隶制将在人们无知无觉中悄然进入那些没有禁止奴隶制的州,直到站稳脚跟,到那时人们就无法再将它赶走。"林肯在简斯维尔如是说,"因此我们便可以说在所有没有禁止奴隶制的准州,奴隶制已经建立了"。

让"北方保持自由"的唯一原因是《西北法令》中国会立法明确禁止奴隶制扩

张。"这不是人民主权的伟大原则。"从逻辑上讲，人民主权论不仅让奴隶制扩大到准州和自由州，还有可能重启跨太平洋的奴隶贸易。林肯9月17日在辛辛那提市场广场进行演说时说，"如果有人能说明堪萨斯人如果需要奴隶，他们便可以占有奴隶的权利，比必须去非洲购买奴隶的佐治亚人的权利更大一些，我请他立即站出来讲一讲。""我想谁也办不到。"

在这些演讲中林肯讲得最多就是他在与道格拉斯辩论中学到的最能打动中西部人的两点：毫不含糊地认为奴隶制的不道德和奴隶制对自由劳工制的威胁。不管人民主权的政策在技术方面有何错误，其最大的错误在道德方面。道格拉斯（林肯抱怨道）没有丝毫良心上的顾虑，至少在奴隶制方面，并且认为制定政策时不应考虑道德问题。"法官从未说过奴隶制错误；他从未说过奴隶制正确，这点可以确认，但是他从未说过这是错误的"，林肯最不赞同的就是这点，林肯的辉格党背景使他总是想把道德和政治结合起来。"如果奴隶制在道德上没有问题这一观点一旦确立，那么想蓄奴就蓄奴……它就变成了纯粹的政策问题；想怎么做就怎么做——如果这种原则一旦确立，那么矿工和工兵就会形成支持奴隶贸易的观点。"这简直是让公众观点堕落到"《独立宣言》没有黑人的份"的程度。五年前都没有人这样说，现在道格拉斯却可笑地试图让人民相信黑人是"野蛮人"，而且"他几乎使全党都相信并且和他一样宣称《独立宣言》没有奴隶的份"。

林肯在和道格拉斯的辩论中几乎没有提及他辉格党的经济观，但是在1859年的演说中他充分阐述了他的观点。"人类得以果腹和舒适的一切东西都源自劳动。"只有两种办法让人为你付出劳动。"一是雇佣，在劳工同意的情况下使之劳动；二是购买劳力并强迫他们进行劳动，即奴隶制。"林肯坚信"雇佣劳动并付工资是正确的"，因为这样就可以使"没有土地和店铺的人受雇他人，雇主从自己的资产中付工资给他们"。"有资本的人就可以雇用劳工，劳资关系便得以确立"。他将这一点与南方复杂的劳工关系理论做了对比，南方的劳资关系理论认为劳方和资方是一种竞争的关系。让劳工从事低级而"肮脏"工作的唯一办法就是强制——因而奴役劣等种族只对那些"肮脏"的工作有利。他们相信只有独立的农场主才有自由，作为"雇佣劳工"，为工酬工作的自由白人劳工的情况比奴隶也好不到哪里去。南方人以此暗示林肯的整个生活逻辑都应该受到置疑。"演讲者本人在28年前也是雇佣劳工，"林肯在印第安纳波利斯演讲时讲道，"他并没有觉得自己的情况会比奴隶更糟。他现在很可能发展得不尽如人意，但至少现在他在为自己工作。"

尽管 1859 年的这些演讲表明林肯更加自信,观点更加明确,但仍可觅到与道格拉斯辩论时表露的自我防备和自我检讨。他不断地解释"裂开的房子"演讲没有任何激进目的,而这一点正是道格拉斯在辩论中一直咬住不放的。(辩论之后道格拉斯也一直咬住这点,在俄亥俄竞选活动中,他又引用"裂开的房子"演讲来说明林肯和整个共和党人宣扬分裂和内战。)林肯在辛辛那提解释说:"就联邦各州的和平问题我告诉过他,我并不是说奴隶制不根除就无法和平,而是说只有人们都意识到奴隶制正在走向消亡,各州才能保持和平。""我很明确地告诉过他,我现在也很明确地告诉你们,我那时没有,现在也没有,从来就没有任何干涉现存奴隶制各州的目的。"他反对分裂,他向那些为了保持奴隶制而企图分裂的南方各州发出了最初的警告,"我听说,如果共和党人,或者任何类似的人当选总统,你们就会搞分裂",面对辛辛那提的听众,他直截了当地警告肯塔基人。"是啊,那么我很想知道,分裂之后,你们怎么办? 你们是否会把俄亥俄也一分为二,取走你们的那一半?……还是向我们宣战,把我们都杀光? "

这个问题对林肯来讲具有特别的意义,因为 1859 年秋天以来,就有少部分追随者告诉他,他应该考虑竞选总统。在 1858 年 11 月,《伊利诺斯报》将共和党在该州的胜利归功于林肯,并宣布说大多数的人民都认为他应该成为 1860 年总统选举中代表共和党的人。"《皮奥里亚每日新闻》注意到,"联邦不同州的共和党报纸开始谈论林肯做副总统、西沃德做总统的组合。"在东部,宾夕法尼亚和康涅狄格的共和党报纸注意到林肯"在国家的很多地方,人们开始将林肯和这个国家的最高职位联系起来"。

林肯自己不知道这对他来讲是好事还是坏事。他当然难免对表扬性的社论感到"非常开心",然而当皮奥里亚编辑 T.J. 皮克特提议联合其他共和党编辑捧他争取共和党总统提名时,他一口回绝了。1859 年 4 月他对皮克特提议的回答是,"我必须坦白地说,我认为我不适合当总统"。在 7 月他也用同样的话回绝了俄亥俄编辑塞缪尔·加洛韦。他还对一位热情的建议者说,"出于个人的考虑,我更希望在参议院干到届满。"在这些个人考虑中,当然林肯是担心他要角逐总统的野心一旦上报,他没有受过良好的教育以及没有管理经验的出身会成为"一大笑柄"。另外他也担心他看上去根本不像一个总统候选人。辛辛那提一家怀有敌意的报纸把他描述成"大高个、黑脸盘、动作笨拙但看起来很积极的一个人",他"做过平底船的水手,人们很容易就能从他身上看出他的出身和早年的生活痕迹"。同一个记者还写道,"他浓重的中西部口音,加上他刺耳的声音,让人怀疑他讲的是外语还是只有他一个人懂的语言。"

　　虽然林肯是伊利诺斯共和党的骄子,然而在全国范围内和像威廉·亨利·西沃德这样的共和党明星比起来在政治上还显得稚嫩。西沃德是前辉格党参议员,纽约州州长,曾做过扎卡里·泰勒的顾问,现正在经验丰富的政治经理人瑟洛·威德的鼓动之下觊觎共和党总统提名。林肯此时也略逊于俄亥俄人萨蒙·蔡斯,他是个正直的、狂热信仰宗教的律师,因为在堪萨斯—内布拉斯加法案困局中参与写作"独立民主党人的呼吁"而闻名全国。后来他倒戈共和党竞选俄亥俄州州长。即使是在西部,林肯也不是其他老牌政治家的对手,比如约翰·麦克莱恩法官和菲尔莫尔派的密苏里人爱德华·贝茨,他们(像 1856 年的弗里蒙特)一样后面有全国另一个伟大的政治经理人弗朗西斯·布莱尔支持。戴维·戴维斯承认"如果林肯得到提名,那我会高兴",但是他相信"贝茨先生或西沃德州长"更可能获得提名。

　　不仅林肯的才干不及贝茨和西沃德,就算共和党的核心是可靠的老辉格党人,但是他们的选票却摇摆不定。即使到了 1860 年共和党仍然只是反对堪萨斯—内布拉斯加法案的政党联盟,一端是天真的废奴主义者,另一端是反奴隶制的民主党人。1858 年 11 月林肯对安森·亨利说:"大部分普通的老民主党人支持我们,然而大部分势利的辉格党富人是反对我们的。我说的不是所有的老辉格党人;但是其中最势利的一部分人几乎都是这样的。"想当总统的共和党人必须要克服反对堪萨斯—内布拉斯加法案这一共同立场表面之下由来已久的政治积怨。在伊利诺斯州从政的 25 年多,林肯本人积下的怨恨也不少。贾德和温特沃斯之间争斗不断,他们两人与戴维·戴维斯和布鲁明顿帮的个人恩怨也还闹得不可开交。林肯不仅要使他们每个人都相信他是他们的朋友(他曾给贾德写过无数封信,使他确信在 1860 年伊利诺斯的参议院选举中他无意挑战贾德宠信的莱曼·特朗布尔,)而且要使他们之间的关系好到能够赢得选举。1859 年 2 月他对莱曼·特朗布尔说,"不管我们党内老民主党和老辉格党有怎样的分裂的危险",我不会让这种分裂发生,"只要我能制止"。

　　然而,这些没能让林肯气馁,反而使他有机会扮演不顾自身利益、有政治风度的值得赞扬的辉格党调停者的角色,而且大多数情况下调停是有作用的。1859 年春天在伊利诺斯共和党集会上的几次演讲中,林肯都在不停地警告共和党人:"不要专去寻找一些可能使我们对我们的政策和权利引起不同看法的孤立的小问题。"对他的老辉格党盟友来讲,这意味着不要提关税问题,以免"把那些单纯为了避免奴隶制扩张和奴隶贸易而来的老民主党人赶走"。对废奴主义者来讲,就是要压抑一下他们对

1859 年 10 月 4 日拍摄
于芝加哥的照片。玛丽·林肯
认为这张照片最像她的丈夫

废奴主义者约翰·布朗

逃奴法的反对，林肯在 1859 年 6 月直接给萨蒙·蔡斯写信抗议俄亥俄州共和党大会通过的争取"废除残忍的逃奴法的"决定。一旦共和党和这个问题沾上边，"我可以肯定地告诉你，共和党在伊利诺斯的事业就会完蛋"。他很可能把自己看做了竞选中的平衡因素，作为一个老辉格党人，他能联合 1856 年竞选中游移的菲尔莫尔派，作为生于南部的伊利诺斯人，他能够发挥"拥护北方原则的南方人"的作用，缓解南部对共和党激进主义的焦虑。

　　然而如果 1859 年林肯参加总统竞选，比理不清的人事关系更棘手的是共和党在公众中的形象。1859 年 10 月 17 日，当林肯为了弥补自己收入上的损失而从秋季第八巡回法庭领回一大箱材料的时候，一个出生在康涅狄格、名叫约翰·布朗的极端废奴主义者带着既有白人也有黑人的游击队袭击了位于弗吉尼亚哈泼斯渡口的联邦军火库。在堪萨斯布朗名声不好，因为 1856 年他用武器和谩骂来解决纠纷，现在他要用在军火库抢来的枪支来武装奴隶，发动奴隶大起义。他在哈泼斯渡口逗留太久，他和他的人被当地民兵包围，第二天，美国海军陆战队的小分队赶来，击毙或逮捕了所有的人，包括布朗本人。经过审讯，12 月 2 日，布朗以背叛弗吉尼亚罪被施以绞刑。尽管如此，他还是成了每天睡觉时都将屠场的大砍刀放在床上的南方奴隶主的噩梦。新奥尔良的报纸警告说，布朗的袭击是共和党在南部反对奴隶制的阴谋。

　　事实上，在这次袭击之前一些最极端的共和党人就曾漫不经心地宣布他们盼望着"纵火者的火炬点燃南方的城镇,烧尽奴隶制余孽的那一天"。在林肯"裂开的房子"演讲发表的 4 个月后,威廉·西沃德也曾口无遮拦地(未加上林肯防止误解的声明)预言奴隶制和自由是两种"敌对的制度",将不可避免地"导致支持派与反对派之间的最终冲突",迫使美国"或者完全成为蓄奴的国家,或者完全成为自由劳动力的国家"。《纳什维尔联邦和美国人报》宣称:"如果没有西沃德、格里利和其他共和党人领导人煽风点火的言论,布朗也不敢有起义的贼心。"1859 年 12 月 5 日第 36 届国会召开时(布朗被处以绞刑后的第三天),南部代表义愤填膺地谴责"黑色共和党人"发布"敌对论调,教唆起义",他们强烈要求国会对布朗袭击案进行调查,并(在密西西比参议员杰斐逊·戴维斯的动议下)提出认可德雷德·斯科特判例和勒孔顿宪法的决议。

林肯急切地提醒人民,虽然他做了"裂开的房子"的演说,但他不是约翰·布朗式的废奴主义者。此刻他不确信他是否真的有机会得到共和党总统候选人提名。2 月初,共和党州委员会在斯普林菲尔德开会,诺曼·贾德为了给自己在 1860 年竞选州长造势,很认真地让林肯考虑在下一次的共和党全国会议上提名他为伊利诺斯州的总统候选人。"能否得到总统候选人提名对我来讲没太大关系",林肯心平气和地回答说,但是他承认"如果得不到伊利诺斯州代表的支持,我会伤心"。但即使想做到这一点,他要先排除激进主义嫌疑,做到这点并非易事。该州的民主党报纸已经在叫嚣说"哈泼斯渡口事件是西沃德和林肯言论的直接后果"。林肯也不断地收到来信让他解释他的"裂开的房子"演说的含义。("如果你,或你们中的任何人能够告诉我,你们觉得我说的话是什么意思," 林肯气恼地在给他们中的一个回信中写道,"那么我就可以告诉你我是否是这个意思。")1859 年 12 月底,林肯最终禁不起杰西·费尔的请求写了简要自传,费尔要用它为林肯争取获得伊利诺斯共和党的提名,在这个自传中林肯很谨慎地强调,他"政治上一直是辉格党,通常都是出现在辉格党的选票上",在这个自传中他根本未提及奴隶制。在约翰·洛克·斯克里普斯的强烈要求下,他为《芝加哥论坛报》写了个更长的自传,他小心翼翼地解释说,他重回政坛不是由于奴隶制的缘故,而是"废除密苏里妥协案"造成的。

1859 年 10 月林肯迎来了在全国人民面前确立自己是可能当选的温和派的最重要的机会。纽约共和党权势人物组成的一个委员会邀请林肯到亨利·沃德·比彻著名的普利茅斯教会进行演讲。这不仅使林肯有机会在东海岸共和党人面前亮相,而且演讲的地点是纽约市,那里的霍勒斯·格里利、戴维·菲尔德和威廉·布赖恩特等共和党

人已经对西沃德这个纽约的宠儿能否在 1860 年
真正扛起共和党大旗心存怀疑。梅森·布雷曼打趣
说，"古代亚伯拉罕的名声已经传到国外了"。他
发现至少在西沃德共和党的批评者中，林肯"已
经成了一个值得注意的人"。

因而林肯对这次演讲的重视程度超乎寻常。
他在美国巡回法庭和州最高法院之前处理伊利诺
斯中心铁路案件时，就翻遍了州议会的图书馆，寻
找开国之父们说过的话，来证明他们从未想过让
奴隶制在美洲大陆上继续扩张，以此来反对道格
拉斯；来证明开国之父们一直认为联邦政府对准
州的组织方式和奴隶制流入准州有完全的司法
权，以此来反驳约翰·卡尔霍恩。他甚至战胜了自
己的小气，在动身去纽约前花 100 美元为自己买
了一套西装，1860 年 2 月 25 日抵达纽约之后他

1860 年 2 月 27 日林肯在著名
的库珀协会演说当日由马修·布雷迪
拍摄的照片

为自己定了昂贵的阿斯特酒店，甚至还在著名的马修·布雷迪①在百老汇的摄影棚为
自己照了张相———一张站立的全身像。日程最后时刻的改变对他也是有利的，1860
年 2 月 9 日，林肯得到通知，原定在普利茅斯教会的演讲被青年共和党中央委员会作
为西部共和党人系列演讲的一部分，改在库珀协会举行，这是更具政治意义的地方，
正是在这里，林肯得到了扭转他一生的那一刻。

演讲那个晚上天气很糟糕，纽约开始下起了雪。1500 名共和党人冒着风雪来到
库珀协会，当威廉·布赖恩特向听众介绍林肯时，气氛变得更加寒意逼人，在纽约听
众看来，林肯"怪异，粗犷，没有很好的教养"。即使是穿着最好的细平布的西装，林
肯看起来举止笨拙，尤其是他的"奇怪的高频音调"（由于紧张而有些颤抖），还有中
西部浓重的口音，都让这些纽约人在椅子上不安地扭动，心里在想，这是大草原什么
地方跑出来的长颈鹿，居然给斯蒂芬·道格拉斯带来了足足五分钟的尴尬。通常林肯
的演讲开始都很干涩，林肯作完开场的寒暄，提出："是否地方与联邦政府的适度分

---

① 19 世纪美国最著名的摄影师之一。译者注。

权或是宪法里面有什么条款禁止联邦政府来控制其联邦准州内的奴隶制呢？"格里利《论坛报》的一位记者观察到，"林肯的脸上闪出了发自内心的光芒"。

当林肯回答"是的"没人感到吃惊。1854年秋天以来几乎每场重要的政治讲话他都这样开始，他将从这个问题引入到先辈们从未许可过奴隶制的话题，他们一直计划将其逐步地取缔，这是他们对奴隶制作出的妥协。面对纽约听众他引经据典，从华盛顿到麦迪逊，他一篇篇、一句句分析他们的有关言论，提出在罗杰·塔尼和斯蒂芬·道格拉斯之前从未有人怀疑过"联邦政府要控制联邦准州的奴隶制"。像以往一样他重申，他无意攻击允许奴隶制在已建立的地点继续下去的妥协的必要性和合法性。奴隶制应当得到"容忍和保护"，但这仅仅是"由于它现在已经存在的事实使得对它的容忍和保护是必然的"，然而其前提是我们要清楚地认识到"奴隶制这种邪恶的制度不能再扩张了……这便是共和党人尽力争取的目标，据我所知，同时我也相信，只要能达到这一目标他们也就满意了"。以后不会有约翰·布朗式的袭击，也不会有联邦入侵，在南方也不会有废奴主义运动，他想要的不过是要恢复先辈们达成的那个妥协，即奴隶制在现有蓄奴州之外不再扩张。

此次演讲与之前不同的是，他的注意力没有放在道格拉斯身上，而是放在了南部。（之前辛辛那提演讲林肯对此几乎是即兴而发，因为在座有很多听众来自河对面的肯塔基）。他发表了"针对南方听众的一些讲话"，因为他现在想（或是至少被看做是）面对全国进行演讲。他希望不干涉奴隶制的保证能够安抚南方人，或者说他在责怪南方人对之前共和党的保证没能听进去。"你们指责我们煽动你们的奴隶来造反，对此我们不敢苟同，你们的证据何在？是哈泼斯渡口！是约翰·布朗！"林肯大声说道。但是"约翰·布朗并不是共和党人；你们始终无法把任何一个共和党人牵扯到他策划的哈泼斯渡口事件中去"。在德雷德·斯科特案中，南方人指责共和党人忘记了"最高法院怎样有利于你们对有争议的宪法问题作出裁决"。然而法庭裁决并不是"最终决定，对政治活动也不具最终限制作用"，尤其是当这个裁决出自"分裂的法庭"，"并基于对事实错误的陈述之上"。林肯此举与其说是对南部的规劝，不如说是他为共和党找到一个他认为可以立足的立场，此时，在座的所有人仰面看着林肯，"有那么一刻场内死一般沉寂"。怎样才能安抚南部呢？"这很简单：我们不仅一定会让他们保持现状，还要让他们相信，我们现在就正在这样做。"

但是他不想让共和党人认为这种对南部的怀柔政策是没有道德底线的，如果那样的话，他们就没有必要和道格拉斯浪费时间了，在1858年就差点这么做过。这个道德底线就是林肯在 1858 年辩论中初步划出，后来又在 1859 年的演讲中进一步明确的，即奴隶制是邪恶的，是错误的，是永远都不可能被看做是正确的。共和党人仅仅出于"必然性"尊重奴隶制的现状，但最终要限制它，因为他们知道，在道德上奴隶制是不对的。不管对南部怎样怀柔，在这一点上决不能让步。正是这一点让共和党人下定决心"不能让奴隶制扩张到准州以及我们的自由州"。到此为止，林肯已经"让全场的观众着了魔一样听下去"。最后他形象地说——"让我们相信正义即力量，并让我们在这种信念之下，敢于按照我们自己的理解把我们的职责履行到底"——"整个会场沸腾了，陷入了长久的狂热之中"。一位听众对诺厄·布鲁克斯说，"当我走出会场时我兴奋极了，全身都在颤抖，我见到了一位朋友两眼也因兴奋而闪闪发光，他问我觉得林肯怎么样……我说'他是圣保罗以来最伟大的人'"。第二天早晨《纽约论坛报》宣布："从没有人第一次在纽约亮相，就给听众留下如此深刻的印象。"

这种印象来得正是时候，此时距离共和党的全国代表大会只有两个半月。倒西沃德运动要想取得成功，也要加快行动才行。虽然有诺曼·贾德、杰西·费尔和共和党州委员会的支持，可是与西沃德和威德的强大的纽约政治机器比起来，林肯仍然觉得自惭形秽。在 3 月他写道，重要的是"不要冒犯其他人"，这样，如果忠实的党员"被迫放弃他们的首选"，就会选择他。尽管纽约的"几个绅士"保证"我的机会与那些最棒的人相当"，林肯仍然拒绝将他有意争取总统提名的兴趣公之于众，他的理由是"当一个不怎么伟大的人开始被提及担当很伟大的职务时，他的思想很可能发生微妙的变化"。对另外一个询问者他只是很模糊地回答，"至于总统候选人提名"，他非常愿意"做任何事，或什么都不做，只要对发展我们的事业有利"。当然他这样做部分出于策略上的考虑，因为不被邀请就公然争当共和党领袖非明智之举；另外，也有竞选资金方面的实际考虑，因为他自己根本拿不出钱。他在 3 月中旬写道："如果不想落得和约翰·布朗一样的下场，我根本没办法筹到 1 万美元。"

然而犹豫不等于冷漠，他仍然对民主党总统候选人的产生充满好奇。哈泼斯渡口事件使南方的民主党打消了所有妥协让步的想法。4 月（约翰·布朗死后不到 5 个月），他们来到南卡罗来纳的查尔斯顿举行民主党全国代表大会，愤怒地要求制定一个竞选纲领，将德雷德·斯科特判例立法成为联邦政策——联邦政府无权决定准州的奴隶制问题，准州议会不得"禁止奴隶的进入"。仅此一点就等于是公然给斯蒂芬·道格拉斯和人民主权论扇了一记响亮的耳光，并使道格拉斯不可能得到民主党候选人提名,因为这样党纲将让小巨人无法接受。然而南方代表没有办法召集足够的支持者让他们的纲领在大会上通过,当他们的努力失败之后,亚拉巴马代表团首先退出大会,之后密西西比,再后路易斯安那、南卡罗来纳、佛罗里达、阿肯色、得克萨斯和佐治亚的代表在发表了言辞激烈的讲话后全部退出。这么多代表的退出,从程序上打乱了大会:尽管剩下的北方代表可以轻松地提名道格拉斯做总统候选人,可是他们也没办法按照章程在剩下的代表中争取足够的选票提名道格拉斯做总统候选人,最后他们不得不在混乱中休会。

民主党全国代表大会在 6 月再次召开,虽然南方代表还是大闹退出,然而大会最终还是以多数票的形式提名道格拉斯做总统候选人。然而自此一切保持民主党团结的努力都成了泡影。6 月 11 日,查尔斯顿的反叛的南方民主党代表联合来自 21 个州的反道格拉斯的代表,召开了自己的总统提名大会,肯塔基人、做过布坎南总统的副总统约翰·布雷肯里奇获得提名。此时另一场大会也在召开,介于分裂的民主党和“黑色共和党”之间的原菲尔莫尔派辉格党人推出了年迈的田纳西辉格党人约翰·贝尔竞选总统。每个人都很清楚,民主党分裂了。如果有共和党必胜的时刻,此时便是。

林肯对这种形势了解得有多透彻呢? 在 4 月 29 日在林肯给莱曼·特朗布尔的信中他写道,由于“查尔斯顿的选举卡壳了”,他将“不再等待”,并且承认“有点跃跃欲试”。虽然此时离共和党大会召开只有两周多一点的时间,然而诺曼·贾德作为伊利诺斯州共和党委员会主席已经做足了准备工作,而且林肯做律师时跟巡回法庭四处奔波,从政以来到处演讲,结交了很多律师和政界的朋友,这个巨大的关系网也对林肯助益良多。尤其是贾德,他可能为林肯的当选做了最重要的工作。首先,他劝说共和党全国委员会将大会地点选在芝加哥,而不是西沃德很轻易就会得到提名的纽约或费城这样的东海岸城市;也不是圣路易斯,因为在这里爱德华·贝茨很可能会占据主动。随后,他通过大会座位的安排将西沃德的代表和“犹疑未决的代表团”隔离开来(多年以后,贾德向约翰·海承认,他的“两大政绩是让大会在芝加哥召开和排定大会的座位)。

另外贾德也促成了伊利诺斯州共和党大会于 5 月 9 日在迪凯特召开。贾德在冬天的时候就已经想方设法让共和党州议会核心小组把林肯作为总统候选人,林肯(以他惯有的谦虚)同意他们可以“考虑他并为他做事情,如果我们愿意为总统竞选工作的话”。现在,州大会刚刚开始,主席理查德·奥格尔斯比就将林肯作为“伊利诺斯州引以为荣的人”在一片掌声中请上了主席台。会议继续进行提名州官员的议题,

1860 年 5 月 9 日拍摄于伊利诺斯州迪凯特的照片

当会议进行到恰到好处之时，奥格尔斯比更是机智地拿出另一招："现在有个老民主党人等在门外，他想向大会展示一样东西。"奥格尔斯比宣布说。此时在大会门外的走廊上正站着林肯的表兄弟约翰·汉克斯，他肩扛两根篱笆桩，一根洋槐木的，一根胡桃木，装饰着一面旗帜，上面写着：

亚伯拉罕·林肯
栅栏木条的 1860 年总统候选人
1830 年托马斯·汉克斯和亚伯·林肯劈成的 3000 根
栅栏木条中的两根——林肯的父亲
是梅肯县的第一个拓荒者[①]

多年前，奥格尔斯比"和约翰·汉克斯先生在同一个农场干过活"，那时奥格尔斯比从汉克斯那里得知汉克斯和林肯是怎样开荒、劈木然后建造平底船将登顿·奥法特的货物运到新奥尔良。掌握此信息的奥格尔斯比让汉克斯去买回了可能是他们 30 年前劈的栅栏木条。此时汉克斯拿着旗站在门口，与会的代表大喊"收下！收下！"汉克斯扛着栅栏木条和旗子穿过会议大厅来到主席台，林肯笑着承认"是的，我和约翰·汉克斯确实在桑加蒙劈过栅栏木条……我当时劈过木条，我现在觉得可以做得更好一些了"。只此一举，贾德和奥格尔斯比就成功地将林肯塑造成了一个拓荒者之子，一个老辉格党人（像威廉·亨利·哈里森和扎卡里·泰勒一样），一个劈栅栏木条者，使人们忘掉了林肯作为一个成功的铁路律师的真正身份。在私下里，正是这些栅栏木条"困扰着他，并且据他自己判断，这正是阻止他谋取更高职位的障碍"。但是排除了这些，林肯意识到了这些栅栏木条吸引人之处在于，它们至少象征性地使他成为代表普通人的候选人。第二天早上，约翰·M. 帕尔默劝说会议让出席共和党全国代表大会的伊利诺斯代表一致提名林肯为总统候选人。

会后第二天，杰西·杜波伊斯就和戴维·戴维斯来到了芝加哥与贾德会合，为大

---

① 这面旗子上应当写的是约翰·汉克斯，而不是托马斯·汉克斯。译者注。

会进行活动。大会在市场街和湖街交界处新落成的被叫做"大棚屋"的会议厅举行，该会议厅能容纳 1000 名会议代表及 10000 名观众。伊利诺斯人知道，在这些人当中，大多数人以为第一轮投票的结果就能决定本次总统候选人提名非西沃德莫属。早在 2 月，威德批评了《芝加哥论坛报》支持"那个大草原政治家"林肯的约瑟夫·梅迪尔。他说："要知道在林肯只是个伊利诺斯州乡村律师的时候，西沃德已经成为共和党原则真正的导师。"威德来到芝加哥开会的时候，他确信他已经为西沃德稳稳拿到了 150 张选票，再有 84 张选票，西沃德就可以得到提名了。格里利，西沃德的政治克星，作为俄勒冈代表团的代表参加了大会，但是他正在给贝茨打气。甚至没有一份纽约报纸提到了林肯被提名的可能性。5 月 12 日的《哈泼斯周刊》勉强提到他，列在西沃德、萨蒙·蔡斯、贝茨以及其他 7 人之后。约翰·萨维奇和 D. W. 巴特利特在大会之前出版了两本政治手册，上面包括了所有有希望被提名的候选人的传记，然而他们两人都没有想到要加上林肯。林肯本人没有参加会议（虽然他很想参加），以免显得"鲁莽"，西沃德也出于同样原因没有到会。

尽管西沃德声名显赫并且人脉很广，戴维·戴维斯（正如杰西·杜波伊斯在 5 月 13 日写给林肯的信中所言）"正在进行白热化的工作，我这辈子还没有看到他这么努力地默默工作过"。戴维斯和杜波伊斯所做的纯粹是政治游说，要点只有一个，就是西沃德不可选：他们对共和党温和派说，众所周知西沃德太激进，很可能引起"不可控制的冲突"；他们对反对奴隶制的激进分子说，西沃德是个不可靠的改革者；他们对将信将疑者说，道格拉斯只能被另一个西部人打败。"如果将西沃德或者蔡斯推出实在是太危险了，"爱德华·L. 皮尔斯回忆说。"那么剩下的人选就只有麦克莱恩法官、贝茨和林肯。同时，《芝加哥论坛报》的梅迪尔和雷打算在报纸上连续发表文章力挺林肯。该报在 5 月 15 日，以一篇很长的社论来欢迎与会的代表，其中热情赞扬了林肯，说他"在充分尊重南方的同时，主张党走向有限度的激进方向"，但同时"他在奴隶制问题上充满智慧的保守态度，使他的主张和行动非常符合国家在这个问题上的成熟的观点"。虽然林肯警告过戴维·戴维斯不要以向某些代表团的重要人物许诺内阁席位的方式来征得支持，然而当劝说无效时，政治交易恰恰是戴维斯所采取的手段。

大会的前两天用来讨论代表的资质和竞选纲领，第三天，大会开始了总统候选人提名议程，一开始纽约的威廉·埃瓦茨就提名西沃德；几乎同时，诺曼·贾德站起来提名林肯，之后被提名的是新泽西的威廉·戴顿（此人在四年前在争取弗里蒙特副总

1860 年 5 月 20 日林肯在获得共和党
总统候选人提名后拍摄的照片

统提名的竞争中战胜了林肯），再后是宾夕法尼亚的西蒙·卡梅伦，后面还有约翰·麦克莱恩、爱德华·贝茨和萨蒙·蔡斯。让瑟洛·威德高兴的是，第一轮投票西沃德拿到了 173 票即 1/2 的选票。然而让他沮丧的是此轮有 102 票不是投给了蔡斯或戴顿或贝茨或麦克莱恩，而是投给了亚伯拉罕·林肯。西沃德的支持者毫不动摇，要求第二轮投票，不出所料，那些巨头开始失势，贝茨下降到 35 票，戴顿 10 票。但是余下的选票没有转向西沃德。戴维斯和杜波伊斯前一天晚上在代表们居住的宾馆里做了很多工作，宾夕法尼亚、印第安纳和新泽西代表团的票现在投给了林肯。

第二轮投票之后，西沃德多了 11 票，但是林肯的总票数已经达到了 181 票。大家都呼吁进行第三轮投票，不到四分钟西沃德的阵营就开始动摇了，选票开始纷纷流向林肯，直到林肯还差 2 票就可以赢得提名。整个"大棚屋"都屏住了呼吸，约瑟夫·梅迪尔向俄亥俄的戴维·卡特轻声许诺，说如果俄亥俄支持林肯，那么萨蒙·蔡斯就可以得到"他想得到的一切"，受到这一许诺的激励，在"大约时钟滴答了十下之后"戴维·卡特站起来宣布俄亥俄的 4 票从支持蔡斯转投给林肯。之后一片吼声震撼了"大棚屋"。辛辛那提记者穆拉特·霍尔斯特德写道："你可以想象一下辛辛那提所有被杀的猪死前在一起号叫的声音。""我想西沃德阵营的声音无人能比，但是林肯的人……让整个建筑的每一块板和柱子都要摇晃起来。"那些犹豫不决的代表团现在都把票争相投给林肯，最后声音洪亮的威廉·埃瓦茨提议让林肯提名获得一致通过。"西沃德的人若有所思地默默离开了这个屠场，他们感到的羞愧多过难过。查尔斯·科芬看到瑟洛·威德"用手指用力压住眼睑，不让泪水流出"。

"我们成功了，感谢上帝！"发往斯普林菲尔德的电报率先传递着这个消息，在那里林肯翻阅着《伊利诺斯州日报》的新闻简报已经等了整整一天，他曾经在万达利亚为这份报纸写过讽刺文章，该报的编辑查尔斯·赞恩，将电报的条子递给林肯，他

1860年竞选海报

默默地读完。"从第二轮投票我就知道结果会这样",他简单地加以评论。林肯走出房间面对欢呼的朋友,他只想说:"好的,先生们,我们家里的小妇人可能会对这个电报比我更感兴趣,所以请大家原谅,我要把这个消息拿给她看看。"

当最初的兴奋渐渐退去,林肯意识到他的提名很意外,甚至可以说纯属偶然。这是"因为和道格拉斯法官为竞选参议员而进行辩论使他声名大振,所以才令他战胜西沃德偶然得到提名",林肯对前众议员查尔斯·莫尔黑德解释说。他对费城的塞缪尔·哈特说,他不确信他"能否称职",他接受提名"是由于这个决定是加给他的",他"将此看做是责任"。这样说部分是出于在 1860 年任何一位政治家都会采取的在公众面前表示谦逊的姿态。当时总统竞选仍然要求候选人看起来更像个从事耕种的朴实的辛辛那提农夫,是出于人民的召唤(而不是自己的野心),为公众服务。林肯和其他 1860 年前的总统一样,甚至没有亲自参加竞选活动。但林肯同时也很现实:除了在和道格拉斯辩论时短暂地成为舆论中心之外,全国大部分人还不知道林肯为何许人也。吉迪恩·韦尔斯记得"很多活跃的政治家对林肯获得提名都感到非常失望"。《托莱多翼报》非常肯定地说林肯"不是新人",但是接下来连续两次将林肯的名字拼错。南部的极端主义者刚开始对林肯提名表现了"温和的……愉快的态度"。但是后来他们认定这是用"高超的政治手腕"来欺骗南方,并瓦解南方的团结。查尔斯·芬尼这样的共和党福音派信徒非常吃惊,共和党会提名这样一个 "对被压迫种族的人道主义标准如此之低"的林肯。林肯和道格拉斯的辩论确实展示了林肯

1860 年 6 月 3 日林肯获得共和党总统候选人提名两星期后的照片。穿着随便的林肯特意打扮了一番

此照片拍摄于 1860 年
11 月 25 日。这是林肯第一
张留胡子的照片

1860年8月9日林肯在斯普林菲尔德的住宅被欢呼的人群包围

"智力和法庭辩论能力",可是按照福音派的道德标准来衡量,却"乏善可陈"。

在困惑和不安这两个极端之间,几乎所有人都对林肯抱有极大的好奇。5 月 19 日大会派一个小组来到斯普林菲尔德告知林肯他被提名的消息,他们希望此行能听到林肯一些强有力的新主张。各个报社也派出记者以满足读者林肯到底是何许人,到底有何主张的好奇。以瑟洛·威德为首的心急的政客也光临斯普林菲尔德,来讲和或是申明自己的主张。在那个夏天一共有 13 篇竞选传记出炉,包括林肯自己所写,由约翰·洛克·斯克里普斯编辑的那一篇。同时还有受雇于东部共和党委员会的几个画家来给林肯画像,全国还有 17 个版本的林肯照片,用于杂志的插图。虽然画家们已经尽力,然而对于林肯的长相他们还是无能为力。几个"非常认真"的纽约共和党人"直率而坚定"地认为林肯"要改善外表",为了"成为最好看也是最好的一个候选人",应该"留络腮胡子穿立领"。素来就对共和党不怎么友好的《查尔斯顿水星报》十分吃惊地发现林肯的长相"像个可怕的倒霉蛋,长得黝黑,不像个好人;简直是肉豆蔻商人、马贩子和淘厕工的奇怪组合"。一个佐治亚的讽刺家这样描述他:

> 高颧骨,面容粗糙,
>
> 就像咸猪肉,又皱又硬;
>
> 长鼻子,又大又丑,
>
> 就像饿得发慌的伊利诺斯公猪的拱嘴;

腿长脸也长，

　　就是长腿一族出产的一个长家伙……

　　这种话林肯听得太多了（就连一个 11 岁的小崇拜者，小女孩格雷斯·比德尔，也告诉他如果你留胡子的话"就会好看得多，因为你太瘦了"。）他屈服了，到 11 月他真的开始留起络腮胡子来，胡子不仅使他的腮部线条柔和起来还为他的面部增加了一分长老会长者的风采。但是不管朋友、政客、报界、南方的激进分子怎样恳求他透露一些当选后的政策，他都不肯屈服。"我已经出版的演讲稿几乎包括了所有我想说的"，他对纽约一个好奇的废奴主义者说。他对大会派出的通知小组表示了谢意，但是他非常谨慎地拒绝发表任何政治言论，只是说党的纲领"我都赞同，我一定不会违反或忽视这些纲领"。在他被提名的那一天，他在家门口的集会上面对无数热情的听众，只是重复了以前公开过的文字和演讲的内容。

　　几周之后，要求林肯就"某些政治问题"发表观点的要求如此之多，以至于林肯在州议会大楼借了间办公室，雇了一个秘书（一个出生于德国的共和党记者，名叫约翰·尼古拉，1856 年在迪凯特的编辑小组第一次见到林肯），然后就开始散发一种固定格式的信件，很礼貌地告诉询问者"当他被提名的时候，他的主张就已经广为人知了，他现在不能随意更改主张，那是对民意的不尊重"。想到州议会他临时办公室拜访他的人都先要由尼古拉过滤，林肯告诉他，只安排那些实在是"推脱不掉"和"不会让我作出任何承诺的人"见面。直到 7 月中旬，林肯才给大会提名的副总统候选人汉尼巴尔·哈姆林写信，此人曾是缅因州的民主党。

　　林肯这样做不是因为他过于谨慎。道格拉斯已经打破先例，在所有的自由州和南方大部分州到处做竞选演说。林肯曾经问过共和党全国委员会，他是否也该这样做。但是威廉·布赖恩特在 6 月份告诫他说，"作为候选人不要做演讲，不要写信，"因为这些都可能被歪曲为党内斗争，或者被布雷肯里奇或道格拉斯利用，来争取摇摆不定的选票。林肯自己

1860年夏天林肯在斯普林菲尔德的家

也发现一点小事就会让这些人大做文章。他曾对塞缪尔·海克拉夫特不经意地说,如果他回到肯塔基州的出生地,会被当地的奴隶主处以私刑。几周后,《纽约先驱报》就报道说全肯塔基人都想"对我施以暴力",林肯不得不在所有肯塔基人决定不选他之前,赶紧让海克拉夫特和共和党全国委员会出面澄清。8月,林肯被邀请在马塞诸塞的斯普林菲尔德举行的全国博览会作演讲,他听从了共和党全国委员会不要接受邀请的建议。布赖恩特告诫说,聪明点,让民主党去分裂好了,"这样你就可以当选了"。

早在7月局势就很明朗了,布赖恩特说的没错。"我认为,现在共和党获胜的机会非常大",林肯给汉尼巴尔·哈姆林的信中写道。7月4日,他给安森·亨利的信中也写道,"现在看起来,芝加哥推选的候选人会当选"。8月18日,共和党全国委员会的秘书乔治·福格向他保证,"竞选属于我们,胜利属于我们"。连玛丽·林肯也"很有信心丈夫会当选"。罗伯特·林肯也被人戏称为"栅栏木条王子"。秋季伊始,在最初的州竞选中北方共和党候选人只以微弱优势获胜,甚至(在罗得岛)败选,此时共和党经历过短暂的不安。然而到了10月,宾夕法尼亚和印第安纳的共和党候选人以强大优势当选州长,在接下来的州议会选举中,共和党也取得了大多数的席位。"现在看起来,政府要落入我们的手中了",10月12日,林肯在写给西沃德的信中这样说。

第六章　偶然当上总统

然而"落入"的过程可能与林肯的想象有点出入:在11月6日举行的大选中,林肯获得了180万张选票,大大超过有令人吃惊的表现的道格拉斯的130万张选票,负隅顽抗的南方候选人布雷肯里奇的85万张选票,老辉格党约翰·贝尔的58.8万张选票。这就是说林肯只获得了不到40%的普选票,比他预计的少了很多。布雷肯里奇和道格拉斯加在一起——如果民主党没有分裂——就可能以很大的优势击败他。(除非所有贝尔的选票全部归林肯,林肯才能击败没有分裂的民主党而获得完全的胜利。)当然,布雷肯里奇和道格拉斯的选票不可能合在一起,即使合在一起,也只能在(自由州中的)加州和俄勒冈拿走林肯的选举人票。林肯在选举人名额丰厚的北方州战绩不俗,傍晚时分,局势就已经很明显,林肯已经获得了大多数的选举人票。最终,当西部各州的统计结果出来以后,林肯获得了180张选举人票,布雷肯里奇72张,贝尔39张(来自弗吉尼亚、肯塔基和田纳西)道格拉斯只有12张(只有密苏里和新泽西)。

这一天的大部分时间,林肯都呆在州议会的临时办公室里面,"平静地关注外面的进展",大约下午3点钟,到法院去投出了自己的一票,傍晚他在西联电报局密切关注大选的消息。午夜时分局势已经非常明朗了,林肯参加了庆祝晚会。在午夜1点30分他回到电报局,最后确认结果,凌晨他才回家,然而此时他过于兴奋不能入眠,"因为我此前从未感觉过这种责任真的在我肩上的感觉"。

南卡罗来纳议会正在等待这一消息。整个夏天和秋天,随着民主党的失败越来越成为定局,南方的白人开始考虑林肯当选意味着什么。他们觉得事态不妙。虽然林肯可能在废奴和扩张奴隶制之间选择中间路线——采取限制奴隶制的政策,但是在下南部很少有人不认为限制不过是种隐蔽的废奴,林肯不过是披着伪装的废奴主义者,此观点在南卡罗来纳更甚。尽管林肯不会鼓动国会通过废奴法案,但他仍然拥有非常广泛的权力来动摇南方各地的奴隶制。总统和他的政党有权任命邮政局长,这些人就可能成为废奴宣传的积极分子;他们还可以任命法官和法院执行官,这些人可能会拒绝缉拿逃跑的奴隶;他们可能利用联邦资助来鼓动南方不是奴隶主的白人反对种植园主阶层;他们甚至还可以通过任命军官,把每个南方的联邦陆军和海军驻地变成哈泼斯渡口。受到威胁的"边疆各州"的奴隶主就会把他们的奴隶倾销到南方腹地,这样就会导致奴隶价格降到"每个100美元",从而使"4.3亿美元的投资化为乌有"。"他们知道只要南方留在联邦内, 他们就可以肆意掠夺……通过各种形式的豪取强夺",新奥尔良的报纸警告说,"在联邦内,如果不以内战相要挟,他们就可以而且一定会掠夺南方的奴隶财产,如果这样的事情发生,那么不受他人控制的南方就一定会发动内战。"

南卡罗来纳不想等待这一时刻的到来。《查尔斯顿水星报》甚至在大选前就宣布"屈服的恐怖比联邦解体的恐怖大十倍"。11月5日州长威廉·H.吉斯特召集议会特别会议,投票"提议退出联邦成立南部同盟"。12月17日议会召开,几乎未经过任何辩论,就在12月20日在查尔斯顿的脱离厅一致通过了脱离联邦法令,并下令鸣钟放礼炮,派出特派员将脱离法案发放到其他每个蓄奴州,号召"各个蓄奴州的人民"加入"他们成立伟大的蓄奴州同盟,它的疆域将超过任何一个欧洲国家"。这个号召在密西西比受到了欢迎,他们只用3个星期的时间就以85对15票通过脱离法案;佛罗里达于1月10退出;亚拉巴马紧随其后,于次日退出;最后佐治亚于1月19日,路易斯安那于1月26日,得克萨斯于2月1日也宣布退出。6个星期之内,所有下南部各州都脱离了联邦。2月4日,来自这些州的另外一批特派员在亚拉巴马的蒙哥马利聚首,成立联盟,这就是美利坚诸州同盟。

这股脱离热潮引起了恐慌。北方的金融市场发生了动荡,因为北方的借贷人认为退出意味着南方人拒绝偿付借贷。存款人取光了银行的钱,在华盛顿、费城和纽约都停止支付金属货币。"这个国家将经历金融崩溃"的预言似乎马上就要变现实,现已恢复活力的参议员查尔斯·萨姆纳哀叫"如果不赶紧采取措施,这个国家最好的企业中有过半会被毁掉"。詹姆斯·布坎南总统十分担心政治上的崩溃。当1860年12月3日第三十六届国会召开最后一次会议的时候,总统在年度国情咨文中强烈指责北方"长期、过分干涉……南方各州的奴隶制",并且要求"不再干涉南方,让南方各州自主处理州内部事务"。虽然他强烈反对南方退出并认为这不合法,但是他却无能为力,因为这很可能引发南北方的内战。国会按照宪法"也没办法强制一个脱离州回到联邦"。

布坎南希望释放这些良好的愿望,阻止南方的退出。有些国会议员也希望用这个办法给退出降温,他们提出所谓退出一揽子方案——恢复密苏里妥协案,废除总统制,将联邦划分为三个平等的行政区等等。其中最引起关注的是由肯塔基忠诚可靠的老辉格党参议员约翰·J.克里滕登提出的方案,他努力扮演拯救国家于危难的调解人的角色,在12月18日他提出6项宪法修正案以及4项现行决议,建议永久恢复密苏里妥协案,禁止国会对蓄奴州或哥伦比亚特区的奴隶制采取任何措施,加强对州际奴隶贸易的限制,并且对逃奴的主人给予经济补偿。克里滕登警告说,南方"已经下定决心,一旦林肯当选,他们不会屈服,会以退出联邦来摆脱命运"。所以只有靠"一揽子宪法条款——才能让各地区都得到平等的对待",才能"让这股后果严重的风波彻底平息并得到永久的解决"。

无论林肯还是共和党都不相信这些。"林肯不相信也不能被说服相信南方真的会退出或挑起内战,"俄亥俄州政客唐·派亚特写道,他的"不出90天我们的国家将到处是白色的帐篷"的预言激怒了林肯。林肯不肯相信的原因是他一直坚信人类行动的基本出发点是自身利益。因为退出对南方各州不利,所以就不会有退出这样的事情发生,林肯的这一推理让派亚特确信"这个奇怪的天才毫无疑问是个怀疑论者,他对人性的了解太肤浅",而且"这种肤浅的了解使他不能明晰南方的局势"。另外,到2月通过脱离法令的州还不到蓄奴州的一半,密苏里、肯塔基、马里兰、特拉华、弗吉尼亚、阿肯色、田纳西和北卡罗来纳还在处于不同程度的观望阶段,有些州(如特拉华)按兵不动,其他州(如弗吉尼亚)召开了进行观望的州脱离大会。很多共和党人认为脱离联邦是虚张声势,用来威胁共和党放弃他们的政治原则。威斯康星德裔共和党领袖卡尔·舒尔茨调侃地说,南方过去曾威胁退出,"出去,喝一杯,然后再回来"。这一次不过是"喝两杯再回来"。马塞诸塞共和党人亨利·威尔逊说这些退出联邦的大会不过是又一个"脱离联邦的闹剧",是蓄奴势力跳出来"惊吓和恐吓懦夫,让奴仆更听话更服从",并且"激起懦弱保守势力的自私本能"罢了。

林肯(在 12 月他搬出了州议会大楼,在广场对面租了个套房用作办公室,因为要给新来的州长和州议会的成员让地方) 不认为南方脱离联邦的威胁会变为现实,所以他觉得没必要匆匆忙忙来修改党纲。一年前在辛辛那提的演讲中,他认为南方以脱离相威胁是可笑的,现在看来也是可笑的。他对赫恩登说,"他不会相信南方要推翻政府,"他又在写给约翰·弗赖伊的信中说,他已经得到了"很多……南方人的保证,他们不会真的脱离联邦"。11 月 10 日前康涅狄格州参议员杜鲁门·史密斯请求他发表公开声明以平定金融市场的动荡,他婉言拒绝了这个邀请,因为安抚市场就等于说他们真的在担心。"我不是对可能存在的商业和金融危机无动于衷,"林肯写道,"但是讨好巴结这些惹起事端的'外表体面的恶棍'不会有任何好处。"将南方脱离叫嚣当做真正与联邦断绝关系信号的金融家是搞错了形势;脱离分子叫得越厉害,就越说明他们的绝望,脱离联邦就越不可能。"脱离分子们现在热切地想摆脱联邦,是因为他们现在没法让南方人相信他们的家园、家庭和生活正因为联邦政府的行为而受到威胁。"在南卡罗来纳脱离联邦大会召开的前几天,林肯告诉费城的一个记者,"南方的形势现在到了最糟糕的时刻,他们可能在将来加以改正"。一个月后他再一次很有信心地说:"脱离分子们已经面临被推翻的危险。"

林肯对南方脱离联邦威胁的迟钝反应可能是他此生最大的政治误判。他认为 19世纪 50 年代的奴隶制扩张狂热,以及这一次的脱离热潮,都是导致堪萨斯—内布拉斯加法案的那一伙寡头种植园主政客还有一向误导和操纵南方非蓄奴普通白人的民主党精英分子搞的鬼。林肯的政治生涯都是和移居到伊利诺斯的这样的普通自耕农在一起,林肯相信他们不喜欢废奴主义者,也不喜欢精英种植园主阶层。唯一使他们听从这些精英的原因是民主党惯常使用的蛊惑煽动, 随着这些蛊惑煽动被揭穿,他们就会坚持自己的主张,这样联邦就会得以恢复。年轻的约翰·海预言:"一旦在南方打出联邦的旗帜,紧随其后的人会多过那些脱离派领导人的想象。"那些支持奴隶制的主张不过是贵族阶层用来煽动白人的恐惧的花招,同时也用来胁迫北方人。达夫·格林,一个杰克逊时代的老记者,林肯在国会当议员的时候就认识林肯,他作为布坎南总统的私人代表于 12 月来到了斯普林菲尔德,林肯拒绝了作妥协声明的请求,只是重申了党纲。"旧的记录"已经印在那里,没有办法改变,他们所求的是一些

财政部长萨蒙·蔡斯

国务卿威廉·西沃德

"新的纪录",希望林肯能够"表现得似乎因为当选这件'憾事'而后悔,并且急于道歉和请求原谅"。

　　这也正是起初他为什么不理睬国会里面任何妥协的声音的原因。在国会的跛鸭会议刚刚结束后,林肯写信给莱曼·特朗布尔说:"风暴总会来临,现在来总比以后任何时候爆发好。"同时他也对萨蒙·蔡斯的特使理查德·帕森斯说"不管怎样,联邦必须要保持统一"。在他的政治词汇里(他对瑟洛·威德说)没有任何词汇说明"州可以脱离联邦而独立"。达夫·格林恳求林肯"到华盛顿来"并且以共和党旗手的身份支持"克里滕登先生提出的方案,延长密苏里妥协案",但是林肯拒绝了。当然,如果整个国家都支持克里滕登的宪法修正案,那么他也不会反对。林肯并不认为克里滕登的让步是个很好的妥协方案。他对奥维尔·希克曼·布朗宁说:"自由州如果不放弃所有值得保护并为之抗争的东西,南方就不会满意,克里滕登就不应提出他所提出的所谓宪法修正案。"当克里滕登的修正案分别在参众两院的特别委员会表决通过时,林肯放弃了他不表态的原则,调动"他的资源"对国会共和党施加影响阻止克里滕登提议的通过。

　　林肯不担心国家会分裂,他担心共和党会不团结,所以林肯认为妥协是最好的方针。当选的当夜起,林肯就在筹划内阁的名单。奇怪的是,排在名单首位的是威廉·亨利·西沃德。他有着"清瘦慵懒的身形,头就像聪明的金刚鹦鹉的脑袋,尖尖的鼻子,

第六章　偶然当上总统

199

海军部长吉迪恩·韦尔斯　　　　　　汉尼巴尔·哈姆林

浓重的眉毛",西沃德长得样子就像个政治家。的确,除了他"不可调和的矛盾"的演说表现出的激进,这个前辉格党参议员及州长,比克里滕登更愿意获得拯救国家的伟大调解人的名声。虽然西沃德对5月在"大棚屋"的意外败北而恼怒,可是这个纽约人在共和党中权倾一时,加上他的政治手腕,林肯没办法忽略他。另外他在外交方面的经验使他顺理成章地成为国务卿的人选,经过一番推辞,他同意担当这个内阁首要的职位。

接下来林肯考虑的是萨蒙·蔡斯。他身材高大,健壮魁梧,神经质地自以为是,"坚决反对妥协与让步,"他坚决拥护共和党的思想,在性格上与西沃德截然相反。"强硬而积极的蔡斯入阁会破坏内阁的团结,"纽约记者威廉·塞耶写道。(当西沃德得知他不得不和蔡斯同在内阁工作时,他试图收回担任国务卿的承诺,深为这个影响力颇大的纽约人所扰的林肯几乎在宣誓就职的当晚放弃了俄亥俄人蔡斯。)但是,蔡斯是共和党废奴主义者的宠儿,像当选的副总统哈姆林一样,他的另一个优势是他曾是自由土壤派的民主党人,这样就可以联合阿巴拉契亚以西的民主党人,他们在1860年的选举中放弃了道格拉斯,为共和党投票。在1858年的选举中,蔡斯也是少数几个反对道格拉斯、毫不含糊地支持林肯的有全国性影响的共和党人之一。林肯承认他对蔡斯"很有好感"。后来蔡斯担任了财政部长这个内阁中第二重要的职位,当林肯任命康涅狄格州的吉迪恩·韦尔斯为海军部长之后,新英格兰的反奴隶制积极分子们平静了。

西沃德和蔡斯在不同程度上代表了共和党在奴隶制问题上截然不同的两个极

端。另一方面，还没有得到西沃德回话之前，林肯就已经见了爱德华·贝茨和掌控他的弗朗西斯·布莱尔，贝茨这个前辉格党人在共和党大会上也得到了一些选票。林肯与这两个人的共同之处是都不想让共和党政府采取任何激进的动作。他直接向贝茨和布莱尔提出让边界的蓄奴州接受联邦主义，尤其是密苏里。如果西沃德拒绝担当国务卿，他甚至想让贝茨掌管国务院，因为在政治上林肯更接近贝茨。最终他任命贝茨为司法部长。他对上南部剩余的联邦主义击败脱离主义的信心还表现在他邀请弗吉尼亚的罗伯特·斯科特以及佐治亚的亚历山大·斯蒂芬斯（他在佐治亚州议会曾激烈反对过脱离联邦），还有北卡罗来纳的约翰·吉尔默入阁。这三个人都是前辉格党人，这些人都能说明脱离联邦是没有市场的，不过是少数南方民主党中持极端保守观点的反动分子而已。另外，他任命弗朗西斯·布莱尔的儿子蒙哥马利·布莱尔为邮政总长，代表西部，同时也代表布莱尔家族。

之后就是纯粹作为政治回报而任命的内阁成员了。印第安纳和宾夕法尼亚在"大棚屋"林肯提名大战中起到扭转性的作用，虽然林肯曾说过他不会接受大会上的政治交易，但最终还是向印第安纳的凯莱布·史密斯和宾夕法尼亚的西蒙·卡梅伦作出了让他们入阁的承诺。尤其是卡梅伦，林肯实在是不得已而为之。此人为前民主党人，身后有詹姆斯·布坎南撑腰，他因腐败的政治交换赢得恶名，而政治交换正是林肯所痛恨的，虽然"因为腐败，一提他的名字人们就捏鼻子"，然而党派忠诚一定要顾及，就这样卡梅伦被任命为陆军部长。

他希望带入内阁的南部辉格党人中没有一个表示要帮助林肯。并非脱离联邦的病毒消耗了自身的能量，而是出现了新的问题。当每个退出的州和联邦政府脱离关系的时候，如何处理其境内的联邦财产和永久性军事基地成了问题。如果退出不仅仅是恐吓，所有脱离联邦的州的确都不能允许它们保留下去；但是夺取或占领它们的极端举动将会引起布坎南政府的注意，视其为接近战争的挑衅之举。在很多情况下，要塞、铸币厂和海关的人员暗中将它们交与州的控制之下，如果每个联邦前哨基地都这样去做，新建立的南部同盟各州就可以顺利走上独立之路。但是有几个联邦要塞对降旗投降的一切呼吁都置之不理。情况最严重的位于查尔斯顿港航道中央的萨姆特要塞，几乎处于脱离厅的炮火射程之内，南卡罗来纳无望强迫这个小小的炮兵要塞屈服。

萨姆特要塞里的炮兵们从来没有打算留在那里。他们的指挥官罗伯特·安德森少校是肯塔基人，是个奴隶主，他在危机初现的时候被派到查尔斯顿，暗中表示布坎南政府不会公开干涉南卡罗来纳人。实际上，当安德森前来接管负责防卫查尔斯顿的炮兵连的时候，只有少数几个炮兵驻扎在莫尔特里要塞的岸边，以为一旦南卡罗来纳提出要求，安德森就会愉快地投降。但是安德森是个彻底的职业军官，真心相信"奴隶制和其他事情都不应妨碍联邦的统一"，没有上级的直接命令，他不会放弃任何联邦驻地。南卡罗来纳脱离联邦的法令通过六天后，安德森秘密集合了他那个不堪一击的连队及其辎重，划着船来到查尔斯顿港中央的萨姆特要塞这个安全之所，尚未完工的要塞虽然没有被使用，但是从军事角度看具有无可比拟的优势，这是个建于碎石沙嘴之上的低矮的五边形砖结构工事，查尔斯顿码头前沿一览无余。

12月27日查尔斯顿人醒来后发现安德森已经藏身于萨姆特要塞，他们的政治愤怒一并爆发。他们向布坎南总统派出了三个南卡罗来纳特使，谴责他背信弃义并要求安德森的驻军撤回到莫尔特里要塞。布坎南此前在12月确实作出不破坏查尔斯顿的现状的承诺，即将去职的内阁成员中的三个南方人恳求他屈从于南卡罗来纳的威胁。但是布坎南内阁中还有三个同样固执的北方民主党人——其中有司法部长、曾在麦考密克收割机案件中嘲笑林肯的埃德温·斯坦顿——陆军老资历的少将温菲尔德·斯科特（曾是辉格党总统候选人）私下里告诫道，安德森不该撤出，应该对其进行增援。布坎南最终拒绝发出让安德森放弃萨姆特的命令。南卡罗来纳的回应是，占领查尔斯顿的联邦军火库，当布坎南派出没有武装的供给船"西部之星号"进入查尔斯顿港为安德森提供补给时，暴怒的南卡罗来纳人在港口周围开始修建的炮兵阵地开火攻击，迫使"西部之星号"撤退。

早在1860年9月，林肯首次被告知查尔斯顿港可能发生冲突，斯科特将军在12月私下里通知林肯

镇守萨姆特要塞的罗伯特·安德森上校

（通过伊利诺斯的众议员伊莱休·沃什伯恩）莫尔特里要塞的炮连和未设防的萨姆特要塞正处于被分离主义者占领的危险之中。林肯马上捎话给斯科特"就职之后我将命令他尽量做好准备，保住这两个要塞或者在需要时夺回要塞"。一天之后，他对另一个来自高级军官戴维·亨特少校的秘密警告作出了回应，在就职之前他只能"静观其变"，但就职后，"如果这两个要塞陷落，我的看法是他们应该被夺回。"虽然他曾向亚历山大·斯蒂芬斯承诺"共和党政府将"永不"直接或间接干涉"州的事务，林肯的底线是不向分离主义者让与联邦的财产。

仅从一个辉格党国家主义者的角度看，要塞是联邦财产，代表着根据法律、州无权侵犯的权威。此外，南卡罗来纳的小块土地控制在联邦手中的时间越长，脱离联邦的假设就越显得空洞。墨西哥湾沿岸各州没有组织起来的联邦主义者将得到更多的支持，这可能促成爱德华·贝茨号召的"真正的人民""起来反抗叛国者，迫使他们重新效忠联邦"。即使"布坎南先生交出了要塞，我认为必须夺回它们"，林肯向斯科特将军提议。在1月中旬、"西部之星号"在查尔斯顿港被拦阻10天之后，林肯对《纽约论坛报》的记者说："当政府面临遭到破坏的威胁，而且大家都同意我们的制度可以被降低到墨西哥现在那种混乱的状态，我会考虑进行任何形式的让步。"

但是对林肯而言，这仅仅意味着不表示出对萨姆特形势特别的忧虑是多么的重要。事实上，在民主党当政近十年之后，他需要花费大量的精力来处理组建共和党政府这件更为平常的事务。共和党政府即将组成之际，共和党的忠诚分子努力争取竞选胜利获得的好处。"大家热切地图谋得到一官半职"，新罕布什尔州委员会主席、据说可能进入内阁的阿莫斯·塔克带有讽刺意味地评论道。"共和党每一个狡猾的政客都急匆匆地到他们不曾播种的土地上收割庄稼。"没有在州议会大楼对面林肯那套办公室外排队的人通过信件向他喋喋不休。到了1月中旬，向林肯求职的信件数量"惊人地"增多，约翰·尼古拉不得不用"大购物篮"从邮局带回每天寄来的邮件。

此刻林肯不再阅读所有的信件。"如此多的来访者和如此多的信件占用了他的时间"，林肯对一位伊利诺斯的记者说，除非尼古拉认识写信的人，大部分信件被"毫不留情地付之一炬"。到1月底的时候，尼古拉不得不说服林肯又雇了一个秘书，他叫约翰·海，是个充满朝气、言辞尖刻的布朗大学毕业生，当时他在他的叔父米尔顿·海和斯蒂芬·洛根的律师事务所学习法律。"你没有开始对这种无休止的吵闹感到些许厌倦吗？"罗伯特·托德·林肯从菲利普斯·埃克塞特学院（他在去哈佛之前在那里进行一年的心理强化训练）给他父母的信中写道。

约翰·海

在当选的幸福愉快逐渐褪去，当将要离开斯普林菲尔德去华盛顿就职更加临近的时候，林肯陷入了极度的伤感和无拘无束的情绪之中。伊利诺斯中央铁路公司法律顾问梅森·布雷曼的女儿埃达·贝尔赫奇惊奇地发现林肯花 "几乎整个晚上讲有趣的故事和笑话。我几乎意识不到正坐在威严的活生生的总统旁边"。在 1 月底他从那些如饥似渴的求职者中逃脱，来到了伊利诺斯的查尔斯顿，雇了一辆小马车去拜访约翰·汉克斯和 72 岁的萨拉·布什·林肯。"我不想让亚伯……当选，"她后来对赫恩登说，因为她 "在心里感到（他）可能会出事"。他轻轻地擦去她的眼泪："不，不，妈妈。"他答道，"相信上帝，一切都会好的。我们会再见面的。"在赫恩登面前，林肯回忆起所有那些人们用来说服林肯不和他合伙的主张，然后告诉赫恩登留着 "林肯—赫恩登律师事务所"的招牌。"如果我还活着，过一段时间我会回来，"林肯承诺道，"到那时我们马上开业，就像什么也没有发生过一样。"

新塞勒姆旧时的记忆冲击着林肯，将近 30 年来林肯第一次追忆起早年对安·拉特利奇的爱慕之情。"那是真的——我确实求婚了"，当艾萨克·科格代尔问他是否曾向安·拉特利奇求婚时，林肯回答道，"直到现在我还爱着拉特利奇这个名字"。仿佛玛丽·托德·林肯从来没有存在一样，他接着说道，"我的的确确爱着这个姑娘，现在常常想起她"。他逃离州议会大楼，躲开接踵而来令人筋疲力尽的来访者，溜进共和党州教育负责人牛顿·贝特曼的办公室，非同寻常地开始了对宗教的思考。"我不是个基督徒。"他承认道。"上帝知道我将会成为基督徒，"如果他能知道的话；让他感到奇怪的是那些承认是基督徒的人实际上可能维护奴隶制。"看起来在宗教的教师们根据《圣经》为其辩护之前，上帝好像容忍这件事情。"

他小心地表现出不特别急于离开斯普林菲尔德的样子。詹姆斯·康克林在新年那天写道："林肯先生平静地对待退出联邦所带来的麻烦——他在耐心地等待时机。"虽然他告诉约瑟夫·吉莱斯皮 "我愿意在我的生命中扣除相当于从现在到就职之间的两个月的时间"，但是当他指定的国务卿和在首都实际上的代表西沃德请求他比新总统通常到达的 2 月中旬 "提前 1 周或者 10 天到华盛顿时"，林肯并没有动身的意思。首先，林肯不想被卷入国会或是布坎南的妥协计划中。林肯告诉威廉·杰恩"在他换取或乞求到一个不受干扰的就职典礼之前，他宁可在脖子上套上绞索直到死在国会大厦的台阶上"。

另外，就像他对西沃德讲的那样，有传言说华盛顿正在进行密谋。尽管首都是国家的首府，它仍是个南部城市，三面被蓄奴州马里兰包围，另一面则是蓄奴州弗吉尼亚。后果最不严重的传言是，约瑟夫·梅迪尔告知林肯，在众议院和参议院召集起来正式计算选举人票的时候，南部在参众两院的国会代表团可能缺席 2 月中旬的国会闭幕会议，其目的是让大会无法达到法定人数，然后"阻止计算选举人票，"以此阻碍在法律上批准他的当选。最糟糕的传言是，令人不安的迹象表明，如果林肯煽动废奴，就职日那天华盛顿的四个民兵连可能会靠不住。弗吉尼亚的亨利·怀斯州长在 1856 年曾夸口说，他准备率领弗吉尼亚民兵进入华盛顿阻止有可能发生的共和党总统就职典礼，如果林肯过早地给他借口，他可能再次采取行动。

然而林肯不能永远等下去。来自南部同盟七州的代表在亚拉巴马的蒙哥马利举行会议，于 2 月 8 日自行公布了新的宪法，2 月 18 日前密西西比州参议员杰斐逊·戴维斯正式就任南部同盟临时总统。林肯 12 月时的谨慎小心现在看起来则是优柔寡断，他在 1 月 27 日宣布，他将于还差一天就是 52 岁生日的 2 月 11 日离开斯普林菲尔德前往华盛顿。林肯在第八街和杰克逊街交界处的房子租给了一个铁路职员，家里的财物都收拾好了，那些搬运困难的大家具被卖掉或者存放起来。2 月 6 日，700 名斯普林菲尔德居民聚集到那栋房子里参加

1861 年 2 月 9 日林肯在斯普林菲尔德拍摄的照片，两天后他启程前往华盛顿

1861年2月24日林肯经过两个星期的旅行刚刚抵达华盛顿后的照片

告别招待会,有近1000人在11日早晨冒雨挤进火车站送别林肯。

他特意只带了少数随行人员。玛丽和威利、塔德一行单独出发,第二天和他在印第安纳波利斯会合。林肯自己的随行人员中包括罗伯特、秘书海和尼古拉、一些政界朋友,像奥扎厄斯·哈奇、牛顿·贝特曼、杰西·杜波伊斯、沃德·希尔·拉蒙、戴维·戴维斯、奥维尔·希克曼·布朗宁和诺曼·贾德,还有个小规模的军人护卫队,包括亨特少校、埃德温·萨姆纳上校和约翰·波普上尉,他的父亲纳撒尼尔曾经是原来的第八巡回法庭的法官。当专门租用的火车就要出发时,林肯走到最后一节车厢尾部的平台上,往事再次如洪水一般涌上心头。"不处在我的位置上,就无法理解此次分离的痛苦," 林肯缓慢动情地说道,"我对这个地方和这些人的友好亏欠得太多……我现在离开了,不知道何时、是否能够回来,我眼下面对的艰难甚于在华盛顿将要面对的。"他对赫恩登讲"和他的老朋友们分离的悲痛比多数人想象得更深刻",詹姆斯·康克林惊奇地发现林肯理性的"胸膛冲动地起伏,他几乎无法控制自己的感情开始讲话"。

然而,关于他将如何完成这个任务,他不会讲什么新的东西。林肯严守秘密,只向媒体公布了内阁成员人选其中的两个,由西沃德做国务卿、贝茨做司法部长。1月中旬以来他一直在准备就职演说,但他更加秘密地加以防范,当罗伯特·托德·林肯在印第安纳波利斯把一堆旅馆行李中装着演讲稿的"小提箱"弄丢的时候,林肯勃然大怒,直到找到了它。前往华盛顿的铁路行进路线已经安排好,使林肯能够在尽可能多的北部州府发表讲话,从印第安纳波利斯开始,然后经过哥伦布、奥尔巴尼、特伦顿和哈里斯堡,中间还有一些地点。但是这些演讲常常含糊其辞:"我不希望在这个场合或是其他任何场合长篇大论,直到我抵达华盛顿。"他在印第安纳波利斯告诉欢迎他的代表团。当他谈到脱离联邦的危机时,通常采用的是漠不关心的口吻:不在意南部对联邦政府"高压"的恐惧,不在意退出会促使联邦作出"一种博爱的决

1861年3月4日林肯就职典礼现场

定",不在意"当前我们国家的政治活动中存在的受到刺激的状态完全是不真实的恐慌"。

如果他说了什么的话,那就是他收回了一年前敦促共和党人关注奴隶制扩张的建议,现在尽力将他们的注意力分散到辉格党原来的一些问题上。他承诺遵守"所有的和每一个宪法妥协案"(但不包括克里滕登妥协案,他建议"调整关税"和"国家未开垦土地的"分配,"这样每个人都会有改善境遇的手段和机会",并承诺不同于安德鲁·杰克逊),在林肯担任总统期间,"国会应创造并完善立法,不考虑来自于他的外部影响"。似乎为了强调他认为脱离联邦危机是"不真实"的观点,他坚决不理睬对"西部之星号"的炮击,不理睬在查尔斯顿之外夺取联邦财产的情况,好像萨姆特是唯一处于争议之中的地点。抵达华盛顿之后他向一个代表团解释道,任何关于他到华盛顿的目的是煽起你和你周围的人民之间的敌对情绪的想法,只能"是误解造成的"。

林肯3月4日在联邦国会大厦东门廊发表的就职演说同样含糊其辞,经深思熟虑将显而易见和充满希望的内容掺杂在一起,但是没有任何向分离主义者妥协的建议。就像四个月之前布坎南所做的那样,他重复了脱离联邦在法律上是不可能的事情。"非常清楚,脱离的中心思想实质就是无政府主义",因为与宪法相关的任何一方无论何时拒绝"宪法多数派"的决定——就像此次选举——他们"必然会走向无政府主义或专制主义"。另一方面,他重申在他看来,联邦对南部各州"财产……和个人安全"的干预在法律上也是不可能的事情,他只字未提"夺回"任何现在被南部同盟占据的"公共财产"。实际上,如果他们希望召开全国性的会议修改宪法,他将"充分认可人民在此问题上的合法权利"。如果此类会议提出的妥协案宣布国会"永远不应干预各州的内部制度",他"不反对将其公开,不予撤销"。但是他自己不会作出这样的表示。

他干吗要作出表示? 南方的脱离没有任何道理,因而也不会对他"保持、保护和保卫属于政府的财产和地点"的决心形成任何挑战。"入侵"不存在——因而也不必因此而进行收复已被南部同盟占有的财产的努力;他甚至将"放弃"征收关税的努力,也许甚至还有联邦的邮递业务。这样的危机完全是南方人臆造之物。"我的心怀不满的同胞们,内战这个生死攸关的问题由你们而不是我来决定。"只是"激情"这个杰斐逊和杰克逊的追随者的可怕特点,而不是冷静的理性,"绷紧了……我们之间亲密的感情纽带"。"我们不是敌人,而是朋友",林肯在结束语中讲道,如果北部和南部 "对整个问题进行冷静细致的思考"——如果他们确实愿意置民主党的激情于辉格党的理性之下——那么,"回忆的神秘琴弦,在整个这片辽阔的土地上,从每一个战场,每一个爱国志士的坟墓,延伸到每一颗跳动的心和每一个家庭,将再次奏出联邦合唱曲……"

林肯能够使不入侵的承诺与此前作出的保住和在必要的时候夺回萨姆特要塞的誓言保持一致,主要是因为他认为这两个承诺永远不会发生冲突。安德森少校完全被困在萨姆特要塞里,安德森在那里的时间越久,南部同盟就有更多的时间考虑他们做的荒唐事、林肯的安抚和上南部拒绝加入他们这些事情。"我认为政府打算讲和",威廉·塞耶写道。"就职演说的基调表明了对和平与和解的渴望,有了这样的愿望,就有解决的出路。"但是在宣誓就职的第二天,林肯把这些牌从手中甩出。2 月 28 日,安德森少校曾写信给布坎南,告诉他萨姆特驻军只有六个星期的食物供应,到 4 月中旬他和他的部下将被迫撤出要塞,否则就要挨饿。当即将离职的陆军部长约瑟夫·霍尔特在就职典礼后把安德森的信送给林肯的时候, 林肯马上意识到他不能再若无其事地以等待的方式挫败分离主义者:如果他等待的时间过长,将失去萨姆特要塞,南部同盟和他自己的政党将以此作为总统软弱的证明;但是如果他进行增援或重新向萨姆特要塞提供补给的尝试,将被视为挑衅的姿态,违背就职演说中作出的承诺。他现在面临着和解还是对抗的艰难抉择,他马上通过勇敢地面对来克服这些困难。

林肯发现他的内阁对进行对抗没有太多的热情。就职典礼后他把完整的内阁成员名单送给参议院批准，然后于3月9日与新的内阁成员会面商讨对策。但是当他在3月15日征求部长们的意见时，除了蒙哥马利·布莱尔和萨蒙·蔡斯，其他人都和西沃德一样认为林肯必须放弃萨姆特要塞。韦尔斯确信林肯会屈服，布莱尔准备辞去担任了一周的职务以示抗议。林肯也没有得到军方的帮助。几个月来一直对他讲要保住萨姆特和其他永久性军事基地的斯科特将军，在3月11日对林肯关于萨姆特形势的一些询问的回答是，保住萨姆特需要"一个由军舰和运输船只组成的舰队，还要有5000名正规军和20000名志愿兵"。这已超出了美国陆军全部人数，"要招募、组织和训练这样一个部队，需要国会通过的新的法案，花上六到八个月的时间"。面对如此悲观的前景，西沃德现在建议和解，认为"南部、甚至是南卡罗来纳有强大的拥护联邦的力量"，如果林肯撤离要塞避免挑衅行为，南部忠于联邦的力量就有机会"阻止这场运动"。林肯权衡了介入查尔斯顿的利弊后，在3月18日起草的备忘录中开始倾向撤离，到了3月25日，华盛顿传开了"撤离的命令……已经发出"的流言。

林肯和他的内阁成员

1861年4月4日的萨姆特要塞

　　然而在萨姆特问题上林肯内心的斗争并没有停止。第二天，林肯会见了蒙哥马利·布莱尔和布莱尔妻子的兄弟古斯塔夫斯·福克斯上尉，当时林肯暂时中止了可能撤离的决定，派遣福克斯去萨姆特要塞，斯蒂芬·赫尔伯特（一个伊利诺斯政界的熟人，但他出生于查尔斯顿）和沃德·希尔·拉蒙去查尔斯顿了解那里人们拥护联邦的情况。这些人3月28日报告回来的情况令林肯吃惊：不仅是赫尔伯特没有在查尔斯顿发现些许支持联邦的观点，而且从萨姆特归来的福克斯认为，甚至一支普通装备的远征军就可以攻入港口解救萨姆特要塞。他向弗吉尼亚的联邦主义者约翰·B.鲍德温提议，如果弗吉尼亚脱离联邦的会议永久休会，他将撤离萨姆特，但是鲍德温对此"没有以礼相待"，这件事情对促动林肯进行和解没有任何帮助。

　　但是最让他感到吃惊的是3月28日斯科特将军交给他的备忘录，建议林肯不仅放弃萨姆特还应放弃佛罗里达彭萨科拉港的皮肯斯要塞。斯科特告知总统，"单单自愿撤离萨姆特要塞是否能够对在忠于还是脱离联邦之间摇摆不定的州产生决定性的影响令人怀疑。"当晚，在林肯的第一次国宴结束的时候，总统与内阁密谈，"带着明显的感情色彩"宣读了斯科特的备忘录。难以想象这被看成是背叛，背叛是他最厌恶的缺点。"他应恪尽职守，不能按照在就职演说中宣布的政策下令撤出萨姆特，"他告诉吉迪恩·韦尔斯，"不努力去援救，让英勇的驻军忍饥挨饿被迫投降，对他来说是不人道的"。第二天上午他再次征求内阁的意见，发现现在只有西沃德和史密斯赞成放弃萨姆特。当天下午,他命令韦尔斯和卡梅伦准备好一支海军远征队于 4 月 6 日前往萨姆特。4 月 4 日,陆军部长卡梅伦通知安德森少校,一支提供补给的远征队已经出发为他提供给养,"如果行动受阻⋯⋯将向你重新提供增援"。

林肯的决定令西沃德震惊,他不仅相信这将毫无必要地引发内战,而且轻率地向鲍德温等南部的联邦主义者保证一定会撤出萨姆特。西沃德认为这表明了林肯在政策问题上缺乏经验,自己动手阻止重新补给的行动,首先他在 4 月 1 日竭力劝说林肯把制定政策的权力让给他,然后又通过妨碍重新补给行动的电报联络,使得向查尔斯顿进发的远征队没有武装护卫。这已经太晚了:一旦林肯下定决心,那些把他的长期拖延误解为变化无常的人无法改变他的立场。如果需要作出决定,"我一定做",林肯在信中尖锐地回复西沃德,西沃德抽泣着退却了。然而,林肯确实在最后时刻向南卡罗来纳人摇动了橄榄枝。林肯在 4 月 6 日派遣国务院的职员罗伯特·S. 丘到南卡罗来纳州州长弗朗西斯·皮肯斯那里（林肯不承认现在存在一个南卡罗来纳从属的南部同盟政府）承诺,补给行动带去的只是食物,没有"人员、武器或弹药",这样查尔斯顿港的现状将仅仅持续下去,不会被改变。

但是现状的延续恰恰是查尔斯顿当局不想看到的。港口周围炮兵新上任的南部同盟指挥官皮埃尔·博勒加德将军在 4 月 11 日

南部同盟皮埃尔·博勒加德将军

命令安德森少校投降。安德森拒绝投降,第二天早晨的 4 点 30 分,南部同盟的大炮开始轰炸。安德森的驻军过于虚弱,无力还击,在南部同盟的大炮猛烈轰击 34 小时之后,疲惫不堪的安德森勇敢地降下了旗帜。奇怪的是,林肯感到的是瞬间听天由命的解脱。"他生命中所有的麻烦和焦虑都无法与(从就职)到萨姆特陷落期间的麻烦和焦虑相比",他告诉奥维尔·希克曼·布朗宁。现在,不是他采取了挑衅的行动,"他们攻击了萨姆特。它陷落了,比其他任何方式作出了更多的贡献"。战争已经不可避免;必然性对他的疑惑和问题作出了回答。4 月 15 日,林肯发表声明征召 75000 名民兵,并要求国会召开特别会议。

第七章

亦战亦和

当安德森上校向南部同盟交出萨姆特要塞的时候，林肯最初倾向于尽快在查尔斯顿展开反击，夺回要塞。4月25日，林肯告诉约翰·海，他计划向南部两个现存的永久性军事基地门罗要塞和皮肯斯要塞提供补给并进行增援，然后封锁南部同盟的港口，确保华盛顿的安全，最后"直捣查尔斯顿，在那里与南部同盟作一个清算"。林肯在自己的办公室里，天真地认为所有的事情通过对南部分裂分子采取的局部军事行动即可得到解决。他向肯塔基的加勒特·戴维斯保证，"他从没打算对南方任何州的建筑或财产进行直接或间接的攻击，恰恰与之相反，他将以国会法律及宪法赋予总统的权力来全力保护它们"。直到4月26日，林肯仍然相信"也许此刻还有求得和平的最后一线希望"。

然而，他的这些想法很快便急转直下。由于皮肯斯和门罗要塞可以通过海上获得补给，但位于弗吉尼亚诺福克的大型海军造船厂被指挥官匆忙放弃并放火焚烧，4月18日，联邦在哈泼斯渡口的兵工厂也被弗吉尼亚兵民所占领。林肯与4月19日发布了封锁令，威胁没收一切悬挂南部同盟旗帜的船只和那些试图进入南部同盟港口的外国船只。但是美国海军只有42艘舰船服役，却要用来完成防守南方3500英里海岸的任务。海军部长吉迪恩·韦尔斯需要近一年的时间雇用或建造足够多的船只进行严密的封锁。与此同时，林肯也将发现，封锁受到国际公约的限制，封锁、封闭港口和没收船只之间的复杂区别极易引起国与国之间的外交冲突，特别是和英国的冲突。众所周知，英国非常依赖美国南方的棉花出口，强制实行封锁政策，将会让英国人有充分的理由为保护自己的经济利益而干预美国内战。5月13日，英国政府迈出了干预的第一步，即承认内战中的南部同盟不只是叛乱者，而是与北方地位相同的交战一方。

与林肯面对的陆军问题相比，海军问题未免相形见绌。到1861年春，美国陆军拥有1.6万多名官兵，其中的十分之九以连为单位分布在从加拿大到佛罗里达的89个

位于弗吉尼亚诺福克的大型海军造船厂被烧毁

驻地。四个年迈无能的陆军上将中没有一个适合作战,包括举止笨拙的斯科特将军。较低级别的军官大都是南方出身的人,谁也不能保证他们的忠诚度。整个19世纪50年代,陆军和陆军部一直被南方人把持着(杰斐逊·戴维斯实际上是皮尔斯总统的陆军部长),那些19世纪四五十年代从西点军校毕业的有着远大前途的北方军官,或是被悄无声息地派予毫无前途的工作,或是因失意而递交辞呈。斯科特的忠诚没有问题——林肯在离开斯普林菲尔德之前对此已有耳闻——但是他多数的南方同乡则是另一回事了。斯科特精心栽培的亲信、第二骑兵部队的罗伯特·E.李谢绝了林肯任命他指挥联邦野战军的建议。(其实李早已准备好投奔里士满,并将统帅弗吉尼亚州的民兵)5月,佐治亚籍的陆军准将戴维·特威格斯将整个得克萨斯地区拱手让给了得克萨斯的民兵,并接受了南部同盟的任命,成了南方军队的陆军少将。无独有偶,炮兵上校约翰·马格鲁德也呈上了辞呈,投靠了南方,而仅在三天前,即4月18日,他还亲自向林肯宣誓“效忠联邦,献身联邦”。林肯在得知此事后,气得脸色发青。到1861年8月底,几乎有三分之一的军官相继辞职,其中大多数人都投靠了南部同盟。

对林肯来说,更棘手的问题是在短时间内找到他们的替代者。当时国会处于闭会期间(参议院在就职典礼后仍召开临时会议,但也只持续到3月28日),而且,在12月之前国会也无权召集上一年11月才选举出来的国会新成员。没有国会的授权,林肯就没有宪法权力去扩充联邦军队,组织新的联邦军团或者任命新的军官。林肯在4月15日发表的声明中,呼吁国会召开特别会议来制定相关的战争措施。但是考虑到田纳西、肯塔基、马里兰以及西弗吉尼亚最近的议会选举还未结束,同时林肯也对这四个地区的联邦主义力量抱有期望,诸多原因使得林肯不得不把议期一直推迟到7月4日。在那个时候,林肯许诺说,“自己无意以暴力的方式夺回那些原属于联邦,却一度被非法占领的堡垒要塞,只是想维护联邦的统一……这样一种局面将原封不动地留与国会来应对处理。"毕竟各州的民兵是林肯除了正规军之外唯一能够动用的合法武装。联邦民兵法令授权林肯在其声明中征募各州民兵。即便如此,征募民兵参战也只能是权宜之计。法令限定民兵的服役期为国会召开后的 30 天,而那些没有加入南部同盟的蓄奴州(如肯塔基,密苏里,弗吉尼亚,北卡罗来纳)对林肯的征募号召则断然回绝, 拒绝向林肯提供民兵。这样一来,林肯不太可能召集到他所期望的 7.5 万名民兵。这使林肯别无选择,除非他准备采取单方面

罗伯特·E.李将军

的行动,不然就只有等待或是制定一些有希望夺回查尔斯顿的作战计划。

然而,分裂分子是不会给林肯足够的时间来等待国会召开的。在联邦的分裂危机中,虽然弗吉尼亚是站在联邦政府这一边,但其州长约翰·莱彻却指责林肯征募各州民兵只不过是虚张声势,"以使南部各州屈服投降"。4 月 17 日,弗吉尼亚召开会议,投票决定该州退出联邦,加入南部同盟。随之,田纳西州和阿肯色州于 5 月初,北卡罗来纳于 5 月 20 日分别脱离联邦。阿肯色州和田纳西州占据了密西西比河的大片流域,而弗吉尼亚地处波托马克河的另一岸,与哥伦比亚特区交界,因此林肯可以通过望远镜毫不费力地看见亚历山德里亚市,还有那些在屋顶不断出现的象征脱离的旗帜。弗吉尼亚和田纳西都迫不及待地提出由里士满和纳什维尔作为新南部同盟的首都。5 月 20 日,南部同盟议会投票决定迁都里士满,而此地与华盛顿仅有 100 英里之遥。同时,一些边界蓄奴州的立场则摇摆不定,如肯塔基州(以及整个俄亥俄河流域)、密苏里州(密西西比河上游横穿伊利诺斯州中部)以及马里兰州(马里兰三面对哥伦比亚特区形成合围)。

在南北对峙的形势下,马里兰至关重要。一旦马里兰加入南部同盟将置联邦首

都于死地,也许不费吹灰之力就可以迫使联邦政府投降。马里兰州州长托马斯·希克斯拒绝向林肯提供民兵支援,而该州巴尔的摩市市长乔治·威廉·布朗则致信警告林肯总统,联邦军队如果试图借道巴尔的摩增援华盛顿,将招致"一场可怕的屠杀"。在林肯接到布朗来信后的第二天,(前往华盛顿的)马塞诸塞第六团准备在巴尔的摩换乘火车,却遭到了暴民的围困和乱石袭击,迫使军队开枪对暴民进行还击,最终打死了 11 名暴徒。在三天的时间里,马里兰民兵和巴尔的摩警察幸灾乐祸地捣毁了该市北部的铁路线,以此阻止联邦军队进一步的行动。他们还扣押了巴尔

1861 年 4 月在华盛顿拍摄的照片。林肯将此照片送给了老朋友乔舒亚·斯皮德的母亲

的摩市内总统街军需仓库的军需物资,并准备在巴尔的摩海港的麦克亨利要塞四周建立一条"防御性"工事。(麦克亨利要塞的军事指挥官婉拒了这一提议,并承诺一旦联邦军队出现在自己的火力范围之内,他定将一举歼灭。)"所有通向首都的道路都被封锁了,华盛顿被围了个水泄不通",林肯在一年之后回忆道,"往各个方向的邮件都发不出,电报线也被叛乱者切断……"

　　一发千钧之际,零零散散的哥伦比亚特区的民兵和联邦工人自发集结,组成了自卫队。年迈且患有痛风的斯科特将军,令人用沙袋在财政部大楼的周围筑起一道防线,一旦弗吉尼亚军队从对岸过来,大楼将成为最后的堡垒。由于巴尔的摩事实上也被封锁了,林肯无法使联邦首都获得兵力增援或物资供给,甚至都不能确定是否有增援。"我甚至不敢确定我们的北部联邦是否依然存在,"4 月 24 日,林肯无奈地对一些保卫华盛顿的志愿兵说道,"罗德岛已经从我们的地图上消失了。现在北方仅存的是你们。"4 月 25 日,他又悲叹道:"北方的情况到底怎么样了?他们知道我们的现状吗?"两天后,希克斯州长略带紧张地向林肯提议让英国大使来充当交战双方的调停者。当前所面临的问题不再是能否夺回查尔斯顿,而是林肯能否守得住华盛顿。

　　希克斯州长并不是唯一一个表现出对林肯个人解决危机的能力缺乏信心的人。

217

林肯任职时不仅比之前的美国历任总统年轻得多（事实上也比他自己大多数的内阁成员年轻），而且极其缺乏行政管理和处理军事事务上的切身经验。林肯自己也曾向罗伯特·威尔逊承认，"当他第一次被委以重任的时候，不管是对这份职责本身还是对工作方式而言，自己完全一无所知"。他仅有的一点军旅经历是在30年前当一名民兵上尉，而在国会碌碌无为的任期结束之后，林肯不曾展示过他在行政管理方面的能力，就连斯普林菲尔德的市长也没有做过。参加总统竞选之前，林肯管理过的最复杂的机构莫过于自己的律师事务所。曾是"大棚屋"会议代表的堪萨斯人艾迪生·普罗克特认为，"林肯先生是一个思维敏捷的政治家，能言善辩，这些是大家所公认的。但他一点也没有表现出他拥有在他那个时代所需要的才华"。在许多观察家看来，林肯处事甚至有些紊乱无章。一位纽约的金融家在5月份写信给林肯，指责他的"个人行为举止"，因为"士兵们在写给他们的亲朋好友的信中，不约而同地提到了对你在检阅军队时行为举止的不满"。白宫的侍卫持枪敬礼时，林肯只是"明显心不在焉地"走过。波士顿的爱德华·皮尔斯轻描淡写地描述说"林肯先生的礼貌举止和谈话风格"显得"他不是十分的严肃庄重"。

林肯不仅缺乏实际经验，似乎也没有从事繁杂的行政管理工作的耐心。约翰·托德·斯图尔特承认林肯缺乏"组织能力"。宾夕法尼亚州议员爱德华·麦克弗森则认为林肯"太过于追求完美"而对自己缺乏做好"一把手"的信心。甚至连戴维·戴维斯也认同林肯"缺乏组织能力"和"行政管理的才能"。尼古拉也认为林肯的"办公习惯……不顾条理、顺序，给他的秘书带来了无尽的麻烦"。对待内阁的态度，林肯最初是将其等同于一群律师助理，而非一组行政人员来对待。萨蒙·蔡斯觉得成为财政部长并不是一件特别荣耀的事，因为林肯认为内阁"只是独立的各个部的领导，不时开开会，谈谈最近都发生些什么，而不是对拯救国家于危难的问题进行严肃的协商"。林肯只希望每个内阁成员各司其职，向他报告"处理自己分内事务的方式"，大可不必插手去探讨制定国家大政方针。每当他要作出决定之时，他要的是内阁成员的赞同与支持，而非讨论或提出异议。就连很少有偏见的凯莱布·史密斯也这样抱怨道，"林肯先生对待内阁的态度与别的总统完全不同，他在重大问题上很少咨询内阁意见，往往自己作出决定"。戴维·戴维斯"曾经问过他如何看待其内阁的问题，林肯回答说，自己从不征求内阁的意见，因为内阁成员之间经常存在着很大的意见分歧，所以他宁愿自己作出判断抉择"。伦纳德·斯韦特"有时甚至怀疑他有没有听过一次别人的意见。他可以倾听每个人；也可以理解每个人，但是他从不会询问别人的意见"。

很多时候,林肯看上去不仅没有兴趣垂询内阁,而且自己也没有制定出明确的指导方针。林肯对于萨姆特危机的处理就充满了矛盾,显得混乱。危机出现后,他即刻召开内阁会议,"听取了"内阁成员的一些意见,然而,林肯往往总是采纳他最后听到那一条建议,不再理会先前所听到的那些意见。"萨姆特问题根本不是在内阁中商议解决的,"西蒙·卡梅伦回忆道,事实上,"内阁没能决定任何一件事——在内阁,大家只是泛泛而谈。"更甚者是,在萨姆特沦陷之后,林肯打算对分裂分子使用武力,但随后他又将分裂分子中的大部分人排除在外。"林肯没有一个坚实牢靠的计划部署,"戴维斯在多年后这样评价说,"这使得他的政府运行不畅。"面对因为过于较真而对林肯生气的蔡斯,林肯宣称"我从不会有任何方针政策",我所有的时间都用在"防止我们的国家被这场风暴连根拔起"。俄亥俄州的参议员约翰·谢尔曼曾推荐自己的兄弟威廉·谢尔曼给林肯,以便威廉对路易斯安那州严峻的分裂形势作一个简要说明。林肯不以为然地回复道:"嗯,大可放心,我们会尽力守住这个国家。"走出门外,失望的约翰·谢尔曼对威廉大发脾气,"你把事情搞得一团糟,你自己来收拾这摊乱局吧"。

林肯在行政管理的某些方面所表现出来的缺乏理智的做法其实有迹可察。林肯所经历的民主党总统的模式是"安德鲁·杰克逊式"的总统。杰克逊从来只满足于自己的绝对权威和别人的绝对服从。一个辉格派共和党的总统理应站在杰克逊的对立面,坚决地拥护国会,公平组阁,选贤任能,不任人唯亲;还应把总统的否决权作为最后不得不用的政治手段。林肯对军事细节的置若罔闻也是与其政治上的这种作风息息相关的:与杰克逊相比,"我们的总统并未因为在陆军准将和少将里的威望而感到飘飘然,他也明确地表现出对军队里固有的独裁专制领导方式的反感"。实际上,林肯所宣称的"没有大政方针"等于是表明他是全心全意为人民服务的;他还同时委任代表共和党集团中最保守和最激进的派别、相互憎恶的蒙哥马利·布莱尔和萨蒙·蔡斯为内阁成员,说明林肯行事不仅仅出于政治方面的考虑。

但是韦尔斯仍然能轻易地发现林肯当初在管理上的欠缺,他甚至不能安排好自己的日常工作。白宫,和现在一样,是历届总统的官邸和办公之地。白宫的二楼自然而然地划分为林肯一家的私人住处(位于西翼)和总统办公套间(位于东翼)。不方便的是,东西翼之间没有独立通道。林肯无奈地每天只得从住处出发,在奋力穿过汇集了一大群求职者、请愿者以及来访者的中心走廊之后,才能到达自己的办公室。总统办公间由东翼的五个房间组成,由约翰·尼古拉任办公室的男秘书主管,还负责总统的接见事宜。（尼古拉的办公室、书房、接待室，再加上套间的前厅一起将林肯的办公室和内阁会议室围起来。）

即使尼古拉和他的助手约翰·海尽力控制繁多的信件、报纸、请求和来客，林肯还是时常打乱他的职员为他辛苦安排的工作日程。约翰·海回忆说："在那里几乎就是无章可循，林肯身边的工作人员努力为他建立起了层层保护，让他免受外界不断的干扰。但往往是林肯总统自己首先推倒了它们。"最初，林肯坚持亲自为白宫办公室主持"求职资格考试"，并处理自己的信件。在 1862 年，林肯还能很骄傲地告诉一个记者："如果你认为在来信里会有任何一个重要内容从我的眼皮底下溜过去，那你就大错特错了。"他只是在后来才慢慢地接受了尼古拉和海的建议，筛分掉一些无关紧要的信件(尤其是一些不切实际的来信或暗杀威胁的信件)，并浏览一些报纸的当日摘要。和那些临危受命的人一样，林肯感到唯有用百分百的努力来弥补自身的不足。查尔斯·达纳注意到"林肯体力充沛，他夜以继日，孜孜不倦地工作着。不管头天工作有多累，第二天仍是神采奕奕的"。而罗伯特·托德·林肯记得"从他的工作状况来看，他完全就是一个不知休息的工作狂"。

当然，这意味着当了总统以后的林肯就不怎么去过华盛顿以外的地方，而他在第八巡回区做律师时是以四处游荡为乐趣的（并因此拥有了一批可观的政治追随者）。林肯和他的对手——南部同盟的杰斐逊·戴维斯有所不同（戴维斯曾经多次到南部同盟旗下各州鼓舞士气，还经常与战地军官们共商战事），林肯就喜欢呆在自己的白宫办公桌旁和陆军部的电报中心，除了接受并出席群众政治集会和政治示威运动之外，拒绝其他所有的邀请。他曾考虑参加1863年的一次重要的中西部共和党政治集会，但最终也未能前行。

为了弥补自己整天守在华盛顿所造成的不足，林肯特地将自己的工作日程排满了接待日，为来访者、请愿者、发明家以及社会野心家等等大开方便之门。西沃德与约翰·海谈论道："大家都想见总统，从没有一位总统如此平易近人，不论是达官贵人还是平民百姓。"沃德·希尔·拉蒙回忆说："林肯毫无差别地对待每个人——国会议员在大多时候都能见到林肯。"尼古拉尽量筛除那些不受欢迎的来访者（此举得罪了不少华盛顿官员），但是林肯仍坚持把大量的工作时间和精力花在这些来访者的身上。戴维·戴维斯记得林肯曾说过，"作为一个共和党政府，所有人，包括男人、女人和小孩，都享有晋见总统并向其倾诉不满的权利"。林肯还积极地安排总统公众招待日，没有预约的来访者可以在白宫一楼的一个大厅里见到他们的总统。林肯向无法理解其行为的下属查尔斯·哈尔潘这样解释道:"我把这些接见视为与人民沟通的桥梁。"尽管林肯因为把自己封闭在华盛顿而丧失了与公众的接触,这种极为劳心劳力的开放式公众接待会却"使自己不断地对公众有一个更加清晰和生动的认识,而我本身也从这种公众集会中成长起来的"。这样做的结果是,"白宫几乎天天人满为患"。

然而,新政府在一个方面却是毫不含糊的,那就是林肯对联邦政府官职委派权的掌控。林肯经常烦躁地抱怨自己被迫将太多的时间浪费在那些从他办公室外的走廊排成长龙直到白宫门前的求职者身上。他告诉罗伯特·威尔逊自己已经被那些求职者纠缠得疲惫不堪,甚至有时想,要逃避这种折磨,也许只有一个办法,就是拿绳子将自己吊在总统府南草坪的一棵树上。或者(他曾对在 1861 年 7 月被尼古拉纳入秘书团队的威廉·斯托达德说)把办公室搬到一个专治天花的医院去。但他继而补充道:"这些求职者可能会一下子走光了,但会去接种疫苗,然后又嗡嗡地全回来了,就像他们现在一样,也许情况会更糟。"

尽管林肯经常抱怨,但他仍然是自安德鲁·杰克逊总统以来把联邦官职任命控制得最为牢固的人。在总统直接控制的 1520 个联邦公职中,林肯在当选之后,腾空了民主党占据的将近 1200 个职位,代之以共和党人。如果说林肯不想被看做是个"军事独裁者",他并不在意被当成政治独裁者。吉迪恩·韦尔斯写道,虽然"成功统治的一个策略是大量地清除对手,但它又会使总统和一些内阁成员,特别是国务卿在很多方面权力坐大"。内战将会使联邦政府公职增加五倍,联邦系统雇员从最初的 4000 个上升到战争结束时的 19.5 万个。而这其中的绝大部分职位,将是共和党效忠者的囊中之物。

正如大家所料,林肯的那些来自伊利诺斯州的共和党朋友是最先受益的:戴维·戴维斯在 1862 年成为最高法院的法官,诺曼·贾德被派往柏林主持普鲁士的美国使馆,古斯塔夫斯·柯纳被任命为驻西班牙外交官,塞缪尔·帕克斯将被委派到爱达荷准州的最高法院,阿奇博尔德·威廉姆斯将成为堪萨斯的美国地方法官,劳伦斯·韦尔登将成为伊利诺斯州的南部地区联邦检察官,詹姆斯·斯皮德(乔舒亚·斯皮德的弟弟)将在 1864 年取代爱德华·贝茨的司法部长一职,甚至连威廉·赫恩登也获得了财政部的一个小职位(他拒绝了)。林肯的朋友们对于职位薪金的期待很高,如果自己的欲望没有得到满足,他们就无时无刻不在抱怨。杰西·杜波伊斯在 1861 年气急败坏地写信给林肯,因为林肯拒绝任命杜波伊斯的女婿主管印第安事务,"我对华盛顿的期望全部破灭了,我曾寄希望于此,也想过自己的一些请求能得到实现,但我现在唯一感受只是彻底的失望"。

　　有的时候,官职的委派是用来安抚共和党内的各派人士,同时也是为了打压民主党。蒙哥马利·布莱尔邮政部长的头衔使他(和他实力强大的布莱尔家族)掌控了全国绝大部分的官职任免大权(大约有2.27万个职位),而一些重要城市的市邮政局局长一职大多是授予那些忠诚的参选者和共和党中拥护布莱尔的温和派,虽然有时情况并不总是这样的。另一个大人物是萨蒙·蔡斯,他所主管的财政部控制了最肥的官职(所辖有4000个税务局和管理所),蔡斯逐渐将这些职位留给那些反奴隶制、反布莱尔和效忠联邦之人。海勒姆·巴尼,作为林肯的忠实追随者和萨蒙·蔡斯的密友,获得了全美国最肥的职位——纽约港税务员(年薪超过6000美元,还可"在零零散散的各种收费"中获利2万美元)。

　　然而,官职委派的最终决定权仍在林肯之手。他直接干预了很多委派工作,越过蔡斯、布莱尔以及其他的内阁官员,要求任命那些忠于共和党的人,并为党的工作人员提供可靠的收入。1861年8月,蔡斯的一位主管费城铸币厂的助理官员在雇用林肯伊利诺斯州的忠实追随者——伊莱亚斯·万普尔之时犹豫不决,林肯急切地坚持要为万普尔找一份工作,即便为他制造一个职位。"你们必须给我弄一份工作或腾出一个职位出来……你们能做得到,也必须做到。"如果说,人们争相申请官职是在磨炼林肯的耐性,那也是林肯心甘情愿的。

　　林肯即使再缺乏执政的经验,也不难看到马里兰急剧恶化的形势。4月26日,希克斯州长于安纳波利斯召开马里兰议会特别会议,但这并不预示着州议会的多数人都是倾向于脱离联邦的。尼古拉和海发现林肯此刻完全处于一种"紧张不安之中",他在白宫办公室里焦急地走来走去,不时注视着窗外的波托马克河,有时也会情不自禁地痛苦地喊道:"援军为什么还没到?援军为什么还没到?"奥维尔·希克曼·布朗宁请求林肯"出兵占领巴尔的摩,并派兵驻守此地,或是为了获得我们光辉事业的胜利,摧毁这座城市"。最终,林肯在4月20日于白宫召见了希克斯州长和布朗市长,告知他们不管怎么样,增援部队都将借道巴尔的摩。

　　似乎是早有默契,马塞诸塞民兵准将本杰明·巴特勒也于4月20日率军到达马里兰州的佩里维尔,虽然发现横跨萨斯奎汉纳河的铁路桥已经被烧毁,北方部队难以依靠铁路继续向华盛顿行进。令人欣喜的是,巴特勒截获了河上的一艘蒸汽机船,马塞诸塞第八军团士兵全部登船,第二天到达马里兰州的州府安纳波利斯。在这里,巴特勒不顾希克斯州长的反对,在安纳波利斯实施军事管制,并着手修复由安纳波利斯通往华盛顿的铁路线,直到他于 4 月 25 日离开安纳波利斯。在那一天,被困多日的华盛顿终于迎来了它的第一支增援力量。在这样的形势下,马里兰州议会只得在弗雷德里克召开会议,投票决定留在联邦。他们在最后时刻还是保持了理智,没有为分裂分子所左右。与此同时,巴特勒又动身前往解决巴尔的摩问题,5 月 13 日,他所率领的联邦骑兵和炮兵部队抵达费德勒尔希尔,居高临下,最终用武力征服了这座充满仇恨的城市。

巴尔的摩的胜利确保了华盛顿以北通道的安全畅通,林肯赖以获得了相应补给,华盛顿的防卫力量也得以增强。但在马里兰其实还仍然存在南部同情者蓄意纵火等个人破坏行动,这些零散的阴谋行为更是让林肯暴跳如雷。切断电报线和破坏铁路的行为比直接的军事行动更让人头疼,而破坏者只会受到民事法庭的审判。而马里兰的民事法庭是否在纵容这些分裂破坏分子,拒绝给他们定罪又得另当别论了。联邦军队对破坏者的无限期拘留行为会让有分离倾向的法官们搬出"人身保护令",美国宪法明确规定,公民在受到政府指控或是逮捕的时候,有权要求由法庭作出审判。

4 月 27 日,为了保护巴尔的摩境内北去的铁路线,林肯授权斯科特将军"以公共安全为由中止了'人身保护令'——其实这等于是批准联邦军队逮捕那些有嫌疑的破坏分子和南部同情者,并可拒绝将其交由民事法庭审判。因为林肯把这一项特权限制在"费城与华盛顿之间的军事区以内",所以这也算不上是对公民自由权的恣意践踏。宪法其实对人身保护令也有所保留,规定"在发生叛乱或入侵的情况下",出于公共安全的需要,可中止人身保护令。但是马兰里既没有发生叛乱,也没有被侵略,而宪法也没有明确详细地说明总统是否有权单独宣布中止人身保护法。5 月 25 日,马里兰民兵的副官约翰·梅里曼因秘密为南部同盟征募新兵和操练军队,而在巴尔的摩被乔治·卡德瓦拉德将军逮捕,并被关押在麦克亨利要塞。梅里曼事件发生后,林肯发现自己受到一位顽固的马里兰人的质疑——他就是最高法院首席法官罗杰·塔尼。

首席法官塔尼,正是那位为安德鲁·杰克逊效力判处第二合众国银行死刑并主审德雷德·斯科特案的塔尼。他从一开始就非常不看好林肯。当梅里曼的律师求助于他时,83 岁高龄的塔尼(作为联邦在马兰里的巡回审判法官,他拥有双重权力)又怎会错失这个阻碍林肯的战争机器顺利运行的良机?塔尼利用对梅里曼逮捕案的司法权限,向梅里曼的拘留者提出了"人身保护"控诉,命令他们将梅里曼交由民事法庭审判,同时派出一位联邦司法执行官前往麦克亨利要塞贯彻执行。卡德瓦拉德将军拒绝释放梅里曼,而塔尼却在 5 月 28 日宣判梅里曼无罪,还其自由。塔尼在罗列了一系列繁琐冗长的观点,试图用林肯所坚持的辉格党"从简主义"来驳倒林肯自己。塔尼宣称,法令中止权是属于国会的,不是总统的特权。塔尼宣称"总统行使了宪法并没有赋予他的权力"。而且,即使是国会,在民事法庭开庭期间也不能随意中止法令,因此林肯这种纵容军队下属践踏自由权的做法已经威胁到了自由政府的存在。

这当然是无稽之谈,就在连塔尼他自己在 1849 年罗德岛的案件中就提出了与此相反的观点。而且在接下来的两年之中,许多著名的北方法律专家——如霍勒斯·宾尼,新罕布什尔首席法官乔尔·帕克(在 1861 年 10 月的《北美评论》),耶鲁法学教授亨利·达顿,联邦地方法官皮莱格·斯普拉格,还有林肯的司法部长爱德华·贝茨——根据常识详尽地驳斥了梅里曼案件中的观点,指出在战争时期,法官不能对军事行动的方式吹毛求疵,那种做法无异于在房子失火后,为了维护财产权而阻止消防员进屋灭火。显然,美国法律在这个问题上没有提出明确的解决方案。约瑟夫·斯托里的观点趋向于仅对国会授予此项法令中止权;詹姆斯·肯特对于"中止"则有更广泛的界定,但也局限在对外战争这个背景之下。宾尼通过研究由内战和叛乱所造成的各种问题,认为"依据英国议会法案"法令中止权应归属于国会。但这毕竟只是纸上谈兵,仅仅"是一种法律上的、人为的论证";法令中止权能否行使与"叛乱和侵略战争"是密不可分的。这也意味着中止权"是军事权力在镇压叛乱和抗击侵略方面的补充",因此它是"行政权力不可或缺的附属品……叛乱以及公共安全需求,平定和镇压叛乱都要由行政部门来认定和决定,并在法律赋予的权限范围内予以执行"。

但是对梅里曼案件最有力的回应却是来自林肯自己,这主要体现在林肯为 7 月 4 日中午的第三十七届国会特别会议所准备的咨文中。只有在战时才会接受辉格党对宪法的解读,这通常有利于扩大总统权力,尽管宪法在说明总统战时权力的时候用的是以下最模糊的字眼,如陆海军总司令、民兵总司令,但这些字眼仍然可以用来保证总统行使权力和制定政策的自由,而这在通常情况下是辉格党连想都不敢想的。而林肯无需提醒国会,他们就知道现在绝非所谓的"通常情况"。事实上,正如林肯对卡尔·舒尔茨所提到的"站在一个合乎宪法的立场来看,执政者可以通过战时权力做许多事情,而这些通过平时的国会立法方式是做不到的"。向萨姆特开火意味着当时除了"给予政府和林肯战时权力以外已经别无选择",在"战时权力"的名义下,林肯获得了"中止人身保护令"的权力。

林肯承认塔尼的一个说法,他在总统就职时宣誓要贯彻实行这片土地上的所有法律,并不会为了军事法而中止其他法律的效力。但那些法律在几乎三分之一的州都受到抵制,而"流于形式"。林肯不能坐视这些法律都"流于形式",因为他认为忽视"对人身保护法令中止的限制将会有利于于保护其他法律"。此外,他指出,宪法允许在发生叛乱的情况下中止人身保护法令,而且"当面临叛乱危险,公众安全确实需要对人身保护法令进行合法中止的时候,我们必须当机立断"。面对这样的事实,究竟是国会还是总统拥有中止权这个问题是不值一提的。"我们无法相信宪法的制定者们的意图是,在所有的情况下让危险自生自灭,直到国会的召开。"

但在林肯看来,隐藏在塔尼单调乏味的杰克逊宪政主义背后的一个更大的问题是,准确地说,谁的自由将会因法令的中止而受到影响。林肯曾警告道:"战争所包含的东西可不只是美国的命运,它给所有人提出的问题是,一个立宪共和国或民主政府——由利益相同的人所组成的人民政府——究竟能否在与其国内敌人斗争的同时保持国家的统一。"这番话把战争这个话题转向了林肯在其早期政治生涯中,即成为一个辉格党人之后一贯坚持的基本论调,即辉格党主义在文化的和国家的统一之中看到美利坚合众国的未来,民主党人则在居心叵测地颂扬个人主义和州权。林肯说:"我们现在必须解决这个问题——一个自由的政府中少数派是否有权可以随心所欲地从国家中分离出去?"因为"如果我们失败了,这势必意味着人民无法实行自治"。林肯对约翰·尼古拉解释道,共和国的统一高于各党派的利益,要围绕统一来制定大政方针。"一个真正存在的全国性的政府就意味着有维护国家统一的法律权威、权利和责任。这些即使没有明确的表述,至少也是隐含在宪法之中。"杰克逊宪政主义是对宪法的意义和目的的一种曲解,是对宪法程序而非本质的一种夸大其词,这在梅里曼案件中表现得淋漓尽致。这场战争因此成了文化的冲突,而他也认为民主党文化的胜利,无论是由罗杰·塔尼还是杰斐逊·戴维斯领导的,将会"让自由独立的政府在现实中消失"。

或者说,它至少在林肯一直用以诠释自由的经济自由主义的意义上终结了自由政府。林肯宣称"这实质上是一场人民的争论",在他所谓的这场争论中,"人民"坚持重塑自我的的权利,从狭隘的寡头政治、地方主义和乡土观念,以及自己父辈家长制传统(要求终生的土地劳役)中解放出来。"站在联邦的立场来说,这是一场在这个世界上维持一种政府形式,一种政府本质的斗争,这个政府追求的最主要目标是改善民生——消灭压迫——扫除追求幸福之路上的所有障碍,为所有人在人生的竞赛中提供一个自由的开始,一个公平的机会。"把这场战争定义为辉格党人与杰克逊党人之间在意识形态上的冲突之后,林肯扫除了塔尼的阻碍,这和民主党通常采用的操纵宪法致其遭受破坏的方式如出一辙。时至 10 月,林肯已经将行使法令中止权的范围扩大至缅因州。

但是塔尼在梅里曼一案中的观点至少取得了一定程度的成功,因为它使林肯这个一直信奉最谨慎的宪政主义的共和党人永远背上了 "未得势的独裁者" 这个恶名,说他为了追求意识形态上的平等而全然不顾宪法的约束限制。当战争在不断地践踏各种公民自由的时候, 也更容易将一些不确定的忽视法律的行为归罪于林肯,称之为对民事诉讼的破坏。1864 年,一本反林肯的小册子中指控说:"是谁废弃了宪法? 非洲亚伯拉罕一世。那他这样做会带来什么结果呢? 也许使他的任职时间变长——也使他自己和他的人民与黑人平等了。"但是大多数的侵害公民自由只是刑事案件而不是民事案件,或是对南方间谍、被抓获的偷过封锁线的船员的拘押,还有至少 7 起在公海上破坏联邦奴隶贸易法律的案件。大约有 12000 例民事拘留在某些方面与政治分歧是有关的, 这种情况大多出现在对联邦的忠诚极不确定的边界各州。这些拘留发生在林肯没有建立一个自己掌控的政府的情况下。事实上,林肯最终会因为不愿意在宪法之外采取更为激进的措施而惹恼自己党派的人士。吉迪恩·韦尔斯(一位前民主党人士,能敏锐地洞察到共和党的不当之处)总结说:"虽然林肯先生在名义上曾是一名辉格党,但他却尊重宪法,爱护联邦,而且慎重考虑到各州州权。"伴随着军事逮捕、审判上的复杂的法律关系,战争已被分裂主义者自己强行推到了执政者面前,这些分裂主义者坚持认为那种地方性的零散的奴隶制必须成为全国性的。

除了林肯自身缺乏经验和犹豫不决之外,还有一些因素影响着林肯制定对付马里兰的策略。他一直担心对那几个仍留在联邦的蓄奴州——特拉华、肯塔基、密苏里等州的任何一个采取激烈的措施都将会使它们倒戈。由于马里兰威胁着要围困华盛顿,让林肯别无选择,唯有采用高压手段。但是即使那时,中止人身保护法和以军事手段迫使马里兰当局屈服也远不及林肯如果想要成为一个"军阀"所能做到的。他甚至不敢冒险在肯塔基和密苏里如是行事。一旦他激怒了这两个关键的边界州,让其加入南部同盟,那么南部同盟的边界将会延至俄亥俄河的另一岸,伊利诺斯州将会受到蓄奴州的夹击,而西部也会为了自身的商业利益,倾向于胁迫北方与南方和解,并承认南方独立。

最初，林肯拍着胸脯向边界州的国会代表保证他们不会受到牵连。联邦政府不会出兵占领它们，也没有任何废除当地奴隶制的计划。林肯对"必须行军借道马里兰感到后悔"，而且"如果肯塔基不以武力威胁联邦，他也将不会去打扰这个地方"。在7月4日为国会特别会议所准备的咨文中，林肯重复着他的誓言，"对于宪法赋予联邦政府的权力、职责，以及各州及各州人民的权利的理解与就职演说中的表述并无二致。"林肯特别向这些州保证，他对他们的奴隶没有任何企图。一方面，宪法没有赋予他这样的权力。他说："到其他恢复联邦的措施都失败之前，我并不认为自己有权插手各州的奴隶制。"另一方面，在政治上，人民也没有要求、授权他这么做。"如果人们认为我会试着利用手中的权力来摧毁奴隶制，那我也许就不会在竞选中获得那么多的选票，今天能够有幸站在这里。"此外，他还表达了作为一个辉格党人对财产的尊敬，他"不愿意看见富人由于解放了黑奴而变得贫困"。

令那些对林肯采取激烈手段应对脱离联邦问题失去耐心的人恼火的是，对边界各州的不干涉立场确实发挥了作用。特拉华，作为一个奴隶人口少于1000的州，从来就不足为虑。心存疑虑的肯塔基在5月20日宣布自己在联邦和南部同盟之间保持中立。林肯静观肯塔基的中立，批准了在8月5日进行的选举，此次选举以三比一的优势选出了亲联邦的议会，使肯塔基放下了心中的大石头。与此相反的是，南部同盟已经急不可待地诉诸武力，9月，南部同盟部队从田纳西进入肯塔基，占领了坎伯兰山口和哥伦布这个地处俄亥俄河和密西西比河交汇处的战略要镇。肯塔基议会在震惊之余立即结束了其中立立场，并在9月25日召集了4万志愿兵加入联邦部队。此后，林肯可以庆幸保证了俄亥俄河的安全，并开辟了一条通道，可以直接支援田纳西东部山区的那些坚强的联邦主义者。

相同的情况也出现在密苏里（尽管林肯的计划在当地几乎被他自己的一个将军打乱）。密苏里是一个蓄奴州，但是奴隶人口还不到总人口的十分之一。它是唯一的一个在1860年竞选中投给了斯蒂芬·道格拉斯决定性一票的蓄奴州。同样，克莱本·杰克逊州长决定让密苏里脱离联邦，1861年3月，他诱骗州议会召开脱离大会。但是杰克逊的分裂要求遭到较为年轻的弗朗西斯·布莱尔（蒙哥马利·布莱尔的兄弟，在1856年加入了共和党，并为林肯在密苏里地区募得了1.7万张选票）的反对，他更强硬地要求将密苏里州留在联邦，而且也遭到聚居在圣路易斯周边地区反奴隶制的德裔居民的反对。这不仅让密苏里的脱离大会以失败告终，还让布莱尔和圣路易斯联邦兵工厂的主管纳撒尼尔·莱昂解除了一个颇具有危险性的州民兵营的武装并将其遣散。在经历了将近一个月政治闹剧的风暴之后，他们把杰克逊和分裂分子逼至密苏里南部。尽管密苏里的分裂分子后来"宣布"密苏里脱离联邦，并在四年里使得这个不幸的州在"内战的内战"里不堪其扰，但是联邦不干涉密苏里事务确保了密苏里能够继续留在联邦。

林肯不仅要对肯塔基和密苏里两州加以安抚；在北部各州，他面对的是民主党强大的对抗，一旦由萨姆特所爆发的爱国团结热潮消失殆尽，这些地区的形势将会变得极其危险。1860 年竞选对于北部各州的民主党来说确实是一场竞选灾难——民主党只剩下 4 个州长职位，控制着 3 个州议会，在众议院仅仅占有 42 个席位，在参议院的 48 个席位中仅占 17 个。其党内由于在总统候选人提名的问题上意见发生分歧而产生了三个派系，他们之间的明争暗斗使得民主党的组织性比自安德鲁·杰克逊以来的任何时期都差。更糟的是，仍是北方民主党最重要人物的斯蒂芬·道格拉斯，大声疾呼北方的民主党人士支持林肯，反对分裂分子。就在萨姆特沦陷后不久，雅各布·考克听到道格拉斯在俄亥俄州的哥伦布强烈要求"联邦必须得以保存，叛乱必须予以镇压"，并保证"自己全力支持林肯先生的政府在这方面的努力"。

但是指望这些根深蒂固的、带有意识形态偏见的陈年旧仇能够化于无形，显然是不明智的。道格拉斯在芝加哥病倒后，于 1861 年 6 月 3 日突然去世，享年 48 岁，民主党对战争的支持再也无法得到保证。即使是在 1860 年的竞选中惨败，民主党仍有北方 45% 的选民的支持。在 1861 年北部的地方选举中，民主党重新站稳了脚跟。而其出席国会也给了他们质疑政府军事政策，给政府的行动加上各种不齿的动机的机会。借此机会，民主党开始培养反对共和党的国会领袖，如来自俄亥俄的克莱门特·瓦兰迪加姆和印第安纳的丹尼尔·沃西等人。约翰·海写道，瓦兰迪加姆"浑身上下散发着一股不可抗拒的魅力……他是一个受人尊敬的智者，一个好律师，一个完美的学者……很少在议院发表令人无精打采的演讲"。即使是个律师，他还是个重农主义者和地方主义者。"我就是一个西部地方主义者"，瓦兰迪加姆这样写道。像瓦兰迪加姆、沃西以及纽约州州长霍雷肖·西摩这些民主党人，在维护联邦统一的原则上与共和党是相同的，但是他们在如何维护统一这一问题上，在维护联邦的过程中，究竟如何把握对奴隶制的限制和废除问题，如何处理公众对于政府政策的不同意见等问题上坚持己见。到最后，（正如一位不胜其烦的共和党人描述的那样）国会中的民主党人士如果能达到足够的票数，他们就能"反对别人的所有提议，自己却不能提出一点建议来"，但是，他们仍有能力扰乱选举，林肯无法忽视他们。

同时,林肯不能阻止大多数的北方人及党内人士得出这样的结论,既然奴隶制是产生分裂的根源,那么要正确地处理分裂问题,就必须立马根除奴隶制。林肯对约翰·海这样说道,"我们之中的一些北方人似乎在这个时刻有些兴奋得不知所措。而另一些人则认为内战将会导致奴隶制的彻底废除,并且不断地劝我让黑奴加入联邦军队中来是再合适不过的了"。对于那些反对者而言,发动战争的目的仅仅是平息分裂叛乱,对于奴隶制,则甚至可以采取包容的态度。而这就使得那些对联邦最根本的威胁,不管是在政治抑或经济上,都没有真正受到冲击,并且还能通过其他的方式继续其阴谋活动。奥雷斯蒂斯·布朗森断言,"以这种奴隶制和自由劳工制各占一半的劳动制度来维持联邦的统一,是不符合人类社会发展规律的,必将失败"。只有彻底毁灭奴隶制才能摧毁奴隶制势力在政治和经济上对其的支撑,而反对脱离联邦的战争正好给了北方不可多得的机会。布朗森又补充道,蓄奴州的无缘由地叛乱,让我们有机会颁布法令,一是给予联邦中的黑人们迟来的公正,二来还能同化南方的劳工制度,让它与我们的自由劳工制度一致。布朗森希望林肯能够抓住这次机会并有所行动,而第一个相关法令即"没收法令"便产生于 7 月 4 号的特别会议,这个法令的颁布对一些叛乱者构成了威胁,因为它将会没收任何用于战争目的的"财产"——同时也明确指出这些"财产"中包括那些用来参与支持南方战争活动的奴隶。

一些共和党人对这种没收财产的简单做法表示了不满。令蓄奴势力愤怒地活着的共和党殉道者查尔斯·萨姆纳在南部同盟对萨姆特要塞发动进攻后立刻恳求林肯利用"战争的力量……使奴隶获得解放"。"引起当前战争的原因就是奴隶制,"老资格的废奴主义者刘易斯·塔潘坚持认为。"那么什么是解决问题的良方? 我们毫不犹豫地回答:立即解放所有的奴隶。"曾经身为农夫、教员和辉格党领袖的俄亥俄州参议员本杰明·F. 韦德("坚毅的脸上从未见过笑容,"约翰·海曾经这样描述他,"言语不多、少有溢美之词。")严肃地宣告埋葬奴隶制的时刻已经到来,如果这场战争"持续 30 年使整个国家走向破败的话,为了上帝,我希望当只有这片土地不存在一个奴隶时和平方能到来"。长着波浪头发和厚厚嘴唇的底特律商人、在 1857 年接替刘易斯·卡斯成为参议员的扎卡赖亚·钱德勒申明 "反叛分子放弃了他所有的权利……无论你给予他什么,哪怕是生命本身,对丧失这些权利的他来说也是一种恩惠"。在众议院中代表宾夕法尼亚州中南部利益并执掌众议院筹款委员会的撒迪厄斯·史蒂文斯,毫不留情地要求把南部同盟"变成一片废墟",以便于自由劳力对其进行重建。

　　这些激进的共和党人中几乎没有人特别喜欢林肯,他们把林肯看做是一个政治暴发户,是原来辉格党中最"声名狼藉的保守派……老顽固"的一分子;而林肯,在他自己看来,不时发现这些对摧毁奴隶制度充满热情的激进派"近乎残忍"。(约翰·海很快就将这部分人贴上了"雅各宾派"的标签。)无论从政治上还是从意识形态上讲,林肯同这些共和党激进分子充满矛盾。在对自由雇佣劳动的承认和对奴隶制的憎恶上,林肯的看法和他们自然不无一致,认为至少在这些普遍问题上他们和他一样"朝向天国的方向"。他告知密苏里参议员约翰·亨德森"萨姆纳、韦德和钱德勒对于奴隶制的看法是正确的"。"有奴隶制的存在,我们就不能在这场可怕的战争中保全",或者至少难以回到1861年时的情形了。在整个1861年,林肯不能完全赞同萨姆纳在解放奴隶问题上的观点,并不时使得这位矫揉造作的哈佛毕业生恼羞成怒;然而,在1861年11月,林肯向萨姆纳保证"你我在这个问题上的分歧只是时间上的一个月同六个星期的差别罢了"。但是那些希图通过军事力量达到彻底废奴目的的激进分子却攻击林肯的做法鲁莽草率,认为他的不计后果不仅体现在对那些棘手的边界州政治情形的处理上,由于更为阴暗的对南部的地域上的仇恨而把废奴作为一种工具也体现了这一点。林肯此方面的鲁莽草率也许会因为失去边界州而输掉整个战争;也因为战前未能实现任何形式的和解而轻易失去了和平,并因为使共和党成为南部白人长久敌视的对象而失去了战前对国家的政治上的控制。撇去政治不谈,激进派的急躁冒进让林肯感到很不舒服,他们在林肯权衡利弊的时候就要求采取行动,这与革新派道德主义者的严格作风没有丝毫的相似之处。

　　在战争进行的第一个夏天,林肯就开始发现激进分子给他带来如此多的不便。为了支持年轻的弗兰克·布莱尔和支持他的密苏里州联邦主义者,林肯任命约翰·查尔斯·弗里蒙特为密苏里军区司令。从表面上看,对弗里蒙特的任命无疑是一个精明的举动:他是个军人、共和党第一位总统候选人、激进派的意中人,还是密苏里州最有声望的政治家托马斯·哈特·本顿的女婿;难以想象能够找出让各方面都满意的比这更好的方案。但是不幸的是,尽管拥有这些资本,弗里蒙特却缺少头脑。在1861年8月10日,弗里蒙特到达圣路易斯仅数周后,纳撒尼尔·莱昂和忠于联邦的密苏里民兵在威尔逊河畔惨败,莱昂阵亡。为了收集武器进行反击,弗里蒙特将他整个辖区纳于军事管制之下,并发誓逮捕、审判和处死帮助以克莱本·杰克逊为首的密苏里分裂主义者——这其中最令人惊奇的举动是——宣布"资敌者如果拥有奴隶,那么,这些奴隶由此成为自由人"。

将叛乱者的奴隶作为他们财产的一部分没收是一回事；而宣布这些奴隶成为自由人却是另一回事。"他显然认为自己拥有英国殖民地总督的权力。"吉迪恩·韦尔斯尖刻地评论道，边界州的联邦主义者赶忙找到林肯并警告他"弗里蒙特的愚蠢公告……会将该州拥护联邦的力量彻底摧毁"。林肯在报纸上读到弗里蒙特的公告之前，对此毫不知情，他马上命令弗里蒙特删除有关枪决和解放奴隶的内容。林肯在一封写给弗里蒙特的密信中解释道："我认为解放叛国者拥有的奴隶的做法存在巨大的危险，会使我们南部拥护联邦的朋友感到恐慌，会使他们反对我们——或许会毁掉我们在肯塔基的大好机会。"林肯告诉奥维尔·希克曼·布朗宁，如果肯塔基州倒向南部同盟一边，"那么我们也难以控制密苏里州，接着就是马里兰州……这样我们手头的任务就太多了"。但是弗里蒙特竟是如此的迟钝未能了解这些暗示：不仅为自己进行辩护，而且他把他的夫人杰西·本顿·弗里蒙特派到华盛顿替她的丈夫进行申辩。林肯显然不愿意同安德鲁·杰克逊总统最著名的助手的女儿会面，当她到达华盛顿时，林肯坦率地对她讲她的丈夫"从来不该将黑人卷入这场战争"。

对林肯有利的是，弗里蒙特作为一名政客同他当将军一样行事轻率。在密苏里州一系列小规模的冲突中被叛乱者击败后（这些事件似乎进一步证明了解放奴隶的宣言仅仅会加剧奴隶主的抵抗），随着大量的腐败事件和管理不力的报告的披露，林肯于 1861 年 10 月解除了弗里蒙特的职务，并将这一地区交予原来在军队中给他通风报信的戴维·亨特少将。但是仅仅八个月后，亨特为林肯制造了几乎同样的麻烦。1861 年 11 月，联邦战舰大胆地驶入南卡罗来纳的罗亚尔桑德港，扫清了沿岸岛屿的障碍，目的是为联邦海军建立海岸补给基地。南部同盟不仅丢弃了他们的武器，也留下了他们的奴隶。亨特被任命负责这个规模不大的新部门，1862 年 5 月他很快就效仿弗里蒙特实施军事管制，然后宣布所有"先前身为奴隶的人获得永久的自由"。尴尬的林肯不得不再次对他的军官加以约束，并取消了公告。

免除弗里蒙特职务和限制亨特权限的决定安抚了各边界州的焦虑情绪，但是这引起了激进派对林肯的愤怒。《纽约时报》宣称"弗里蒙特将军的声明虽然第一次以法律形式废止了奴隶主和奴隶之间的联系，却言明了这场叛乱战争不可避免的结果。"在国会，本·韦德对林肯在打压奴隶制问题上的"迟缓和不力十分不满"，他大声地表示了自己的困惑，更多的人没有"逃到杰弗逊·戴维斯那里去，尽管他表现出了一些智慧；而我自己可能会开小差"。但是林肯并未因此妥协。他没有认真对待否决《没收法案》的想法，当陆军部长西蒙·卡梅伦在 1861 年的年终报告中建议解放和

陆军部长埃德温·斯坦顿

武装奴隶以博取激进派的支持时,林肯草率地要求他递交辞呈。令激进派感到沮丧的是,林肯任命了民主党人埃德温·斯坦顿取而代之, 他曾在布坎南内阁中任职,早年在辛辛那提担任律师时曾经羞辱过林肯。

最终于 1861 年 12 月 3 日召开的第三十七届国会第一次例会上, 林肯告知与会议员,"考虑到将要采用的政策是为了镇压叛乱,我一直焦虑和挂念的是,为了达到这个目的,这场不可避免的冲突不应堕落为狂暴残酷的革命性斗争"。至少在这一刻, 林肯更情愿把战争看成是维护联邦统一的机会,他"并不急于判定这些将对忠诚者和背叛者产生影响的激进极端的措施是绝对必要的"。让战争以公正的形式取胜, 把脱离联邦的行动隔绝开来, 这样才能逃离林肯承诺通过制止奴隶制向准州蔓延、奴隶制将逐渐自行消亡来塞住的瓶子。

并非是激进派的威吓最终迫使林肯放弃了执政伊始那种小心谨慎和迟疑不决的行事作风,其原因在于将军们出于各自理由的行动迟缓。斯科特将军在 5 月份建议在墨西哥湾和南大西洋海岸进行海上封锁,并沿着俄亥俄河和波托马克河构筑安全的防线,以此将南部同盟隔离,这样就会使南部同盟的补给逐渐不济,南部的联邦主义者届时会积聚力量推翻南部同盟政权, 这个建议迎合了林肯本人行事谨慎的本性。正如司法部长贝茨所言,这个计划吸引人之处在于它将"使这场全社会性的围绕奴隶问题展开的战争尽可能少地干预激进的南部各州人们的日常生活"。

推行这项计划最大的困难在于它看起来于事无补,这引起了北部政客、报界甚至一些失去耐心的军官的愤怒。在 4 月末,一位名叫乔治·布林顿·麦克莱伦的前正规军军官被说服接受了俄亥俄州州长委任的志愿兵团准将职位,为斯科特将军所谓"水蟒计划"提供了一个变通的方案。他将率军进攻西弗吉尼亚使其"免于南部军队的破坏",然后穿过肯塔基进入密西西比,最终到达"彭萨科拉、莫比尔和新奥尔良"。一个月之后,麦克莱伦将他的计划付诸行动,他将俄亥俄部队的几个团渡过俄亥俄河进入西弗吉尼亚,在那里同阿勒格尼山脉的弗吉尼亚联邦主义者取得了联

乔治·麦克莱伦

系,击退了小股南部同盟部队,并鼓励西弗吉尼亚人组建了一个忠于联邦的政府。

不仅仅是麦克莱伦的胜利,华盛顿守卫力量加强后六个星期发生的其他一些事件似乎表明叛乱者不堪一击。5 月 13 日,来自弗吉尼亚州西部各县的联邦主义者进行集会并创建了"弗吉尼亚复兴政府",选举弗朗西斯·哈里森·皮尔庞特为这个忠于联邦的"弗吉尼亚"的州长。6 月 17 日,田纳西州的联邦主义者也在格林维尔集会并重申忠于宪法。5 月 24 日,联邦军队在几乎没有遭到抵抗的情况下,大举跨过波托马克河并占领了亚历山德里亚,6 月 15 日, 从撤退的弗吉尼亚民兵手中重新夺回了哈泼斯渡口。(这些进展之中唯一的遗憾是埃尔默·埃尔斯沃思的战死,他是纽约第十一义勇军的上校,曾经做过林肯—赫恩登律师事务所的职员,林肯悲哀地称他"就像儿子一样"。)这些成功对林肯和斯科特产生了巨大的压力,迫使他们在华盛顿周围的民兵解散之前采取行动。6 月 26 日,霍勒斯·格里利的《论坛报》极力鼓吹:

> 向里士满进军!
> 向里士满进军!
> 伪国会在 7 月 20 日在那难以举行,
> 因为到时那里已被联邦军队占领!

格里利连续一周在报纸头条撰文强调民众的迫不及待。三天后,《芝加哥论坛报》也采取了相同的论调,"国民的战争召唤——向里士满进军"。

斯科特不情愿地任命他手下的参谋、新晋升的准将欧文·麦克道尔指挥现驻扎在华盛顿周边的 3.5 万人,6 月 29 日,麦克道尔犹豫不决地向林肯和内阁提交了进军弗吉尼亚的战役计划。因为他的部队缺乏经验,麦克道尔对这个计划不是很有信心,但是林肯拒绝接受反对意见。"你没有经验,这是事实,但是你的对手也同样没有经验;你们同样是新手。"事实上,尽管如此,他们并不是完全一样。南部同盟在靠近马纳萨

联邦军队总军需官后转投南部同
盟的约瑟夫·约翰斯顿将军

斯交叉点的地方集结了一定数量的部队，这里是华盛顿西南 20 英里处重要的铁路交叉路口，这支部队由皮埃尔·博勒加德统领，仅仅几个月之前，他在查尔斯顿指挥了迫使萨姆特要塞守军投降的炮战。博勒加德不仅事先得到了麦克道尔计划的情报，他还用铁路从谢南多厄峡谷调集了约瑟夫·约翰斯顿（在 4 月之前还是联邦军队的总军需官）指挥的部队来加强他掌控范围内的守备力量。麦克道尔纪律涣散、组织松懈的部队于 7 月 21 日从华盛顿跌跌绊绊地出发，他们在距马纳萨斯交叉点 3 英里、叫做布尔河的溪流处同博勒加德南部同盟部队发生了战斗，约翰斯顿率军乘火车及时驰援，使得麦克道尔陷入更加不利的处境，士气低落的联邦军队冒着阴沉的暴雨逃回了华盛顿。

“今天将作为黑色星期一为人们所铭记”，在布尔河战役发生的第二天，纽约律师乔治·斯特朗在他的日记上写道。林肯在战斗进行的整个下午都待在位于白宫外“总统公园”草坪上的陆军部电报室内，直到半夜过后他每隔一段时间回到那里时获悉了这个可怕的消息。首都立刻谣言四起，说南部同盟部队对撤退的联邦军队紧追不舍，一些同情南部的阴谋家将要把这座城市移交给杰斐逊·戴维斯，甚至老将军斯科特在凌晨两点钟来到白宫坚持让玛丽·林肯、威利和塔德立刻到北方避难（玛丽没有同意）。

在黑色星期一结束之前，指责已经开始了。林肯对麦克道尔进行了指责并解除了他的职务；斯科特间接地指责林肯迫使他进攻弗吉尼亚。“你的谈话似乎暗示我强迫你进行这场战斗”，林肯愤怒地回应，并尖刻地指出几天前斯科特事实上对这次进攻行动过于乐观，“他坚持认为我们无论如何也不会被击败，事实基本如此”。北方的报界疾呼麦克莱伦应当接替麦克道尔的职务，《费城讯报》更发出这样的感叹：“麦克莱伦将军是华盛顿地区急需的将领……他的能力，军事谋略，充沛精力和闪电般的敏锐力……现在是那里不可或缺的。”

在一个政府工作人员面前，林肯只能哀叹道：“如果地狱的情形会比这件事更糟的话，那么地狱对我来说也算不上恐怖了。”尽管显得“劳累、疲倦和处境悲惨”，林肯并未丧失他的能量和长久以来培养出来的自控能力。在布尔河战斗发生两天之后，林肯起草了一份新的军事计划对战败的联邦军队进行重组和整编，"在情势允许的条件下迅速"清除不可靠的民兵，并着手"尽快展开训练新的志愿兵的工作"。他亲自巡视了华盛顿周边士气低落的军营，后来屈服于公众的压力，将乔治·麦克莱伦召回华盛顿并让他负责组建一个新的三年期的志愿兵部队。

麦克莱伦当时 34 岁，虽然他被说服加入民主党内的道格拉斯派，但除了这一点，他的其他方面都是林肯所需要的。他毕业于西点军校（1846 届排名第二），他在工兵部队赢得过军校的一个重要军衔，在同墨西哥的战争中，他在斯科特将军麾下表现出色，并被选派为克里米亚战争的军事观察员。同其他北方人一样，麦克莱伦发现，在内战前要想在军队中获得晋升会受到南方人的排挤和打压，当他在上尉的职位上停滞不前时，便从军中退役，担任了伊利诺斯中央铁路公司的总工程师和副总经理，后来又于 1860 年担任了俄亥俄—密西西比铁路公司俄亥俄区的总经理。由于生于费城，战争爆发后麦克莱伦很快被宾夕法尼亚州长安德鲁·柯廷任命为该州志愿兵团司令。但是他的业务使他在 1861 年春仍居留在辛辛那提，俄亥俄州长威廉·丹尼森的一份该州志愿兵团司令的委任状以更快的速度递到他的手上。出任俄亥俄州志愿兵团司令职务后，麦克莱伦发动了对西弗吉尼亚的进攻并将其收复，他的这场胜利加之在铁路行业做经理和管理人员所赢得的名声，促成了 7 月 22 日华盛顿方面的任命。

起先，所有的事情似乎证明将新志愿兵部队交给麦克莱伦训练实乃明智之举。麦克莱伦是一位杰出的组织者：就好比按照时刻表运营铁路一样，他在华盛顿周边营建了一系列防御工事，将那些新兵和没有经验的军官编成旅和师的单位，并亲手挑选指挥官，组建了参谋人员，并且将这个处于磨合期的新部队冠以后来战争中一直使用的名字——波托马克军团。同时他也赢得了部队的信任，他们亲切地称他为"小麦克"或"小拿破仑"，这也难怪："他的鞠躬和微笑看上去赢得了对他的好感，即使对身份最卑微的普通士兵也是如此。"他的一位幕僚军官回忆说："他们之间建立起了好似同志般的感情。"

不仅是士兵，华盛顿的官员也对他着了迷，他很快便被雪片般的社交邀请淹没，以至于他"由于军务繁忙，今天拒绝了斯科特将军和四位部长的宴请"。麦克莱伦在宾夕法尼亚大街的一幢连体别墅安顿下来，一周之内在他所写的任命书中，带有"总统先生、内阁、斯科特将军及我的部下"的字样，他似乎"已经成了国家的统治者"，

"如果他愿意能够成为独裁者或其他什么"。他很快在私底下说"他打算采取攻势，但碍于他的上级斯科特将军的反对"。11月，林肯让这个参加过1812年战争的八十多岁的老兵安静地退休，并将从密苏里州到华盛顿的联邦军队的军事指挥权交予麦克莱伦。

林肯不能确定麦克莱伦能否比他的前任斯科特更好地应对联邦军队动员过程中的混乱局面，但是林肯又一次在军事事务方面表现得如同他在政治方面一样没有经验，在职业军人的威吓之下，林肯自己无法直接向麦克莱伦施加影响。林肯警告麦克莱伦说"这需要你做大量的工作"，但麦克莱伦仅回应道"我完全能够应付"，林肯于是就不再深究这件事了。将所有的事情交到麦克莱伦手中让林肯感到不安。"他没有装作了解指挥部队的所有事情……但是他有足够的常识知道兵贵神速；虽然从严格的军事观点看，让军队坐等机会的出现更好，但是这样政府每天要花费数百万美元。"但除此之外，林肯只有将平常战事的控制权让与麦克莱伦，并忍受他对总统与日俱增的轻蔑态度。林肯向温菲尔德·斯科特坦言："他对战争方面的知识一无所知，需要一个这样的人在华盛顿周围将新加入的共和国新兵组织起来。"因为他"不是一个军人，遵从麦克莱伦将军是他的责任"。

林肯情愿"遵从"主要是由于他认为麦克莱伦确实需要时间和自主权来组织军队，也因为两人就战争目标达成的一致。同林肯一样，麦克莱伦谴责奴隶制度并发誓"如果改变的时刻来临，如果获得成功，我将利用手中的权力改善那些可怜黑人的处境"。但是这场战争不是改变的时刻，"我是为维护联邦的完整和捍卫政府的尊严而战"，而不是"为废奴主义者而战"或"没收和解放奴隶"。这些言论在华盛顿有所耳闻，麦克莱伦相信这些言论会使边界州警醒，并消除被压制的南部联邦主义者的不满，如果这场战争会在一种彼此约束和互相尊重的形势下进行，这些南部联邦主义者就会很快发动起义进而推翻狂热的分裂主义者的统治。

麦克莱伦的首要战略目标是"为了显示联邦军队压倒性的军事力量，使那些叛乱分子特别是贵族统治阶级明白反抗是完全徒劳的"。他在1861年8月写道，"战争因为一个阶级而起，但是现在是与一个地区的人而战，"战争的目标是将受南部、受种植园主阶级蛊惑但大多数仍忠于联邦的人民与种植园主阶级区分开来。令麦克莱伦释然的是林肯并没有迫使他将这场战争变成一场废奴战争。"总统在黑人问题上的态度很务实，做法很明智，"在1861年11月麦克莱伦写给纽约民主党政客塞缪尔·巴洛的信中写道，"我保证事情会向着他预料的方向发展。"

但是事情并未如此。在 1861 年由夏转秋的时候，麦克莱伦仍旧继续训练、组织和加强，并未组织深入弗吉尼亚的军事行动，甚至没有透露像他 4 月份曾提出的将叛军吸引过波托马克河和俄亥俄河一带进行决战的全盘计划。"整个秋季都充斥着盛大的阅兵和招摇的游行，这位年轻的将军带着他那帮年轻、富有、无经验、缺乏训练和对军事工作不熟悉的手下集体亮相于这些活动中。"韦尔斯部长抱怨道，并且"随着时间流逝，没有一次像样的进攻或开展一次决定性的军事行动，不满的声音多了起来，其中夹杂着嫉妒和反对"。国会的宴会邀请变成了对波托马克军团毫无作为的质询。麦克莱伦辩解道，在马纳萨斯的叛军仍然十分强大不能向其率先寻衅（他在 1861 年 8 月中旬悲叹道："博勒加德差不多拥有 15 万人——而我只有不超过 5.5 万人。"）并承诺"不管季节和天气如何"，只要"我拥有足够强大、状态足够好的部队去指挥，在有取胜机会的时候"，就会向敌军发动攻势。

但是万事俱备的日子的到来却晚于奴隶制势力的调整，麦克莱伦担忧博勒加德军力的增长和他征兵的速度一样快。在 9 月末南部同盟舍弃了位于弗吉尼亚境内在华盛顿南面波托马克河畔的防御工事后，人们发现那里的所谓"贵格火炮"全是由圆木伪装成的假炮，使得麦克莱伦极为难堪。迫于来自国会的猛烈的批评之声，他派遣最信任的下属查尔斯·P. 斯通将军带领小股联邦军队于 10 月 21 日越过波托马克河，去清除华盛顿北边波托马克河河畔南部同盟部队的其他前哨阵地。而这次，敌人的炮火是货真价实的了：联邦军队的一个旅在鲍尔崖陷入了南部同盟一个旅的包围，遭到痛击，被赶到了河里，参加此次行动的 1700 人伤亡过半。（阵亡者有林肯的朋友爱德华·贝克，他是林肯在议会时的支持者和朋友，林肯曾用他的名字为他第二个儿子起名，他在率领亲手创建的宾夕法尼亚团时被击穿头部。）

在经历了鲍尔崖的大败后，麦克莱伦更是相信小心驶得万年船，并不打算再有所举动。但 12 月份的时候，第三十七届国会召开了第一次例会，共和党的激进派对此的看法却大相径庭，暗中指责麦克莱伦和斯通拿鲍尔崖的失败来作为自己作战无力的借口。本·韦德和扎卡赖亚·钱德勒立马组织起了一个众、参两院作战联席委员会，成为批判麦克莱伦的主要阵地，要把斯通逮捕入狱，以儆效尤。陆军部长斯坦顿曾告诉赫门·戴尔自己曾因"麦克莱伦将军忠实战友"的身份得以替代西蒙·卡梅伦，获邀进入内阁。即使如此，他现在对这个"小拿破仑"也感到厌倦了。斯坦顿大声疾呼，"我们的数万将士本应直捣纳什维尔，横扫叛军和分裂分子，用火与剑把他们赶出肯塔基，而不是躲在波托马克河的泥沼里"。

此照片拍摄于 1862 年末或 1863 年初，是林肯视察保卫首都部队时抓拍之作，十分罕见

令人不快的是，林肯总是试图在做两手的准备，虽然不时地敦促麦克莱伦采取行动，一旦麦克莱伦面对各种各样的指责批评表现得怒不可遏，林肯又时常退缩了，转而认为那些"雅各宾派"们应该对麦克莱伦受到的批评负有责任。在 10 月 26 日，"雅各宾派俱乐部"要求林肯催促麦克莱伦有所作为，"林肯总统站出来支持麦克莱伦的谨慎小心"。但在与麦克莱伦攀谈此事，林肯小心翼翼地向他表示自己"并不看好这股新出现的普遍的急躁情绪，同时又说道，这股情绪也确实存在，对它也应该有所顾虑"。不想麦克莱伦一口拒绝，林肯急忙附和同意，说："将军，在您没有准备好之前，大可不必开战。"

这也让麦克莱伦认为自己现在表现得越是磨蹭，处境对自己就越有利，于是在暗地里更是违抗命令，隐藏起了自己的计划，也越发藐视林肯以及那些共和党人。"我日渐痛恨这个政府——对它厌倦至极，"麦克莱伦写道，"内阁里尽是一些我见过的最笨的呆头鹅。"在麦克莱伦看来，林肯不久也就变成了一个"笨蛋"。"除了彻头彻尾的轻蔑之外，我对林肯没别的感觉——无论是他的头脑、感情还是品行。"11 月的一个夜里，林肯端坐在麦克莱伦将军的会客室里时，麦克莱伦竟然从总统身旁走过，直接上楼睡觉了。在 12 月的晚些时候，因在华盛顿水土不服，麦克莱伦伤寒加重，一进病房就是两个星期。

临近年终，林肯仍然没有勇气对麦克莱伦提出质疑，甚至都不敢要求麦克莱伦在最后拿出一份可行的作战计划。林肯反倒是告诫约翰·海说："在这种时候，不计乎总统风范和个人尊严反倒是更为恰当。"但每天都在这么消耗着数百万国会拨付的战时经费，林肯也总不能这样束手无策。"我所忧心的是，田纳西东部的同胞在不断地被处死，一步一步地被逼入绝境，现在，为了个人安危，恐怕已经要拿起反抗的武器，"林肯这么向一位官员诉苦。他向总军需官蒙哥马利·梅格斯将军询问说："将军，我应该做些什么？人们已经是焦躁不安了……军队将军又是感染风寒……我应该做些什么呢？"

林肯问得出这样的问题，这让许多观察家验证了林肯并不适于当总统的猜测。"林肯总统是位杰出的人物，有着大智慧，"司法部长贝茨在日记中写道，"但他缺乏决心和目标，所以我生怕他没有指挥之能力。""林肯自己似乎并没有应付重大问题的勇气和决心"，俄亥俄州共和党众议员威廉·卡特勒在日记里写道；缅因州参议员威廉·费森登不客气地说："如果林肯总统有他妻子一样的决心，并能正确应用，我们的局势就会好很多。"伊利诺斯州民主党人威廉·理查德森甚至利用众议院的发言权宣称，林肯"都不敢反抗那些狡诈的政客。这些政客一直都围绕在林肯周围，试图拿他当傀儡，以达到自己的目的"。当 1 月 6 日联席委员会委员会见林肯和内阁时，请求就跨越波托马克河有所行动，林肯这才承认麦克莱伦并未向其吐露过有关进军的任何计划，而且也承认说，麦克莱伦作为指挥统帅可以便宜行事。"这让我们实在是大跌眼镜、灰心丧气。"乔治·朱利安，一位联合委员会委员，如是写道。

但到了 1 月的时候，林肯就彻底地被麦克莱伦的无所作为激怒了，他开始自己掌控软弱无力的缰绳。"如果麦克莱伦不想指挥军队作战，"林肯怒道，"如果他知道军队都能有些什么作用的话，那他想必也肯把军队借出来。"林肯开始给麦克莱伦属下的各部指挥官发电报——有密苏里的亨利·哈勒克，俄亥俄州的唐·比尔将军——询问有关麦克莱伦曾向他们透露的任何计划的信息。这两人笨嘴拙舌地回答说麦克莱伦并没有向他们送达过任何的作战计划，因此林肯也就开始向他们，先是给比尔，然后是哈勒克，发出自己的命令，要他们立即移师田纳西东部，在那里的山区重整联邦主义者。比尔和哈勒克在他们迟钝的前线指挥官和恼怒的总司令之间进退两难，不能按林肯的"要求说出他们能够准备出发的具体日期"。

当林肯把目标转向麦克莱伦在华盛顿的直属部下，得到了更好的响应。按照总军需官梅格斯的建议，林肯召集了驻扎在波托马克军团的两个指挥官威廉·富兰克林和心存不满的欧文·麦克道尔，后者曾和麦克莱伦有过政治和私人问题上的过节，1月 10 日，林肯向他们征求新的军事行动的意见和计划。这个消息立马让麦克莱伦从病床上一跃而起，在 1 月 13 日怒气冲冲地和林肯会面，但麦克莱伦的地位已经摇摇欲坠。1 月 27 日，林肯签发了"总作战令"，命令哈勒克、比尔和麦克莱伦率领军队于华盛顿生日之前向南大举进发。"从那个时候起，"约翰·海写道，"林肯开始主动去

尤利塞斯·格兰特将军

约翰·波普将军

影响战役的进程。他不再亲自登门拜访麦克莱伦了，而是派人传唤将军到他这里来。"

麦克莱伦勉强打起精神，在2月3日提交了一份关于在南部同盟领土上作战的全面计划，这个计划同时在某种程度上"促使比尔向蒙哥马利或者佐治亚地区前进"，并"让哈勒克向南推进直至……新奥尔良"。麦克莱伦计划让波托马克军团绕过南部同盟"固守的马纳萨斯，"或者由海军运送波托马克军团，一路向下航行至切萨皮克湾，到达厄班纳在拉帕汉诺克河下游的"某一登陆点"。"从厄班纳发起的快速进攻……将使我们能够在里士满得到增援之前攻占它。"

这确实是一个非常好的计划，并且随着计划的进行，哈勒克在2月份就证明了它的正确性。他派一名军官、来自伊利诺斯的名叫尤利塞斯·辛普森·格兰特的前西点学员，沿着田纳西河进入田纳西州，在那里格兰特1.5万人的步兵团和一支小型炮艇舰队在2月6日轻易攻陷了亨利要塞，随后又于2月16日攻陷了坎伯兰河上的多纳尔森要塞。南部同盟的整个西部战线此时就像被刺破的气球不断萎缩，南部同盟的军队仓促放弃了整个肯塔基西部和田纳西西部，一路溃退到了密西西比北部的科林斯。比尔也于2月25日攻占了纳什维尔，3月8日，人数上占优的联邦军在塞缪尔·柯蒂斯将军的带领下在阿肯色的皮里奇痛击1.4万名南部同盟军，而约翰·波普将军

（一年前此人曾护送林肯乘火车至华盛顿）旗下的联邦军队于 3 月 14 日攻陷密西西比河畔的新马德里，并开始对南部同盟在密西西比河上游最重要的据点第 10 号岛上的要塞形成合围之势。"南部同盟分子在田纳西即将孤立无援"，这位打了胜仗的尤利赛斯·格兰特将军对当时的形势作出了预测。而且也正如林肯满怀希望的那样，像以前的老辉格党人和报纸编辑威廉·G. 布朗洛那样的田纳西联邦党人聚拢在原来的旗帜下，确信"南部诸州的分裂运动已经玩完——都已经是秋后的蚂蚱了"。

但有一个人对这些胜利并不感冒，他就是乔治·麦克莱伦，林肯也开始有了疑问，"因为西点军校的绝大部分人都是民主党人"，他们都企图避免正面交锋来阻止共和党人取得胜利，或防止战争的矛头转向解放奴隶和美国南部社会的"彻底变革"。在国会上，"有人宣称波托马克军团都被训练掌握了反对共和党的工具，支持共和党的人千分之一都没有"。麦克莱伦倾向于用一支海军联合舰队直捣拉帕汉诺克河而不是直接进攻马纳萨斯，往好了说，这只被看做麦克莱伦无心与南部同盟直接对抗的又一例证；最糟糕的情况是，这种行为表示了他的"不忠，撤除华盛顿的防御力量，把首都拱手让给敌人，让政府没有任何防备之力"。当林肯在 3 月 8 日的白宫会议上把这个说法转述给麦克莱伦时，他暴跳如雷，即使林肯一再强调他也仅仅是在复述"其他人是怎么说的，而且他本人是一个字也不会相信的"。

然而，林肯认为麦克莱伦在选派波托马克军团高级军官时带有政治倾向，当林肯向麦克莱伦的 12 位主要指挥官咨询关于厄班纳的计划时，发现由麦克莱伦提拔上来的 8 位最年轻军官都无一例外忠诚地和他们的主帅站在了同一战线上，这种猜疑似乎得到了证实。林肯也清楚北方人民都相信"这位将军无心作战"，这无疑会挫伤联邦民众的士气。"这样的一次失策将使我们丧失从攻克多纳尔森要塞所取得的所有威望，"2 月 27 日林肯如是责备伦道夫·B.马西（麦克莱伦的岳父，联邦军参谋长）。林肯已经忍无可忍：3 月 8 日傍晚，林肯签署了一项整编令，把波托马克军团整编成四个团，每个团各由一名对厄班纳计划持有异议的高级军官指挥。

如果说这是林肯发出的促使麦克莱伦在马纳萨斯有所行动的暗示，显然并未奏效，所产生的实际效果是让麦克莱伦在其他人眼里变得很愚蠢。南部同盟不愿坐以待毙，于 3 月 9 日放弃马纳萨斯的防御工事，并在接下来的两天内立马撤退到拉帕汉诺克河地区。麦克莱伦小心翼翼地刺探被放弃的防线，结果发现那里的防守力量不足 5 万人（比麦克莱伦预估的三分之一还要少），以及部分伪造的贵格火炮。作战联席委员会认为"麦克莱伦不是一个合格的指挥官"，并轻率地在众议院提交了一项议案,"要求林肯总统解除麦克莱伦的指挥权"。林肯在这一点上不得不作出了有限的让步:他解除了麦克莱伦对联邦军队的全权指挥,仅保留其对波托马克军团的指挥权,一来林肯期望借此最终能够刺激麦克莱伦采取军事行动,二则林肯担心如果同时剥夺麦克莱伦对波托马克军团的指挥权,可能会发生兵变。由于 3 月 13 日在马纳萨斯遭遇了惨败,麦克莱伦坐立不安。也正因为如此,麦克莱伦在自己部队的指挥官会议上宣布他已经做好准备,开始他精心策划的在切萨皮克经水路进行的军事行动,四天后,波托马克军团的先头部队在弗吉尼亚的亚历山德里亚登船出发。

这支部队并未开往厄班纳,而是直奔门罗要塞,这个联邦军队牢牢控制的立足点是弗吉尼亚的詹姆斯河半岛的战略要地。退守到拉帕汉诺克的南部同盟部队在最后一刻迫使麦克莱伦将军事行动的中心移至詹姆斯河地区,虽然此举使得波托马克军团更为逼近南方反叛军首都里士满。但令人费解的是,麦克莱伦越是靠近里士满,行进速度越慢。虽然麦克莱伦在门罗要塞登陆使得南部同盟部队措手不及,在他和里士满之间只剩下由驻守在约克镇的 1.5 万人组成的薄弱的屏障,但是麦克莱伦自己反而怀疑在约克镇驻守着一支远为庞大的军队,并最终肯定了这一推论,火速要求华盛顿方面增派军队和用于围攻的火炮。4 月 9 日,林肯斥责麦克莱伦,"我认为你现在就要开始进攻。延误时机将使敌军取得优势——因为无论在防御还是增援方面,敌军的速度都比你快,而你只能等待增援"。

但麦克莱伦一直对进攻迟疑不决,直到 5 月 3 日南部同盟部队从约克镇完全撤回到里士满。林肯对麦克莱伦的能力已经没有信心了,更不用说麦克莱伦的建议,他

1862年 3 月南部同盟军队在马纳萨斯的阵地

和萨蒙·蔡斯亲自前往门罗要塞调查情况。似乎是为了证明麦克莱伦完全是杞人忧天,这两个文官各自指挥一小股军队越过汉普顿路,收复了诺福克和一个一年前被南部同盟部队占领的海军造船厂。

林肯独立指挥作战的情况越来越多,但麦克莱伦并未从这些明显的信号中有所醒悟,他和他的波托马克军团——现在已经增加到 10 万多人——仍继续极为缓慢地在半岛上爬行,直到 5 月 31 日,南部同盟的部队(现在由乔·约翰斯顿率领)在七棵松先发制人,向麦克莱伦发起进攻。南部同盟的部队此役死伤严重,乔·约翰斯顿身负重伤不能指挥战斗,只能由罗伯特·E.李代为指挥。但七棵松一役并未能激发麦克莱伦的战斗欲望,到 6 月 26 日,波托马克军团仍未前进到里士满,此时李和南部同盟的部队已经把握住了接下来一系列连续战役的主动权,这一系列战役称作七日之战。虽然在人数上李将军处于劣势,并且由于主动进攻伤亡惨重,但是麦克莱伦不由得恐慌起来,认为自己遇到了南部同盟的主力部队。"我们和人数占优的敌人在多个地点同时作战,"他在 6 月 27 日白天和晚上连发两份电报,"已经开始和人数占极大优势的敌人展开惨烈的战斗。"

预感到即将来临的溃败,这位运筹帷幄决胜千里的常胜将军现在开始自哀自怜,向每一个人撒气,斥责他们没有为他创造常胜的条件。6 月 28 日午夜,麦克莱伦给华盛顿发去一条最惊世骇俗的消息,从未有过一名美国军人以这样的方式惩罚文官政府:"我很清楚再多几千人就能扭转战局,化失败为胜利——政府不可以也不能让我对这次失败负责任……如果到时我拯救了这支军队,那么现在我直白地告诉你,我不必向你以及华盛顿的任何人表示感谢——你们已经竭尽所能把这支军队置于死地。"然后,麦克莱伦就把波托马克军团撤回到他在哈里森码头的补给基地周围的防线后面,詹姆斯河的炮艇足以让其安枕无忧。

林肯未能容忍的一项指责就是对军队的遗弃,他马上着手从西部哈勒克的部队抽调了 2.5 万人充实麦克莱伦的军队,并于 6 月 30 日批准了向各州州长征召 15 万人的请求,又于 7 月 1 日同意招募 30 万名志愿兵。但他再也不愿为麦克莱伦本人做更多的事情。"我要继续这场斗争,直到成功,或者直到我离开人世,或者直到我被击败,或者直到我任职期满,或者直到国会和全国人民将我抛弃。"林肯如此告诉威廉·西沃德,而且为了把这样一种决心传达给麦克莱伦,他于 7 月 8 日再次来到麦克莱伦军中向这位将军求教。但麦克莱伦执意于教导别人而不是受教,所以他以一套严肃、客气但归根究底是挑衅的信函来欢迎林肯登上前往詹姆斯河上游的军舰,麦克莱伦

亨利·哈勒克将军

在信中谈的是对战争总目标的期望。麦克莱伦对自己在詹姆斯河半岛战败一事几乎避而不谈,他的信件就是想告诉林肯为什么战争"无论如何都不应该是一场冀望于对任何一个州的人民进行镇压的战争",还有该如何"没收财产,终身剥夺囚犯的政治权利,在州之间进行领土划分,或暂时对强制性废除奴隶制慎重考虑"。任何有关"种族观点的声明,特别关于奴隶制的声明,都会让我们的军队迅速遭到瓦解"。

这封信使林肯确信"麦克莱伦无心战斗……如果林肯现在能像变魔法一样给麦克莱伦增援 10 万人,他必定会欣喜若狂,对他感激涕零,并告诉林肯他第二天就去进攻里士满;但到了第二天,他又会电告林肯说他得到消息敌军有 40 万人,如果没有援军的话,他无法进军。"而且,更明显的是,麦克莱伦自己认为半岛一役是故意让他和他的军队遭受损失,有人希望以一场败仗来诋毁战争中的节制和克制的主张,为共和党激进派废奴主义者开辟一条把战争转变成一场以破坏黑人奴隶制和白人统治的南方为目的的圣战。纽约市长费尔南多·伍德等民主党政客就曾拜访麦克莱伦的司令部,怂恿麦克莱伦违抗林肯的命令,"亦战亦和"。

出于这样的想法,麦克莱伦就不认为他的失败是一名职业军人的耻辱,因此他的那封信就是在暗地里威胁,林肯政府任何进一步的阴谋伎俩都将产生严重的后果。第二天林肯便出发前往门罗要塞,然后去华盛顿,似乎麦克莱伦的位置十分稳固。他在华盛顿邀请亨利·哈勒克离开圣路易斯前往东部接任联邦总指挥一职,林肯在 3 月份免去了麦克莱伦这一职务。(在上一年秋天温菲尔德·斯科特更为中意的人选便是哈勒克,并非麦克莱伦。)在林肯的促使下,正是哈勒克在 8 月 3 日命令麦克莱伦从哈里森码头撤回华盛顿。林肯不会冒着风险直接给麦克莱伦下令;事实上他不会解除麦克莱伦的指挥权。但当麦克莱伦军团从詹姆斯河基地撤回的时候,林肯和哈勒克却开始把这个军团拆散,编入新的弗吉尼亚军团,这支军团由在第 10 号岛战役中获胜的约翰·波普指挥。

除了在第 10 号岛取得胜利外,波普的优势在于他是个狂热的共和党人,而麦克莱伦则是个狂热的民主党人,他确信这场战争必须终止奴隶制,"至于采用何种方式来削弱奴隶制,那只是一种谨慎的态度"。其中,他对弗吉尼亚北部叛乱者的处理方式,和麦克莱伦截然不同。他打算"依靠老百姓的力量",强迫平民去修复那些被叛军游击队破坏的铁路线,并没收"背叛联邦的男性公民的"财产——也就是奴隶。但波普并非一个军事天才,甚至连他的副官们都发现他"性情暴躁、易于冲动"。即使麦克莱伦没在附近,波普仍要和麦克莱伦那些师旅的指挥官们共事,而这些人中的大多数无意为波普劳心劳力。"我遗憾地发现,"麦克莱伦的一个师长菲茨姜·波特曾说过,"波普将军……自毁人格,正是那个军界熟知的狂妄自大的笨蛋。"

可以预见,其结果是灾难性的。8 月 29 日,当波托马克军团的主力还在从詹姆斯河转移的时候,波普陷入了罗伯特·李将军设在布尔河战役旧址的包围圈里。波普的部队在这场第二次布尔河战役中折损了 1.6 万多名士兵。一时谣言四起,说这次失败是麦克莱伦旧部消极怠战造成的。"许多人坚信因为麦克莱伦部下一直明目张胆拒不服从命令使得……他们未能取得胜利,"《辛辛那提报》驻华盛顿的首席记者怀特洛·里德写道,"众所周知,当他被数千名敌军包围时,麦克莱伦将军甚至拒绝向附近正在浴血奋战的部队提供支援。"

虽然谣言不断,但林肯依然恢复了麦克莱伦对自己部队的指挥权。"在事情败露后,还要犒赏麦克莱伦以及那些在考验他们的关键时刻未能尽职尽责的人,真是让我丢尽脸面",林肯无奈地向韦尔斯部长承认,但"个人意见必须服从于国家利益"。林肯需要确保华盛顿不被来势汹汹的南部同盟部队攻破,而消极防御的角色至少是麦克莱伦能胜任的。林肯仍旧十分怀疑麦克莱伦"想要波普战败",他撤离詹姆斯河半岛时行动迟缓,目的是让波普和李相遇时没有足够的兵力。

林肯更怀疑是麦克莱伦的部下——特别是菲茨姜·波特——故意泄露了波普的作战计划,(正如他所告诉奥维尔·希克曼·布朗宁的一样)"导致我们一败涂地,散失了胜利的机会,这场胜利原本可能结束战争"。(事实上,波特在 1863 年被送交军事法庭时,此时麦克莱伦已无法再充当他的保护伞了,林肯私下里认为"在他看来,波特应被判处死刑"。)

但即使林肯确信"这存心是要搞垮波普,"他也知道"麦克莱伦有军队在支持他"。实际上,麦克莱伦也曾以半开玩笑的口吻说:"要带上我的大部队去华盛顿讨个说法——我想在这样的情况下我能够受到比近来更多的礼遇……"虽说麦克莱伦

1862 年 9 月 17 日的安蒂特姆战役接手后，林肯来到前线，催促麦克莱伦采取行动。这一系列照片拍摄于 10 月 3 日

只是在异想天开，林肯对他"目前无计可施"。罗伯特·李也给林肯带来了大麻烦，现在他正带着 5.5 万南部同盟军在马里兰境内，没有受到任何制约，距华盛顿西北只有 35 英里之遥，那些在前一年曾被联邦军恐吓勒索过的群众可能会欢欣鼓舞地迎接南部同盟部队，并使马里兰脱离联邦。此时麦克莱伦是唯一的选择。

让林肯高兴的是，麦克莱伦在 9 月 13 日幸运地得到了一份百年一遇的情报，两个联邦士兵在马里兰弗雷德里克附近的草丛里捡到了一份李将军丢失的作战命令。麦克莱伦挥舞着这份命令保证说："如果我不能痛扁博比·李，我就卷铺盖回家。"麦克莱伦掉转重新集结的波托马克军团的矛头向西进发，直指罗伯特·李，并在 9 月 17 日把他逼到了波托马克河与安蒂特姆河交汇的夏普斯堡地区。"如果可能的话，要全歼叛军"，林肯敦促麦克莱伦，接下来在安蒂特姆打了一整天的战斗几乎做到了这一点。到日落时分，有将近 1.3 万名叛军死伤或失踪，如果在白天的时候麦克莱伦稍微再加把劲，就有可能迫使罗伯特·李全军投降。但麦克莱伦也损失了 1.2 万多人，这使得麦克莱伦在战役还没开始时的些许气力荡然无存。李得以穿过波托马克河溜回弗吉尼亚，麦克莱伦则是一蹶不振，甚至到 10 月初林肯再次造访时仍未回过神来。

林肯简直无法相信麦克莱伦会士气全无。"敌军本应被一举歼灭，"林肯对奥维尔·希克曼·布朗宁说，"但他们却得以再次不费一兵一卒渡过波托马克河，而麦克莱伦追都不追。"正如林肯告诉《纽约论坛报》的那样，那"是压死骆驼的最后一根稻草"。"你想知道我是什么时候对他信心全无的吗？"林肯问一位记者，"就是在安蒂特姆战役之后。"当 10 月份林肯沿着波托马克河来到麦克莱伦司令部的时候，他对麦克莱伦的那一点点容忍终于变成了露骨的冷嘲热讽。林肯警告麦克莱伦，"如果他再不马上迅速前进，他就死定了"。当他和奥扎厄斯·哈奇一起在麦克莱伦的军营边闲逛的时候，突然转过身来，伸出双臂并问哈奇他们眼前出现的是什么。

"为什么提出这个问题……我想应该是大军的一部分。"

"不，"林肯答道，"你说错了。"

"那是什么？"哈奇问。

林肯停顿片刻，然后"用一种无奈而又忧沉的讽刺语气"说"那是麦克莱伦将军的卫队"。

三个星期之后，麦克莱伦解释他不能发起新的战役的原因是他骑兵的马匹"完全累垮了"，林肯反唇相讥道，"我可否问一下，在人困马乏的安蒂特姆战役之后，你部队的马匹都在干什么"？但麦克莱伦就是没有意识到这讽刺意味着什么。"林肯先生是最后一个同意把麦克莱伦革职的人"，戴维·戴维斯向伦纳德·斯韦特保证。"他

1862年 10 月 3 日林肯和麦克莱伦将军在安蒂特姆

总是想再给麦克莱伦一次机会。"但每一次机会都给浪费掉了。"我们不会再朝叛军扔牧草了,"林肯在 7 月份告诉《芝加哥论坛报》驻华盛顿记者,"今后他该试试扔石头了。"

当然,要扔石头,首先要摆脱麦克莱伦。为了减轻可能造成的政治上的损失,11月 5 日,也就是纽约和新泽西都顺利进行了议会选举的第二天,林肯终于将麦克莱伦革职。如果波托马克军团激烈反对的话,可能出现更大的损失,也许会发生政变,也许会出现军事独裁。林肯 10 月份造访麦克莱伦司令部的一个主要原因就是"要在没有任何人妨碍的情况下,亲自了解麦克莱伦、他的军官和部队的目的、意图和忠诚度",这恰恰表明了在林肯心里对这三者存有多大的疑虑。林肯已听过一些风言风语,麦克莱伦的有些属下在吹嘘说安蒂特姆一战之后麦克莱伦故意停止追击,因为"这可不是游戏,我们会使叛军精疲力竭,我们自己也会疲劳不堪,我们像兄弟那样团结起来是维持联邦统一的唯一途径,奴隶制才能得救"。有人指认约翰·基少校,哈勒克将军的属下也是麦克莱伦法律参谋的兄弟,就是这些流言的始作俑者,林肯将基少校革职,此后对任何人的求情都不予理睬。

将麦克莱伦解职,是林肯一生中、也可能是共和国历史上所冒的最大的政治风险。"我知道将其解职会引起普遍的愤怒,动摇人们取得战争最后胜利的信念",林肯向诺厄·布鲁克斯坦陈;奥扎厄斯·哈奇告知林肯,麦克莱伦收到了几封信,来自"李将军的一位副官……建议麦克莱伦将军掉转枪口,直逼华盛顿……然后接管政府"。一位来自宾夕法尼亚的军官记得,整个波托马克军团"诅咒发誓,威胁说只要麦克莱伦带头,他们就向华盛顿进军"。但是对林肯而言,这个风险不可回避,因为他没有选择的余地。林肯已经"容忍这个扶不起的阿斗足够长时间了"。这几个月是林肯的总统学徒期,在此期间,缺乏经验的林肯常常顺从他人和犹豫不决,现在这一切已经结束了。

除此之外,他现在还有来自其他方面的胜利保证。

第八章

来自旋风的声音

林肯再也没有像起初信任斯科特和麦克莱伦那样信任他的将军们了。就此而言,他也没有再像"萨姆特危机"时期所表现的那样信任他的内阁,甚至对国会也是如此。撒迪厄斯·史蒂文斯曾经愤愤不平地说,林肯在众议院里唯一的朋友是艾萨克·阿诺德这个来自于芝加哥的老民主党人。在执政的头一年,林肯就遭遇了一连串令他失望和沮丧的事情,他从中学会的是,将其锋芒藏起来,重新拾起他作为巡回法庭律师的时候沉默寡言的风格。甚至对最亲密的伙伴,他也三缄其口,越来越不愿意对他们透露自己拟订的大规模计划,或者表明自己正在倾向于其他任何人的计划。戴维·戴维斯后来抱怨说:"林肯从来都不信任我,他说他自己能够处理一切。"而且,他会"耐心地听任何有一点儿想法的人的意见",但"既不主动询问也不采纳他们的意见"。如果说有什么不同的话,那就是他很热衷于竭力指出他们提出来的政策所夹带的一切危险信号和不协调的声音,即使林肯他自己也打算遵循这样的政策,但他仍以此为乐事。他更喜欢始终保持这样的外在形象,即他一直是依照事实而不是靠引导陪审团来行事的;他也更愿意将他的真实希望装扮成一种假设,并且引导他的听众去思考可能出现的令人难受的各种结果。他总是公开最简单的意图并且以令人非常着急的、往往也是突如其来的建议来结束他们的会谈,把那些令人激动的新问题留待下一次讨论吧。诺厄·布鲁克斯写道:"他喜欢这种感觉,即他是人民的代理人,而不是他们的统治者。我相信这种思想通常是他脑子里最主要的想法。"戴维斯把林肯的这种沉默寡言看做是轻视他人的表现,同时他又指出,这更多地也是林肯的一种希望,希望他的决定免受别人的影响。他曾经批评过自己早期的时候过于顺从别人,以及太轻易屈从于别人的想法。"真幸运,我没降生为女人,"他以自我解嘲的口吻对赫恩登说,"因为我似乎不会拒绝任何东西。"所以,他选择沉默寡言只是回到他自己的角落以明确自己正在做什么。他对密苏里州的一个代表团解释道,他没有"将个人的意志上升为最高意志的倾向"；他仅仅只是想"无论谁令我失望，还能有一个朋友在我身边告诉我……我做的是正确的"。

1862年4月17日拍摄于华盛顿

有些人断言，林肯已经与他在伊利诺斯州的时候大不相同。布鲁克斯在伊利诺斯时和林肯有短暂的交往，1862年他为了解决《萨克拉门托联邦日报》的资金问题来到了华盛顿，他认为林肯"1856年在斯普林菲尔德当律师时常常是脸带喜色，而现在却完全变了……他头发斑白，步态前倾，脸色灰黄，而且他本来就深陷的大眼睛如今凹陷得死一般可怕，这一切都使得那些看到他现在这个样子的人，哪怕看到他忧伤和焦虑的一点点痕迹也会变得阴郁起来……"其他人都确信，担任总统的磨难最终把林肯引向了宗教信仰。约瑟夫·吉莱斯皮认为，"林肯当选总统前，在他头脑中，对宗教信仰一直存有疑虑……自从当选总统后，他给我的印象是，他似乎已经开始具有宗教信仰的倾向"。布鲁克斯在多年后声称，林肯已经养成了"每天祈祷的习惯"，在他当选为总统后，他经受了一次宗教信仰的"具体的形成过程"。甚至林肯从前的朋友乔舒亚·斯皮德（现在他成了林肯了解边界各州民意的一个"听音哨"）也认为，"自从林肯当选总统后，他开始变成一个信徒——并且将《圣经》奉为他信仰的训诫和行动的指南"。

但是，这些抱有希望的想法往往是夸大其词，是对林肯这次显得有些突然、有些引人注目的转变的夸大，或者是他们的一种美好愿望，希望给林肯提供一种他个性中缺少的、又似乎很神秘的东西。"据我所知，从离开斯普林菲尔德到去世，林肯先生都没有以任何方式改变他的宗教观念、想法或者信仰"，约翰·尼古拉在1865年断言，在这一点上，几乎没有哪一个会比林肯的这个私人秘书更了解林肯。"我不知道他那个时候的思想是什么，我从来没有听他具体解释过；不过，我十分确信在白宫的日子，他对于宗教的观念从来没有任何明显变化的倾向。"

尤其是对那些在内战前并不了解林肯的人来说，林肯那些令人愉悦的出自《圣经》的语言使他们更加轻易地认为林肯具有某种形式的虔诚。斯蒂芬·道格拉斯在1858年曾经抱怨过林肯有"引用《圣经》的倾向"，而林肯成为总统后，这种倾向并没有消失。1860年，威廉·斯皮尔给林肯写了封信，希望林肯就其政策进行新的评论，林肯告诉斯皮尔他的主张"已经印出来了，并且是公开的，所有人都可以看到"。然后他又尖锐地补充道："若不听从摩西和先知的话，就是有一个从死里复活的，他们也是不听劝的。"[①]在林肯赴任总统的路上，他在费城声称"我所有的政治斗争都受益于"曾经聚在这里的革命先辈的教导："如果我没有忠于这些教导，就让我的右手瘫痪，我的舌头粘在上腭顶吧。"[②]有一个满腹牢骚的将军要求林肯否决对其进行逮捕和免职的决定，林肯仅仅回复道："评价一个将军在战场上的所作所为永远来自于战场上那些'像云彩一样围绕着他的见证者'[③]。"亨利·W.比彻在《纽约独立报》上发表了一系列社论，批评林肯政府的怯懦。当林肯看到这些令人恼火的社论时，他暴躁地大声质问："你的仆人算什么，只不过是一条狗，焉能行这等事？[④]"他甚至把"耶稣"称作"救世主"，就像1858年他与道格拉斯竞选参议员时那样（"我想，救世主不可能期望任何人都像天父一样完美……"）。另外，他在"关于发现的演讲"中也说过"救世主的语言……说明了这一点，即使在人口稠密的耶路撒冷城……"

　　但是，他即使如此称呼"耶稣"时，也从来不遵循福音基督教的语言形式，在"耶稣"的前面加上所有格形式，称作"我的救世主"；而且，他引用《圣经》更多是一种文化层面上的习惯而不是宗教习惯，这种文化上的习惯成为他"在任何场合下都能适用的方法"。他可能尊重守旧派信仰中的理性主义，甚至赞赏福音清教主义的道德品质和自我改变的能力，福音清教主义赋予了一个竞争社会人们不断向上进取的动力。

　　他仍然是一个停留在维多利亚时代的"追随者"——追随启蒙运动、潘恩、彭斯和穆勒——另外，正如守旧派护教论者不经意地向林肯表明的那样，启蒙思想可能若隐若现地在林肯受之祖辈的加尔文主义空洞的外壳里隐藏着。"他把《圣经》当做文学作品来读，和当做宗教上和精神上的内容来读没什么两样"，曾经和哥哥一起在白宫当过林肯孩子的玩伴和保姆的朱莉娅·T.贝恩评论说。"他总是以漫不经心、几乎懒洋洋的态度来读《圣经》，就像普通人正在享受一本很好的书一样。"奥维尔·希克曼·布朗宁那时候经常陪同林肯一家去纽约大街长老会教堂，然后花"一个下午陪他

---

① 出自《圣经·新约·路迦福音》。译者注。

② 出自《圣经·旧约·诗篇》。译者注。

③ 出自《圣经·新约·希伯来书》。译者注。

④ 出自《圣经·旧约·列王记下》。译者注。

在图书馆",他能记得林肯经常读《圣经》的情形,"但是从来不知道他有任何形式的祈祷行为。他既不在办公桌上祈祷,也不在餐桌上祷告。我还真不知道他习惯于什么样的私人祷告。我对这一点一概不知"。

不管怎样,至少林肯能够以自己的方式利用《圣经》。但是,牧师们可不买他的账。还在1860年的时候,他就对牛顿·贝特曼说过,他估计很少的牧师们会投票给他,要么因为他们不相信他的宗教倾向, 要么因为他们都是支持奴隶制的。他对贝特曼说:"我将来会被证明是正确的, 而这些人将会发现他们并没有正确地解读《圣经》。"但是,尽管这样,林肯也并不完全接受《圣经》所表现出来的对奴隶制的冷漠态度。守旧派长老弗里德里克·A. 罗斯在1857年写了一本书《上天注定的奴隶制》,这是一本论文集,收录了罗斯在守旧派长老大会上为维护奴隶制所作的一些演讲,他认为奴隶制是一种有益的制度。林肯读完他的这部著作后勃然大怒,这是记载下来的他在19世纪50年代少有的一次爆发,他在纸上草草地写道:"简直是胡说! 狼吃了羔羊,不是因为满足了它贪婪的胃口,反而是因为这样对羔羊有好处!!!"毫不奇怪,他在白宫时所读的数量极少的神学著作主要是唯理论者的护教学经典著作。据诺厄·布鲁克斯回忆,林肯"特别喜欢巴特勒的《宗教类比论》,而且他一直希望了解乔纳森·爱德华兹'意志论'方面的观点"。

林肯喜欢的是演员、幽默作家和诗人,而不是牧师。他喜爱令人捧腹大笑的讽刺作品,比如,他喜爱伊利诺斯同乡戴维·R. 洛克(他以笔名"石油维苏威纳斯比"写过系列的幽默作品专栏)、R. H. 纽厄尔(他以一个谋求官职者"俄耳甫·C. 克尔"为名取笑华盛顿政府官僚作风),以及查尔斯·F. 布朗(隐居乡间的半文盲谋士"阿蒂默斯·沃德"的创造者)的作品。布朗在他的《阿蒂默斯·沃德》这个短篇小说里写道,"因为写作古怪的、离奇的以及俏皮文字的能力,我明天不得不放弃我的工作,离开我的办公室"。年轻时读的激进诗歌,尤其是彭斯的诗歌,林肯仍然铭记于心;艾萨克·阿诺德记得听过林肯所作的一次关于彭斯的"演讲",其中"包含许多他喜爱的引用语,并且富于批判性"。他还能够熟练地将威廉·诺克斯的"必死的命运"背诵给弗朗西斯·卡彭特①听,连诺厄·布鲁克斯都很奇怪地发现林肯"似乎更喜欢托马斯·胡德和奥利弗·W. 霍姆斯的作品……喜欢的程度超过他所读过的其他任何作品"。

---

① 纽约的人物肖像画家,为林肯画过像。译者注。

当林肯发现奥维尔·希克曼·布朗宁竟然从来没有读过胡德的《鬼屋》时,他"打开他的记忆之门——派人去取来胡德的诗集并且将所有的诗都读给我听,只是偶尔停下来将他认为特别恰到好处的段落点评一番"。(另一方面,理性色彩浓厚的林肯对亨利·W. 朗费罗那样的感伤主义至上的美国诗人没有太大的兴趣;具有典型意味的是,他只喜欢朗费罗那些落入俗套的、赞美责任的诗歌,比如《生活的赞歌》,还有反对教权的讽刺作品,比如《克林沃斯的小鸟儿》。)

但是,林肯最大的爱好是去剧院,没有什么比这一点能更清楚地显露他与福音清教主义准则的真正区别。福音清教徒、甚至许多世俗的辉格党人都对剧院抱持极大的怀疑态度,因为他们都非常清楚,在 19 世纪的美国,在确立主流文化地位和提供文化认同方面,演员是牧师的主要对手。演戏本身就提供了一种与皈依福音教相对抗的个人转变的形式,而且城市中的剧院常常是嘈杂和粗俗的,还有妓女经常在上层看台上做交易。对于世俗的辉格党人而言,内战前的那些表现得神经兮兮的、像打雷一般演出风格的演员,比如埃德温·福里斯特,他们身上散发着浓重的享乐主义和自我炫耀的 "气味",而且这些演员总是让人想起民主党政治辞藻的极度夸张做作,这一点令辉格党人很不舒服。世俗的辉格党人通过市场压力来改革剧院,承诺带来更多新的中产阶级观众,以此来引导剧院逐渐转向适合中产阶级的品位。从摩西·金博尔的波士顿博物馆和 P. T. 巴纳姆的美国博物馆可以看出,进入 19 世纪 50 年代,剧院正在迅速地经历 "绅士化" 转变,这些博物馆开始驱逐妓女,改进戏剧的品质,并且要求观众遵守规则。不过,福音教徒对剧院的敌视态度仍未消除。伟大的芝加哥浸礼会教徒 E. J. 古德斯皮德公开抨击剧院是 "通向地狱的捷径",并且拒绝承认戏剧演员可以 "成为我们孩子们的合适伙伴,或者成为我们家庭的客人"。福音主义者唯一最大的文化上的胜利是 1832 年查尔斯·G. 芬尼将纽约城臭名昭著的查塔姆花园剧院改成了查塔姆街区教堂。

然而,林肯却热爱剧院,他尤其喜爱莎士比亚(在内战前的那些年代里,他是美国人最喜欢的剧作家)。林肯曾经对弗朗西斯·卡彭特评论道:"对我而言,莎士比亚的戏剧不管演得好坏,有他的思想就足够了。"这样的想法很容易就能回忆起一大堆:他引用莎士比亚的话几乎和引用《圣经》一样熟悉,他能够很自然地用 "像天空中的露水一样温和"(《威尼斯商人》)来描述关于渐进废除奴隶制的提议,他把自己的政策描述为 "从来不愿意将一根刺戳到任何人的胸前"(《哈姆雷特》)。自从到了华盛顿,林肯就利用一切机会去看戏,是剧院的常客,他十九次去歌剧院(观看贝里尼的《诺尔玛》和多尼采蒂的《军中女郎》），他去位于 E 街的伦纳德·格罗弗的国家剧院多达二十一次，他还去过位于第十街的约翰·福特剧院（它的前身是浸礼教堂，1863 年火灾后重建，成为"新的宏伟的戏剧殿堂"），在他担任总统期间至少有十次去这里看戏。在剧院，他不用担心会有官职谋求者或将军们来打扰，通常由部长们或者他邀请的政客，有时候仅仅只有他的男仆——查尔斯·福布斯陪同，林肯能够使自己完全沉浸于舞台。"我认为没有哪个人比得上麦克白，"1863 年林肯在给美国著名的莎士比亚流派剧作家詹姆斯·H.哈克特的信中写道，"真是太棒了。"伦纳德·格罗弗很快发现只要大家知道总统先生将来剧院，票房收入就会增加，便灵机一动，邀请林肯推荐他想让格罗弗上演的"莎士比亚的任何一部戏剧"，当格罗弗于 1863 年 10 月开放国家剧院演出新剧《奥赛罗》时，林肯就在场。

如果有必要的话，林肯自己也愿意演上一段。1863 年夏天的一个晚上，林肯给约翰·海"朗读莎士比亚的剧作"，"亨利六世时代结束了，理查德三世时代开始了，直到他体贴地发现我感觉眼皮沉重，恹恹欲睡，然后让我去睡觉"。当他邀请他喜爱的演员进行私人会面时，林肯一点儿都不沉默腼腆。那个时候，美国最出色的莎士比亚戏剧之家是布思一家——父亲朱尼厄斯·布鲁特斯，儿子埃德温、小朱尼厄斯和约翰·威尔克斯——所有这些人在华盛顿舞台上都被视为名角。（约翰·W. 布思演出的《威尼斯商人》和《理查德三世》，以及查尔斯·赛尔比演出的《冷酷的心》深受林肯喜爱。据乔治·A. 汤森说，在 1863 年《冷酷的心》演出结束之后，林肯"兴高采烈地"拍手称赞，并且邀请布思到总统包厢来会面，不过，"布思并没有赏脸"。）林肯同样也喜爱约翰·麦卡洛克（在激动人心的《李尔王》演出结束后，林肯把他叫到包厢，同他谈论起莎士比亚戏剧风格）。还有扮演过福斯塔夫①的哈克特，林肯不仅通过哈克特演出的"亨利四世第二幕"和"温莎公爵的婚礼"了解了他，还把他带到白宫进行过私人演出。甚至当时很受欢迎的喜剧演员斯蒂芬·马塞特（"派普斯维尔的吉姆·派普斯"是他在戏台上的名字）也在红厅为林肯进行了一场"完全非正式的和私人的"表演。

林肯在表现他的聪明睿智方面也不会腼腆。有一次，林肯预先逮着机会去看埃德温·布思出演的《理查德三世》，他对此有一点批评意见，告诉弗朗西斯·卡彭特："我

---

① 莎士比亚作品中的喜剧人物，一个肥胖、机智、乐观、爱吹牛的武士。译者注。

认为'理查德三世'演出的开头似乎完全被误读了。"1865年,他在福特剧院看完埃德温·福里斯特出演的《李尔王》后,认为他的表演确实在"对待莎士比亚作品里英雄人物时有一处应受批评——当他们被杀害的时候,说了太长的对白"。对于哈克特的表演,他又告诉海"当哈克特念'极大地刺伤了我'这句话时,应该这样念'极大地刺伤了我',而不是像他念的那样'极大地刺伤了我'"。他又批评"霍特斯伯的遗言"是"造作和无意义的——有和没有一个样"。哈克特送给林肯一本他自己写的《关于莎士比亚戏剧演出和演员的记录和评论》,以示对林肯这个业余爱好者所作评论的敬佩,林肯在回信中又作了"一些小小的尝试性评论",表示"和你们这些专业人士不同的是,我认为哈姆雷特以'噢,我的罪行之恶臭'那句独白开场好于开始的那句'生存还是毁灭'"。林肯告诉弗朗西斯·卡彭特,那句对白"一直是这个世界上深深吸引我的最好的天然笔致之一"。

因为能够灵活地引用《圣经》和莎士比亚作品,林肯只依靠这么一个小小的行动就可以既使世俗的辉格党人,又使福音派辉格党人满意和高兴,这样林肯所说的话就不会暗含这些人背后隐藏的那些更大的也更容易激怒他们的东西。他不会抨击基督教派,但他也不会加入他们;他会引用《圣经》,但他仅是把这些当做谚语或者例子,并非视其为权威;另外,他也会在教堂里为自己捐一个座位,并且偶尔出席星期天的礼拜活动,但是,他的这种行为毋宁说是一种对具有同样的必然性、天意和宿命论背景的所有宗教的理性的尊重,他用这样的行动来掩藏他自己对这个世界的认知。无论按照何种理论的定义,林肯都是一个"无信仰者",但是在无宗教信仰之中存有朦胧的加尔文主义倾向, 这使林肯相信即使他有意向也不可能去信奉基督教。"我从来没有听到他祷告或者看到他祈祷的样子,"朱莉娅·T.贝恩回忆说,"在那个许多家庭都会以某种方式进行礼拜的时代……我不记得林肯家做过这样的事情。"

林肯轻易采取了模棱两可的骑墙派做法,这源自于早已存在于新教思想、特别是"天意"这样的关键概念之中的油滑。在守旧派神学家眼中,"天意"是用来描述上帝如何直接统治宇宙的;上帝不仅创造了世界, 而且统管世界万物的所有活动。"上帝不仅从开始就看到了最终的结果", 长老会守旧派的老前辈查尔斯·霍奇写道,而且"睿智、慈善和万能的上帝存在于世界的任何地方,控制一切……因此,所有的事情都是上帝意志的安排,所有的事情都得益于上帝英明和仁慈的设计"。但是,"天意"并不一定意味着具有自我意识的神性掌控着人们的行为;林肯青年时期所仰慕的那些"不信基督教的"作家也同样谈"天意",不过,他们用"天意"的概念描述自然的进程如何运行才能确保宇宙万物的和谐进步。"天意"这个词汇包含着礼数和秩序的意思,这也使得长老会神学家能够在描述上帝的权力时,借此营造一种谦恭节制的氛围,同时也使得有如潘恩这样的自然神论者被称为是某种"个人偶像"的信徒。"没有什么会比使用这个词更简单了,但这样做其实也意味着什么也没有",约翰·H. 纽曼在1852年抱怨道。如果"人们使用这个词语仅仅意味存在着维持世界秩序并对世界产生持续影响的神,或者使用它仅仅是一般意义上的'上帝',这个'上帝'仅仅通过被我们称为自然法则的力量来影响我们,这个'上帝'对无所作为比不受那些法则控制的行为更加清楚……那么,这样的神性就只能是一种充满诗意的思想或者是一种语言的装饰品"。

基于上述原因,林肯在19世纪50年代能够随心所欲地谈论"天意",而又不会触怒他周围那些人的宗教敏感性——事实上,还能使他们高兴——同时也不会使自己跟从于他周围那些人的信仰。1852年4月亨利·克莱去世后,林肯在斯普林菲尔德发表的悼词中表示,"上帝的天意"把亨利·克莱赐予美国,他建议克莱的哀悼者们"尽凡人所能,争取使自己值得受到上帝的持久关怀,相信在国家未来的紧急时刻,上帝必然会赐给我们安全和平安"。不过,这可能也仅仅意味着,在人类事务中有一种可以依靠的历史或辩证的逻辑,就像托马斯·潘恩所说的"大型机构",能够根据某些需要作出某些回应。所有人唯一能够确定的事情,正如杰西·费尔告诉沃德·拉蒙的那样,是林肯"完全信任监管和支配万物的上帝对世事的引导和控制,但是他相信天意得以实施的约定方式是法律和秩序,而不是对它们的破坏和中止"。如此看来,林肯认为在这样的活动中没有个人意志的存在。退至1850年,当斯蒂芬·道格拉斯将扎卡里·泰勒在任上的过世归因于"上帝之手",林肯嘲笑道格拉斯突然产生了宗教信仰,嘲笑其"上帝特意插手"的观点"违背了人民的意愿,是对民主党分子的支持"。林肯可能会说那是"上帝的支配",但是其寓意在于"我们必须顺从它",而不是要上帝听到我们的恳求或对他的支配的控诉。

林肯这样的观点在他当选为总统后几乎没有改变。在离别斯普林菲尔德的那个早上所作的简短的辞别演说中,林肯动情地形容了他"在这个辞别会上的感伤之情",因为意识到"摆在他面前的任务将会比华盛顿肩上的担子还更大更艰巨",这种感伤显得更为沉重。另外,出于非常实际的考虑,他照例援引"天意"的说法:

如果没有那曾经眷顾过我的神圣的造物主的帮助,我不可能成功。得其慷慨裏助,我不可能失败。相信这个始终对我不离不弃的主吧,并且让他仍然围绕在我们身边,直到永远,让我们满心地期望所有的愿望都能实现。希望主能够赞美你,正如我希望我在你们的祷告里被赞美一样,我要向你们道别,请接受我诚挚的祝福。

这些话里包含的意思远远多于其字面之意。事实上,他使用"神圣的造物主"这个字眼儿甚至就是对上帝的一种冷淡的表达,这个字眼儿跟传统自然神论者谈及上帝时所喜欢说的那些遁词是一样的:伟大的造物主、万能的造物主、万能之手、伟大的万物安排者。林肯在就职途中除了少数几次提到"上帝从来没有抛弃"美国人民,以及在新泽西参议院的简短演说中罕见地将自己描述为 "造物主手中的卑微的工具,大概是他的选民吧",除此之外的演讲几乎没有超出政治范围。但是,林肯并没有声称他对造物主感兴趣,而且在他的就职演说里实际上看不出有宗教词汇的烙印,只是当他对着宪法宣誓时两次并不明显地提到了"向上天表示"和如天国之琴一样弹奏"回忆的神秘琴弦"的"更好的天使"。即便如此,"更好的天使"只是"我们本性"的使者,而不是上帝的使者。

在战争的头一年里,林肯的政府公文里仍然隐约地提及"天意"的支配,和以前的那种模棱两可的话语和俗套的语言一样,只不过现在更加频繁而已。当历史学家乔治·班克罗夫特告诉林肯他确信"内战是上帝用以清除奴隶制的工具"时,林肯客气地认可了"主要的观点",不过他又补充说,这是一件"我必须小心谨慎地应对并且作出最佳判断"的事情。1861 年 12 月,林肯在他提交给新一届国会的第一份年度咨文中明确主张"更坚定地、更诚挚地依靠上帝"。1862 年 5 月,他在会见到访的巴尔的摩卫理公教委员会时承诺,"在睿智的上帝的帮助下,我将努力履行我的职责"。他对福音路德教会的代表团重申,"这届政府"将求助于"决定国家命运、也就是使其保持统一的神圣的造物主"。

这远不能说明林肯的宗教情感有任何程度的增长,尼古拉正确地发现林肯在华盛顿只是恢复了和在斯普林菲尔德时一样的冷漠的宗教态度,也就是说,一方面,这是辉格党人对宗教道德表现出的某种文化层面上的友善;另一方面,也表明了他希望通过与基督教会的联系得到公众认同的含糊的意愿。美国第一长老会教会总喜欢宣传自己是"总统的教会",因为杰克逊、波尔克、皮尔斯和布坎南几位总统都在这里捐过座位。在林肯来到华盛顿后,他们主动邀请林肯使用他的前任们的座位,可是坐在杰克逊党人捐过的那些椅子上让林肯感到很不自在。他曾经告诉过蒙哥马利·

布莱尔，"我希望找个牧师们对政治不感兴趣的教会"，但是他真正的意思是希望有个跟民主党不搭界的教会。到这年 4 月中旬的时候，他就倾向于纽约大街的长老会教会，因为这里的守旧派牧师菲尼亚斯·D. 格利是个可靠的反奴隶制和反脱离联邦的人。林肯在中间走廊右边的位置为自己捐了一个座位，他每年需捐赠 50 美元。

作为查尔斯·霍奇和阿奇博尔德·亚历山大在普林斯顿神学院的一名学生，格利具有无可挑剔的守旧派背景，虽然这看起来并不是很令人感兴趣。他起初为印第安纳波利斯和戴顿的守旧派长老会的会众服务，1854 年来到华盛顿做 F 街长老会教会的牧师。1859 年 7 月，F 街长老会教会与第二长老会教会合并成为纽约大街长老会教会，格利仍然留为牧师。格利作为牧师在修辞语言上的天赋使林肯非常崇敬，他曾经跟约翰·海说，格利关于这场战争"最终会胜利的信念"是非常强烈的，这是一个好的兆头。格利"谈话的语气真诚又不失权威"，"他的布道很显然总是紧紧围绕基督教义的核心原则进行的"，而且让人高兴的是，他总是设法远离政治话题。约翰·德弗里斯认为林肯"与 P. D. 格利牧师……就宗教话题有过几次对话"。另外，至少在三个场合，林肯允许格利直接呈交赦免或委任的请愿书。虽然林肯不时邀请格利到白宫做客，并对华盛顿社会各界普遍认为格利是林肯的牧师的情况不加辩白，但是林肯从未和格利建立起特别亲密的关系。

在内战爆发的第一年里，他相信上帝是支持亚伯拉罕·林肯的，不再热衷于"几乎每天"都欢迎牧师的代表团来到他白宫的办公室。林肯在 1862 年 9 月挪揄一群芝加哥牧师时说："我希望我这样说不是无礼的，上帝有可能将他的意愿显露给其他人，而他显露的这一点恰恰跟我的职责相关。请他将他的意愿直接显露给我吧。"另一个代表团"来自西部"，带队的是个"爱吹毛求疵""异常狂热"的牧师，林肯当即就把他们打发了："在风暴中操纵国家这艘大船的人应该竭尽全力……保持沉默和耐心，那么我们就能够使你们安然渡过。日安，先生们，我还有其他的事务迫切需要处理。"还有一个来自费城年会的教友派代表团，由于缺乏耐心并呈交了一份相当尖锐的请愿书，他们被林肯"以一种我从未料想过的粗暴方式"打发走了（据宾夕法尼亚众议员威廉·D. 凯利所说）。在白宫东厅，林肯甚至在与基督教委员会的代表们的会面中提起了加尔文反神学论，他告诉他们"你们并没有感谢我所做的一切……而且我，我要说，我也不会感谢你们所做的一切"，因为"这本来就是我们的职责"。

然而，林肯仍然认为，宗教或是某些宗教领袖必须在形成自由主义的民族文化方面发挥引领公众的作用。林肯在 1863 年写道，福音主义宗教的"道德训导"和"基督信仰的希望和抚慰”是增强“高尚和圣洁的影响”的最好的文化机制。杰斐逊党人认为对宗教即使是最微弱的公开支持也与民主党的原则相冲突，辉格党——甚至是世俗的辉格党人——却对将道德主义注入公共生活表示欢迎，并且倾向于用税收对地位尚不稳固的公共宗教进行实质性的支持。因此，民主党总统一直拒绝在军中委任牧师，并且拒绝发布总统感恩宣言，而林肯于 1861 年 5 月毫不迟疑地扩充了牧师在军队中的服务，并且特别请求国会同意他委任的七位医院牧师，而在新增的军队条例中并没有相关规定。更具象征意义的是，他下令设立“公众蒙羞、祷告和禁食”日，并宣布了感恩日的时间。（第一次是 1861 年 11 月，仅仅在哥伦比亚特区；另外一些时间是，1862 年 4 月，1863 年 7 月和 10 月，1864 年 5 月和 7 月，以及 1864 年 9 月和 10 月，这些月份都被确定为国家感恩的日子，然后逐渐形成现代 11 月份“感恩节”的形式）。林肯还让那些在政治上友善的牧师担任外交官，包括詹姆斯·史密斯，他退休后定居在苏格兰的邓迪，靠在邓迪担任领事的薪水过活。另外，几乎像是为了回应 19 世纪 20 年代福音主义禁止在星期天投递邮件运动的失败一事，林肯于 1862 年 11 月发布了一项军事命令，认可“军官和士兵在安息日正常的仪式”是“信仰基督教的陆军士兵和水兵们神圣的权利”。在星期天工作只限于那些“绝对必要的范围”，以此避免对上帝以及礼拜天的亵渎。林肯极少参加白宫之外的公共庆祝活动，但他在 1864 年 2 月却参加了基督教委员会的周年大会。

　　但是这些都并不表明林肯的个人偏好。为了答谢 150 多万北方卫理公会教徒对其政府的强力支持，林肯在 1864 年曾经对一个代表团说：“没有卫理圣公教派的坚定支持，我们的政府不可能在这场斗争中取得胜利。”但是，他看上去并不想加入教会，即使参加卫理公会的布道他也不愿意。他的有关安息日仪式的命令也是以“尊重上帝的意志”以及“遵从基督徒最美好的情感”这一更加实际的考虑为基础的。（林肯的这种想法或灵感也并不是他特有的，因为在 1861 年秋天，乔治·麦克莱伦就曾经两次发布命令保证波托马克军团的安息日惯例。）牧师职位的扩大很快就使新教牧师得益，另外，这在部分程度上也为犹太教牧师带来了好处。内战第一年扩充的牧师的委任主要限于规定的“基督教派”牧师，到 1861 年 12 月，阿诺德·菲谢尔拉比①私

---

① 在犹太教中指学过希伯来文经籍和《塔木德》，并有资格担任犹太教会众精神领袖的人。虽然拉比应该是老师而不是祭司，但他们也主持宗教仪式，协助举行受诫礼，以及主持婚礼和葬礼。译者注。

下说服林肯让犹太教徒也能得到军队牧师的委任,林肯对菲谢尔承诺说,他将签署"新的更广泛的法令,以满足你代表的犹太人的愿望"。他后来所做的就是在1862年7月,突破原来牧师委任只给予基督教牧师的限制,采取了一个更为温和的限定条件,以"宗教教派"牧师取代了原来的基督教派牧师。甚至他那个感恩宣言也是对人们需要"服从上帝意志"和"万能的造物主的天意"的承认,不过,这种承认并没有强烈的感情色彩。(1863年的这些行政命令至少有一个并非出于林肯之手,而是由西沃德写的。)

与他可能接受军队牧师或者家庭感恩的态度相似,林肯仍然没有明显表现出在这些问题上走得更远的意愿。陆军部长斯坦顿曾经可以随意地命令密苏里州、田纳西州和南北卡罗来纳州的联邦各部指挥官们驱逐那些支持叛乱的教士,安排来自北方的忠诚的牧师取代他们。但是到1864年的时候,边界各州的卫理公会教徒直接向林肯控诉斯坦顿,于是林肯要求斯坦顿停止他的行为。当圣路易松树大街长老会教会的牧师塞缪尔·麦克菲特斯在1862年被塞缪尔·柯蒂斯将军以"明显的支持叛乱的证据"为由从密苏里驱逐出去后,林肯取消了这个命令——并非出于对像麦克菲特斯这样的守旧派的同情,而是因为"美国政府不应该……去操纵教会……而是应该让教会自己去处理他们的事务"。

在1864年,全国宪法修正协会向林肯提议修改宪法开头的部分,承认"耶稣基督的统治权和圣律的至高无上",并且承认"上帝是国家的统治者"。虽然这个协会有守旧派长老大会的支持,并且还得到了11个卫理公会教徒和圣公会主教,以及后来的美国最高法院助理法官威廉·斯特朗的认可和支持,但是林肯收到他们的请愿书时表现得很冷淡,尤其是因为他们的请愿把他的宣言当做"一个令人高兴的迹象,证明上帝正在使那些掌握权力者从内心认可这样的事实,即上帝掌控国家事务的方方面面"。林肯不想让别人反过来引用他自己的话,所以他答复他们说:"你们的行动我大体上是真心实意赞成的,不过,对于具体的细节,我们必须从长计议,因为修宪的事情不能过于匆忙。"当然,从长计议后来就变成了不了了之。1864年12月他要提交给国会的年度咨文"也确实包含了要求国会关注这一问题的内容",不过,在最后一稿中,他让政府的印刷工约翰·D.德弗里斯删除了那一段,"他说对于这一问题是否妥当,他还没有想好。"对于宗教的公开认可应该从政治上、而不是从神学的角度加以考虑,说明了在此问题上,林肯仍然表现出世俗的辉格党人的特点,福音新教一直把他们视为辉格党组织的软肋。

但是,如果林肯就任总统后,还仍然在促进辉格党人道德信仰的公民宗教和实践一种自己的无信仰（由"自始至终地支配任何地方的包括物质和精神的任何东西"的"法则"组成的）之间摇摆不定的话,那么,战争将强迫林肯接受存在不止是一般的宇宙法则的天意的可能性。第一次布尔河战役后的一个星期天下午,奥维尔·希克曼·布朗宁（伊利诺斯州州长理查德·耶茨提名他为参议员,以接替斯蒂芬·A. 道格拉斯）乞求林肯"充分地"了解"除非我们能够给奴隶制致命的一击,否则我们别指望上帝能够保佑我们的军队"。但是林肯反驳道,"布朗宁,你认为上帝反对我们对待这个国家奴隶制问题的态度和处理方式吗"？布朗宁"相当震惊于"林肯奇怪的回答,"他的回答第一次使我意识到,他正在深刻地思考超人的力量试图通过当时发生的重大事件达到怎样的目的"。

不仅如此,这也表明在战争和伤亡的压力下,林肯的"天意"观变得越来越温和,变得更加隐秘,而且似乎更加不可捉摸、不合常规。正如乔舒亚·斯皮德所期望的那样,这并不意味着"林肯先生正在成为一个有宗教信仰的人",或者如詹姆斯·马西尼所听到的传言那样,"林肯先生已经成为一名基督徒了"。伦纳德·斯韦特 1866 年的时候与尼古拉一样确信,林肯"至死也没有改变他对于宗教的态度"。不过,林肯正在回到比启蒙主义时代机械论"必然性"观念更古老的"天意"的含义上去。1862 年 6 月,当他警告那个被他赶走的胡搅蛮缠的教友派教徒时用语刻薄,"上帝达到目标的方式可能与请愿者所期待的并不一致"。10 月,他在回复英国教友派的伊莱扎·P. 格尼时告知,如果他在任总统期间不能挽救联邦,那"我一定相信为了某种我不知道的目的,上帝另有意图……而且我们必须相信上帝这样做是为了他某种明智的目的,对我们而言是神秘的和不可知的;虽然靠我们有限的理解力我们不能够完全领会上帝的意图,但是,我们所能做的就是相信造物主一直在支配着这个世界"。

所有这些都仍然可能仅仅被当做林肯对他人的宗教情感和表达作出的谨慎的让步,但是林肯于 1862 年 9 月在联邦经历了第二次布尔河战役大溃败后所写的私人备忘录则与之不同,当时华盛顿似乎很可能要落入南部同盟之手,此时林肯正在专注于再一次任命乔治·麦克莱伦为波托马克军团司令的事情,虽然此事令他大失胃口,但他也别无选择。他似乎努力把他的焦虑不安在纸上进行整理,除此之外别无他法,林肯以一个简单的道理开始:"上帝意志主导一切。"不管人们怎么看待上帝,大家都会对此表示认同。然后,他又说了另一个道理:"在激烈的斗争中每一方都声称自己是依照上帝的意志行动的。"这也是一个显然的事实,从他所知道的支持奴隶制的南部牧师们和前来他的办公室的教会代表们那里都可以了解到这个事实。然而，在当时情况下，哪一方才是正确的一些迹象应该已经显露出来，林肯对于不可避免的历史必然性的坚定信念也在引领他带领整个联邦获得某种形式的胜利。伦纳德·斯韦特多年后评论说，林肯"相信某些因素所导致的结果肯定将到来；他不相信这些结果会明显地加速或者被阻止"。毕竟，这也正是他在 1859 年的"关于发现的演讲"所表达的历史逻辑——科学、文学、所有进步都将随着时间的推移不可阻遏地向更高层次发展；奴隶制要永远地阻止那些进步是绝对不可能的。因此，这场战争将只能证明是一场维护自由的战争，除此之外没有任何别的前景。

　　但是，这并不是已经发生的事情。因此，"在目前的内战中"，林肯不得不面对令人不安的可能性，这种可能性包括：不仅仅只是原因和结果在引导天意，一种更加神秘和不可预料的意图在支配人类事务，"上帝的意图不同于任何一方的意图"。战争仍在继续，不管这场战争是以自由、进步还是自由的名义发动的，而且到了摧毁联邦的边缘，这个事实似乎表明这种可能性的存在。在势均力敌的胶着状态中，林肯在"关于发现的演讲"中自信地表达的历史的连续性现在已经令人费解地发生动摇，对于连续性中止的唯一解释是，一定有充满智慧的意志的干预。林肯说道："我要说这可能是真的——上帝的意志在主导这场斗争，并且他的意志决定了这场斗争将仍然不会结束。"虽然上帝"在某一天会将最后的胜利赐予某一方"，但现在还没有这样做。那么，"这场斗争仍将继续"，对林肯而言，这揭示出了一个可怕的结论：战争或者说主导战争的上帝另有意图，不仅仅是为了证实北方（或者南方）充分地了解他们所做的事情，为了证实他们中的一方是正确的。

　　备忘录（尼古拉和海后来取名为"关于神意的沉思录"）在这里结束了，但是即使只有那些简短的表达，它却包含了美国总统曾提出的最极端玄妙的问题。在他的有生之年，以及战争所带来的灾难面前，林肯再一次遇到托马斯·潘恩的造物主亦不能使之归化的"加尔文主义的上帝"，托马斯·潘恩的造物主拥有自觉地干涉、挑战和重塑人类命运的意志，这种意志并不顾及历史本身的进程，这是对美国的约伯所说的"来自旋风的声音"①。然而，这并不意味着林肯从此已经放弃了联邦在这场战争中将获得胜利的希望。他过去的引路人约翰·托德·斯图尔特在 1865 年造访了林

第八章　来自旋风的声音

---

① 出自《圣经·旧约·约伯记》。译者注。

肯,斯图尔特使林肯确信"上天在推动战事的进行"。

林肯特别强调地回答:

"斯图尔特所说的正是我的意见。"

考虑到我们讨论这个问题的方式——在这么深的夜——他的回答中表现出来的强调语气和明显的诚意,我认为他知道他所说的意味着什么——我敢肯定,除非他对他所说的话深信不疑,否则他不会这样做。

但这也意味着,胜利无论什么时候到来,对于林肯而言都有另外一种不同的含义,而不仅仅是对联邦永恒的和无可争辩的正确性的机械认可,其中也包含了不同于被卷入战争的"任何一方意图的"意图。艾奥瓦国会议员詹姆斯·F. 威尔逊和艾奥瓦国会代表团告诉林肯,他必须作出正确的决定和行动,这样上帝才能将胜利赐予联邦。林肯回答他们说:"我的信念比你们更强,我不仅认为上天对这场战争是十分关注的……而且我也相信他将驱使我们正确行事……与其说是我们渴望这样做,不如说是这样做本来就符合上帝对这个国家的安排。"

虽然认识到天意之中不仅仅只存在约束力和规则定律,还有神意的介入,这并没有缓解林肯与宗教之间紧张的疏离感。如果有什么区别的话,这仅仅使得林肯自己与神秘的上帝之间鸿沟更大更深,并且加深了在他顺从上帝意志时表现出来的无助感。林肯对教友派教徒说过,"他深切地感到需要神的帮助",但是他并没有声称他个人会接受任何的信仰;他坚信他是"造物主手中卑微的工具",但是他作为上天手中的工具的体验,几乎并没有转化成一种喜爱和认同。两位恳请林肯接见的来自宾夕法尼亚州的女士对他表示感谢并希望在天堂和他会面。"林肯和她们一起走到门口——说道——我不知道我会不会进入天堂。"

这种不确定性从威廉·W. 林肯的离世可以更清楚地显现出来。威利在埃迪去世后出生,也是林肯最喜欢的孩子,这个孩子在性情上和林肯最相像,"在各方面都与林肯很相像,他的头甚至也跟林肯一样是略微左倾靠近肩膀的"。(一个斯普林菲尔德人记得,威利具有他父亲的非凡记忆力,并且和他父亲一样,"在听到一段布道后……几乎能够逐字逐句地复述出来"。)但是,1862 年 2 月,威利染上了伤寒症(可能是因为华盛顿饮用水系统受到污染所致),然后被痛苦地折磨了两周后死去了。心烦意乱的林肯邀请菲尼亚斯·格利主持葬礼,而且"还同格利博士几次会面";在威利死后精神也遭受极大创伤的玛丽·林肯把孩子的死当做是对她的惩罚,因为他们"完全专注于世事,如此专心致力于自己的政治发展"。此后的几个月她甚至都不敢听到在白宫草坪上玩耍的马林·班德的声音, 威利的玩伴再也没有被邀请到白宫来陪她另一个儿子塔德玩耍。对于林肯家族来说,死亡接踵而至:亚历山德里亚的埃尔默·埃尔斯沃思,鲍尔的布拉夫的爱德华·贝克,玛丽的同父异母兄弟,夏洛的萨姆,维克斯堡的戴维,以及家中的宠儿、巴吞鲁日的亚历克——这三个人都是为南部同盟战死。林肯夫妇只有在那些奇异的梦里才能见到死去的威利。玛丽知道,如今威利将与小埃迪和亚历克一起玩耍了。和对待战争一样,林肯自己家族的灾难也带有天意的印记,他既不能因其根本无可逃避而释然,也无法视其为对心灵的抚慰而轻易接受。

即使在剧院里,天意也始终伴随着林肯。他最喜欢的一句独白是"噢,我的罪过之恶臭",这是丹麦国王对人类无法自行选择、甚至无法选择自己最理想的终结的痛苦冥思。

　　　　试试忏悔的力量罢:有何事不能用忏悔来化解呢?

　　　　但是对一个无法忏悔的人,它又有什么用呢?

　　　　唉, 这真是个糟糕的处境! 啊,我死寂般的心!

　　　　啊,我的灵魂已被绑缚,它愈挣扎,被绑缚得愈紧。

　　　　(救我呀,天使们)请尽你们的力量!

就像痛苦的国王内心之中没有足够的意志去对他那被谋杀的兄弟进行忏悔一样,林肯也苦恼于他预先注定的无信仰或者对这种无信仰的满足。1863 年,菲尼亚斯·格利带着巴尔的摩守旧派长老大会的成员来到白宫, 林肯对他们说:"我常常希望自己是一个比现在的我更虔诚的人。"但是至少从他极为坦率的自述中可以发现,决定并支配世间万物的天意并未用他的力量对林肯作出安排。他告诉赫恩登他仅仅是"一块漂浮的木头";然后又对乔赛亚·布莱克本解释说,"他已经漂流到这场重大事件的终点"。他认为自己是上天的"附带的工具",而不是上天所喜欢的子民。尽管如此,上天所没有赐给他的东西可能已经赐给了别人,即使他并不能从自我束缚中解脱,上天也能为他解脱另外一些束缚,也只有上天有能力这样做。

在 1861 年年末的那些日子里,那些向林肯询问战争情况的人都会得到一个俗套的回答:战争最终将恢复联邦原来的样子,美利坚合众国是一个永恒的安排,无法分裂。还在 1861 年 9 月的时候,林肯仍然坚持认为"我们不会让战争变成一场废除奴隶制的战争,我毫不怀疑,为了夺取最后的胜利,也为了在目前这个时候分别地处理(维护联邦统一和废除奴隶制的问题),废除奴隶制将不仅会影响我们的整个事业,而且带有奸佞的味道"。在林肯心目中,南部同盟只不过被其视为蓄奴势力企图践踏整个国家意志的行为,这种行为使得"叛乱在很大程度上,如果不完全是,是对人民政府最重要的原则——人民的权利——宣战"。因此,南部同盟不是一个政府,而是种植园主贵族们进行的一场政变, 完全代表不了南部大部分人对联邦的拥护。"如今,我们大可怀疑在除了南卡罗来纳的任何一个州里,具有法定选举资格的多数选民会支持分裂",林肯在 1861 年 7 月向国会特别会议保证。"我们有足够的理由相信,在所谓的分离州中即使不是所有人、也有多数人是拥护联邦统一的。"我们必须做的事情就是"在那些地方释放这些拥护联邦统一的情绪,然后让它们发挥作用;然后我们应该指望那些对此事感到厌倦的人们对他们的领导人说——'我们已经对此感到厌倦'"。这也是北方民主党人所赞同的态度。"南部政府是一个军事寡头政体",林肯在伊利诺斯州的昔日对手詹姆斯·希尔兹在 1862 年 1 月写道,"这个寡头政体的总部在里士满,一旦这个总部陷落,拥护联邦的情绪将必定在南部爆发,然后将很快粉碎他们邪恶的阴谋"。

林肯在战事开始的时候对奴隶制本身只字未提, 实际上他也不能冒这个险,以免边界各州像长耳野兔那样迅速地投入南部同盟的怀抱。林肯警告说:"这些州的公众意见尚不成熟,我们必须耐心地引导他们形成正确的观念。"特别是肯塔基,它是"整个形势的关键","决不能让它突如其来分离出去"。此外,任何关于奴隶制的暗示都将很快使所有北方民主党人转而反对林肯和战争。马塞诸塞民主党人罗伯特·温思罗普就警告过,"我们拿起刺刀不是为了进行慈善事业,我们淌过鲜血之河也不是为了重组整个南部的社会结构"。林肯还不得不紧张地关注着他自己那些将军们可能的反应。在收悉麦克莱伦在哈里森码头的信件后,他告诉查尔斯·萨姆纳他对于立即解放黑奴的"两个拒绝的理由","半数军队将会放下他们的武器"而且"还有三个州将会起而反叛——肯塔基、马里兰和密苏里"。而就他个人而言,林肯也不想将奴隶制问题卷入战争中。作为"老辉格党人",林肯始终主张限制奴隶制,而不是完全地废除。他"并不会掩饰他反奴隶制的情绪;他以前认为并且还将继续认为奴隶制是错误的,但是这并不是当前必须处理的问题"。他"个人始终是赞同解放黑奴的,但并不赞同立即解放黑奴,即使是由各州进行"。

隐藏在林肯这种并不愿意致力于废除奴隶制的态度之后的是一种全国共有的负罪感。"他认为北方人和南方人一样都得对奴隶制负责。而且,如果这场战争以各州主动自愿地废除奴隶制告终,他个人赞同由政府对奴隶主的损失进行一定的赔偿。"此外,废除奴隶制也会产生一些他还没有答案的问题,尤其是获得自由的奴隶在美国的未来。他所能想象的解决美国奴隶制的最好的方式,是一种由政府提供财政资助的解放形式,持续数十年的时间,然后给他们建立殖民地。不过,这些充其量只是林肯战时政策的副产品而不是经过深思熟虑后制订的方案。1861 年末,他告诉国会,"现在什么都不会发生,"对于他在战争开始之初"阐述和表达"的"原则和大体目标既不会增加也不会减少"。直到 1862 年,他还是确信不管以什么方式,所有人迟早都将支持废除奴隶制,这是历史的必然性,所以,现在并不需要为了废奴采取惹人注目的行动。伦纳德·斯韦特记得,"从一开始他就相信奴隶制本身的骚动不稳将会导致它的崩塌,所以他根据这个结果采取行动,好像从一开始这个结果就表现出来了一样"。

如果这具有哲学意义的话,也会在很大程度上引起林肯道德上的不安。尽管他在 1850 年心甘情愿地支持《逃奴法》作为对宪法原则的某种妥协,但是林肯实际上并不容忍逃奴复归于奴隶制度。林肯在 1861 年 9 月承诺:"寻求联邦保护的所有叛乱奴隶主的奴隶都可以得到保护和自由。"不过,他很快又补充道:"总统并不是说要在现在确立关于奴隶或奴隶制的一般原则,上述承诺仅仅是针对目前已经出现的特别情况而言。"他还必须应对在他自己党内激进派引发的逐渐加深的不安局面,这些激进派急欲促使林肯对奴隶制度采取积极的行动。而且他们通过投票和组织促使作为总统的林肯重视他们的意见。在战争期间担任明尼苏达州参议员的莫顿·威尔金森很惊讶于参众两院共和党基层会议的力量:"共和党参议员几乎每天都要在基层会议里碰面,通过基层会议来决定他们在悬而未决的立法议题中采取的步骤,以便于进行表决时毫不迟疑,避免他们自己产生分歧。"林肯不能轻易忽视这种压力。他曾经对约翰·B. 亨德森抱怨道:"史蒂文斯、萨姆纳和威尔逊老是以他们解放黑奴宣言的强硬要求缠住我。不论我去哪里或者从哪里回来,他们都能发现我的踪迹……"更糟糕的是,林肯认识到,很快"激进派就会在国会中采取极端措施,拒绝为正在进行的战争提供补给,任由整个国家处于混乱状态……"

林肯还要应对来自黑人自身的道德压力,这是他未曾料想到的。弗里德里克·道格拉斯欣然欢呼战争的爆发,"自由的利剑"最终将刺向奴隶主的喉咙,在整个北

弗雷德里克·道格拉斯

方,自由黑人的社团组织起来"为国家的共同目标前进和战斗"。遗憾的是,林肯征召的第一批志愿兵的《民兵法案》只限于白人,因为林肯自己确信"如果将黑人武装起来,那么原先支持并忠于我们的边界各州就会将他们的5万把刺刀掉转过来指向我们"。为《辛辛那提报》报道华盛顿方面消息的怀特洛·里德于1862年指出:"几位肯塔基的陆军上校……声称如果黑人士兵被送往战场,他们将立刻辞职,他们指挥的几个团的全体官兵都宣称有着同样的感受。"

但是,林肯一方面发现必须阻止解放北方的自由黑人,另一方面他又不能很轻易地忽视逃奴们的诉求。尽管联邦部队公开声称他们长驱直入南部只是为了恢复联邦的统一,奴隶们很快就觉察到"入侵"的联邦部队是黑奴解放的先锋,因此他们成群结队地逃到联邦的队伍。富有同情心的联邦军官声称这些逃亡奴隶是"战时禁运品",拒绝将这些逃奴遣还给他们的主人。但是这仅仅是延迟了在政治上进行清算的那一天的到来:如果奴隶不再是奴隶,那么这是不是意味着他们就是自由人呢?对林肯自己来说,最相安无事的办法是尽力在国内政策的轨道上解决奴隶制问题,而不是与战争混在一起,通过流血冲突来解决。在任何情况下这种方式都包括三个方面:国会一劳永逸地将奴隶制限制于那些州宪法认定奴隶制合法的州;联邦鼓励边界各州制订逐渐解放奴隶的方案;在海外安置自由奴隶。1862年初,林肯写道:"就我的判断而言,逐渐而非立即解放黑奴对我们所有人都更有利。"他对詹姆斯·陶西格解释道,那些"赞同渐进式解放黑奴的人比那些主张立即解放黑奴的人更好地代表了他的观点"。1861年12月,他赞同布朗宁的观点,"应该有一个配套的方案,即在美洲大陆的某个地方安置自由黑奴。"

这时,激进派的热情帮助而非阻碍了林肯,因为他们至少乐意支持他提出的补偿性解放黑奴的方案,作为他们最终废除奴隶制度目标的第一步。正是在1861年12月国会召开之际,马塞诸塞参议员亨利·威尔逊立刻提出了一个针对哥伦比亚特区的补偿性解放黑奴的议案,目的是"将奴隶制从国家的首都清除出去,"这个议案惹人注目地提出由财政部给特区内的奴隶主按每个奴隶300美元的标准予以补偿。威尔逊和激进派提出强制性地迁移特区内的自由奴隶,并且推动特区所有居民就黑奴解放进行复决投票（很奇特的是，这两点意见在林肯 1849 年一份未提交的关于特区内黑奴解放的议案就提出过），这使得边界各州国会议员和北方民主党人（这一点甚至令他们很震惊）的努力相形见绌。1862 年 4 月 16 日，林肯签署了这个提案，使之生效。他告诉霍勒斯·格里利，特区黑奴解放提案使他"有点心神不安"，但并不是因为公民复决投票，"也不是我不愿意看到奴隶制的废除，而是因为做这件事情的时间和方式"。理想的黑奴解放议案应该有 "三个主要特征——逐渐的——补偿性的——和人民投票。"

林肯自己也已经开始着手为边界各州筹划补偿性的黑奴解放方案。早在 1861 年 11 月，他向特拉华州议会起草了一份提案，希望截止到 1893 年解放特拉华全部的 1800 名奴隶，为此要由联邦政府支付 71.92 万美元的公债。12 月，他告诉布朗宁，他打算"根据 1860 年人口统计数据，为所有的黑人按每人 500 美元的标准支付给特拉华、马里兰、肯塔基和密苏里，前提是他们能够接受渐进式解放黑奴的方式，在 20 年内将奴隶制完全废除"。1862 年 3 月 6 日，在同内阁成员和查尔斯·萨姆纳会面后，林肯向国会提交了一个特别咨文，建议通过对任何"开始"渐进式解放黑奴的边界州给予"资助"的两院联合决议。他竭力向边界各州保证"联邦政府不会因为这个议案而索取地方权力，干涉各州权限内的奴隶制问题，就这一议案的执行来看，无论什么情况下，这个问题的绝对控制权掌握在与之有直接利害关系的各州及其人民手中"。在 3 月 10 日与边界各州国会议员举行的一次会议上，他恳请马里兰国会议员约翰·W. 克里斯菲尔德能够理解，他只是指出事实的必然性，并不是主张对南部社会进行激进的重组。这场战争"必然会使联邦部队与边界各州的奴隶发生接触；奴隶们会跑到我们的营地来，然后群情激奋的局面将继续维持"；那么，为什么不马上采取补偿性的黑奴解放方案呢？为什么不通过战争来缓和奴隶制必定会造成的恶劣状况呢？除此之外，边界各州人民坚持奴隶制越久，对他们放弃了南部伙伴们才维持住的联邦的伤害就越多。每天边界各州都在反抗林肯的"煽动"，"使南部同盟越来越寄望于某天边界州会联合他们将战争拖延下去"。假设边界各州即便接受了最渐进式的黑奴解放计划，那么南部同盟将看到灾难即将来临，"这样在缩短战期方面，比从联邦部队取得的最大胜利得到的还要更多"。

林肯提出的两院联合决议案在一个月时间里由众议院和参议院分别通过，但是并没有一个边界州的议会对此作出反应。林肯抱怨道："自从我递交了我的咨文以来，来访问我的边界各州国会议员的数量和平时一样；虽然他们都表现得很友好，但是他们对这个决议案只字不提。"（甚至特拉华的黑奴解放方案由于州参议院赞同与反对者各半而失败。）肯塔基参议员加勒特·戴维斯非但不接受国会的渐进式方案和林肯的不干涉姿态，反而对于国会不断地"讨论奴隶和奴隶制问题"表示强烈的不满。与此同时，唯一要和林肯本人面谈的马里兰州奴隶主们，于 5 月 19 日请求林肯惩戒华盛顿的防总司令詹姆斯·沃兹沃思，因为他庇护逃奴。林肯抗辩道："就算你想对时局的征兆视而不见，你也无法做到。"同时，他又援引了《圣经》启示录里的话，"不要在将来悲伤地悔恨你所忽视的事情。"

林肯希望补偿性黑奴解放计划能引起边界各州奴隶主的关注，不过，就像他的这个希望已经在遭受失败一样，他关于南部会自行崩溃的希望也正在成为泡影。联邦部队已经取得的一连串胜利使 1862 年初春看上去会非常有希望，然而，当 4 月 6 日南部同盟的一支奇兵在夏洛几乎全歼了尤利塞斯·S. 格兰特过于自信的田纳西军团，这一连串的胜利戛然而止。格兰特幸免于难并且及时遏制了同盟军的突然袭击，但是夏洛的两天战斗异常惨烈，双方都伤亡惨重——大约有两万人——这样的数据说明了那种以为南方人具有联邦主义和恢复统一倾向的想法愚蠢至极。比如，格兰特现在确信南部同盟绝对是严肃认真地看待这场战争的，并且"放弃了维持联邦统一的所有念头，除非被完全地征服"。有些人认为，南部具有潜在的联邦主义思想，只不过正在等待联邦部队前去激发，格兰特占领田纳西时就放弃了这种想法。甚至在被联邦部队占领的情况下，田纳西人仍然顽固地忠诚于南部同盟，并且保护那些破坏据点和部队供给线的南部同盟游击队员。

林肯在那个春天也有同样的顿悟。"形势变得越来越糟，我现在感到我们一直实施的行动计划已经到了山穷水尽的地步，" 林肯告诉弗朗西斯·卡彭特，"我们要打出最后一张牌了，必须改变策略，否则我们就会输掉这场比赛！"这种担心在他于 7 月份哈里森码头会见麦克莱伦时得到了证实。他仅仅要求这个难以驾驭的将军下令不再使战争朝解放黑奴的方向进一步扩大。但是，麦克莱伦的信函对林肯产生了正好相反的影响：半岛战役，像格兰特几近灾难性的夏洛战役那样，已经使林肯确信，奴隶制、而不是些许残余的联邦主义，是使南方人抱成一团的原因，而且，正是奴隶的劳动使得白人劳动力得以解放出来到叛军中服役，从而支持了南部同盟的战争，奴隶生产的农产品不仅供给了那些部队，并且为战争提供了充足的财源。吉迪恩·韦尔斯回忆道，"通过那次探访所作的观察，他开始确信这场战争必须加大力度彻底进行下去，并且在奴隶制问题上必须采取一些决定性的措施，这样做不仅能够顺应民意,形成并加强统一的军事行动,而且会使奴隶们支持我们而不是反对我们"。林肯不会按照新道德主义之流那种急不可耐的方式行事,他可能会以长期的方式来结束这场战争,并以此取得他和激进派同样都乐意看到的废除奴隶制的最终结局,而看起来这并不是激进派操纵的结果。他很严肃认真地回复一个马里兰人说:"我是一个有耐性的人,但是也可以这样理解,我不会留着没打的牌认输,永远都不会。"

正如他在 1862 年夏天学到的一样,林肯最终打出那张牌是他能够理解天意的唯一方式。如果战争仅仅是进化的自然法则的一部分,那么,事情就不会发展成现在的这个局面;事实上,如果这场战争仅仅是为了维护联邦统一而无他图,那么,1862 年的事件则意味着联邦的统一可能根本无法实现。然而,上帝显然并不想让联邦被毁灭,因为他也并没给予叛乱者痛快淋漓的胜利。天意并没有任何预言,而战争正如他在关于天意的沉思中所发现的那样,将不确定性地继续下去,其持续的时间恰好无法实现基于预期条件的轻易和解,恰好使一个难以置信的选择成为可信和不可避免的。上帝的意志控制着这场斗争,并且决定这场斗争还未到结束的时刻。林肯在 1862 年夏天的教训是:人类事件不会像机器那样运转,而是由天意掌控;正是如此,战争还没有到结束的时候,联邦也没有得到拯救,除非林肯他自己获得上天的私密授意。

回到华盛顿后,林肯在 1862 年 7 月 12 日向边界各州国会议员发出了最后一次呼吁,而这一次他放弃了战争和奴隶制能够被分开来的所有矫饰。如果边界各州"在去年 3 月投票赞成渐进式解放黑奴的决议,那现在战争实际上就结束了",林肯斥责道,因为当"叛乱州知悉此事,那么,你们所代表的州就绝不可能加入他们提议成立的南部同盟……他们也就不可能将这场争斗维护得更久"。四个月后,战争进入到一个新的阶段,而且"如果这场战争继续下去,就好像它必须这样似的……那么你们所在的州的机构和制度都将被矛盾冲突和内耗毁灭殆尽"。"矛盾冲突"的事例已经出现了,林肯提到戴维·亨特在卡罗来纳海岸试图下令解放他辖区内的奴隶,却遭到了失败。林肯已经撤销了那个命令,但是"在撤销这个命令的过程中,如果不算冒犯的话,我令许多人感到不满,如果失去他们对国家的支持是我们所无法承受的"。

他不可能永远地阻止亨特、弗里蒙特和格兰特为了取得胜利而必须采取的措施;或者他们行动起来,或者他行动起来,而一旦他们行动了,他将不得不支持他们,不管边界各州愿意与否,这个被滚动的球都将向着奴隶全面解放的目标前进。他也无法阻止他自己党内那些已经失去耐心的激进派了。背叛民主党的艾萨克·阿诺德和福音激进派欧文·洛夫乔伊这两个来自伊利诺斯的议员提出了一个在所有地区废除奴隶制的议案,并于 6 月 19 日在众议院获得了通过,他们并不在乎边界各州的哀恸。另一个也是更引人注目的"没收法案"也已经在国会中进行讨论,该法案不仅要解放正在为叛军服务的黑奴,还要解放所有在叛军服役的白人奴隶主拥有的奴隶,而且这一法案还包括这样的条款:允许林肯以"他认为最有利于公共福祉的方式"雇用黑人——也就是说,允许黑人参军。"你是卖主,国家是买主,多么有利于你啊",林肯警告道,从补偿性黑奴解放中获得好处只有最后的机会了,因为下一个法案将完全剥夺他们拥有奴隶的权利而毫无任何补偿。此外,为了使他的呼吁具体化,林肯提交了一份议案,为那些计划"立即或者逐渐地解放黑奴"的州提供联邦政府财政资助。

这个呼吁毫无效用。边界州 28 个众议员和参议员中的 20 个委婉地拒绝了他的请求,表示不会按照林肯所呼吁的那样行事。不过,这个结果并不使林肯感到意外,因为他已着手于另一个选择性方案。7 月 17 日,国会通过了第二没收法案。他已经准备好如果边界各州的议员在最后一刻回心转意的话,就否决这个法案。但是他们对此反应冷淡,于是林肯只好签署这份法案,与其一同送还国会的还有技术性的异议的备忘录,不过不管怎样,最终仍然是签署了。就这个法案的条款而言,还算不上激进:没有说明被解放的奴隶的自由人地位,甚至那个"为了公众福祉"征召黑人入伍的条款也意味着这些自由人可能仅仅是进入到战时过渡阶段,就像被扣押的货物一样。但是对于林肯来说,这已经是相当激进了。他告诉约翰·福尼,"自此以后,他的政策将像狂热者希望的那样严厉。今后,我们将无限制地招募所有人去镇压叛乱"。同时,一旦边界各州国会议员使林肯将奴隶制和战争问题区别对待这一吉迪恩·韦尔斯所称的"微弱和渺小的希望""完全破灭",他就开始着手新的公文。他提高了押在第二没收法案上的赌注,声明立刻毫无补偿地解放整个南部同盟的奴隶。

1862 年 7 月,陆军部长斯坦顿年幼的儿子詹姆斯·H. 斯坦顿死了。林肯于这个月的 13 日参加了他儿子的葬礼,然后在西沃德和海军部长吉迪恩·韦尔斯的陪同下乘坐马车返回,他利用这个机会就奴隶解放问题向他们两个摊了牌。"他对这个问题思考了很久,并且得出了这样的结论,必须解放奴隶,否则我们自己将被征服",韦尔斯在他的日记中写道。他已经放弃了边界各州,进一步努力劝服他们是"毫无益处的"。他确信国家"做好了准备",甚至"军队也将支持我们"。他又继续说下去,韦尔斯和西沃德对此越来越感到吃惊。不论奴隶解放问题以前是在什么时候提出来的,林肯已经"迅速而断然地否决了由联邦政府来干预这一问题"。但是战争,林肯指出，"清除了对这个公然反叛集团的宪法上的约束和限制"。这就提供了实行辉格党提出的总统的战争权力的机会；他告诉两位部长，他"已经得出这样的结论：解放奴隶是军事上的必要，对于维护联邦统一是绝对必需的"。毕竟，奴隶也是"那些征召他们服役的军队中不可忽视的重要力量"。如果联邦政府声明解放奴隶的决心，那么，"所有的奴隶和获得自由的黑人"就会"抛弃和联邦进行可耻的战争的那些家伙投向我们的怀抱"。

接下来的一周是第三十七届国会休会期，第二没收法案也是在这一周提交讨论的。不过，在 7 月 21 日，星期一，林肯通知内阁成员召开了一个特别会议。这个特别会议像一个"新奇的事物"令萨蒙·蔡斯印象深刻，仅仅是林肯的声明就很引人注目了，他说他"已经决心在军事行动和奴隶制问题上采取明确的步骤"。他所指的似乎是他为落实新的"没收法案"而草拟的一系列的行政命令。但是，在第二天的内阁例行会议上，林肯明确地表示他更想做的事情是："总统提议发布一个以没收法案为基础的宣言，呼吁那些叛乱州重新效忠于联邦……并且于 1863 年 1 月 1 日宣布解放所有叛乱州的奴隶。"不仅那些拿着武器的奴隶将得到解放，而且南部同盟叛乱地区的所有奴隶都将得到自由。

第八章 来自旋风的声音

林肯的意见很快就引起内阁激烈的争论，莫衷一是。迟到的蒙哥马利·布莱尔随后在一份冗长的会议记录里面提醒林肯，解放宣言将在北方遭到强烈的反对，如果这场战争将偏离原来的目标而变成一场为解放奴隶而进行的战争的话，那么至少对北方而言，这场战争将不会继续下去。凯莱布·史密斯居然威胁说如果林肯继续提这个宣言的话，他就辞职，"然后回家抨击政府"。另一方面，斯坦顿和贝茨则极力主张"立即发布宣言"，而激进派的代言人萨蒙·蔡斯竟然抗议这个宣言太软弱。（在宣言中作出的最后的妥协姿态是，林肯还提出如果反叛各州能够立刻放下武器的话，联邦政府则提供补偿金和"渐进式废除"奴隶制的时间表。）林肯并不理睬他们的意见：这次别具特色的是，他已"下定决心要打这一张牌，而且召集他们来开会并不是要听取他们的意见，而是将这个议题……摆在他们面前"。正如凯莱布·史密斯抱怨的那样，"他只是想把他们的意见作为这个宣言的一个特别形式而已"。

不过，在这个问题上，他实际上还是吸收了西沃德明智的建议：要发布这个宣言，但不是现在。半岛战役不光彩的结局仍然令人耿耿于怀，而密西西比的联邦部队正被困于军事据点上。在这个节骨眼上发布《解放宣言》将会"被认为是束手无策的政府最后的手段，哭喊救命"——呼唤血腥的奴隶起义，呼唤约翰·布朗，号召在阳台上杀死南部平民,一场因蓄意的和丧心病狂的煽动引发的种族战争会接着内战而爆发,联邦政府靠自己的能力再也无法取得内战的胜利,"政府将它的手伸向埃塞俄比亚,而不是埃塞俄比亚将她的手伸向政府"。(这是西沃德惯用的《圣经》喻言)西沃德请求道,"我同意这个措施",但是必须推迟发布,直到你能够"用军事胜利来支持它的发布",或者,至少要有一次胜利充分地表明这个宣言看上去并不是"退却时的最后一声尖叫"。林肯起初对此持异议。但是,当天晚上,瑟洛·威德造访白宫为西沃德的观点争辩时,林肯最后终于让步,然后将这份文件再次搁置一旁。他要等待一场胜利。

如果林肯仅仅根据接下来的几周发生的事件作出决定,那么,也许他就再也不用将这份宣言拿出来了。华盛顿流言四起,其中一些是林肯为了试探公众的意见故意泄露出来的。霍勒斯·格里利在发现林肯制订了《解放宣言》的线索后,试图让林肯采取行动,于 8 月 19 日在《纽约论坛报》中发表了一篇题为"两千万人的祈祷"的急不可耐的社论。这篇社论控诉林肯过分地宠爱边界各州,并且要求——强烈要求——林肯"作为共和国首要的公职人员"去"履行新的没收法案中关于解放奴隶的法律条款"。恼怒的林肯对这篇社论只作出冷淡的反应(他写了一封公开信,但这封公开信并不是发表在格里利的《论坛报》上,而是发表在约翰·福尼 8 月 22 日的《华盛顿新闻》上,随后格里利于 25 日转载了),似乎表明林肯对废奴主义者已经受够了。"在这场斗争中,我最重要的目标是拯救联邦,既不是拯救也不是毁灭奴隶制,"他给格里利写信说,"如果我能够在不解放任何奴隶的情况下拯救联邦,那我早就这样做了……"可是,惹人发笑的是,为了维持他与格里利的友谊,在这封信的末尾他又故弄玄虚地强调,这封信仅仅代表"我的官方意见;我无意改变常常表达的我个人的希望,即希望所有地方所有人都能够获得自由"。8 月底,约翰·波普领导的弗吉尼亚军团在第二次布尔河战役中被彻底击垮,迫使林肯重新起用麦克莱伦为弗吉尼亚军团总司令。9 月 13 日,芝加哥的一个牧师代表团在威廉·巴顿和约翰·登普斯特的引领下来到白宫,将一周前举行的大规模解放奴隶会议提出的解决方案呈交给林肯,林肯却不耐烦地问他们是否知道"要我发布《解放宣言》有什么好处,尤其在当前的形势下"? 也许连西沃德也太过于乐观了。

但同时,他也对芝加哥代表团承诺,"无论上帝的意志是什么,我都会照做"。他没有告诉他们甚至任何人的是,他早已作了另一个承诺。林肯在会见芝加哥代表团四天后,麦克莱伦在安蒂特姆与罗伯特·李正展开激战,虽然其结果谈不上是大获全胜,但是这足以促使林肯将那份文件从书桌里取出并做另一稿的修订。在一个星期里,当安蒂特姆之战的形势越来越明朗的时候,林肯召集内阁成员举行了另一次特别会议,他发表了一席所有人都未曾听过的令人震惊的讲话。"我认为发布《解放宣言》的时刻来到了";无可否认,他希望"有更好的时机"或者安蒂特姆能够提供"更好的条件"。但是反叛者至少"已经被赶出了马里兰",而且两周前他已经在决定一旦李"被赶出了马里兰州,他就发布《解放宣言》"。他在此之前并没有跟任何一个人提起他的这个决定;这是他作出的一个承诺——"给他自己的"——蔡斯在他日记中记录到林肯犹疑不决地接着说——"和给上帝的"。正如韦尔斯在他的日记中所描述的那样,这是"一个誓言,一个誓约,如果上帝在即将到来的战役中赐予我们胜利,他认为这是上天意志的启示,然后,他的职责就是推进奴隶解放事业"。这是一件"不同的事情",林肯总结说这一定是上帝的意志,并且已经由受天意支配的战斗的结果所确证。

在战前,林肯是一个怀疑论者和无信仰者,谈起上帝,就好像是在谈遥远的与个人无关的普通的尼亚加拉大瀑布。而如今,他坐在那群久经世故和厚脸皮的内阁政客面前,表明他作出美国历史上最激进的姿态的理由,是在上帝掌控的鲜血与硝烟之中践行一个个人的誓言。林肯在战争前后差异如此之大甚至难以调和。林肯3月底递交给国会的关于补偿性解放奴隶的第六个特别咨文中,在他有生之年中仅有这一次,在称呼"上帝"的时候加上了所有格"我的",似乎他与上帝之间建立起了一种前所未有的私人互惠关系。他自己也不得不承认"这可能被认为很新奇,当他头脑中并不清楚他应该做什么的时候,他会采取这种方式来处理事务"。始终保持警觉的蔡斯从林肯的话里发现的细微的字眼(韦尔斯后来回忆说,林肯说话的语气"有点儿被驯服了"的意思)突出了当他们听到林肯说关于和上帝的誓约这些"新奇的"事情所感到的不协调。但是,林肯告诉约瑟夫·吉莱斯皮,"战争期间,形势已经改变了,这就促使他信仰'特别的天意'"。正如林肯向他的内阁解释的那样,"上帝以有利于奴隶的方式决定了这个问题"。不管新奇与否,能够确定的是上天现在已经承诺将整个战争转移到他的轨道上来。韦尔斯在那天之后的备忘录里草草地记下"这是推进这场战争的一步——一个开始,这个开始所产生的结果将延伸至遥远的未来"。

当后世读到林肯的《解放宣言》时所持的怀疑态度绝不亚于林肯的内阁成员们听他这些不太可能的坦白时所表现出来的怀疑情绪。用理查德·霍夫斯塔特历久不衰的措辞来说,这个宣言"包含了所有'无瑕疵的提货清单'令人信服的伟大",但

第八章 来自旋风的声音

是传统的观点认为该法案事实上什么也没能实现。从表面上来看，这些批评有一些是事实。实际上，美国历史上有三个《解放宣言》，最初的第一个是林肯于 7 月份在内阁中分发的文件草稿；第二个是林肯于 9 月 22 日向他的内阁介绍的《初步解放宣言》，随后以总统名义发布，带有对南部拥有奴隶的状况只能维持到这年年底宣言生效的时刻的警告；由林肯正式签署的最后一份《解放宣言》于 1863 年 1 月 1 日生效。7 月份的草案最接近霍夫斯塔特所谓的"无瑕疵的提货清单"：这份草案只有两段，并且只能看做是对第二没收法案的拓展，将"叛乱者拥有的奴隶"扩大为"叛乱者拥有的所有奴隶"。这并不是以自然权利和公民权利为基础的，也没有将公民权利扩及那些已经是自由人的奴隶。这份草案提出，如果叛乱者投降的话，联邦政府仍旧资助渐进式解放奴隶。（迟至 12 月 1 日，林肯在提交给国会的年度咨文中仍然极力主张采纳补偿性解放计划，这次还附带了三个宪法修正案和"驱逐法案"，《解放宣言》的真实目的似乎是要促使北方和南方的奴隶主接受"渐进式解放奴隶"，而不是解放奴隶。）此外，虽然《解放宣言》给奴隶以自由，但并没有废除奴隶制度本身，因此，南部奴隶制在战后重生的猜想并不是不可能的，因为边界各州的奴隶并没有获得自由。

发表于 9 月 22 日的第二个宣言或者说初步宣言，几乎和第一个草案一样带着优柔寡断的色彩。这个宣言认为"迄今为止，这场战争将坚持朝着恢复各州间的宪法关系"；它仍然继续向边界各州提供补偿性解放的机会，并且许诺"致力于将非裔后代的迁移工作，根据他们的意愿，安置于北美大陆或者其他任何地方"；它宣称将给叛乱地区的奴隶"永久性自由"，这就等于说除了那些从南部同盟各州（实际上这些早已相当于不存在）逃出来的奴隶外，实际上谁都没有被解放。正如林肯向海军上将约翰·A. 达尔格伦坦诚的那样，"在我们军队占领的地区以外，他知道他的宣言将不会使一个黑人奴隶获得自由"。但是，即使认识到了这些缺陷，草案和这个初步宣言都使政策产生了戏剧性的改变。两个没收法案也都使奴隶获得了自由，但这是有选择性的。如今，这个宣言声称不是一些奴隶主，也不是拥护奴隶制的力量，而是整个南部同盟在真正地叛乱；他们叛乱的原因正是奴隶制本身，而非个别奴隶主的因素，他们哪怕一点点联邦主义倾向都没有。如果最终确定的就是这种认知的话，这个初步宣言就是对没收法案的重复而已：联邦部队队决不会将逃奴交还到奴隶制的束缚之中。

《解放宣言》的制定也是半心半意的结果，部分原因是它毕竟不是一个全国性的废奴宣言，另一方面是宣言的根据仅仅是基于这场战争军事上的必要性（这当然也就是为什么边界各州奴隶制丝毫未触的原因——它们没有被置于林肯的军事考虑范围内）。不过，除此之外，很难想象林肯能够采取其他什么措施。所有法学家都知道任何和废除奴隶制相关的宣言、国会制订的法令以及军事行动在战后或战争进行期间都要上诉到联邦法院。不过，尽管如此，一般认为在战争期间联邦法官往往不愿阻挠国会、总统或者军队的宣言或法令，这也正是首席大法官塔尼所说的他愿意单方面充当的"小丑"的角色。如果不重视法律的细节，或者过分随意地进行"令人信服的伟大"的阐发，任何宣言都容易在塔尼的法律道钉下毁灭，就像那些仅仅是为制定而制定的宣言措施一样，那些基于军事考虑和总统战争权力的宣言除外。"他自己的意见就是把宣言当做战争措施，并且这也仅仅是当做战争权力的行使。一旦战争结束，这个宣言在将来是不起作用的。"这也是为什么未触及边界各州奴隶制的原因之一。到1863年1月，边界各州脱离联邦和打破军事平衡力量的威胁实际上已经相当微弱。但是他们仍然是令人难堪的合法反抗的最强有力的发起者，正如塔尼这个马里兰人后来在1863年设法处理"船只捕获案"时所遇到的情况，这种合法的反抗公然质疑联邦海上封锁政策的合法性，在最高法院投票时，竟然使这个对南部同盟进行海上封锁的政策归于无效。真是应了那句话，就算黄蜂们都去睡觉了，也最好不要去捅黄蜂窝。

　　如果所有这些在后来看起来是犹疑不决，但是当时很少有人这样看。正如西沃德所担心的那样，宣言在1862年秋天被普遍地看做是点燃奴隶反叛的星星之火。反林肯的伦敦《泰晤士报》毫不留情地预言《解放宣言》将引发"对白人妇女和儿童的大规模屠杀，随之而来的将是南部对黑人的种族灭绝"。英国外交部长约翰·罗素勋爵极力主张英国政府在10月份干涉这场战争，以阻止因《解放宣言》的发布而引发的"抢劫、放火和复仇行动"。对于这三个宣言，南部同盟却一点儿也不敢马虎。南部同盟陆军部的一位官员写道，"宣言将只会加剧这场战争，我们其中一些最具危害性的参议员也支持黑人高举义旗，从此以后不再请求和给予仁慈或宽容"。"屠杀"当然没有发生，但是奴隶的逃亡却像潮水一般一浪接一浪。因为《解放宣言》宣称保证奴隶自由，从1863年开始，南部同盟有多达20%的黑人奴隶打起包裹逃到联邦的阵地去了，这些人曾经是支撑南部同盟军队和防御的重要力量。从这个意义上说，起义正是《解放宣言》引发的，可是，这个起义的结果是黑人奴隶们向北逃到最近的北方佬阵地。

　　对于林肯来说，任何重新考虑或再三斟酌都会被理解为事情已到了非他所能控制的地步。在新年那一天,罗伯特·林肯记得,"我母亲和我走进她的书房,我母亲以她一向性急和尖锐的方式询问道:'你到底想要干什么'"?林肯只是仰天长望,然后回答:"我只能奉命从事,除此之外,我并不能干什么。"《解放宣言》的最终版本包括一些匆匆忙忙的最后修订,宣称给予"上述指定各州所有被当做奴隶的人"自由,并且声明"身体健康者"现在将被征召到"美利坚合众国的军队中"。同时,在萨蒙·蔡斯的鼓动下,宣言的最后加了一句祷文:"承蒙人类深思熟虑的判断力和全能上帝的恩典。"在参加完冗长的上午公众招待会,以及与外国使节团和"几百人"三个小时的正式会晤后,林肯上楼回到他的办公室,西沃德将《解放宣言》的正式稿递交给他,内阁已按林肯前一天的要求对这份宣言作了最终的修正。在接待会上三个小时的握手使他的手腕仍然在颤抖,他记得"那一刻我甚至都无法抬起我的手臂"。而他不想让任何人以为他手腕的抖动是"他有点儿后悔",因此他忍住疼痛签署了宣言。这一次他极为少见地写下了他的全名:亚伯拉罕·林肯。他对西沃德谈及此事时说,"我有生以来从来没有哪一次签名比这一次更使我确信我做的是正确的"。《解放宣言》一发布,整个市镇都喧闹起来,在海军船坞,庆祝的礼炮已开始隆隆响起;黑人的群众集会也在放声歌唱:"我现在是自由人了,耶稣基督赐给了我自由。"

幸好在1862年结束之前林肯已经相信上天,因为《解放宣言》带给他两个盘根错节的附加问题:如何处理已获得自由的黑人,以及如何使北方白人继续为黑人的自由解放而战斗。虽然他曾经告诉俄亥俄州的国会议员威廉·P.卡特勒"他颇感困扰的是,他不知道在和平时期到来后应该如何处理这些黑人",他直觉上的处理方式仍然是殖民,也就是将这些获得自由的黑人迁走。"虽然他反对整个奴役体制,但他又认为黑人在智力上是劣等的种族",韦尔斯写道,林肯"相信任何试图将他们与白人融合为一体的努力都将使白人退化,而黑人却不会有实质性的提升,但是把黑人和白人分开将促进双方的幸福和福祉"。此外,韦尔斯注意到,林肯认为解放和殖民是"一个系统中的两个部分,而且必须相辅相成地推进"。实际上爱德华·贝茨曾提出过"强制放逐——将那些获得自由的奴隶赶出这个国家"。林肯于1862年年末对T. J.巴内特预言,"他们许多人会移居他处"。在初步解放宣言发布后紧接着召开的内阁例行会议上,林肯向所有的人保证他将考虑与"黑人可能被送往的"西非和中美洲的友好政府就此问题缔结条约。

但是林肯两方面的如意算盘都打错了。北方的自由黑人几十年来就一直反对迁移他处;他们并没有打算离开他们所熟悉的这个国家。当林肯会见以英非产业和艺术促进会的爱德华·M.托马斯为首的黑人代表团时,他劝说他们"分离……对我们双方都更好",但是林肯被浇了一瓢冷水。托马斯"与费城、纽约和波士顿的黑人领袖们商谈此事",发现他们全都对殖民表现出非常冷淡的态度。弗里德里克·道格拉斯明白无误地抱怨道:"林肯先生在关于殖民的巡回演说中所表达的语言和观点显露了他的前后不一,他对种族和血统的骄傲,他对黑人的轻蔑,以及他那貌似虔诚的伪善。"即使抱怨不断也没有关系:林肯几乎一直像是美国殖民协会的经理人,他全心投入于在奇里基(位于中美洲墨西哥湾海岸)和海地附近的艾尔德瓦谢岛上建立新的黑人殖民地。但是只有很少的人自愿参与——到1863年4月,只有453名奴隶在奇里基定居——而且那些被招募参加他的实验的人不能够在那两个小小的殖民地上自给自足。

道格拉斯和激进的共和党人并不希望建立什么黑人殖民地,他们只希望林肯着手征召自由黑人为联邦部队服役,将他们派回南部去与他们昔日的主人作战。征召黑人入伍的路线图于1862年6月开始明朗起来,这一年,国会修改了兵役法,取消了对黑人志愿兵的限制。在7月份,国会也取消了在第二没收法案中对黑人志愿兵的限制性条款。但是尽管那样,林肯仍限定陆军部仅仅使用"黑人劳动力"拖运物资和挖掘战壕。不得不说,在这一点上激进主义者实际上并没有比林肯走得更远。他们当中的一些人非常乐意接受殖民这一立即解放奴隶的结局,第二没收法案仅仅承认了一种可能性,即只要奴隶们被送到其他地方,黑人们就有可能获得"自由人的所有权利和特权"。但是尽管如此,征召黑人入伍意味着认可黑人在保持联邦统一中的分量,就此而言,以后几乎不可能拒绝给予那些正在为联邦甘冒生命危险的黑人以全部的公民权利作为报偿。弗里德里克·道格拉斯预言,"一旦让黑人在我们国家能够获得军衔,那么究竟还有什么权力可以否定他们享有公民权利"——具有讽刺意味的是,这一点正是林肯料想白人会抵制的原因。林肯也不得不承认一旦"让黑人参加战斗",那么,道格拉斯所说的就是正确的。"当你给予黑人这些权利的时候,当你把枪放在他们手中的时候," 林肯告诉乔赛亚·格林内尔,"这就预示着他们开始充分享有自由权利和自由人地位。"

如果林肯不能实行殖民,他只有征召黑人入伍,此外别无选择;否则就要冒风险了,新近被解放的成千上万的自由黑奴会越过联邦阵地迁移到北部地区,在这里,他们将与未参战的白人竞争工作岗位,并将造成斯蒂芬·道格拉斯和民主党人一直预言的种族冲突。如果北方白人不喜欢征召黑人入伍的主张,因为这样会不可避免地导致黑人得到公民权,那么,如果他们被宣传为增强联邦部队的力量或者是白人士兵的替代者,北方白人也许就会被说服,更乐观地看待黑人士兵。正如林肯向前杰克逊民主党人、田纳西军事指挥官安德鲁·杰克逊解释的那样,"有色人种是可资利用却仍未有效利用的恢复联邦统一的重要力量"。在绝对数量方面,不论为了什么目的,新征召的黑人士兵都使数不清的白人士兵更加轻松,或者更多地减少了他们的伤亡,为南部同盟挖掘的坟墓也越来越深了。正因为如此,甚至还在初步解放宣言公布之前的 9 月份,林肯就最终决定允许鲁弗斯·萨克斯顿将军在卡罗来纳海岸组织和武装黑人志愿者。(同样在这个地方,5 月份的时候林肯还明确禁止戴维·亨特做这样的事情。)1863 年 5 月,陆军部通过建立联邦有色人种部队将直接征召黑人士兵的权力集中到联邦部门,该部队由白人军官管辖下的一个系列全部是黑人士兵的团组成。截至战争结束,共有 18 万黑人被召集起来为联邦服役,大约占整个联邦部队队征募士兵总数的 8%。

对于白人情绪的爆发,林肯已经有了心理准备。伊利诺斯州长理查德·耶茨警告林肯说,伊利诺斯州的志愿兵"已经扔掉了他们的武器回家去了,他们发誓不会为解放奴隶而战斗",更不用说和他们并肩作战。另外一些白人士兵戏谑道,"如果黑人士兵面对面遇上他们以前的主人——他们就会变节……像绵羊一样逃之夭夭"。不过,他们情绪的爆发比林肯预料的要更温和一些。到 1863 年,联邦部队中的白人士兵也像林肯一样从南部同盟不可救药的固执里尝到了教训。"我以前认为上帝创造黑人就是为了给白人做奴隶,"威斯康星第十四团的一个青年士兵在日记中这样写着,但是一到南方"我对于奴隶制的看法就改变了"。最终,白人士兵即使有些迟疑也愿意拿起他们的武器攻击叛军的心脏地带。佛蒙特第八团的一个士兵写道:"我希望他们武装南方所有的奴隶,使他们行动起来、放手去干、喊出他们的号子来,他们像一群血腥的猎犬一样正准备扑向叛乱者。"到 1863 年 6 月,怀特洛·里德轻蔑地说,"变化真大啊! 几乎是 6 个月前,武装黑人的主张还会使联邦所有那些体面的保守主义者惊慌失措";但是,现在"因为征召黑人入伍引致的恐慌的日子已经消失了……"

被征召到联邦有色人种军团的黑人发挥了非常大的作用,六个州的志愿兵军团像南卡罗来纳第一团 (由联邦占据的卡罗来纳海岸征召的逃亡奴隶和自由人组成)、马塞诸塞第五十四团和五十五团(这两个团的士兵都是从北部各地征召来的)在战斗中的表现完全超乎人们原先带有种族偏见的猜测。1863 年 5 月和 6 月,在路易斯安那,联邦有色人种军团在米利金的本德和哈得孙港作战非常勇敢;1863 年 7

月中旬，马塞诸塞第五十四团率先向查尔斯顿外围的瓦格纳要塞发起攻击，但遭到了失败，士兵伤亡人数占整个军团的40%。在1863年年底之前，一个威斯康星的骑兵承认，"以前我从来不信任黑鬼，但是，天哪！见鬼了！他们真是太有战斗力了"！当然，这种对黑人勇敢的钦佩并不是没有掺杂白人的自私自利。联邦有色人种部队的一位俄亥俄州军官写道，"我的信条是，最好有一个黑人……抵挡叛军的子弹，这样就有可能保全其他白人的生命"。当时有一首流行小调赞美"萨博①战死的道理"：

> 有人告诉我们这是极其丢脸的，
> 　我们让黑人去战斗；
> 　那么被杀死的威胁，
> 　却不属于我们白人；
> 　但是至于我，我敢发誓说！
> 我们在这里是多么自由自在啊，
> 就让萨博被谋杀吧，代替我自己
> 　在每一年，在每一天。

　　无论出于什么原因，反对征召黑人入伍的势力并没有呈现出极大的比例，1863年9月一名罗得岛的炮兵写道，"对黑人军队的偏见正在迅速地减弱，再有几个月就会消失殆尽"。

　　在黑人士兵的问题上，林肯最初的态度是勉为其难，直到1863年中期这种态度发生了重大的转变，变得近乎狂热。他盘算着要夺回萨姆特要塞，这样"他就可以把黑人派上战场"，他又不时考虑利用"黑人军队在气候温暖的地方扼守密西西比河以及其他军事驻地，这样我们白人士兵就可以派往其他地点"。林肯并不担心北方白人的反对意见，他现在关注的是，惊慌失措的南方白人一想到这些以前的奴隶，会怎样武装起来反对他们。林肯很乐观地告诉安德鲁·杰克逊，"荷枪实弹、训练有素的5万黑人部队出现在密西西比河两岸，就可以立刻结束叛乱"。令林肯高兴的是，他发现在被占领的卡罗来纳，获得自由的黑人已经在从他们以前主人的土地上种植庄

---

① 黑人与印第安人或欧洲人所生的混血儿。译者注。

稼,而且他们自己种植的棉花已经变成唾手可得的利润。也就是说,他们正在开始像林肯一样寻求上升到更高的阶层,而林肯不可能反对黑人们的这些抱负,否则他自己讲过的话会变得一文不值。当弗里德里克·道格拉斯1863年8月在白宫第一次面见林肯的时候,他本以为将要会见的是一个"白人的总统,完全服务于白人"。然而,他惊讶地发现林肯"是我在美国交谈过的最伟大的人,他从未使我感到我和他之间有什么差别,或者说我们的肤色有什么差别"。道格拉斯猜测,之所以如此是"因为他和我一样都是通过自我奋斗向上发展,我们都是从梯子的最底层开始的"。在道格拉斯的心目中,这使得林肯成了"确定无疑的黑人的总统"。

1863年底,林肯已经"抛弃了迁移黑人的想法",这个想法被认为是"可憎的和野蛮的骗局"。但是,尽管道格拉斯改善了对林肯的评价,林肯仍然不太愿意正视征召黑人入伍却不推进授予他们公民权利之间的矛盾。严格按照法律条文来讲,宪法并没有授予联邦政府解释公民身份的权力,该权力主要由各州通过投票决定。在整个战争的非常时期内,林肯小心翼翼地回避这个问题,甚至"让此问题保持战前的状态"。即使在联邦占领军占领已掌控政局的南部各州,林肯也几乎不能发布有关黑人公民权的命令,此时北方一些州,比如新泽西和伊利诺斯仍然顽固地拒绝将公民权授予州内的自由黑人。毋庸讳言,解放奴隶已经是一颗迫使南方人吞下的苦药,承诺战后黑人的平等权利只会加强南部的殊死抵抗。根据休·麦卡洛克的说法,林肯希望一旦战争结束,能够修改宪法取消臭名昭著的"五分之三"条款,这一条款按照南部黑人人口数量的五分之三增加南部各州在国会中的席位;这将促成"目前的蓄奴州为了增加在国会中的影响和力量,将投票权既给了白人也给予了黑人"。但是,要走这具有重大意义的第二步,林肯需要上天赐予比安蒂特姆那次更多的天意的启示。而这一次,天意可能就更加高深莫测了。

第九章

辉格党保护神

初步解放宣言发布后的前几个星期对于林肯来说并不妙。他曾告诉卫理公会的领袖约翰·麦克林托克,他确信这个宣言"是正确的",尽管如此,他仍然"忧心它对边界各州的影响"。果然,田纳西东部的联邦主义领袖托马斯·纳尔逊宣布拒绝继续支持林肯,并且号召大家抵制林肯那个"罪大恶极的"宣言。即使在内阁中也是疑虑重重。吉迪恩·韦尔斯抱怨道:"宣言给北方带来的不是生机和活力,而是萧条和衰弱。"后来,形势变得更糟糕。在1862年9月28日给汉尼巴尔·哈姆林的信中,林肯这样写道:"宣言发布已有六天了,报界和知名人士的赞誉,固然可以使好虚荣者踌躇满志,但股票价格下跌,军队推进速度空前缓慢。正视这种情况,令人不很满意。"

因为人们对"战争和财政处理不善、麦克莱伦将军的处置,以及政府总体上的低效和无能"普遍感到不满,10月和11月传来了更多的坏消息。半岛战役的彻底失败正在被纽约的各种报纸大肆指责,他们把责任归咎于陆军部长斯坦顿而不是麦克莱伦。州选举结束后,民主党人成了新泽西和纽约两州的州长,在宾夕法尼亚、俄亥俄、印第安纳和伊利诺斯,民主党人在州议会中皆占据多数席位,这些都危及共和党参议员的选举。国会中期选举的结果是,在下届众议院中林肯的多数派席位被削减了30个。但总体上,共和党在国会两院中仍控制着多数席位,与预期相比,这样的结果算不上沉重打击。不过,恢复活力的民主党却使共和党感到相当不妙。国会中的激进派分子乔治·鲍特韦尔注意到,众议院里的民主党人变得"自信和积极"。纽约州新州长、民主党人霍雷肖·西摩利用他的就职典礼对林肯的暂时中止执行人身保护法发起了一场精心准备的攻讦。在林肯的老家,约翰·托德·斯图尔特(如今已是民主党人)打败林肯在巡回法庭时的同事伦纳德·斯韦特,取得了这个地区的国会席位。同时,伊利诺斯州议会中民主党新近取得的多数优势将林肯的另一位朋友奥维尔·希克曼·布朗宁从国会参议院席位上挤了下去。一位在选举中留任的共和党国会议员警告林肯，即使林肯自己选区的共和党人"也将乐于听到，在某个早上，人们发现你被吊在白宫门口的灯柱上"。

当林肯最终永久性地解除了麦克莱伦的职务时，选举后不信任的声音立刻增多。不仅波托马克军团怨气冲天——当麦克莱伦在1862年11月10日最后一次检阅他的部队时，士兵们高喊："将军，带领我们去华盛顿吧，我们将始终跟随您！"——而且，林肯还任命安布罗斯·伯恩赛德将军作为麦克莱伦的继任者，伯恩赛德是一个面色红润、满脸络腮胡子的罗得岛人，后来才发现他名不副实。没有哪个人比伯恩赛德自己更清楚他的缺点所在。他曾经两次回绝要他指挥军队的非正式提议，一方面是因为他与麦克莱伦之间的私交，另一方面是因为他担心自己处理问题的能力不如麦克莱伦。不过，他也曾因一场胜仗扬名，1862年初春，他指挥军队在哈特勒斯海湾进行了一次重要的清剿行动。另外，他与麦克莱伦的长期友谊也将确保他能够避免遭到波托马克军团军官们的猜疑。

事实上，伯恩赛德既没能很好地打击叛乱者，也不能对麦克莱伦的追随者应付自如。伯恩赛德于11月中旬集结部队，试图赶在罗伯特·李将军领导的南部同盟部队之前跨过弗雷德里克斯堡的拉帕汉诺克河，然后直接攻打里士满。但是，他的部队直到12月中旬才跨过拉帕汉诺克河，而此时李将军已经完全并牢牢地固守住弗雷德里克斯堡的高地。于是，伯恩赛德带领部队继续推进，徒劳无益地攻击李的阵线，造成1.26万人的伤亡。到最后，伯恩赛德也没有撼动李军一丝一毫，只好茫然无措地退到拉帕汉诺克河北岸。当战败的消息最后传到华盛顿时，俄亥俄州的一名共和党国会议员写道，"目之所及漆黑一片——似乎上帝庇护着叛乱者——并且庇佑他们继续他们的事业"。南部同盟的讽刺作家赤裸裸地叫嚣着：

> 日子正在变得越来越短，
>
> 太阳已经越过了赤道，
>
> 所有人发出如是疑问，
>
> "亚伯拉罕将要辞职吗？"

在白宫，林肯向布朗宁叹息道："我们如今正处在被毁灭的边缘。"天意再一次使人不可捉摸。"对我而言，万能的上帝似乎也在反对我们，我几乎看不到一线希望。"

伯恩赛德的任命在国会中也不受欢迎。第三十七届国会在 1862 年 12 月 1 日举行的第三次也是最后一次会议充斥着忧虑与不安,尤其是激进派,他们渴望在更不可预知的下届国会到来之前尽快做点什么。林肯原来在伊利诺斯的报界支持者约瑟夫·梅迪尔这样哀诉,"绝望的情绪比战争开始以来的任何时候都更强烈。我们勇敢的部队遭受的可怕失败……使我们几乎失去希望"。一大堆忧虑的事情集中到林肯的身上:弗雷德里克斯堡的灾难就像是麦克莱伦领导发动的战役的一部分,而且似乎也显示出了林肯对波托马克军团的不忠和拖拖拉拉感到无能为力。另一方面,对于初步解放宣言,林肯已采取听天由命的态度,这说明了真正的问题并不在于总统的目标是什么,而在于他从内阁那里得不到什么好的建议来贯彻执行这些目标。众议院中的共和党核心小组会议的一个成员写道,"史蒂文斯先生认为所有的问题在于内阁",而俄亥俄的詹姆斯·阿什利"建议走得更远一些,应就组建新的内阁达成一致意见"。

如果不组建全新的内阁,那么一定要有个新的国务卿。现任国务卿威廉·西沃德从一开始就遭到霍勒斯·格里利等废奴主义者的怀疑,格里利认为西沃德是一个怯懦的、靠不住的人,而且他因免除弗里蒙特的职务和取消戴维·亨特的征召黑人士兵宣言备受指责。甚至到 1862 年年底,西沃德也毫不收敛,在他发表的外交信函第一卷中,充斥着针对激进派的尖刻话语。不过更具危害性的是,反对西沃德的谈话被西沃德的主要对手、财政部长萨蒙·蔡斯从内阁中泄漏给了激进派。据蔡斯所言,西沃德是"无形的手",他压制内阁中所有行之有效的讨论并独断专行;他是"催眠师",使林肯成为他手中的木偶;是"恶魔",他扭曲了林肯良好的意图。这些当然是无中生有的夸夸其谈:实际上,问题并不在于林肯只听西沃德的而不听蔡斯的,而在于内阁中,他通常谁的话也不听。然而,蔡斯将西沃德推到政党核心小组的靶子上,意在为增强他的支配力铺平道路,并且可能也是为了获得 1860 年与他失之交臂的总统候选人提名。约翰·海在其日记中写道:"蔡斯日日夜夜都在从事选举舞弊。"林肯也讽刺道,蔡斯的"脑袋里满是总统梦,就像蛆一样无法赶走"。

弗雷德里克斯堡大溃败使共和党参议员竞选核心小组立即行动起来。本·韦德不仅自己确信,也极力说服别人相信:西沃德正使用"诡秘的手段和恶毒的力量控制着总统",林肯需要任命"一名拥有绝对权力的中将,同时声明只有由共和党人统领军队他才会满意"。12 月 17 日,32 名共和党参议员中的 31 人达成共识,认为"内阁需要变动,并部分改组内阁"。大家一致认为改变和重组内阁应从西沃德开始,并且主要是让萨蒙·蔡斯的地位得到更大的提升,这一点是不言而喻的。以雅各布·科拉默为首的一个委员会作为代表,将党核心小组的要求转达给林肯。西沃德在国务院知悉核心小组会议的意图后,立即主动承担责任,并且提交辞呈,以免林肯和他的政党遭遇直接对抗。然而,林肯却很快便将其视为对自己权威的挑战,而不是西沃德一个人的事情。如果他的内阁成员都只能由党核心小组会议批准任命,那么他也将可能把大部分的政府职权交给他们控制,或者更糟糕的是,将西沃德行使的、受到他们指控的权力交予蔡斯。林肯既需要党核心小组,也需要蔡斯,但这并不意味着他打算由着他们从他手中抢走行政部门的控制权。林肯评论说,"谈到改造内阁,这固然是很好的,但是,核心小组会议只考虑他们的计划",他向布朗宁发誓,将给他们上一课,告诉他们"他才是主人"。

他为这一课制定的计划是冒险把危急局势推到顶点的边缘策略,可以说是达到了令人目眩神迷的程度。12 月 18 日晚间,林肯接待了科拉默的委员会,听了他们三个小时的抱怨。这些抱怨涉及所有问题,从本·韦德要求林肯解雇所有民主党将军的粗鄙浅陋的建议到威廉·P. 费森登关于西沃德僭越权限操控战争的主观臆测(基于蔡斯从内阁散布的流言飞语)。林肯听完这些,旋即将他们打发走,并同意第二天晚上再与他们会晤。第二天上午,林肯召集内阁特别会议,报告了西沃德的辞呈以及针对他的指控。不管他们是否喜欢西沃德,内阁成员们承认,这些指控中的大部分内容都是捏造的。于是,林肯也同样邀请他们在那天晚上与之会晤——所以,那天晚上七点半的时候,参议院委员会和内阁将在林肯白宫内的办公室碰头。他有一个主要的目标:先发制人地对付蔡斯同时避免激起与激进派之间的对抗。对于内阁,林肯质问他们,在为战争而努力的问题上他们是否出现分裂,西沃德蒙蔽他们并压制他们的正常讨论是不是真的。"就他所知,最后的决定都是在得到广泛支持的情况下作出的。"内阁同心协力达成的决议并不多,这一点可能是对的,但他解释说,这是他的政策,而不是西沃德的独断。同时,"他认为西沃德先生在战争事务上已经尽心竭力,而且并没有不恰当的干预——林肯常常把公文读给他听,而且时常与蔡斯先生商量"。当时蔡斯就在边上旁听,脸色冷峻,他的内阁同僚们都承认"大部分重大问题都得到了合理的讨论",而且内阁中并没有"任何形式的分裂"。即使是蔡斯,当着这些最直接的见证者的面,他也不能假称西沃德已经"掌握了所有部门的支配权"。

由于蔡斯私底下散布的流言飞语明显地自相矛盾,科拉默委员会反对西沃德的立场遭到了失败,于是他们便将一腔怒火转向了蔡斯。莱曼·特朗布尔走出门外,告诉林肯"上次同财政部长谈话时,他的腔调截然不同"。当奥维尔·希克曼·布朗宁问科拉默,蔡斯怎么会给西沃德编造那样的事情时,科拉默更是直截了当地说,"他撒谎"。第二天,蔡斯向林肯递交了辞呈,这一点林肯早已料到。林肯突然伸手去接蔡斯的辞呈,说道:"我现在可以处理这件事情了。"其实他同时拒绝了西沃德和蔡斯的辞呈。这件事之后,谁控制着林肯的内阁这一问题不再存有疑问。

表面上,林肯轻而易举甚至是"谦恭有礼"地打发了激进派。他告诉海,"我不知道怎样才会做得更好"。但是,就林肯个人而言,在麦克莱伦事件和中期选举之后,接踵而来的弗雷德里克斯堡大溃败和这次党核心小组会议事件几乎使他精神崩溃。在科拉默委员会被召来的那一天,林肯对布朗宁说:"他们想除掉我,因此我部分地倾向于满足他们。"同一天,他向塞缪尔·威尔克森抱怨说"他想知道,是否还有比他这两天所遭遇的更糟糕的境况"。在内阁危机平息后,他对海提及此事时说,"如果我在那次风波里屈服并撤去西沃德的职务的话,那么,所有的一切都会陷入一种情形之中,我们将可能只剩下极少的支持者"。

接下来的几个月,形势并没有好转,霍勒斯·格里利将这几个月称为"国家事业最黯淡的时光"。正在恢复活力的民主党中,纽约州的费尔南多·伍德和霍雷肖·西摩,以及俄亥俄州的克莱门特·瓦兰迪加姆在散布一些极具诱惑性的、危险的反战言论。瓦兰迪加姆尤其深谙其道,他将暂时中止执行人身保护法和《解放宣言》看做是践踏公民自由权和宪法程序的暴行,这就使得南部的分离行径看上去还更温和一些。他写道:"民主党的组织性和完整性给予我们一个成熟的、并且仍然令人钦佩的机制,借此,我们可以召集民众、保障宪法、保护公共和个人自由。我希望——这是我内心的渴求——恢复统一,联邦的统一,一如四十年前"——也就是安德鲁·杰克逊任总统时的极盛期。连前总统富兰克林·皮尔斯也利用7月4日国庆日演讲的机会满怀怨恨地、公然批评林肯。

后来,瓦兰迪加姆被逮捕并被特别军事法庭宣判入狱,这件事使林肯陷入尴尬境地。因为,这正好佐证了瓦兰迪加姆的控诉,并且使他成为公民自由权的殉道者。林肯精明地减轻了瓦兰迪加姆的刑罚,把他放逐到南部同盟地区。但是,在1863年7月,群起哗然,甚嚣尘上,林肯不得不发表一封重要的公开信,以此回复来自纽约民主党人和铁路大亨伊拉斯塔斯·科宁的请求。林肯极力否认他"有意地使用"其他手段而不是采取宪法和法律的措施来镇压叛乱。人们所认为的他意图践踏宪法的想法是荒谬的,这种荒谬来自于像科宁这样的民主党人的愚昧无知,他们没有看到,瓦兰迪加姆愤世嫉俗地要求公民自由权,会成为"最能干的间谍、告密者、窝藏者、包庇者和教唆犯的"防护盾牌,这些人一直千方百计地利用这些来达到他们的目的。难道科宁不明白"我们的目标是叛乱问题"? 不明白"在宪法的运用中,在危及公共安全的叛乱或侵略的问题上,并不能千篇一律"? 或者,"难道我必须杀死一个逃跑的、头脑简单的孩子,而不该动唆使他逃跑的那个老谋深算的煽动者的一根毫毛"? 很明显不能这样做,"宪法本身就存在差异性;我不相信政府不可以在叛乱时期采取强力措施……正如我不相信特殊药物因为对身体健康的人不是好东西,从而对病人也不是好东西"。如果有区别的话,正如林肯所抱怨的,"鉴于这些事情和类似的事情,我认为,指责我逮捕过少而非过多的时刻并不是不可能到来"。

写给科宁的这封要成为 "我们能够得到的最好的竞选文件" 的信大受公众欢迎,《纽约论坛报》一共发行了 5 万份。不过,瓦兰迪加姆被捕的影响,以及《解放宣言》接受程度的不确定性仍然是林肯心里的沉重的石头,因此,1863 年 8 月,林肯发表了另一封公开信,这一次是写给他在伊利诺斯州的一位老友詹姆斯·康克林,他在斯普林菲尔德组织了一次全州范围的支持政府的集会。康克林邀请林肯亲自到集会上演说,林肯很在意这次机会,对此思量再三。结果,林肯只是写了封信过去,尽管如此,他还是很仔细地向康克林作出了说明,不仅解释了信的内容,甚至向康克林说明应该如何在集会上宣读他写的信。虽然康克林的集会明显地比科宁的请愿更友好,但林肯的信还是渗透着忧虑的基调和防备心理。林肯在信中写道,"你不喜欢《解放宣言》,你说这是违反宪法的——我却有不同的看法"。宪法授予总统采取措施进行战争的权力;解放南部黑人并且把他们武装起来,将"构成对叛乱者最重的一击"。尽管"你说你不会为解放黑人而战斗",而我们的士兵、也没有任何一个人是仅仅为解放黑人而战斗。"你战斗,仅仅是为了拯救联邦统一",我们所有的人都心存感激。但是,这样做的时候,为什么反对使用任何手段——包括黑人士兵——去拯救联邦统一呢? 如果只是反对《解放宣言》,那么,不

1863年11月8日葛底斯堡演说前的林肯

约瑟夫·胡克将军

如将《解放宣言》仅仅看做是使用黑人士兵并最终取得战争胜利所应付出的代价吧。记住"必然性原则",林肯提醒集会者,"黑人和其他人一样也是因动机而行动的"。如果我们想利用他们为联邦统一而战斗,那么,"必须用最强烈的动机来刺激他们——甚至是自由权利的承诺"。

尽管他说服力极强,林肯也不可能"过分乐观于迅速地取得最终胜利"。1863 年早春的州选举几乎使共和党失去了对新罕布什尔州和罗得岛州的控制权,而在受到全国关注的康涅狄格州州长的选举中,现任州长、共和党人威廉·白金汉以不过 3000 票而侥幸连任。军事上,伯恩赛德试图鼓动波托马克军团发起新的攻势,结果遭遇倾盆大雨,使他们陷入弗吉尼亚半冻的泥淖之中,他的师长们发出了一阵阵恶毒的咒骂声。伯恩赛德这个原先并不愿意统领波托马克军团的人,如今为了保全自己而孤注一掷,将战败的责任推到他的下属身上。这个责任很快被转嫁给他的一个下属——正好是麦克莱伦的亲信,同时伯恩赛德极力讨好作战联席委员会。然而,到了这个地步,伯恩赛德已经失去太多的信誉,以至于没有什么能够拯救他了。1863 年 1 月 25 日,林肯任命约瑟夫·胡克将军取代了伯恩赛德。

胡克是约翰·波普的"重现",因为胡克不仅因为歼敌有力和敢作敢为而拥有令人称羡的名声(报纸上授予他"好战的乔"称号),而且他曾经公开地、几乎是以下犯上地批评过麦克莱伦和伯恩赛德。他在一些地区为人所知,还因为他支持韦德提出的"独裁"要求。然而,好战是一回事,是否善战则是另一回事。林肯的心中存有疑问,胡克是否具有重整这支被打得支离破碎、士气低落的波托马克军团的领导能力,尤其是胡克自己必须对波托马克军团士气低落负部分责任,因为这正是他参与煽风点火诋毁伯恩赛德造成的。胡克看上去粗枝大叶,而且过于自信,有传言说他也因嗜酒好色而闻名,这一些都使他不为林肯所喜爱。林肯对莱尔·迪基评述道:"他能战斗——我想这一点是相当确定的,至于他是否能够'经营好'大部队这个'酒馆'就不得而知了。"

实际上,结果恰恰相反。胡克在 1863 年春天极为出色地对波托马克军团进行了重组和重新装备。但是,当他带领这支拥有 7.3 万人的军队于 5 月份跨过拉帕汉诺克河向南进发时,一支由罗伯特·李领导的数量不及胡克军队一半的南部同盟部队将他们拦截在钱瑟勒维尔,接着给胡克毫无防卫的右翼以毁灭性一击,这使得联邦部队又跌跌撞撞地跨过拉帕汉诺克河返回原地,这一役使联邦部队伤亡 1.7 万人。这是内战中联邦部队遭受的最惨烈的失败,林肯听这个消息后,几近绝望。当陆军部长斯坦顿将这个消息传达给他时,他冲着斯坦顿咆哮:"上帝啊,我们的事业完蛋了! 我们被摧毁了——我们被摧毁了;还有如此可怕的人员伤亡! 上帝啊! 这真是我无法承受的啊! "胡克自己也差一点成了阵亡将士中的一员。当时,他斜靠在一幢房子走廊的柱子边,南部同盟部队发射的一发炮弹击中了柱子,胡克暂时失去了知觉。但林肯并没有对他的此番遭遇表示同情,他与吉迪恩·韦尔斯谈及此事时,不无尖刻地说:"如果胡克被击中柱子的炮弹击毙的话,我们应该可以取得胜利。"胡克请求再给他一次机会带领军队跨过拉帕汉诺克河,但是,因为李和南部同盟部队已经迅速地入侵马里兰和宾夕法尼亚,林肯没有再给"好战的乔"机会了。胡克很清楚他的处境,于是辞职了。

然而,经历了 1862 年晚秋到 1863 年初夏的一连串可怕的政治和军事斗争,林肯的政治决心,尤其是对于《解放宣言》的决心似乎变得更强了。他说过:"我走得很慢,但我从来不走回头路。"他曾经告诉查尔斯·萨姆纳,说他"很难改变他所持的立场";在签署《解放宣言》最终稿的前三周,他在他的年度咨文中强烈吁请第三十七届国会最后一次会议继续支持他。他告诫他们:"我们——正是在座的各位——拥有权力,同时负有责任。在给予奴隶自由的过程中,也保证了自由人的自由——不管给予别人自由还是保护自身的自由,我们都是同样光荣的。我们将高贵地保全或卑劣地失去,那世上最后的、最好的希望。"1863 年 1 月,他向温德尔·菲利浦斯带领的一个废奴主义代表团保证,虽然他还未曾看到宣言带来的"突然成效",但是,他相信"宣言已经触及奴隶制的根本。"

尽管战事失利使林肯陷入自责的极大痛苦中,但是,他有一股韧劲,这是他在伊利诺斯州从事法律和政治活动的成败得失的磨炼中培养出来的。这种韧劲再一次使他回到政治舞台的中心。他这种能屈能伸的能力一直靠他喜爱的各种书籍和故事源源不断地滋养着,或者说靠着辉格党"工作,工作,再工作"的信条支撑着。他知道笑话容易将人们搪塞过去,而且随着时间的流逝,他也逐渐意识到他获得了一个众所周知的名声:爱开玩笑的人。不过,他需要"这些故事——笑话——俏皮话"作为他"坏心境和低落情绪的发泄"。他对身边的人说,他的"坏心境和低落情绪"只是他的性格问题,而并不表明他的绝望。林肯向艾奥瓦州国会议员、反对奴隶制度的乔赛亚·格林内尔解释道,"你们亚麻色皮肤的人,有宽宽的脸,生性乐观,不知愁为何物,和我不是同一类性格的人"。他另一个忍受政治磨炼的能力来自辉格党人的理性。他坚决以理性行事,理性使他在看问题时得以超越痛苦和沮丧。当约翰·海并不相信他能够容忍以前批评过他的那些激进主义者时,林肯告诉他:"简而言之,我信奉政治中的'法定时效'。"如果这些都不能使他摆脱沮丧的话,那么,林肯将会从上天那儿获得力量。伦纳德·斯韦特回忆说:"如果他当选,他似乎认为没有一个人甚或与他同等的人能够打败他;如果他落选了,他则认为他从来就不曾被(上帝)选择。"

随着林肯变得越来越果断,他的执政能力也越来越强。国务院的职员乔治·贝克在1861年曾经因为林肯缺乏"作为执政者"的经验而对他感到失望。但是,到了1863年的时候,他发现林肯的"执政能力有了显著的提高"。林肯在1863年12月那次应对参议院核心小组时表现出的精明,表明他在处理错综复杂的国会权力政治中的能力比以前更强,同时他也非常巧妙地维护了他在战时的总统权力。诺厄·布鲁克斯认为,"考察这个总统自从进入白宫以来在情智上是如何成熟的问题是一件很有趣、很奇妙的事情。读一读他的各种咨文……你会发现他才识的提高、逻辑性的增强和辩术的进步,就像上学的孩子写字上的进步那么明显"。司法部长贝茨在私底下是反对解放黑人的,不过,他还是认为"他对林肯了解得越多,越对林肯清晰活跃的思维、开明睿智的见解留下深深的印象"。林肯在1861年时作为一个没有多少经验的伊利诺斯州共和党人,面对史蒂文斯、蔡斯和西沃德这些长期供职于华盛顿的国会老手时表现出的优柔寡断已经不复存在,当史蒂文斯威逼他撤去蒙哥马利·布莱尔的职务时,他反驳道:"难道我仅仅只是权力集团的傀儡吗? ……要是我赞同这样的

'讨价还价',会有损于我的人格——同样地,如果你们这样要求我,也会有损于你们的人格。"当蔡斯警告林肯,国会很可能不会同意林肯关于南部同盟战后地位的意见时,林肯问他:"难道我又要成为国会的傀儡么?如果真是这样,我会挨骂的。"

客观而言,林肯在摆脱了激进派的催逼的同时,那些犹疑不决者也无法让他后撤。当老弗兰克·布莱尔请求林肯让麦克莱伦继续任职时,林肯这样回答他:"我说过如果他让李军逃脱,我就会撤掉他,而且我必须这样做。布莱尔先生,他的动作太慢了。"直到1863年蒙哥马利·布莱尔还在抱怨"他的父亲没有获准与总统进行私人会晤,虽然他很想这样做"。事实是,林肯那时谁的建议也不听从,更不用说弗兰克·布莱尔了。一个康涅狄格州国会议员写道:"总统是如此的特立独行,以至于他完全不屑于外界的支持和援助。"他现在牢牢掌控着他自己的行政权力网络,并且利用这个网络将他的意愿贯彻到地方。激进派的印第安纳州国会议员乔治·朱利安建议他的同僚们不要再与林肯争辩,因为林肯对权力网络的掌控使他成为"这个国家实际上的独裁者"。另外,为了制定他想要的法律,林肯如今也更喜欢干预和影响国会议员。他与边界各州代表举行的会议只是他对国会更多干预的开始,到1863年时,白宫和内阁职员们成了召唤国会议员们到总统办公室的普通传达员,或者说对如何投票进行周到细致指导的送信人。伊利诺斯州的老友(比如伦纳德·斯韦特)被召来做应对紧急情势和突发的人身攻击的密使,在白宫的秘书中,海和威廉·斯托达德的一项重要任务是为纽约和中西部地区的报纸匿名撰写支持政府的新闻稿件。"他超然地遥控着这些人,就像在下一盘棋,"伦纳德·斯韦特评论道,"他靠的不是阴谋诡计,而是靠远见卓识、理性和洞察力。"

同时,林肯能够对行政机器的许多部门放松控制,以免浪费他太多的时间和精力。战争之初,他认为,宪法规定总统是武装部队总司令,照字面上的理解意味着他在所有的军事事务中要事必躬亲,似乎为了决心弥补经验上的欠缺,他认真研读了从国会图书馆借来的军事教材。他还发布战场指令,在1862年重夺诺福克海军船坞的战事中,他实际上尽力直接操控军事行动,好像他是协同作战的将军似的。"几乎每个晚上"林肯都习惯性地走上一段很长的路,"到麦克莱伦的军事指挥中心",大谈战争,一谈就是"数个小时","有时还让西沃德陪同",对此,海似乎感到很奇怪。威廉·拉塞尔所感到的,就不仅仅是奇怪那么简单了。他认为林肯看上去很可怜,因为他"竭尽全力去了解战略、海战、大炮、军队的调遣、军事地图、侦察、军事占领、内防线和外防线,以及'屠杀艺术'的所有技术细节"。直到1863年中期,林肯才对其中的大部分放手。他根据军事教材提出的大部分观点都没有太大的价值,但是,林肯坚持的、波托马克军团的主要目标是罗伯特·李的军队而非里士满的军事观点,被普遍赞为林肯战略洞察力的例证。这实际上是林肯政治观点的副产品,他认为杰斐逊·戴维斯政府是一个军事独裁体,只要南部同盟军队在战场上开始失利,南方人就会推翻它。(最终,并不是对李军的追击,而是对南部同盟的关键性城市如亚特兰大、查塔努加、维克斯堡和里士满的占领才导致叛乱者陷入山穷水尽的地步。)

相似地,林肯的内阁也发现了他的变化。起初林肯缺乏灵活性,未能将内阁作为一个决策机构加以利用,现在他采取了谨慎而高效的策略,仅对内阁部长们加以必要的限制。1863 年 5 月,林肯向密苏里州激进主义者詹姆斯·陶西格解释道,"每一个内阁成员都只对他自己部门的管理方式负责,除了总统本人,内阁中根本不存在职责的集中化"。结果,正如康涅狄格州国会议员亨利·戴明所写的,"没有哪个总统曾如此少地依赖他的内阁;也没有哪个人曾如此的忽视那些经过协商的公文、意见和想法。一个令人不可思议的事实是,在他的政府公文中,对于可圈可点的地方,除了他自己的笔迹外,竟然没有其他任何人的批注痕迹……"共和党报纸的出版人约翰·福尼对林肯"独掌共和国大权、时常保持沉默,不露声色,无论他那些见风使舵的内阁部长们怎么让他逆势而行,他仍然是我行我素的一个伟大而又神秘莫测的人"亦颇感惊奇。

林肯之所以在获得更大的支配权力的时候放松他的控制,是因为他逐渐感到他在北部已站稳了脚跟,而他之所以大受欢迎,大部分源于他操纵报纸的巧妙手腕。他没有按照以往总统传统的做法,将华盛顿的某一份报纸作为自己的喉舌,他向诸如《华盛顿纪事报》的约翰·福尼和《华盛顿全国共和党人报》的西蒙·汉斯科姆这样的急于发布消息的办报人透露少量重要信息,借此争取到了更广泛的新闻报道。林肯有意向汉斯科姆和福尼透露一些线索、消息和试探舆论的声明,使得汉斯科姆得以在《华盛顿全国共和党人报》上开辟"政务消息"专栏,也促使福尼将《华盛顿纪事报》从周报扩展为日报。但是,通过否认他们的官方地位,林肯也使其处于从属地位。尽管福尼认为林肯是"这个时代真正的进步主义者",但也多次被林肯激怒;他在拜访林肯希望得到一些可发布的独家新闻时,仅仅被林肯揶揄一句:"这真是我听到过的最好笑的事情。"林肯对常设于华盛顿的全国数十家报社的记者们更加大方,却也不失谨慎。林肯从来不举行正式的新闻发布会——和他的前任们一样,无论什么时候,他有新的政策要宣布或者要维持既定政策,他都更喜欢向华盛顿的报纸发布公开信——不过,威廉·斯托达德记得,林肯一直喜欢"将他们叫来,然后很诚恳地

林肯和胡克将军在视察波托马克军团

接待他们"。他们之中的大多数人,比如《萨克拉门托联邦日报》的诺厄·布鲁克斯是像海和尼古拉那样的年轻的、受过良好教育的冒险家,也是林肯愿意让他们跟随自己身边的那类年轻人。在他们所有人看来,林肯是理想的辉格党长者:和蔼可亲的、勤勉的、慈善的、不辞劳苦的人。

　　林肯在军队中也享有同样的声望。说来奇怪,伯恩赛德和胡克的失败却使林肯受益匪浅,波托马克军团将他们对将军们的忠诚转移到林肯身上。在开始进攻钱瑟勒维尔之前,约瑟夫·胡克邀请林肯来到法尔茅斯营地进行为期三天的大检阅。几个月前还煽动麦克莱伦带领他们前往华盛顿的士兵们,现在却将林肯作为"我们尊敬的总统",并"以热忱的欢呼欢迎"林肯的到来。林肯脸上若隐若现的忧虑和表明重负的皱纹似乎表达出他对士兵们的怜悯之心,而且"他看上去好像一个被悲伤深深浸透的人",似乎他"已明显被士兵们疲惫不堪的面容所打动"。他已经成为"林肯教父"。尽管古谚有云:亲不近,熟生厌,林肯却同样获得了他最亲近的属下的忠诚。约翰·海确信"在这个国家,没有哪个像林肯这样,如此的明智,如此的谦和,如此的坚毅。他是上帝的选择"。对于海来说,林肯已然变成了一个"居于凡间的朱庇特①",他

────────────────

① 统治诸神主宰一切的主神,古罗马的保护神。译者注。

乔治·米德

1863年7月葛底斯堡战役后三个被俘的南部同盟战俘

"在这里从容地指挥着战争,强有力地掌控着政府部门"。

　　林肯自始至终都是个工作狂。他没有假日,虽然在天气炎热的夏天,他将玛丽送往新英格兰避暑,他从充满压抑气氛的华盛顿解脱的唯一方式是来到位于华盛顿郊外第七大街上的"战士之家"那个空间开阔、毫无拘束的总统休养所。即使在那个时候,他几乎每天都依然坚持在骑兵护卫下前往白宫。一名白宫职员写道:"当其他人正在利用那闷热的夏季几个月休闲娱乐时,林肯仍然留在办公室,留心着全国上下的事务。他从来不是一个懒惰者或游手好闲的人。每一刻,他都在工作。"到1863年中期,再也没有哪一个怀疑林肯管理政府机构的能力了。海称他是"巨头","正在正确地行事,沉着地忙碌。他指挥着这场战争……处理着外交事务,并且筹划着联邦统一的重建。直到现在,我始终都不知道他利用什么样的压倒性权威来控制内阁。他决定的最重要的事情简直无可挑剔"。

　　然而,除非林肯能够促使他的将军们打败叛乱者,否则所有这些都并不意味什么。1863年7月,他陷入缺少完成这一任务的将军的危险。李带领7.5万名趾高气扬、目空一切的叛乱者跨过波托马克河,穿过马里兰,进入宾夕法尼亚中南部,林肯匆匆忙忙任命值得依赖的、无政治倾向的正规军军官乔治·米德为波托马克军团司令,由他率军护卫费城、巴尔的摩和华盛顿。虽然匆匆上任仅有三天,米德还是抢在罗伯特·李发现他之前,在葛底斯堡镇重要的路口找到了李军。在7月份的前三天,米德成

1863年7月葛底斯堡战役中阵亡的南北双方士兵

功地抵住了南部同盟部队凶猛的冲击。在付出了三分之一的伤亡后,李试图退回到弗吉尼亚,结果却在威廉斯波特遇上因大雨而暴涨的波托马克河,使其陷于遭受米德最终致命一击的困境。但是,米德在葛底斯堡赖以取胜的小心谨慎,此时却成了米德可能给予李军一记重击的绊脚石。在7月13日晚上,李军通过一座新架的浮桥,偷偷地逃脱了。

　　林肯最初对葛底斯堡胜利相当欢欣鼓舞。7月4日上午,林肯一接到米德的电报,他就宣告"从波托马克军团传来的消息……表明这个军队拥有最高的荣誉,也预示着联邦事业最伟大的胜利,也是对牺牲的勇者的慰藉"。迟至7月11日,海仍然发现林肯"对于辉煌胜利的前景怀抱喜悦"。不过,这样的喜悦很快到了尽头,因为林肯听说米德向士兵们发去祝贺信,激励他们作出"更大的努力将侵略者的残余势力从我们的土地上赶出去"。从我们的土地上赶出去?林肯闻听此言,勃然大怒,"这真是个可怕的念头,不由让人想起麦克莱伦……难道我们将军的头脑里从来都没有放弃这样的想法?整个国家都是我们的土地"!林肯如今开始怀疑米德,怀疑他像麦克莱伦一样,也将满足于"在避免冲突的情况下,再一次坐视敌人跨过波托马克河",并在他"接近敌人的时候……结束战争"。为了阻止罗伯特·李逃跑,林肯心急火燎地命令米德,不论是否做好了准备,立即攻击被逼至绝境的南部同盟部队,一切后果由他担负。但这却毫无用处。李军的逃脱使他悲痛不已。那天傍晚,从哈佛回来的罗伯特·林肯来到他父亲的办公室,和林肯一起坐车到"士兵之家"。罗伯特发现林肯"靠在他前面的桌子上,在他抬起头时,可以看见他脸上的泪痕"。林肯痛苦地向约翰·海诉说

1864 年 6 月的尤利塞斯·格兰特将军

道："我们的军队把战争握在他们手心里,但他们却不会攥紧它。"

　　尽管如此,正如林肯接着向海所说的那样,他"很感激米德在葛底斯堡作出的重大贡献"。米德的一个部下奥利弗·霍华德从华盛顿的报纸中发觉林肯有些失望,可是,林肯却信誓旦旦地对他说:"米德将军是我依赖的勇敢和老练的将军,是一个真汉子。"同时,他告诉《纽约论坛报》的梅尔维尔·兰登,"和罗伯特·李军在宾州遭遇的战役是上天恩赐给我们的"。接着,从西线传来的更好的消息使他更振奋。在持续了七个月之久令人沮丧的战役后,7 月 4 日, 尤利塞斯·格兰特终于夺取了密西西比河上重要的要塞城市维克斯堡,从而打通了匹兹堡到密苏里北部、南至新奥尔良的密西西比峡谷的水路系统。这个消息于 7 月 7 日由海军部长韦尔斯传达给了林肯,韦尔斯也是在中午的时候从格兰特的海军增援指挥官戴维·波特发来的电报中获悉此事的。自战争爆发以来,这一次是林肯感到最高兴的时候。林肯兴高采烈地说:"我们的海军部长为我们带来了这么令人愉快的消息,我们能为他做点什么呢? 他可是一直给我们带来好消息啊。对于这次战役的结果,我无法用言语表达我的喜悦之情。韦尔斯先生,这真是太好了,太伟大了!"那天晚上,林肯在白宫向前来祝贺的人群发表了一场少有的即席演讲,他说:"这有多长时间了?——八十多年了——自从一个国家的代表们于 7 月 4 日聚集在一起,在世界历史上首次宣告了一个不言而喻的真理'人人生而平等'。"如今,"我们遭遇了一场极大的叛乱行动,而其根本就是要推翻'人人生而平等'的原则",在 7 月 4 日这个同样的日期见证"敌人放弃最强大的阵地并举手投降"是再合适不过了。在 1863 年,正如在 1776 年一样,"那些在 4 日反对'人人生而平等'宣言的军队最终都要'夹着尾巴'逃走"。

格兰特不仅夺取了维克斯堡,他还俘虏了叛军要塞里的 3 万人。而且,所有这些都是在一次作战计划中取得的,连林肯在私底下都认为这是不可能的。林肯颇为高兴地问费城的一个记者,"在欧洲,什么地方的战役能与此匹敌? 此役表明,格兰特即使不是世界上最伟大的将军,也是这个时代最伟大的将军"。这也使格兰特成为最堪用的将军。他不仅军事上取得了胜利,而且在政治上持友善的态度。虽然他是在 1860 年支持道格拉斯的民主党人,并且"从来……都不是一个废奴主义者,甚至谈不上反对奴隶制",但是,随着军阶的提升,他谨慎地调整了他的政治航向,并且很小心地避谈他的政治抱负。林肯颇为慰藉地评述道,"对政府不满的人一直试图拉拢他,但我认为他们不可能做到这点"。一直到 8 月份,林肯仍然"意兴盎然",他开始希望"叛乱势力最终开始瓦解",而且希望南部同盟政府再一次被证明仅仅是一个对爱好统一的人民施加暴政的军事集团。"如果这个军事集团被粉碎,人民会很乐意回复到他们以前的生活状态。"

1863 年的秋天,选举又开始了。宾夕法尼亚州议会回到了共和党的手里,现任州长安德鲁·柯廷获得了 1.5 万张的多数选票,得以连任(尽管他的对手乔治·伍德沃德得到了乔治·麦克莱伦的公开支持)。在俄亥俄州,共和党人约翰·布拉夫一帆风顺地取得了对克莱门特·瓦兰迪加姆的压倒性的胜利,同时,在纽约州,霍雷肖·西摩亲自挑选的国务卿候选人被一个共和党人以 3 万票的较大优势打败。11 月份,格兰特向身陷田纳西州查塔努加包围圈中的联邦部队施以援救,他很轻易便突破了包围圈,并且将南部同盟部队赶至佐治亚州北部一带。透过密布的乌云,上天再次露出了笑脸。

在这个秋天,天意在林肯心中有多大的分量,在林肯被戴维·威尔斯邀请参加葛底斯堡的公墓落成仪式时便很清楚了。这个公墓的建立是由宾夕法尼亚州州长授权威尔斯负责的,以纪念在战争中"牺牲的英雄"。邀请林肯参加,目的是通过他作一些相应的评论正式地将这些地方留作神圣之用。那天的主要致辞是由哈佛的前任校长、马塞诸塞州前州长、辉格党人爱德华·埃弗里特负责的。实际上,林肯接到正式邀

1863 年 11 月 8 日葛底斯堡演说前的林肯

葛底斯堡演说的手稿

请的时候,离举行仪式已经剩下不到三周的时间了。但是,沃德·拉蒙已经在数个月前就与威尔斯有所接触,因此,林肯早已知道这个邀请迟早会到。正是这样,他也在好几个星期前就已经提前准备他的"致辞"了,就好像这是一份重要的政府公文一样。到了 11 月 8 日,当他登上前往葛底斯堡的火车的时候,这份稿子仍没有完全令他满意,第二天上午,在参加新公墓落成仪式的队列排好之前,林肯完成了最后的修改。

因为林肯只是献辞,所以预计他的演讲很简短(爱德华·埃弗里特的主要致辞将持续两个半小时, 这是他根据自己的看法对直到那个时候所发生的战争事件所作的非常雄辩的报告),结果他的演讲真的很简短。这就是众所周知的"葛底斯堡演说"(1864 年,林肯将这份演说稿交给亚历山大·布利斯时,只是冠以"在葛底斯堡公墓落成仪式上的讲话"的题目),这份演说稿仅有 272 个字,因为林肯的演说太快便结束了,以至于"在他结束时只有稀稀拉拉的掌声"。一个在场的学生后来写道,他"双手捧着他的手稿……以最沉着的方式"演讲,他语速很慢,尽管如此,大多数人都不知道他什么时候说完了,"他的演说如此之短简直太令人吃惊了"。不过,这份手稿的简短,则更好地说明了林肯言简意赅的风格。

他的基本要点以无意识地重复他在 7 月 7 日所作的短小演说开始: 美利坚合众

国围绕人类平等的原则于 1776 年建立起来,我们目前正在进行的这场内战,则是检验这个原则是否是一个非常优秀的基本原则;在这里,我们为那些在这场战争中牺牲生命的人们奉献一座公墓,不过,实际上真正的奉献的是我们看到战争的胜利,看到这个原则得以维护的决心。但是,这个简短的演讲稿的含义要比它呈现出来的还要多。一方面,这又给了林肯另一个机会,将《独立宣言》确立为赋予宪法生命的道德灵魂,并且使人们将这场战争看做是为这个道德灵魂而战,而不只是关于宪法程序上的细节的不断争论。演说的开篇——"八十七年前,我们的先辈们在这个大陆上,缔造了一个新的国家,它孕育于自由之中,奉行人人生而平等的原则"——聚焦于 1776 年划时代的基本原则,而不是 1789 年的原则;同时,围绕的是道德准则,而不是进程的问题。然而,同时,这并不是约翰·布朗所致力于的道德狂热。共和国所追求的平等是一个"命题",实际上不同于托马斯·杰斐逊在宣称所有人生而平等是人类一系列不言自明的真理之一时所意指的。在诸如韦兰、亚历山大、霍奇这些伦理哲学家的语言里,不言自明是人类心灵本能的判断或者说是对真理的认知的结果,与任何相对主义和社会环境无关。但是,林肯律师思维的功利倾向使他没有认识到这些内在的判断:正如边沁和穆勒所告诫的那样,人类的动机是自私的,而摆脱自私占主导地位的唯一途径是"理性"和"战胜一切的理智"占据优势。就像他在 19 世纪 50 年代根据欧几里得定理进行他的事业那样,"平等"便是一种"命题",靠理性来实践和维持,而不是把它当做一种本能的普通道德感的表达加以接受。

然而,这并没有使平等的前景特别地充满希望。杰斐逊的不言自明使所有人都确信,平等是每一个具有道德感的人一定会发现的事物,而将"平等"降为一种"命题"则会出现这样的危险:被曲解的和未经教导的理性可能会完全否认"平等"的存在。而这一点,就像林肯在多年前所争辩的那样,正是杰斐逊的政党存在的问题。林肯于 1859 年写道,"一开始,一个人很自信地认为,他能够使一个心智健全的孩子相信较为简单的欧几里得命题是真的"。但是,如果那个孩子根本不相信他们的真理是不言自明的,这又会怎么样呢?"他最终会同那个否认定义和公理的人一起失败。"类似地,杰斐逊在 1776 年认为"平等"是不言自明的,但是,"今日的民主使得一个人的自由权利完全丧失",同时,"平等"的原则"被否定和规避,没有表现出一丝一毫的成功迹象。一些人将他们时髦地称为'闪光的原则'……而另一些人则更为阴险地争论说平等仅仅适用于'上等种族'"。正在遭受不幸的自由民——这里指的是南部同盟的人民——顺从于杰斐逊·戴维斯治下的种植园主专制政体的奴役,而且,为了保持他们对于别的种族的绝对统治权力,他们将平等理解为一种"命题",一种通过推论、辩护、争论和保护而得来的东西。同时,它不会一直都是"不言自明的"这种理想的假说。不言自明不需要证明,但是"命题"却需要。如果是那样的话,"这场战争将考验这个国家或者任何一个孕育于自由并奉行平等原则的国家是否能够长久存在下去"。不幸的是,对于那样的证据——这场"伟大的内战"——将会有怎样的结果,林肯还没有提供任何充满信心的预测。

那就将依赖于提供此种证据的人们的奉献和坚持不懈。因为平等是一个 "命题"——需要一场战争论证的命题——所以,它是人们必须为之奉献的东西。而且,林肯在其演说中用了最多的篇幅雄辩地劝诫人们为平等而奉献。在林肯看来,奉献由一些不同的部分组成。一是"谦卑",即承认奉献的基础实际上只是献身精神的一种黯淡的影子,通过战士们在战场上付出重大的生命代价表现出来,世人"将不大会留意,也不会长久记住我们在这里说过的话"。另一个是"献身",将那些献出了自己生命的人作为我们的榜样,甚至"鞠躬尽瘁"。再一个是"决心":具有坚定的意志,使得献身精神不仅能够证明这个命题,也将促成坚持平等原则的最好的政府的永久建立,这是一个 "民有、民治和民享的政府"。献身精神的缺失意味着泄愤、复仇,欲加其罪,或是辩解的表达——简而言之,是民主党人强烈感情的表达。甚至演说的最后一句(这一句是对丹尼尔·韦伯斯特那个决定性 "驳复"的直接仿效;在 1830 年时,丹尼尔·韦伯斯特与海恩进行大辩论,韦伯斯特反驳海恩说,美利坚合众国并不仅仅是各州议会的集合,而是 "人民的政府,民有、民治、民享的政府"),也具有"亨利·克莱老辉格党人"的个性特征。

这就表明共和国的意义要大于不同集团,或者共同体,或者各州的集合。"多样性"这个词语在林肯看来与分裂和自私自利是同义的;林肯一年后评论说:"政治家们已经凭着本能认识到,在统一和分裂这两个明确的问题上,人民的观点并没有差异。"林肯喜欢将共和国比喻为一个家庭,在这里差异和冲突将以家族荣誉的名义,并且凭借超然的身份认同而消融。在演说中, 林肯直截了当地将共和国称为 "联邦",而非"国家"。民主党批评者几乎立刻发现了这一点,于是,在接下来的一周(这一周,公墓落成典礼记录汇编成册并发表,同时,全国大多数周刊也转载了这些内容),持反对意见的民主党报纸所关注的头等大事几乎都是林肯以"联邦"替代了"国家"。充满敌意的反战报刊《芝加哥时报》抗议道,这 "是对历史的公然曲解,以至于最宽大的仁慈也不能将之视为无意之论"。更不为人所注意到的是,正如林肯的演讲辞藻中表现出辉格党风格一样，这篇演讲中大量地交织着辉格党福音主义的基调。两年前，他的第一次就职演说除了一句并不十分热忱的宗教引语（关于上帝的隐喻："从不抛弃这片幸福的土地的上帝"）之外，再无其他宗教词汇的援引，措辞朴实无华。但是，他在 7 月 7 日的那次即席演讲中，导文（有多长时间了？八十多年了……）从他的希望开始讲起："最诚挚地感谢上帝，为他在我们呼唤他的时候而出现。"现在，大量出现了《圣经》里的辞藻，"八十七年"①立刻让人想起《诗篇》90 中宣称人一生的寿命是"三个二十又十年"这一句。同时，就像《圣经》中的创世主一样，"我们的先辈们在这个大陆上缔造了一个新的国家，它孕育于自由之中"，共和国仿佛同圣约翰《启示录》中的那个"生养了一个统治所有国度的男孩"，然后"隐遁于上帝为其准备的荒野之所"的母亲一样。

这个演讲中另一个不太为人注意的特点是它的语焉不详。"平等"这一命题林肯在演讲的任何一处都没有予以解释——它是公民平等、社会平等、种族平等，或者是他一贯喜爱读的杰斐逊的《独立宣言》中的经济机会平等的意思吗？相似地，如果说这篇演讲稿中并不具有民主党人的强烈情感，其中也包含了比"无可匹敌的理性"更多的东西。为平等的主张而献身是一个理性的举动，不过，它最终的结果将是一种转变，在"自由的新生"中超越理性和情感的转变，这是福音主义最明显的转变形式。在正常的情况下，理性或许可以维系献身精神，但是，奴隶制和脱离联邦的行为等于在精神上取消了共和主义的信仰，在这种情形下，只有取得"新生"的卓越成果才能恢复这一信仰，给予理性和情感最神圣的一击。林肯自己或许不会声称以福音主义的方式获得任何形式的自我"新生"，但是他很清楚，只有达到这样的程度，才能完成摆在我们面前的伟大的任务——恢复共和国的统一。这也是林肯决定在上帝的指引下去完成的任务（其实，他在演讲台上讲的话偏离了他所写的稿子）。

如果说林肯对于借用基督重生的词汇为国家新生搭建平台感觉更加不受约束的话，那么，他并未努力将基督神学的正式认知引入国家新生之中。和林肯个人一样，这个演讲是淡漠基督教信念的，它认为"新生"对别人来讲是有康复作用的，但对他却非如此，因为他认为在"必然性"主宰的世界里，自己无法实现"新生"。这篇演讲稿的框架结构主要来自于他记住的那些经典的演说，这些是从他在年轻时所借来的读

---

① 英文直接的表述是"四个二十又七年"。译者注。

物里和所了解的演说家那里得到的,其中包括伯里克利那首关于雅典之死的伟大的颂诗,还有高尔吉亚和吕西亚①的演讲,摩西和保罗②对这篇演说的贡献则相形见绌。林肯认为自由是平等的目标,而不是相反,这也是很独特的;林肯坚信,只要忠实于辉格党的政治信条,大地将被夷平,各种机会将纷至沓来,此后自由将获得更伟大的新生。

那天,林肯还在葛底斯堡长老会第一教会参加了俄亥俄州的纪念大会,稍晚的时候他才返回。然后他病倒了,起初只是头痛,后来又染上假性天花,这是一种轻度的、会传染的天花变体,他被要求剃去他的络腮胡子,这是发生在白宫里的唯一一次。《芝加哥论坛报》在报道林肯卧病在床时说,"自从林肯当选为总统以来,他总是被成群结队的人要求给予他们某些东西,而……如今,他总算有一些东西可以给所有那些人了"。

林肯残留的辉格党主义不仅仅局限于葛底斯堡公墓的献辞上。他希望美国人再次为之献身的共和国依然是他在伊利诺斯时所构想的辉格党人的共和国,即在一个仁慈宽厚、鼓舞人心的全国性政府领导下的小制造业者、从事商品农业生产和进行自由雇佣劳动的共和国。内战的喧嚣和威吓总是使林肯多数关于国内政策重要意义的阐述湮没其中。不过,大体来看,即使没有内战,林肯的行政和立法议程无非是消除民主党人六十年来对联邦政府的控制,将使他的任期和杰克逊总统一样充满争议。民主党印第安纳州委员会在 1862 年曾抱怨说,"正当民主党人真诚地……抛弃党派情绪时",林肯和他的共和党"迅速而利落地将杰克逊将军最后四年的执政生涯里获得的成果化为乌有"。

林肯最初将注意力转向曾是辉格党核心主张的"国内交通改进"计划,即发展铁路网,将孤立的农业区与东部沿海的商品市场联结起来。而其中主要的提议是建设直抵太平洋的横贯大陆铁路。甚至在墨西哥战争结束之前,有关这条横贯大陆铁路的争论就在国会中出现了。不过,民主党人不愿意将联邦的钱花在国内交通改进上,加之在有关这条铁路是应该由北部还是南部,抑或由中部经过淮州向西铺设的问题上形成的地区性竞争,使争论陷入毫无希望的困境中。林肯在 1859 年告诉格伦

---

① 伯里克利、高尔吉亚和吕西亚三者都是古希腊时期的雄辩家、演说家。译者注。
② 摩西是《圣经旧约》前 5 本书的执笔者,保罗是《圣经新约》13 封书信的作者。译者注。

维尔·道奇："摆在我们这个国家面前最重要的事情莫过于通向太平洋铁路线的铺设,"而且,铺设一条由联邦政府资助的太平洋铁路成了 1860 年共和党的全国性政治纲领之一。所以,如今在没有南部民主党人反对的情况下,林肯的第一届国会开始将太平洋铁路议案提上议程,到 1862 年 4 月,众议院准备就全面的横贯大陆铁路铺设计划展开讨论。

和原来的伊利诺斯中央铁路一样,太平洋铁路也将由私人利益集团——联合太平洋和中央太平洋铁路公司铺设,铁路沿线的土地由联邦政府立契转让给私人。通过向铁路公司以间隔地块的方式授予铁路沿线两边的 1550 万英亩公共土地和发售可增加现款的政府债券来募集建设资金。林肯于 1862 年 7 月 2 日签署了《太平洋铁路法》,随后,中央太平洋铁路在 1863 年 1 月 8 日开始从萨克拉门托向东铺设轨道,接着,联合太平洋铁路于 12 月 3 日从奥马哈开始向西铺设轨道。当出售政府赠予土地未能产生足够的收入时,林肯宣布他"十分愿意修改法令,以使政府成为第二抵押人,让铁路建设集团成为第一抵押人"。于是,1864 年 6 月,国会通过了一笔追加拨款,使授予的土地增加了一倍,并且批准铁路公司有权发行他们自己的抵押债券。联邦政府向太平洋铁路资助的资金总共达到了近 5 亿美元。

话说回来,太平洋铁路并不是唯一的受益者。里士满的南部同盟政府允许将军们对他们控制下的私人铁路线路实行军事化管理,与之不同的是,林肯政府和北方私人铁路公司制定了大致的协议,包括制定统一的价格方案,对轨距、接轨和新获得的赠予土地实行统一标准,铁路公司享有经营权和所有权。对于那些林肯无法直接得到国会资助的铁路建设项目,他会依靠战争权力想尽办法确保联邦的拨款和支出。林肯为证明 1863 年初"在华盛顿周围铺设若干条铁路线"的合理性,他这样写道,"在和平时期,国家将从这些铁路中得到极大的好处。同时,在战争时期,这些铁路线对政府的价值也是无可限量的。对于镇压当前的叛乱,这些铁路线的铺设曾经是、现在仍然是迫切的需要"。铁路不仅对政府具有极大的价值,而且是战时经济的财源:到 1865 年时,北方铁路总体上给予股东们的红利就超过 3600 万美元。

运河的修建也获得了林肯的支持。林肯在他 1862 年 12 月提交给国会的年度咨文中说,"扩建纽约州和伊利诺斯州的运河,对整个国家尤其是广大的内陆地区而言是至关重要的,而且其重要性与日俱增"。虽然国会由于缺乏资金而拒绝向私人商业利益集团提供政府资助,但是,林肯还是同意资助扩大伊利运河和奥斯威戈运河的工程勘测(理由是这可以证明海军舰艇是否能够在这些运河通行)。另外,在 1863 年夏天,他委派副总统哈姆林前往芝加哥主持召开关于修建新的港口和运河的工作会议(1847 年他自己也曾参加过类似的会议),目的是推动他原来在伊利诺斯州修建伊利诺斯和密歇根运河立法议案。

　　林肯希望依靠铁路和运河的建设建立起商品市场,这也需要国内关税保护政策的支持。在 19 世纪 30 年代,林肯还只是一个初涉政坛的年轻的辉格党人时,亨利·克莱就将其作为"美国体系"的基础。1860 年 5 月,林肯写道,"在亨利·克莱时代,就关税问题而言,我是'亨利·克莱派',到现在,在这个问题上,我的观点也没有发生实质性的改变"。为了避免触怒那些可能投票给他的反奴隶制民主党人,林肯在大选中非常小心翼翼地触及"关税问题"。但是,一俟他当选后,甚至还在他的就职典礼以前,他就重提这个问题,提出"为了保护国内工业……关税是必要的"。同时,他希望"没有哪一个问题能像关税问题一样使你们的代表们更紧密地团结起来"。即使当内战的威胁日益向他逼近,林肯在 1860 年仍然说道,"长久以来的关税问题自始至终都是国家事务中留待解决的大事",而且,"不论哪个政党掌控政府,这一问题都将备受关注"。

　　实际上,在布坎南担任总统时最后一届国会中,共和党人甚至在林肯就职之前,就已经利用南部代表退出的时机,提出了由佛蒙特州参议员贾斯廷·莫里尔草拟的新关税法案(并于 1861 年 3 月 2 日通过),接着,这个法案分别在 6 月和 8 月得到补充和修订,根据这一法案,平均税率从 19% 上升到 36%。国会于 1862 年 7 月再一次对关税法案进行了全面修订,又于 1864 年修订了两次,增加了需课缴关税的进口商品数量,并且进一步增加了关税税率,直到维持在 47% 这一空前的高度上,比 1860 年时的税率高出了不止 2.5 倍。民主党则将之视为对农业的打击——据印第安纳州民主党委员会所说,这是"对农场经营者进行敲骨吸髓的最无耻、最令人难以承受的法令"——它增加了购买进口商品的农场主的花费(南部种植园主已深受其害),间接地补贴了新英格兰的工厂主,因此,它被视为保护国内制造业的盾牌。关税是"扬基佬制造业主用来杀死成千上万西部农场主的驴腮骨①"。身为民主党人撰稿人的塞缪尔·梅达里认为,"西部已经被政治家卖给了东部制造业主;关税法案不是战时措施,而是新英格兰地区期望的将广大的西部农场置于他们棉花和毛纺工厂从属地位的

---

① 《圣经旧约》士师记里,参孙用驴腮骨作为武器杀死了 1000 人。译者注。

保护性措施"。俄亥俄州民主党人塞缪尔·考克斯更是勃然大怒,他说,"新英格兰的制造业主日益富裕……他们正得享政府全方位的保护"。不过,关税问题既有林肯的支持,也得到共和党在国会的多数席位的支持。林肯政府的高关税税率标志着在经济政策方面与以往的民主党的彻底决裂,虽然有狂怒的民主党的批评,其相当大部分措施被原封不动地保留下来,一直到下一个世纪。

旧式民主党人对于林肯辉格党主义的另一项措施大感不悦,即公共土地的分配问题。《太平洋铁路法案》已授权联邦政府销售了西部的大片公共土地,但是,1862年另外两个政府赠予土地法案也颁布了,一个是《宅地法》,另一个是《政府赠地兴学法》。19世纪50年代,对于宅地立法,国会曾进行过三次讨论;每一次,这一法案都被在国会中占多数席位的南部民主党以及皮尔斯总统和布坎南总统所阻止,他们都按照杰克逊的方式,坚称既然从土地销售中得到收入,就没有必要从关税中得到收入。在林肯还是州议员的时候,他就认为公共土地收入可以作为国内交通改进的主要资助来源。不过,除了创造收入,便宜的西部土地可帮助辉格党人保证"利益和谐",因为不幸的劳工能够一直从政府的土地中找到改善经济条件的方式。另外,因为第三十七届国会颁布的第一条法令规定联邦准州禁止存在奴隶制,颁布一项宅地法案能够迅速使拥护自由土地的农场主很快在准州拓居,将进一步确保避免德雷德·斯科特判例这种经济上的人民主权论的再次出现。

集共和党人的许多目标于一身的宅地法案在1860年直接成了共和党的政治纲领之一,林肯自己也保证支持"将荒地切割成小块,以使所有贫穷的人都能有一个家"。第三十七届国会的议员们刚刚就任,公共土地委员会就将一项宅地法案提交到国会进行讨论,该法案非常慷慨地承诺,居住时间超过5年的人,交上10美元登记费便可以获得160英亩土地。这一法案在众议院以107比16票的完全多数获得通过,在参议院则以33比7的票数得以通过。然后,林肯于1862年5月20日签署生效(其时麦克莱伦正在从半岛向里士满缓慢推进)。在内战结束以前,逾2.6万名移民认购了联邦政府提供的土地,获得了超过340万英亩的土地。

这一政策并没有保证提供的土地真正物有所值——北美大陆北部平原的大量土地至今仍然极不适于农耕——另外,涌向内布拉斯加、明尼苏达和达科他的移民潮也引发了边疆地区将近30年的印第安战争,并且激起了格兰其运动。考虑到林肯个人对农业生活的漠不关心,他将公共土地分售问题与他的"老辉格党人"的其他议程放在一起,而且还相信公共土地分售将对"全国土地"产生"控制效应",这是相当令人惊奇的。但是,《宅地法》在意识形态上吸引了林肯,超越了他通常的对农业利益的漠不关心。相同的意识形态动机也萦绕在林肯政府的其他主要农业立法中,比如,参议员贾斯廷·莫利尔的《政府赠地兴学法》,该法案于 1862 年 6 月在国会两院中均以绝对多数票通过,林肯于 7 月 2 日签署生效(同一天,他还签署了《太平洋铁路法》)。这一法案规定将出售联邦土地所得,用于建立一系列的农业学院,向农场主的后代们传授"实验性耕作法"。与自给自足农业不同的是,农业学院由"科学"耕种模式主导,不仅明确将其界定为商品化生产,而且倡导以市场为导向、进行实验性、合理化和改良型经营。也就是说,《莫利尔法案》所描述的农业是林肯所能接受的,这也是他在 1859 年威斯康星州农业博览会时所赞同的农业生产方式。那时,他极力主张在农业生产中进行"深耕、土壤分析、试用肥料以及杂交种子",甚至主张"应用蒸汽动力"。除了农业学院外,1862 年还成立了联邦农业部,因其"发展了最近农业生产改良中的正确知识"得到了林肯少有的称赞。在售地资金注入的刺激下,以及新成立的农业部的敦促下,22 个州在他们的教育系统中增加了赠地农业学院或相应项目,这些均依靠 1.4 亿英亩公共土地售款来资助。总的来说,所有的赠地法案不只是意味着一些"改进";他们也标志着被托马斯·杰斐逊称为上帝的选民的自耕农的消亡。

正如预料的那样,林肯与民主党政策最具决定性的背离是共和党于 1863 年提出的复兴全国银行系统的建议。在内战爆发的时候,联邦金融政策仍然是由与以前一样的"独立国库"体制管理,林肯在 1840 年就反对这一体制。这一体制规定国库存贮所有的资金,以硬币进行所有的交易。19 世纪 50 年代,如若没有连续执政的民主党政府对联邦开支进行严密监管,财政部的工作相对来说微不足道(1861 年,联邦预算总计不过国民生产总值的 2%,而且联邦收入亦几乎不超过 4000 万美元),管理政府所有的财政交易将是极其麻烦的。没有哪个人料想到战争将会给这些制度安排带来什么样的影响。1861 年 7 月,国会特别会议为战争拨付的第一笔款项看上去很慷慨(比联邦政府过去的财政年度的常规收入实际上高出十倍),甚至也称得上是谨慎的,特别是因为它大部分将靠适度的个人所得税(在特别会议结束前已立法)和出售政府公债来偿付。

如果这已经是偿付战争必要开支的全部,那么没有哪一个人会比萨蒙·蔡斯更高兴。不仅因为这使他财政部长的工作更加轻而易举,而且,因为他在成为共和党人之前,19 世纪 50 年代他还是一个自由土壤党人,仍然牢牢地信守杰克逊的政治经济信条。蔡斯 1846 年时写道："我不信任高关税,不信任合众国银行,或者银行系统。"甚至在因奴隶制问题而成为共和党人以后,他仍然向那些对他半信半疑的民主党友人保证,他讨厌保护主义,同时认为只有硬币——"硬币通货"——才能被当做现金。但时局的发展使蔡斯和国会均感措手不及。联邦部队只推进到布尔河而不是里士满;到 1861 年年底,政府公债已没有了市场;12 月 28 日,纽约银行经表决决定停止所有硬币支付。林肯在 1862 年 1 月抱怨道:"蔡斯已经没有钱了,而且他还告诉我,他不能筹集到更多的钱。国库已经见底了。"蔡斯也承认:"重要的是应该立即采取行动,国库几乎空了。"

　　蔡斯最想做的可能是退出内阁。但是,蔡斯一直还在做他的总统梦,他的总统梦(以及支持他圆梦的财政部支持网络)早已超越了他心中的杰克逊思想。到了第二年,蔡斯和国会对政府财政进行了大的变革,这使得杰克逊的忠实追随者气急败坏地对他们表示不信任。面对政府公债发售的减少,蔡斯求助于费城的金融家杰伊·库克,此人将政府公债的销售转向大众市场。截至内战结束时,库克吸引了北方四分之一的家庭购买了公债,并且将成千上万的美元用在战争上。这种向公众筹款的方式使政府掌握了大量现金,支付给士兵、承包商和债权人;不过,这仅仅只是推迟了公众要求偿还债券的时间而已,蔡斯也预见到这样的清偿将使国库出现亏空。因此,解决方案便是制造一种可替代硬币的通货,1862 年 2 月,国会通过了《法定货币法案》,授权发行 5 亿美元。同时(在众议院筹款委员会主席撒迪厄斯·史蒂文斯强力控制下)批准发行 1.5 亿美元联邦纸币——即所谓的"绿背纸币"——作为偿付债务和进行交易的法定中介。没有其他的政府措施表现出如此激进的姿态;也没有什么像这一措施一样使得那些即使最终支持它的共和党国会议员感到如此的犹豫不决,并引起他们如此之多的自我反省。由于偶然的机会当上参议院财政委员会主席的威廉·费森登这样写道,"这冲击了我所有的政治和道德信条,以及民族荣誉感,却使政府无以应对这样一场预料之外的危机"。

　　林肯没有陷入这样的折磨之中。他不无挖苦地告诉财政部的一个官员,"从大城市来的由大金融家组成的一个委员会"早已警告他,说"若批准这个法案,我会毁了这个国家"。从实际情形来看,使用纸币使得北方的生活费用上涨了将近 80%。尽管如此,经济仍然在增长:即使在不包括南部各州的情况下,国民生产总值到 1864 年仍然从 38 亿美元增长到 40 亿美元。而且,纸币所造成的通货膨胀的影响也有所缓和,一方面因为战争期间总共只发行了 4.5 亿美元绿背纸币;另一方面是由于对杰克逊

第九章　辉格党保护神

正统学说的两项背离:急剧上升的税率和全国性的财政重组。国会于 1861 年夏通过的第一个个人所得税法案规定年收入超过 800 美元的统一征收 3% 的税;它的新颖之处不在于谁被征税,因为在 19 世纪中期,普通的美国人的年收入主要介于 300 至 500 美元之间,而在于这是联邦政府首次越过各州直接对公民征税。然而,这一法案仅仅带来了微薄的税收,于是,7 月份出台的新的《国内税收法案》引入累进所得税制,在两年时间里带来 5500 万美元的税收收入。不过,更多的钱还是从销售税和增值税中课征,战争结束时,蔡斯还通过出售从南部没收的高价棉花来补充税收收入。新的税收法案遭到北方公众的普遍怨恨,但是它们却帮助减轻了绿背纸币造成的通货膨胀。重要的是,绿背纸币的最大接受群体是士兵,通过流通使用,他们的军饷流回到家乡经济建设中。

显然,一个全国性的银行系统将有助于监管绿背纸币的流通,到 1862 年末,连蔡斯也不得不承认采取财政集中措施的必要性。他虽依旧不赞成只是恢复 "怪物银行",但是在 1863 年 2 月,《国家银行法案》所颁布的内容与之却非常相近,它给予一系列 "全国性" 银行管理连续发行绿背纸币和他们自己的 "全国通用的" 钞票的特权。蔡斯承认,"我并不认为全国性的银行是完美的机构",但是,它是 "国家商业发展" 所需要的。而且,从长远来看,它将稳定北方的战时经济,并为再次采用杰克逊所惧怕的统一的国家财政政策打好基础。第一家新银行于 1863 年 6 月 20 日在费城成立,接着,在纽黑文、扬斯敦、芝加哥和辛辛那提的银行也陆续成立。单单纽约市就成立了四家新银行。几乎在这个时候,《辛辛那提讯报》报道称这是辉格党的复仇:"这一法案的罪恶行径足以使曾扼杀原来的合众国银行的杰克逊将军在棺材中也不得安宁……这样的安排摧毁了各州固有的机构,建立起一个中央专制的金融体制。"

蔡斯勉强地视之为 "战争所需",而林肯却不是这样想的。林肯颇具前瞻性地对伊利诺斯共和党人威廉·凯洛格评述道,"在接下来的五十年里,这一金融体制仍将维持"。他称赞这个银行法案是 "公共信用的重要保障",而且他对于亲自干预财政政策毫不避讳。林肯揶揄蔡斯说,部长阁下只要对他的 "纸币制造厂施加压力" 就可以偿付政府账单——就像他实际上喜欢对蔡斯说,他 "对于'金钱'一无所知",而且因为他不懂这些事情而蔡斯懂,他将把所有的财政政策留待蔡斯做主——尽管如此,相比西沃德以外的其他内阁成员,林肯对蔡斯倍加留心。虽然林肯愿意让 "蔡斯在其部门范围内掌握绝对的控制权",但是,他相信 "蔡斯的银行体系依赖于一个合理的基本原则,即促使国家的首都开始重视国家信用问题",这恰与亚历山大·汉密尔顿和亨利·克莱为证明最初建立的两个合众国银行合理性时所阐释的原则一样。蔡斯也曾就新的银行体系的建立"屡屡与林肯商议",同时,《国家银行法案》成为"蔡斯先生尤其感兴趣的主要金融措施"。

　　蔡斯不是唯一觉察到林肯在财政和金融政策上的推动作用的人。严格以辉格党原则行事的林肯,虽然"在那些可能被认为是行政干预立法的言行方面"非常小心谨慎,但是在第一个《国家银行法案》于1863年2月份提交给国会时,林肯向至少三个参议员(包括参议院财政委员会的费森登)施压,迫使他们投出了关键的支持票。在他执政时期,他仅实行过三次否决,其中之一便是否决了一个会妨碍纸币流通的不合时宜的法案。而且,他警告说(这些警告的话就像他20年前为伊利诺斯州银行辩护的话一样)"在战争时期,确保人民有一个合理的流通中介是政府特有的职责"。在林肯为蔡斯的"银行联合方案"进行公开游说时,他于1863年1月写道,"一种用来支付各种税款,筹募公债和其他所有普通公私费用的"这种货币——是"统一的流通货币",而不只是州银行发行的纸币——"如果不是绝对必需的,也几乎是绝对必需的"。

　　按照那位令人讨厌的纽约州州长霍雷肖·西摩的话来说,所有这些都不过是"集权和干预"。"集权和干预使我们背负着沉重的债务和税收。也危害了宗教信仰、自我克制和道德信念,一方面是因为集权和干预将它们卷入到政治冲突中,另一方面是因为通过的一些法律使它们在民众的心里变得面目可憎。"然而,林肯在1863年却提出进一步加强干预,他实行了联邦兵役制以补充联邦部队的士兵数量。早在1862年初,南部同盟已经制定了义务兵役制的法律;但在联邦这一边,直到1862年7月,国会才开始修订民兵法案,并且要求各州提供符合要求的男性公民的名单,以备征兵所需。但这并不是一个很严格的方案,特别是因为被征召入伍者只要花300美元即可免于入伍,或者雇佣他人顶替,地方上甚至还出现了征兵基金,为那些可能被征召入伍的参与者提供交换费用。不过,这仍然是征兵,它强有力地申明了国家控制个体公民的意愿和未来的权力,是对杰克逊追随者所颂扬的个人选择的又一个打击。

　　1863年3月,国会开始了它自己的联邦部队征兵计划,这一次在北方好几个城市激起了反征兵骚乱。然而,即使依靠联邦征兵制度,所招募的士兵实际上也不过5万人,征兵法令所起的主要作用是激发了志愿入伍者,他们在需要实行兵役制之前填补了征兵名额。1863年8月,霍雷肖·西摩要求林肯暂缓兵役制,并且将之提交给罗杰·塔尼及其最高法院复审。林肯在给予他明确答复中认识到,征兵可能使西摩很不

罗杰·塔尼

高兴。但是,在林肯心中,兵役制是"适宜的和合乎宪法的",因为他们现在面对的敌人"也会把他们所能抓到的壮丁拉入他们的阵营,就好比一个屠夫把小公牛拖入屠宰场一样"。更重要的是,对于"维护联邦统一和我们共和国的自由原则",这是"实际有用的"——林肯清楚地知道,这里的"实际有用"将刺痛西摩这个民主党人的敏感神经。

在此之前他们所有的人都听到过这样的话。一个国会议员满腹牢骚地说,林肯"属于老辉格党人,并且将永远不可能属于别的党派。"

和解放黑人一样,没有军事胜利的支撑,这个议程的每个环节都无法得到落实,因为军事上的失败将使心怀不满和厌战的投票者在投票时对林肯的战绩和国内政策不加区别。尤利塞斯·格兰特在西部战场上的胜利重新带来了战争很快就会好转的希望:从密西西比峡谷到新奥尔良的所有地区如今都掌控在联邦部队手中,田纳西州也处在联邦占领下,由联邦军事指挥官控制,执行封锁任务的军队使南部同盟无法获得外部的战争补给,另外,尽管李军在葛底斯堡免遭覆灭,但他不可战胜的神话如今已被打破。在弗吉尼亚州的重击可能将南部同盟击个粉碎,为实现此目标,林肯于2月份将格兰特调到东线接管所有的联邦部队,尤其是波托马克军团。

格兰特想要的不仅仅是给弗吉尼亚的叛军一记重击。为配合波托马克军团推进到弗吉尼亚,他提出了"一个十分详尽的春季作战计划",由格兰特一个能干的副将威廉·谢尔曼带领西线部队插入佐治亚州,同时由纳撒尼尔·班克斯带军从已被联邦部队占领的新奥尔良出发在墨西哥湾沿岸展开行动。"哦,很好! 我明白,"林肯欣喜地同意了这个计划,"就像我们说到西部一样,如果一个人不会赶牲口,那他也必须和其他人一样拖住一条腿。"在这之前,林肯还从来没有对一个将军如此有信心;也没有哪一个将军表现出如此的"沉着冷静和对目标的坚忍不拔";另外,"格兰特在统领东部军队之前"还没能"在华盛顿睡上一夜"。

然而,在这之前似乎也没有哪一次战役将像接下来发生的战役那样陷于毫无希望的困境之中。战役伊始，格兰特沿着一年前胡克的路线跨过拉帕汉诺克河进入弗吉尼亚，但被李军阻扼于被称为荒原的荒无人烟的丛林地带，在这里进行了两天恶战。格兰特并没有像其他联邦将军那样撤退，而是试图偷偷插入李军的右翼，稳步贴近里士满，他在县府大楼和跨接东弗吉尼亚的交叉路口一线和李军展开激战。但是，到 6 月中旬，格兰特伤亡惨重，只建立了在里士满及其铁路交会点彼得斯堡外围的包围圈，无迹象表明他能够发起任何攻势。同样的事情在插入佐治亚的谢尔曼那里重演：他们的进军在所有地点都受到严密防御的南部同盟军队的抵抗，进展迟缓，最后只形成了一个没有实际效果的对亚特兰大的包围圈。正当格兰特在墨西哥湾沿岸的军事行动还未具体展开之际，一支人数众多的南部同盟军队突然发动袭击，迅速跨过波托马克河，甚至开进了哥伦比亚特区。公众对战争已经感到厌倦，虽然格兰特在西部的战绩曾使大家一度热情高涨，但是如今民意已陷入到前所未有的衰竭状态。甚至连霍勒斯·格里利也警告林肯说，"我们鲜血横流、饱受蹂躏、奄奄一息的国家……渴望和平——我对于实行新的兵役制、造成更大规模的破坏以及血流成河的前景感到战栗"。

　　这些失败使林肯在 1864 年的夏天再一次陷入自两年前发生的麦克莱伦危机以来的沮丧之中。8 月份，他告诉斯凯勒·汉密尔顿，"大家都指望格兰特将军出发后，在 6 月份占领里士满。他没有拿下里士满，他们却要我对此负责。"然而，这一次，后果好像更严重，它不仅仅是公众的不满情绪而已。11 月连任的选举迫在眉睫，除非他诉诸军事管制取消选举（这是他在任何时候都没有认真考虑过的事情），他可能在这次选举中输给不惜任何代价实现和平的民主党候选人。林肯告诫汉密尔顿："你认为我不知道我将被打败，恰恰相反，我知道。除非出现重大转机，我会输得很惨。"

　　南部同盟只是林肯那个夏天的苦恼之一。另一个主要的问题是萨蒙·蔡斯。1862 年，财政部长所发动的将西沃德排挤出内阁的行动，是基于这样的设想，即蔡斯将填补清除西沃德后形成的权力真空，如此方能使他获得 1864 年的

威廉·谢尔曼将军

1864年拍摄

总统提名。这种计谋失败后,蔡斯毁掉了在国会中的共和党核心小组心目中的形象。但他还是激进派的宠儿,而且,作为财政部长,他仍然控制着联邦政府中的最大的官职委派系统（全国有 1.1 万名战时财政职员,仅纽约海关就有 1200 名）。吉迪恩·韦尔斯确信,蔡斯打算利用 "财政政治机器",依靠组织"蔡斯俱乐部"来"促成他成为候选人的意图",并在下一届共和党大会中支配代表选举。共和党全国委员会主席乔治·阿什曼写道,"若非蔡斯先生拼命地排挤总统,（他成为候选人）是毫无疑问的。你们大可期待林肯先生与蔡斯先生之间最老练的激烈竞争情形"。

林肯并不顾及 "激烈竞争",下定决心在 1863 年 "对所有这些行为都视而不见",因为 "蔡斯是个好财政部长"。不过,蔡斯已经成为众矢之的,而且不仅仅是在竞选总统这一问题上。从一开始,蔡斯和蒙哥马利·布莱尔就分别代表着内阁中最激进和最保守的势力,到 1863 年秋天,这些分歧演化为血海深仇。10 月 3 日,在马里兰州罗克维尔的 "无条件统一会议" 上所作的极具杀伤力的演说中,蒙哥马利·布莱尔决心先发制人地向蔡斯的总统计划发起进攻。布莱尔谈起蔡斯和查尔斯·萨姆纳时,比较客气的提法是 "暴徒" 和 "恶棍",他还毫无忌讳地声称蔡斯 "不比杰斐逊·戴维斯好多少",因为他 "把黑人与我们的土地上的自由白人劳工混为一谈"。激进派发现,布莱尔对蔡斯和萨姆纳的尖刻控诉 "太过粗俗,太过低劣",所以撒迪厄斯·史蒂文斯希望政党核心小组对林肯施加压力将布莱尔解职,或迫其辞职。然而,林肯却很平静地回绝了这两个要求——告诉约翰·海,"这两帮人的矛盾冲突,一方代表他,一方代表萨姆纳,仅仅是一种形式,除此之外再无他意"。——结果,布莱尔和蔡斯都被留在了内阁中。

蔡斯还找到了一个在林肯家庭内部制造烦恼的办法。作为一个鳏夫,蔡斯将他漂亮而善于交际的十八岁女儿凯特带到华盛顿,帮他打理家务。凯特·蔡斯很快就从没有经验的玛丽·林肯手中取得了战时华盛顿社交生活的支配权。玛丽认为她获自

1863 年 11 月林肯与约翰·尼古拉、约翰·海在一起

"蓝草"①肯塔基的教养将会令华盛顿社交圈立即对其肃然起敬,但她的这种期望和"个人虚荣心"在一开始就被华盛顿的南部贵妇们无情地摧毁,她们认为她只是个出身卑微的西部人。1863 年 10 月,当凯特·蔡斯嫁给罗得兰岛州州长威廉·斯普拉格时,玛丽拒绝参加她的婚礼,而让其丈夫代表她前往。而她为儿子威利哀恸的那一年更使她远离华盛顿的社交生活。早在斯普拉格盛大的婚礼之前,玛丽已经得到了"令人难以置信的……自私"这个不好的名声。甚至白宫的秘书们都惧怕她:尼古拉称她是"魔王陛下",海称她是"恶妇"。只有那个颇具魅力的年轻人威廉·斯托达德和玛丽相处尚好,所以,尼古拉和海就很乐意地指派他处理玛丽的信件。

华盛顿公共建筑局局长本杰明·弗伦奇认为,玛丽"摆出女王的样子",以使华盛顿的势利小人对其另眼相看。然而,她非但没有建立起一种优越的地位,反而仅仅使她易于被亨利·维克弗这样的阿谀奉承之辈和欺世盗名之徒所利用,他们利用玛丽从总统那里得到官职,或者从她那里获得一些小道消息。这使得她与丈夫的矛盾摩擦

---

① 肯塔基州的别名叫做"蓝草之州"。译者注。

315

1864 年 2 月 9 日林肯和儿子塔德在一起。这是林肯唯一一张戴着眼镜的照片,也是林肯最喜欢的照片之一

逐渐增加。林肯和往常一样对孩子们的调皮捣蛋听之任之,甚至在白宫也是如此,而玛丽则更为严厉,"常常说三道四,尖酸刻薄"。林肯认为白宫 "对于一个国王来说已经十分华丽了",但在玛丽眼中只有脱落的油漆和发霉的墙纸,当玛丽大大超出国会为白宫拨付的日常生活费用时,林肯指责她"为这所该死的老房子所做的艳丽俗气的装饰"是"巨大的铺张浪费"。她穿戴奢华,更像个首次抛头露面的社交女郎,而不是四个孩子的母亲。亚历山大·麦克卢尔写道:"她……穿的晚礼服,和一般流行式样相比,上面更短,下面更长。"俄勒冈州参议员 J. W. 内史密斯也写道:"她唯一的志向看上去好像是想向公众展示她的哺乳器官。"甚至林肯也为此责怪她,"如果晚礼服的某些部分更接近头部……会更体面些"。在威利死后,她愚蠢地将灵媒带进白宫,目的是举行降神仪式,以使她能够与死去的儿子通灵。更糟糕的是,她还把变了节的托德家(巴吞鲁日的亚历克)的一些亲戚带入白宫,而不顾他们与叛乱者的亲密联系。虽然这并不是因为玛丽对南部抱有挥之不去的忠诚(当亚历克·托德于 1863 年战死时,她拒绝为他哀悼,并说:"他决意背叛我的丈夫,也就是背叛我。"),但是非议还是纷至沓来,民主党的报纸充斥着关于玛丽·林肯同情叛乱者的流言飞语。恰好在这个时候,激进派的报纸正充溢着对凯特·蔡斯及其时尚、富有的新丈夫的赞美之词。与蔡斯父女相比,令他们更为不快的是,罗伯特·林肯 1864 年从哈佛毕业后恳请父母同意他入伍,玛丽坚决不同意让她的另一个儿子去冒险。虽然这是出自于母性本能的善意,她的丈夫认识到这是一个政治性错误,因为这个国家中那么多别人的孩子正志愿或者被征召入伍。1865 年,林肯最终说服玛丽允许罗伯特带着"不重要的军衔"加入格兰

特的部队。林肯只能对奥维尔·希克曼·布朗宁诉说"他的家庭烦恼",布朗宁"多次"听他说"他总是担心他的妻子会做出给他脸上抹黑的事情来"。

内阁里的蔡斯和白宫里的玛丽已经够让林肯劳神费心了,然而,1864 年,林肯再次面临国会中激进派的压力, 这一次是关于如何处置新近夺回的路易斯安那州、阿肯色州和田纳西州。在南部同盟宣布脱离之前,林肯就认为脱离联邦实际上在法律上是不可能被承认的。随着南部同盟政权被联邦部队驱逐出去,南部同盟的领土重新回到统一的联邦控制之下。那么,林肯要在叛乱州(只有这次效忠派取代了叛乱者)尽快地恢复原有的政治机制,并将国家置于他在 1860 年时就期盼的渐进式反奴隶制的道路上,这是很正常的事情。但是,经过布尔河大溃败,以及南方的联邦主义者推翻南部同盟政权的企图失败后, 国会已不满足于轻易地与南部同盟和解。1861 年 12 月, 当联邦主义者控制下的东田纳西和西弗吉尼亚地区试图向国会推选代表时,撒迪厄斯·史蒂文斯公然抨击他们的选举"简直是开玩笑",众议院选举委员会也拒绝接纳他们。像史蒂文斯和萨姆纳这样的激进的共和党人不欢迎南部的联邦主义者,如今开始公开地说南部同盟各州已"自杀身亡",现在所需要的是将重新占领的南部同盟的领土当做新的领地,交由联邦进行直接管理和重建。

在林肯的心里,"领地化"只会激起南部的反抗。更糟的是,这似乎等于承认南部脱离联邦的事实,并迫使他将废除奴隶制作为战争的最高目标(毕竟,如果南部脱离联邦是一个被法律认可的事实,那么,就几乎不可能将战争的目标局限于对这个被法律认可的事实的压制)。诺厄·布鲁克斯报道说,"总统从来没有在言行中、在书面或口头的文字中承认现在或过去实际存在" 南部同盟,"这对他来说是在道义上是不可能的"。林肯抢在激进的重建政策形成之前,于 1862 年 3 月向田纳西、阿肯色、路易斯安那和北卡罗来纳的占领区委派了"军政长官"。首先任命的是田纳西的安德鲁·约翰逊,他是南部同盟各州中唯一公然反抗他自己的州政府,保持了他在华盛顿的席位的参议员。当然,在美国法律中并没有"军政长官"的先例,国会也仅仅是半心半意地同意任命约翰逊为准将。这一计划的本质是承认激进派的要求,即在叛乱各州被重新接纳之前,有一个政治整顿的过渡时期,同时确保这样的整顿处在林肯的战争权力之下,而不是在更不可预知的国会控制下。

然而,军政长官的统治比国会的控制更加不可预知。当联邦主义者在东田纳西的中心还顽固地控制在南部同盟手中之时, 安德鲁·约翰逊就已与田纳西州的联邦部队指挥官争吵不休。1862 年 7 月,约翰·菲尔普斯被任命为阿肯色州的军政长官,不过,菲尔普斯根本不能组织起一个能够维持下去的州政府,林肯最终取消了这个任命。爱德华·斯坦利被任命为北卡罗来纳州的军政长官(实际上统辖范围限于伯恩赛德于 1862 年初占领的北卡罗来纳沿海地区),很快他就因为乖乖地将逃亡奴隶送回给他们的主人以及关闭了在新伯尔尼建立的两所黑人学校而激怒了林肯。为了使北卡罗来纳能够在不接受《解放宣言》的情况下重新被联邦接纳,斯坦利在 1862 年末发起了一场联邦主义者国会议员的选举,结果,仅有 800 人参加了投票,而且众议院也拒绝接纳斯坦利选出的候选人。最终,1863 年 1 月,斯坦利因抗议《黑人解放宣言》辞职,而林肯也没有再任命军政长官。只有路易斯安那州表面看来实行军政府体制是很有希望的。联邦海军于 1862 年 4 月夺取了新奥尔良,在这里,军政长官乔治·谢普利于 12 月设法组织了国会议员选举,向国会推选了两名明显反奴隶制的代表本杰明·弗兰德斯和迈克尔·哈恩,只有这一次,众议院投了赞成票。

林肯拒绝与国会讨论对重建的看法,仿佛这样开始进行的讨论将会在一开局就对激进派作出让步。他告诉约翰·海,"这些州是否继续成为联邦的州,或者成为联邦之外的领地,就目前的各个方面而言,这一问题在我看来似乎并没有实际的重要意义"。同时,他并没有因为军政长官的失败和国会的抵制而气馁。1863 年 12 月 8 日,林肯发布了包括一系列正式的重建指导方针的"大赦和重建宣言",作为提交给第三十八届新国会的年度咨文。宣言准许效忠联邦的各州政府进行重建,只要百分之十的选民(按 1860 年时的选民数计算)进行了效忠宣誓(包括服从"总统在奴隶州叛乱期间颁布的所有宣言或公告",这只是为了确保解放黑人仍是议程中的一部分)。同时,允许他们制定新宪法,举行选举,以及重新推选代表到华盛顿。林肯希望,这一建议将加速重建进程,甚至可能削弱其他叛乱州的士气,但这些州必须发誓在新的州宪中加入支持《解放宣言》和兵役法的条款。

国会最初对此甚是得意。约翰·海在其日记中写道,"人们莫不欢欣鼓舞,就好像太平盛世已经来到。钱德勒兴高采烈,萨姆纳喜气洋洋"。格里利的《纽约论坛报》声称:"在这种情况下,此宣言……将进一步给叛乱者以致命一击……百分之九十的叛乱者无需牺牲或放弃任何财产即可恢复所有的权利;而剩下的叛乱者,十分之九的人除了放弃压榨和出售他们同胞的权力外也再无其他需要放弃的。"不过,激进派一旦仔细分析这个公告,他们的热情开始消退。一方面,林肯的方案将重建的监管权牢牢地掌握在他自己的手中,而不是在国会手中。同样激怒了激进派的是,林肯对于解放黑人的唯一保障是他的方案规定的效忠宣誓:在新的州宪法中加入确保自由权利作为永久的州法律或者赋予自由奴隶以公民权,这些条款仅仅被温和地描述为"国家行政部门不能反对"的法令。废奴主义者温德尔·菲利浦斯抱怨道,这样只能继续使"南部的大土地所有者仍然在政治上作威作福,使黑人得到自由的承诺只是骗局"。麦克莱伦在战场上所做的一切是"尽可能减少伤亡",而林肯一直在证明"在公民权利方面'尽可能不予以改变'"。菲利浦斯说,林肯只是"一个改变了一半信仰的、诚实的西部辉格党人,虽然他努力想成为一个废奴主义者"。

这是对林肯意图严重的断章取义。大赦宣言并不是自动地重新接纳南部同盟各州的空白支票,林肯也并不是把他的百分之十方案当做处置被征服的南部同盟的最终手段。这是以胡萝卜而不是以大棒为基础的重建方案,此方案巧妙地使各州自愿接受解放黑人,而非以武力强加,而且在联邦部队发出最后通牒之前尽快地接受。这样的重建方案会使战争在共和党的监管下结束,如此,实际上可能会得到比激进派想要的更多的东西。最重要的是,林肯清楚地表示,不论他提出的主张表面上多么的温和,解放黑人不是一个容许拖拖拉拉的要件。1864 年 8 月,林肯对约瑟夫·米尔斯法官提到,"曾经有人建议我恢复哈得孙港的黑人士兵的奴隶身份……并还回给他们的主人,以安抚南部。如果这样做了,我现在和将来都将永远受到诅咒……正如我所做的一样,不利用解放奴隶的手段,人类的力量将不可能征服这样的叛乱"。

即使如此,接受总统方案的人还是寥寥无几。作为林肯的特使被派去联邦部队占领的佛罗里达执行效忠宣誓的约翰·海逐渐相信,"我们如今不可能完成总统的'百分之十方案',也不能改变投票法,因为微不足道的十分之一选票将不能给予我们所需要的精神力量"。路易斯安那于 1864 年 4 月召开了一次州大会,他们根据"百分之十方案"制订新的州宪法,实际上只是请求国会对解放奴隶给予补偿。歪曲该方案的类似事件在阿肯色和田纳西也出现了,另外,肯塔基因为拒绝联邦征兵官员招募男性奴隶,也牵涉其中。激进派开始确信,国会必须亲自出马。林肯对他派往肯塔基的特使,包括军政长官托马斯·布拉姆莱特、参议员阿奇博尔德·狄克逊和报纸编辑艾伯特·霍奇斯警告说,不改变肯塔基州的奴隶制将会"全然破坏政府、国家和宪法"。不过,他的这番警告毫无效力。

本·韦德和众议院的亨利·戴维斯却于 1864 年初提出了他们自己的重建方案,"他们的方案的主要目标是削弱政府的温和与宽容政策,"经过讨论,最后于 1864 年7 月 2 日被两院采纳。韦德—戴维斯方案增加了林肯方案中规定的宣誓公民的上限,从百分之十增加到至少百分之五十,任何一个前南部同盟军官都被排除参与新的制宪大会,还确立了一项模棱两可的公民平等权指令——所有这些,实际上使得原来的州政府重建不可能实现,因为在韦德—戴维斯方案之下,在南部同盟任何一州,要找出与叛乱没有牵连的半数人口在任何情况下都是件繁琐的事情。林肯一个也不同意:7月4日国会休会,林肯使用搁置否决权使韦德—戴维斯方案胎死腹中。他在四天后发表的公告中解释道,他不准备承认"国会有符合宪法的资格"重建南部,或者使其成为"不可改变地接受任何唯一一形式的重建计划"。

不过,林肯仍然认为韦德—戴维斯方案"对于自愿选择它的任何一州效忠联邦的人民而言"是完全可以接受的。但是,这远未满足激进派的要求。8月5日,韦德和戴维斯挑衅性地发表了他们自己的声明,甚至公然抨击林肯容许州的创制权是"公然蔑视州议会的权威"。别的激进主义者也早已将有关重建的争论作为直接挑战林肯的信号。1864年5月,极端废奴主义者在温德尔·菲利浦斯的支持下抢先在克利夫兰召集了一次小型会议,提名林肯最恼火的解放者约翰·查尔斯·弗里蒙特作为他们的总统候选人。弗里蒙特满腔热情地接受了这一提名,并公然抨击"当前政府指导战争的政策是愚蠢和优柔寡断的"。其竞选纲领声称,"叛乱者必须不容妥协地用武力镇压下去,"同时,"叛乱各州重建问题由人民通过他们在国会的代表决定,而不是政府"。

到7月份,林肯被这些挑战弄得相当沮丧,因此他认可了《纽约论坛报》的霍勒斯·格里利私下所做的努力,与南部同盟的三个代表在中立的尼亚加拉大瀑布进行和平谈判。这一不同寻常的努力并非严肃认真的——他私下向詹姆斯·阿什利断然表示"这不会有任何结果",结果确实如此——不过,林肯对他的政治前途更加忧虑了,因此,对于根据他自己的主张而不是激进派的主张提出的结束战争的任何建议,他不能不表现出好奇心。接下来的一个月,《纽约论坛报》的对手《纽约时报》的编辑亨利·雷蒙德也在私底下恳请林肯举行和平谈判,几近崩溃的林肯起草了一封致杰斐逊·戴维斯的信,让雷蒙德捎给里士满——只是在最后一刻,他才振作起来,取消了这个相当于向叛乱者投降的计划。格里利总结说,"林肯先生已经精疲力竭了,"即使是西沃德,国会中的乐天派,也在8月8日坦言,他"不能全然将忧虑从头脑中驱散"。奥维尔·希克曼·布朗宁尽管"就个人而言还是很敬爱总统",但也开始"担心他会失败"。8月23日,林肯的情绪十分低落,以至于他请求内阁作出承诺"在选举到就职典礼的时间里挽救联邦的统一",因为"从这个上午和过去的一些日子来看,此届政府非常可能无法连任。"

然而，结果证明，林肯的政治处境并不像他所担忧的那样危险。1864年2月，萨蒙·蔡斯走上了自我毁灭的道路，在那个时候，他在国会的主要支持者参议员塞缪尔·波默罗伊轻率地发表抛弃林肯的小册子《下一届总统选举》，并且"非常秘密地"给共和党的支持者传看，提名蔡斯作为更好的候选人。这一损毁现任总统的笨拙伎俩甚至连激进派都不能容忍，也使蔡斯陷入尴尬境地。蒙哥马利·布莱尔的弟弟小弗朗西斯·布莱尔在众议院控告蔡斯在财政部任职期间的贪污受贿行为。林肯甚至看都不看波默罗伊的传单，同时再一次拒绝了蔡斯提交的辞呈。不过，蔡斯这个与总统争锋的人的末日来临了，在6月份，当他在官职委派的争论中再次与林肯交锋时，林肯感到再也没有必要包容这个让人伤透了心的俄亥俄人，并接受了他的辞呈。恰巧，1864年10月，年迈的罗杰·塔尼终于去世了，于是林肯任命蔡斯接替塔尼成为首席大法官，正如林肯挖苦地评论的那样，蔡斯在这个位置上可能会推动他不愿设立的国家银行法案的立宪。从林肯知道他最初高估了蔡斯反奴隶制的彻底性那时起，他就开始憎恶蔡斯了，蒙哥马利·布莱尔认为，蔡斯"在我看来是林肯真正憎恨的唯一的一个人"。

接着，在8月底，军事形势突然一下子明朗起来。南部同盟将军约翰·贝尔·胡德带领叛军离开了设在亚特兰大周围的战壕，白白地将他们扔在谢尔曼的包围圈中，付出了将近1.5万人的伤亡代价。一个月后，谢尔曼向南佯攻琼斯伯勒再一次将胡德引出，胡德军再次遭受重创。这一次，胡德被迫放弃亚特兰大，撤出时放火烧毁了这座城市。几乎与此同时，戴维·法拉格特带领一支联邦海军舰队航行至莫比尔湾入口处，连续攻击南部同盟军的要塞，直到打哑敌人的火力，并迫使他们在8月23日投降。9月，格兰特麾下桀骜不驯的骑兵司令菲利浦·谢里登在追击7月份袭击华盛顿的叛军，到10月份，将其一举歼灭，使他们再也不能成为严重的军事威胁。吉迪恩·韦尔斯写道，"这些消息仿佛是令人震惊的魔法一般，立刻使情绪低落的人们振奋起来"。兴高采烈的林肯对沃德·拉蒙打趣说："你知道吗？我们遇到了敌军，然后他们就成为我们的了。我想，蓄意破坏者的阴谋破产了！我有某种预感，如果我还活着，我将再一次当选。"

这种确定性在共和党于巴尔的摩召开的提名大会上更加明确，在第一轮投票时林肯就轻而易举胜出了。9月份，弗里蒙特退出，激进派想把选票投给蔡斯的计划被他们自己的领导层否定了。詹姆斯·阿什利批评弗里蒙特的出现是"愚蠢和破坏性的"，并且抨击弗里蒙特本身"无异于恶棍无赖"。扎卡赖亚·钱德勒咕哝着说，"如

菲利浦·谢里登将军

南部同盟约翰·贝尔·胡德将军

果这仅仅是亚伯·林肯的事,那我会说好好干吧——就按你自己的方式,可这关乎这个伟大的国家目前和将来所有的希望,"而这个国家目前还处在危难之中。钱德勒和韦德甚至还为林肯到各地进行政治演说。有了激进派的有力支持,林肯通过将这场选举转化为维护"国家统一"的运动把民主党的选票夺取到共和党手中。同时,他接受安德鲁·约翰逊作为副总统候选人。安德鲁·约翰逊是田纳西州的军政长官,也曾经是民主党人,林肯选他作为新的竞选伙伴,借此表明希望有一个重新统一的未来。林肯坚称:"民主党中效忠联邦的人在他们对联邦无私的奉献里给予了我们很大的帮助。我们应该感谢的正是他们。"到了秋天,这对候选人在印第安纳、宾夕法尼亚和俄亥俄等州的选举中获得了绝对多数的选票,而选举已经开始变成能赢"多少"的问题,而不是"能否"取胜的问题。

此次选举最好的礼物来自于 8 月末民主党在芝加哥召开的全国代表大会。民主党的竞选纲领将战争描述为"失败的四年",并且号召"立即行动起来……结束敌对状态"。然而,他们提名的总统候选人却是乔治·麦克莱伦,麦克莱伦宣布在南部同盟各州返回联邦之前,他并不打算进行任何和平谈判。民主党的再一次分裂,以及共和

副总统安德鲁·约翰逊

党勉强的紧密团结,阻止了麦克莱伦的当选。林肯与约翰逊赢得了55%的普选票,并且几乎重新获得了1864年中期选举时失去的所有国会议席。一个月后,林肯在他提交给第三十八届国会最后一次会议的年度咨文中说,"从最近的选举活动及其结果来判断,在效忠联邦的各州中,人心之所向就是维护联邦的统一,而且他们的这种心情,过去从来也没有像现在这样坚决、这样几乎完全一致过"。

　　然而,林肯甚至认为他的重新当选来自于一种他所无法掌控的力量。他对第二年春天接替蔡斯担任财政部长的休·麦卡洛克强调说,他感觉此事和他毫不相干。他解释道,"我留在这里是因为民主党犯了大错。如果他们没说这场战争是个失败,而是说我是个失败者,并且抨击我没有更加积极地致力于这场战争,那么,我应该不会再一次当选。"虽然胜利了,但这是必然性的神秘力量,而不是政治策略创造了这一神话。

　　大选结束后的第二天早上,尼古拉雇来协助处理来信的爱德华·尼尔比平时更早来到白宫,而那时,其他人还在从前一晚庆祝仪式的兴奋中慢慢恢复。当他经过林肯办公室门口时,"我看见他已坐在办公桌前处理公务"。连一场重要的选举胜利也没有使林肯从他的公文中分心,多年后,尼尔对尼古拉提及此事时评价道,"在获得了连任总统胜利后,在尚未消散的令人激动的特殊氛围下,一个人还能在第二天一早返回办公室,毅然开始处理工作岗位上那些单调枯燥的日常事务,这个人一定具有崇高的品质,并且在任何危急时刻都能够保持沉着冷静"。

第十章

对任何人不怀恶意

内战以这样的结局解决了奴隶制问题，提出是否可以以别的方式来解决这一问题，看上去几乎是不可想象的。但是，这样的结局对于林肯而言绝非显而易见。他坚持认为，"他一直赞同解放黑人，"相信一旦共和党控制的国会作出终止奴隶制在准州扩张的姿态，奴隶制将注定消亡。不过，他从未幻想他当时可以宣告"立即解放黑奴"，而且，迟至 1865 年，他还承认若非"维护联邦统一的必要性的驱使"，他可能不会做这些事情。尽管如此，正如他对艾伯特·霍奇斯解释的，他并不能完全打消他自己的疑虑。他补充说，"我并不是完全确信，在这一行动中，我们得到的是否会多于失去的"。

尽管如此，林肯一直希望由天意来引导一切。他于 12 月向即将任期届满的第三十八届国会解释说，"在战争的开始"，没有人认真考虑废除奴隶制或者武装黑人的问题。但是，"我很清楚我的职责，所以，我决心利用这股力量；同时，我对此负全责，为美国人民，为基督教世界，为历史，而最终是为了我自己对上帝的承诺"。他直率地对霍奇斯坦言，解放南部同盟奴隶的决定与他自己的睿智无关，他只是"受形势所迫"。正如他告诉美国基督教委员会的一个代表团那样，不管什么样的赞誉，不管什么样的指责，"上帝都能够独自承担"。

这不仅仅只是用来诱导那些纠缠不已的批评者的借口；这也是他用以消除自己的优柔寡断和茫然失措的一种本能的、聪明的方式。1864 年底，所有的迹象都表明，林肯自己"不知不觉地走向"解放黑奴的道路是正确的，"我们现在比战争开始时有更多的士兵……我们没有精疲力竭，也没有走向精疲力竭……我们正在增加力量，而且可能无限期地继续这场战争，如果必然如此的话"。战争为铁路、食品供应产业、与战争相关的纺织生产和银行业带来了空前的繁荣；蔡斯发行绿背纸币（以及政府支付给士兵的债券）所造成的通货膨胀使债务人能够以贬值的货币偿付给货款人，并且使他们自己摆脱了依附地位。塞勒斯·麦考密克厌恶地评论道,林肯允许债务人用贬值的绿背纸币"得意洋洋地与债权人纠缠","并且毫无怜悯地偿付给他们"。若对这一繁荣进行恰当的估测,其结果将只会是昙花一现而已,但是林肯从更广阔的视角看到,三年战争之后,繁荣仍然令人惊奇地存在。"在那时,国家的资源还未用尽,而且,正如我们所相信的那样,国家的资源是无穷无尽的。"

特别是在 1864 年选举胜利的有利保证下,林肯最终确信,"战争的结束指日可待"。不过,战争胜利的结局并不意味着他所有问题的结束。他想要的不只是战争的结束,而是在丧失更多的生命和财产之前,在将南部拖入无穷无尽的严重灾难之前,"迅速地"结束。在葛底斯堡公墓落成仪式之前,林肯告诉托马斯·杜瓦尔,"虽然奴隶制的废除是战争的一个必然事件,但他十分清楚奴隶制的突然灭绝将造成极大的破坏"。另外,吉迪恩·韦尔斯"经常"听到他表达这样的忧虑,"除非马上处理……"否则,南部的"公民关系、社会联系和工业在叛乱被镇压之后将进一步恶化"。

然而,林肯也经受不住和平过快地到来,他之所以左右为难与解放黑人有关。正如林肯不厌其烦地提醒人们的那样,《解放宣言》是一项战时措施,是他以战时总司令的权力发布的。尽管他向白人和黑人同样保证他不会放弃这个宣言,但是,宣言的权效不会超过战争时期,一分钟也不会。12 月份,他告诉国会,"政府的行政权力将因战争的结束而极大地减小";一旦战争结束,《解放宣言》是否继续生效"将是法院的问题"。然而,不要忘记,最高法院在奴隶制问题上的定论是"德雷德·斯科特案例",谁也不能保证最高法院确实不会将宣言抛出来作为和平时期的第一个挑战。

林肯在这一问题上的忧虑在 1864 年 10 月的时候有所减轻,因为首席法官塔尼——他直到死都反对林肯——去世了。但是,一个更好的解决方式是继续推动边界各州和重建的南部州政府将黑人解放条款以某种形式写进州宪法中。另外,当战争对联邦政府越来越有利时,边界各州同林肯讨价还价的优势越来越少。借此,总统增强向各州施加解放黑奴的压力。林肯新的副总统安德鲁·约翰逊利用他作为田纳西州军政长官的最后几个月召集了制宪会议,废除了那里的奴隶制。1 月份,密苏里州的联邦主义制宪会议不仅废除了奴隶制,而且开始承认黑人的一系列公民权利。甚至在马里兰州——之前,联邦部队对马里兰的占领仅仅使这里的黑奴摆脱了昔日主人的控制——也终于在最后的时候见证了林肯称作的"时代的标志",于 1864 年 11 月 1 日采纳了包含废奴条款的新宪法。林肯非常高兴地对白宫职员查尔斯·菲尔布里克说,"因为它的道德影响力,这是一个相当于州选票两倍的胜利"。甚至在 26

年前逃亡的弗雷德里克·道格拉斯第一次返回巴尔的摩时,对此也欣喜若狂,称"这是一个真正、完美和彻底的变革"。

不过,在上述各州中,这些新的宪法都是在联邦武力压迫下撰写的。战争一结束,这些宪法可能还要再一次修订。几乎在战争快要结束的时候,自军政长官以下的肯塔基人继续不断地要求林肯将已招募为联邦部队士兵的黑人恢复奴隶身份。而且,如果和平突然来到,并且南部同盟各叛乱州与北部重新统一,这些州决定怎么做还很难说。《解放宣言》将会立刻变成一纸军事空文么?当重建的叛乱者带着他们的吁请与联邦法院纠缠时,由《解放宣言》解放了的黑奴将会被前南部同盟继续奴役吗?

在美利坚合众国里避免更多的生命陷入奴隶制的唯一措施是修订联邦宪法,使法院和各州无法干预奴隶制的废除。就像林肯所说的一样,包含全国无条件地废除奴隶制的第十三条宪法修正案将会是"上帝治愈人间所有罪恶的一剂良药"。实际上,早在1864年1月,已经有人提出这样的修正案建议供参议院讨论。莱曼·特朗布尔模仿先前的《西北法令》中的句子提出了只有一句话的决议案:"在美国境内或受美国管辖的任何地方,奴隶制和强迫劳役都不得存在,但作为对依法判罪者犯罪之惩罚,不在此限。"然而,4月份,尽管在参议院有三分之二的支持率,这份修正案提案于1864年6月15日提交众议院表决时,却没有获得三分之二的多数票。在1864年漫长的夏季中,众议院中有太多的民主党人,他们没有理由对林肯让步,并公然抨击这一修正案"是不明智的、失策的、残忍的,是文明开化的人民不该支持的"。

1864年11月的选举改变了这一切。在下一届国会于1865年12月召开时,共和党有足够多的票数保证修正案的通过。但是,林肯甚至不愿意等到那个时候。假如战争在1865年春天突然结束,这就将终止《解放宣言》的军事权效,这样在国会召开之前将出现长达几个月的政治真空,在这期间几乎什么事情都可能发生。林肯警告说,"可能出现的问题是,这一宣言是否具有法律效力。""可能还有一点要补充说明,宣言只对那些已经加入我们阵线的人有用,而对那些没有投降的人无效,对于黑奴今后生育的孩子将不起作用。"因此,12月份,林肯在国会最后一次会议上,恳请第三十八届国会在解散前改变主意。他说"并不是说选举已经给国会议员们强加了一项义务,要他们改变观点或选票",但是,这次选举仍然是"人民的声音",他们最好去听一听人民的声音。1865年1月6日,俄亥俄州的激进派共和党人詹姆斯·阿什利号召重新审议这一修正案,这时,林肯将他的权力引擎调到了高速挡。

宾夕法尼亚州国会众议员撒迪厄斯·史蒂文斯

这一次，激进派几乎无法反对他，因此，修正案为他提供了少有的从激进派那里夺取主动权的机会。不过，可以预见的是，修正案定会遭到来自于北部民主党人和边界各州顽固派的抵制。所以，部长们被派做言行谨慎的特使说服那些摇摆不定的国会议员，同时，那些边界各州持有更为激烈的反对意见的人被召来白宫与总统亲自会面。林肯笼络密苏里州国会议员詹姆斯·罗林斯说，"你和我都是老辉格党人，我们都是伟大的政治家亨利·克莱的追随者。我是把你当做辉格党老朋友和我见面，请你投票支持这个修正案。"他没有浪费时间和不信服者谈什么理想主义。林肯坦率地对罗林斯说，"修正案的通过将最终解决所有的问题；毫无疑问，它将使战争很快结束。"其他人坚持要求更划算的回报，结果如愿以偿。查尔斯·达纳回忆道，"其中的两个人想要国内税收征收员的职位，"另一个人则"想要纽约海关一个很重要的职务……可能一年有两万美元的收入"。最终，他们都如愿以偿了。精明的撒迪厄斯·史蒂文斯评论道，"十九世纪最伟大的措施是在美国最清廉之人的帮助下靠贿赂通过的。"

　　北方民主党在选举后士气的瓦解也有助于修正案的通过。为什么不"通过摆脱支持奴隶制的恶名……增强我们自身的力量呢"？在修正案的讨论中，一位沮丧的民主党坚定分子问道。"那时并且仅仅是那时，我们才能指望民主党占据支配地位。"众议院三分之一的民主党人投向了林肯，当 1865 年 1 月 31 日重新审议的修正案开始投票时，它很轻易便通过了，仅有 7 票反对。查尔斯·道格拉斯写信给他的父亲弗雷德里克说，"在合众国永远废除奴隶制的宪法修正案通过的日子，我真希望你也在场。如此的喜悦场景我之前从未见过，礼炮响起来了，人们互相拥抱，把手言欢，这可是白人呵，还有，很多旗帜在风中飘扬……我告诉你，事情正在朝美好的方向发展……"

　　虽然第十三条宪法修正案代表了林肯解放黑人政策的胜利，他同国会的斗争仍在继续，在他自己党内，与激进派就战后南部重建采取何种方案的斗争也在继续。大多数问题集中到新近获得自由的奴隶的政治前景问题上。尽管林肯否决了韦德—戴维斯方案,但激进派几乎不把自己看做是败兵之军,因为解放黑人的要求已经实现,他们许多人便仅仅陶醉其中,没能将黑人的民权问题当做他们发起另一场争夺重建进程控制权的筹码。俄亥俄州国会议员詹姆斯·加菲尔德问道,"什么是自由?难道仅仅是不被奴役的权利? ……如果这就是全部意义,那自由真是个让人难堪的嘲讽"。尽管南部联邦主义有糟糕的纪录,林肯在南部没有蓄奴的白人身上看到了南部的希望(以及南部共和党的希望),这些白人被种植园制度诱骗卷入分裂和战争之中,如今已成为南部未来新的自由劳动的基础。已被收复的路易斯安那州在解放黑人问题上步履维艰,联邦主义者内部社会地位剧烈分化,这些迹象都增强了激进派的疑虑,似乎南部的政治前景建立在被给予了选举权的前奴隶主基础上会更好。愤愤不平的温德尔·菲利浦斯写道,"在英语的自由里, 我不相信那将保证依附阶级能够从上层阶级的善意和道德感中得到幸福"。在写给约翰·布赖特的信中, 查尔斯·萨姆纳坚称,"除非立足于《独立宣言》中法律面前人人平等, 以及政府基于被统治者的同意而建立的原则,叛乱各州将不可能复兴"。

萨姆纳补充说:"林肯先生慢慢地接受了这个事实。"战争爆发几年后,本杰明·巴特勒声称,迟至 1865 年,林肯还在漫不经心地考虑殖民计划,这是绝对不可能的事情。但是,这却指出了林肯的某种众所周知的勉强态度,即他不太愿意继续向前迈步,将关于黑人自由的讨论转变成为黑人公民权而斗争。一旦殖民计划被排除,林肯首先愿意讨论的唯一步骤是为获得自由的奴隶设置某种含糊的学徒身份,这是一种基于现金报酬的形式, 但已获自由的奴隶们仍然被限制从事他们熟悉的种植园工作。不过,当"学徒制"由联邦将军在路易斯安那州和密苏里州进行试验时,结果几乎完全一致地令人尴尬。联邦将军纳撒尼尔·班克斯对路易斯安那州的自由人强制实行分成农制度,在新奥尔良激起了强烈的抗议,在战前就有 1.1 万名南部自由的有色人种和几近自由的黑人中产阶级卷入其中。1864 年春天,路易安那州黑人上流阶层提出的要求选举权的请愿书使林肯感到很震惊,他认识到他正在面对的可不是未受教育的泥腿子们。1864 年 3 月 3 日,他向路易斯安那州的黑人请愿者保证说,"如果承认黑人的选举权对于结束战争是必须的,他一定不会犹豫"。十天后,他向已经光复的路易斯安那州的新任州长迈克尔·哈恩问道,"是否有些有色人种未被允许"享有选举权,"比如,很有才智的人,尤其是那些在我们的军队中勇敢地战斗的人。"不过,就像他愿意向"有分寸的法官"沃德·拉蒙让步一样,他对于"这是否会是一个令人质疑的政治策略"也拿捏不准。他没有提出具体方法来判断哪些人是"很有才智的人",而他向哈恩提出的建议事实上是一个谨慎的宪法意义上的暗示,即黑人的公民权利是各州政府而非联邦政府必须解决的事情。在修订阿肯色州剥夺了黑人的选举权和政府机关任职权的重建时期宪法提案问题上,林肯毫无作为。最终,正如他在 1864 年 12 月向约翰·海所说的那样,在这件事情上,他至今也没有提出"强硬的政策"。

这其中的危险是,总统选举的不确定性对那些直到 1864 年仍渴望由联邦处理公民权利的激进主义者来说可能是一个错误的信号,他们认为这才是解决南部叛乱的最终方式。1864 年 3 月,查尔斯·萨姆纳推动参议院的议员们审议设立自由人事务局的问题,认为自由人事务局将有效地使获得自由的奴隶得到财政部的帮助(这时的财政部长仍然是蔡斯),并且负责分发食品、衣物和土地,仲裁劳动争议,以及调查各种各样的侵权事件。这其实是联邦政府对通常模糊地保留给各州的权限的干预。这个议案是由偏执的萨姆纳起草的,写得很糟糕,以至于不得不修改多次才好不容易完成。不过,当参众两院协商委员会于 1865 年 2 月开始对这个全面修订过的议案进行辩论和表决时,他们展开了长时间的讨论:议案所建议的只不过是为自由人设立一个内阁级的新部门,以及制定一个积极的土地再分配计划。除了最极端的激进主义者,该议案令所有人都感到震惊。随后,这一议案在被采纳前调和了许多,以使它至少符合林肯的意愿,1865 年 3 月 3 日林肯签署了此议案。但是,即便具有更温和的形式,它仍然代表着激进派策略上的胜利,事实上,自由民局在战后成为南部激进重建的主要机构。

同样令人担心的是,林肯与国会谋求战后控制权的斗争还支配着国会大会最后几周时间里的其他两个重要问题。在韦德—戴维斯方案彻底失败后,林肯在 1864 年 12 月向国会最后一次会议提出了一个不完全的重建建议:他的百分之十方案已经执行了"一整年","出于对公众的责任感,终止它的时间可能到了——可能将到了;同时,应采取更严谨的措施取而代之"。一周后,詹姆斯·阿什利提出了一个新的重建议案,请求国会同意在路易斯安那州实施百分之十方案(如此可以保证路易斯安那代表自由州的代表在国会占有议席,并且保证路易斯安那州被联邦重新接纳),但这一议案倾向于激进派的要求,主张将韦德—戴维斯方案应用于其他仍在顽抗的南部同盟各州——前提是自由黑人能够被计入"男性公民"并达到韦德—戴维斯方案所规定的百分之五十的要求。换句话说,各州依然可以对黑人的公民权作出决定,但是,他们将被迫把这一决定当做避免激进重建时采取强硬措施的一种方式。

对于阿什利的这个新方案,林肯起初疑虑重重,他向沃德·拉蒙坦承,他认为"获得自由的黑人的普选权问题,在他尚未做好准备的情形下,是否合适是令人怀疑的……而且不仅可能对共和党,也可能对获得自由的黑人本身以及我们的国家产生事与愿违的后果"。普通的南部同盟士兵——将是战后南部最重要的政治力量的南部白人自耕农——"不会受制于他们所痛恨的规定,返回家园去接受公民身份;由于南部已是一片废墟,十分贫困,被遣散的南部同盟士兵将走向违法犯罪和无政府主义。"不过最终,对于这个方案,林肯向海声称"除一两点之外,他还是喜欢它"。

阿什利本着和解的精神,自己作了一些让步,修订了方案的部分内容,将享有选举权的黑人限于"曾在美国陆海军服役的"退伍军人。但是,凡是与路易斯安那相关的方案都不能使激进派满意。据本·韦德所说,路易斯安那州的方案换来了在其他地方进行更严厉的重建的前景,这是"一个防止犯错的蹩脚办法,使将来的事情更不好办"。阿什利被迫接受新的修订,在路易斯安那州恢复韦德—戴维斯方案所规定的战前百分之五十公民人数的要求,这一改动浇灭了林肯的热情。最终,这一方案没有令任何人满意,在 1865 年 2 月 21 日被众议院搁置,再也没有被提起。2 月份,当路易斯安那州政府试图上报它的选举人票时,国会拒绝承认该州进行的"总统和副总统选举的有效性"。由林肯推动、莱曼·特朗布尔具体操作提出的吁请,决定依据决议给予路易斯安那州国会席位,但这最后的努力也在本·韦德夸张的言词打击下于 2 月底失败了。詹姆斯·阿什利承认,"规定在叛乱各州重组忠诚的州政府的议案没有一个能在这届国会通过"。

毫不妥协的态度使林肯进退维谷,一是担心战争太快地结束将使《解放宣言》立即失效;二是担心战争维持太久,他又将失去重建进程的控制权。虽然每一种担心都会招致不同的苦恼,但后者显然会招致更大的危险。正因为如此,当那个冬天联邦部队取得了一系列彻底的军事胜利时,他立即欢呼雀跃,信心倍增,觉得战争的结束实际上可能就是几周内的事情了。1864 年 11 月,威廉·谢尔曼带领 6.2 万名坚毅的联邦老兵从亚特兰大出发,开始大规模的袭击,挫伤了盘踞在佐治亚州中部地区的南部同盟部队的锐气,此次进攻以占领萨凡纳告终,及时地成为谢尔曼赠送给林肯的圣诞礼物。南部同盟部队在西部所能做的是发动一次微弱的袭击,将谢尔曼的注意力转移到已被占领的田纳西州。不过,谢尔曼已经在其身后布置了另一支 6 万人的联邦部队,在乔治·托马斯统领下应对这样的突袭事件。1864 年 12 月 15 日至 16 日,托马斯在纳什维尔南部进行了一场为期两天的惨烈战斗,最终将那里的南部同盟军撕了个粉碎。翌年1月,联邦陆海军联合远征队占领了费希尔要塞,保卫了进入北卡罗来纳州威尔明顿的通道,并且关闭了南部同盟进入亚特兰大海岸的最后一个主要军事要塞。接着在1865年3月,詹姆斯·威尔逊指挥的大规模骑兵突袭突破了南部同盟从田纳西河到亚拉巴马州塞尔马的心脏地带。

然而,南部同盟最后的也是最危险的军队在罗伯特·李的领导下仍然牢牢地盘踞在里士满和彼得斯堡周围,而且,从所有迹象来看,要想撼动他们似乎并不是件容易的事情。当最终的解决仍然显得遥遥无期,而且战事拖延的结果变得严峻时,此刻,林肯原来倾向妥协的律师本能又显现出来。

在过去的三年里,林肯断然拒绝了与南部同盟进行谈判的任何建议。这样的谈判只会使士气低落,同时增强民主党的反对力量,更不用说会激起激进派对他的指责。他在1864年夏天已作出了让步,同意了霍勒斯·格里利在尼亚加拉大瀑布进行和平会谈这一轻率的计划。因为那时他再次当选的可能性看上去遥不可及,也因为他相当确信,他向南部同盟提出的任何条件都不会被他们接受。他甚至走得更远,想写一封信让亨利·雷蒙德转交给杰斐逊·戴维斯,不过后来取消了。大选后,和平会谈的建议再次出现,而且,彼得斯堡的战事僵局拖得越久,林肯就越希望听一听这样的建议。当南部同盟政府显然开始摇摇欲坠,和平会谈此时只会削弱叛军;而且战争每天都要消耗成千上万的资金,快一点进行和平谈判将消除战争造成的沉重负担。既然第十三条宪法修正案已经安全无虞地进入州议会批准的程序,奴隶制的问题就已经解决了;现在,和平会谈可能是一个从激进派手中夺取重建进程控制权的机会,他可以按照自己的主张来筹划和平解决这场战争。

这是显而易见的,不仅对林肯,而且对北方民主党人和保守的老辉格派共和党人都是如此,他们中的一些人得到了林肯的允许利用他们的政治关系向里士满发去试探和平的信号。其中最重要的莫过于老弗朗西斯·布莱尔所作的努力,他已经恳请林肯几个月,请求同意他与杰斐逊·戴维斯展开接触,但是直到国会的投票确定第十三条宪法修正案稳操胜券之前,林肯一直拒绝他的请求。林肯在1月中旬的时候大发慈悲,颁给老布莱尔一个通行证,这是因为,关于此行的目的,布莱尔告诉所有人的是:他与戴维斯接触只是为了寻回去年夏天叛军突袭马里兰州时落入南部同盟军手中的一些家族文件。老布莱尔谒见了戴维斯,并从这个南部同盟总统那里带回一封信,信中表明南部同盟总统对于可能为"两个国家"之间带来和平的会谈有兴趣。林肯不能忍受任何含有"两个国家"意思的暗示,但这一次,他却未计较太多,而是再一次派老布莱尔去会见戴维斯,表示他很欢迎接待戴维斯指派的任何特使。1865 年 1 月 30 日,林肯给一位可能由南部同盟派来"意在参加非正式会议"的代表团颁发了安全通行证。戴维斯挑选了三名特派员,送他们穿过彼得斯堡防线,与西沃德在停泊于门罗要塞附近汉普顿锚地的"大河女王"号汽船上会晤。1865 年 2 月 2 日,在收到格兰特不要在不通知他的情况下让他们返回里士满的请求后,林肯悄悄地离开了华盛顿,亲自参加了西沃德和南部同盟代表间的会晤。

戴维斯精明地任命他的副总统亚历山大·斯蒂芬斯为南部同盟三人代表团的团长,斯蒂芬斯以前是辉格党人,也是 18 年前林肯在国会中的同事,他在众议院中度过了一段孤独的时期。斯蒂芬斯巧妙地回避"两个国家"的问题,而且以辉格主义的信条展开讨论,呼吁林肯恢复"这个国家不同州和地区之间的"和谐与和平,这证明戴维斯的选择是恰当的。林肯没有断然驳斥斯蒂芬斯,而是清楚地表明,这样的"和谐"有几个条件,对此他不准备讨价还价:第一,南部同盟军队必须放下武器;第二,《解放宣言》不会被取消;第三,南部同盟各州必须服从联邦政府的权威,而不是寻求通过谈判获得和平的解决途径。"他的意见是,当反抗停止,联邦政府得到认可的时候,各州与联邦的实际关系才会立即恢复。"简而言之,首先必须实现重新统一,只有那样,和谈才可能开始。

不过,一旦这样做了,几乎任何事情都有可能发生,包括奴隶制在南部同盟结束的方式,以及此后黑人公民权的前途。尽管林肯不会在《解放宣言》问题上退缩"哪怕一点点",但他也不得不承认,任何的战后解决途径都不可能保证法院不会取消《解放宣言》,而且,"他也应该将它留待法院裁决"。废除奴隶制的宪法修正案目前确实已进入了批准的程序,林肯也期望南部各州将认可这一修正案。战争,尤其是黑人士兵,已经使事态发展到毫无希望恢复到原状的地步。林肯坚持说:"奴隶制必须废除。"但是,如果叛军现在就投降,他将对此加以关照,实行有选择地废除奴隶制。林肯忠告南部同盟的副总统,"斯蒂芬斯,如果我在佐治亚州,我就回到家里,让州长将议员们召集起来……然后,希望这个宪法修正案得到批准,使它生效,比方说,在五年内都有效。在我看来,这样的批准程序是有效的"。林肯接着解释道,这样,南方人"将尽可能避免遭受立即解放黑奴的不幸"。实际上,为了给这粒苦药裹上一层糖衣,林肯提出设立一种特别税"来补偿解放奴隶的南部人"。毕竟,事实上,南方人不应比北方人承担更多的罪责,"北方人也要和南方人一样对奴隶制度负责",因而,给予奴隶主一笔"合情合理的赔偿金"就没有什么可抱怨的。

在损失了成千上万的生命之后，对那些首先脱离联邦挑起战争的奴隶主，林肯还提议赔偿他们因解放奴隶所遭受的损失，在1865年1月这看上去让人匪夷所思，人们自然产生林肯是否真的这样做了的疑问。但是，来自西沃德和斯蒂芬斯的所有证据都表明林肯确实这样做了。不过，只要理解林肯多么渴望结束战争（既能削减费用又能阻遏激进派），只要理解林肯身上残留了多少实现全国和解的辉格党信仰，只要理解林肯对黑人公民权问题成为一场联邦政府领导的斗争寄予多么小的期望，那么，我们便知道林肯这样做的意义了。2月5日，在林肯返回华盛顿以后，他当晚便召集内阁成员召开了特别会议，简要地通报了在汉普顿锚地的谈判情况。"总统已经慎重制定了他希望以此成功推动和平进程的计划"，目瞪口呆的吉迪恩·韦尔斯在他的日记中写道；这不只是一个"计划"，林肯实际上已经拟定了一揽子解决方案，想要呈交给国会两院批准。该方案正式提出为所有的蓄奴州，包括边界各州，提供4亿美元政府债券，如果"放弃和停止对联邦政府的所有抵抗"，一半在4月1日前偿付，另一半在第十三条宪法修正案被批准之时偿付。换句话说，这是补偿性解放黑人方案的复活，补偿这根胡萝卜被用来消减废除这只大棒的强度。

但是，林肯对于这样的解决方案的实际效果可能没有完全的把握，故此，他才非同寻常地将它提交给内阁进行讨论。然而，内阁成员对此却毫无热情，甚至连西沃德也一样。内政部长约翰·厄舍回忆说，"我认为，他在内心里对这一方案非常热心，只要内阁中有一个人支持他的方案，他都会坚持下去"。甚至更加非同寻常的是，林肯是以恳求的口吻请求他们同意的：战争将持续"至少一百天"以上，"除了流血牺牲外，每天还要花费三百万美元"，而赔偿方案"相当于我要继续为战争支付的总额，更不用说失去的生命和损失的财产。我把它看做是一项严格而又简单的经济措施"。他环顾他的同僚们，却发现没有一个支持他的，仅仅十分钟后，林肯"叹了一口气，然后哀伤地说，'看来，你们都反对我的意见'"。于是，这个最后的和平建议也被永久抛弃了。

这是一场充满惊奇的战争，那些看上去像是很显而易见的问题——脱离、叛国、州权和黑奴解放——结果却几乎都是没有直接答案的。1864年9月，林肯在内战期间第二次写信给英国教友派的伊莱扎·格尼说，"许久以前，我们就盼望这场可怕的战争能圆满结束；但是上帝洞察一切，他作出了相反的安排"。林肯唯恐这样听起来还不够虔诚，又补充说，"上帝的意图是完美的，而且一定会实现，尽管我们这些有罪的人也许不能预先确切地察觉这些意图……然而我们应当承认上帝的智慧和我们自身的罪过"。

他注意到,发出的声音越极端,越苛刻,作出的解释就越会失去分寸。随着战争的缓慢进行,这些声音只会变得更加愤懑和更加自以为是。在南部同盟,民主党对公共道德准则的长久怀疑早已使公共的政治性言论与私人的宗教对话区别开来了,但是战争的爆发却使得这种区分不复存在,因为南部的神职人员匆忙地宣称南部同盟的成立是神授的。在第一次布尔河战役后,里士满的一名牧师鼓吹道,"上帝已经赐予我们今日的南部以新的和绝佳的机会——同样也是一个最神圣的命令——去实现这样的政府形式,即保证所有人的公平和宪法权利"。佐治亚州的圣公会主教宣告,"我们正从事于一场最伟大的战斗,对于一个英勇的种族来说,这样的战斗曾经振奋过他们的心灵,增强过他们的力量。现在的这场战斗是赶走正在这片土地上肆虐的异端的和唯理主义的原则——这些原则将耶稣的信条替换为星条旗的信条"。卓越的长老会教神学家詹姆斯·桑韦尔辩解道,废奴主义者的狂热已经使北方人变成了"无神论者、社会主义者、共产主义者、革命的共和党人,以及雅各宾党人",而南部同盟担负起保卫"秩序和掌控自由"的责任。1861 年 11 月,本杰明·帕尔默更切中要害地宣称,上帝已经"按照神意委托"南部同盟来保护"国内的奴隶制度,并使之原封不动"。

但是,民主党政治文化中世俗主义的影响力对于那些想把南部同盟的事业转变为上帝的事业的人是极为不利的。比如,许多像桑韦尔这样的南部知识分子对于奴隶制与基督教和谐相处满怀不安。桑韦尔承认,"在充满天堂的微笑的尘世间,或是在上帝的伊甸园,我们画不出奴隶的模样,就像我们画不出结巴、缺肢者、跛子和瞎子的模样一样"。"连那些最坚定的奴隶制捍卫者也不应该否认,奴隶制与一个完美的国度是矛盾的,这显然不是一件好事、幸事。"在战争前夕,桑韦尔向他最亲密的朋友吐露说,"他已经下定决心行动起来……逐步地解放黑人奴隶,这是给国家带来和平的唯一措施"。暴躁的长老会教徒"石墙"将军杰克逊自己就拥有奴隶,但是,他在他的家乡弗吉尼亚州的列克星敦建立并资助了一所黑人主日学校,这使他违反了该州规定的禁止教奴隶读书的法律。他的妻子解释说,"他对那个种族抱有兴趣仅仅是因为他们的灵魂需要拯救";不过,认为奴隶们实际上有灵魂的信念削弱了奴隶制绝对论的基础,致使列克星敦"一些保守的贵族威胁要告发他"。神学地位仅次于桑韦尔的南部长老会教神学家、南部同盟的重要吹鼓手罗伯特·达布尼私下里并不相信"我们应该满足于奴隶制以它现在的形式永远存在"。南方人"必须心甘情愿地承认和同意赋予奴隶们那些作为我们基本的人性一部分的权利;否则奴隶制"不可能维持"。

有这样的宗教界朋友,南部同盟都不需要敌人了,非宗教的南部同盟报刊逐渐启动了对宗教爱国主义的批判,《里士满观察家报》抱怨道,"虽然政府应该适当地尊重宗教仪式,南部同盟政府已经这样做了,却做得有些过火了"。当佐治亚州的浸礼教徒把南部同盟1864年的军事失败归咎于南部奴隶主没有尊重奴隶们神赐的婚姻时,南部同盟的政府官员被激怒了。南部同盟的吹鼓手们继续称赞像罗伯特·李和"石墙"杰克逊这些南部同盟领袖个人的虔诚和美德,以此作为南部同盟事业合乎道德的证据。但是,整个战争期间,民主党鲜明的政教分离传统使它越来越多地通过其纯洁的共和整体或典型的雅典和斯巴达政治模式来证明南部同盟政府的正当性,而不是求助于上帝来证明。爱德华·亚历山大(罗伯特·李的炮兵司令)抱怨道,"战争期间,我们的总统和许多将军实际上确实相信'有'神秘的上帝俯瞰着大地⋯⋯祷告和虔诚可以赢得上帝天天的恩宠,这真是我们的梦魇"。

不过,如果对于宗教在奴隶制共和国中的角色,南部同盟内部存在意见分歧,那么,对于战争的政治目标,世俗思想中也存在同等程度的分歧。对于1861年的亚历山大·斯蒂芬斯来说,战争的目标是简单的、直截了当的,就是为了维护奴隶制度。1861年,他对萨凡纳的听众说,"我们南部同盟是建立在⋯⋯黑人逊色于白人这一伟大的真理之上的。我们的新政府是世界历史上第一个基于这个生理和精神上的事实而建立的政府"。其他人,比如桑韦尔,不敢如此明目张胆地拥护奴隶制,他们试图将这场战争解释为保护南部的特殊文化,这是杰斐逊主张的农业文明,具有"程度更高的感情主义,以及更高雅的学识和生活方式"。其他一些人则更为实际:建立一个独立的南部共和国,使南方人逃避缴纳用于国内交通改进的关税和联邦税收,也能保证棉花资本主义在世界市场上自由竞争。这样,正在为生存而战的南部同盟还要搞清楚为何而战,这些各种各样为南部作为一个国家的地位正名的解释激起的政治冲突,使得南部同盟政府穷于应付。

北方也因为其数量众多的民主党支持者而遭遇了危险的政治上的分裂,同时共和党内松散的反奴隶制联盟几乎不能被任何人控制——包括林肯、萨姆纳、韦德或钱德勒——即使是在形势最好的时候。不过,不同于民主党的是,共和党依靠的是老辉格党的核心原则,并不介意将宗教和政治融入单一的公共议程中。与南部严格的政教分离不同,亨利·比彻在某个观察家看来就像是"一个迷路后撞入教堂的政治演讲人"。共和党坚持的原则产生了一种宗教解释的辞令,其关于战争的主张就像它的南部同盟对手一直犹豫但仍要剥夺(黑人的)公民权利一样自负。北方的卫理公会派教徒"向星条旗敬礼近乎于我们对耶稣基督的十字架的虔诚和感情"。作为波士顿福音派的主要堡垒的公园街教堂满是这样的训诫词:"为法律和统一,为国家和上帝伟大的统治训令而奋斗。"1864 年,罗伯特·斯坦顿在其《教会与叛乱》一书中问道,"既然神的眷顾是达于世间万物的——上天掌控所有人的心,那么,每一个相信神的眷顾的人怎么可能不明白这些事件是上帝必然的安排呢? 他怎么会没有看透这些事件意味着奴隶制的灭亡呢"? 革新派长老会全体大会为 1862 年的联邦事业而欢呼,称其是为解决"最后一个历史问题"的"最后的战场"。查尔斯·霍奇(作为一名神学家,他是桑韦尔在北方长老会教派中卓越的对手)写道,"政治问题也有上升到道德和宗教领域的时候;政治行动的准则也有不考虑国家的政策而求助上帝的训诫的时候"。

在这种情况下,上帝的训诫不仅要求镇压叛乱,而且要求在战争的废墟上形成新的国家秩序,要求建立一个新的"在这些和所有土地上传播《圣经》的神圣"的共和国。这个美满的共和国恰好类似于辉格党人的政治文化——"所有地方的奴隶都是自由人;所有地方卑贱的白人都将受教育并变得崇高;这个国家所有不同的部分都将不可分割地融合在一起……国家的各个地方结成更密切的关系;国家的自然资源被开发;在每一个地区都有学校和教堂"——但是,那只是突出表达了共和党新教徒是怎样轻易地将宗教和政治融入同一个期望,即这场战争会把美国献给"耶和华,使其成为上帝选民的国度和上帝的仆人,供其驱使"。甚至连自由的唯一神论教徒和公理会教友,像霍勒斯·布什内尔和威廉·弗内斯也为战争而欢呼,认为这是新世界的来临。他们说,"种族的差异一直是引起蔑视、憎恨和战争的因素,如今受惠于千年的辉煌,这种差异将要消失,人们将在基督手足情谊的关系中一起生活在一个充满生机和道德的联邦"。在南部同盟对其领导者的个人虔诚感到庆幸的地方,那样的虔诚却被排除在公众之外,而共和党则将宗教直接带进公共领域,不管它的领导者们是否抱持那样的信仰。当然,在这方面,共和党内没有比亚伯拉罕·林肯更好的例子了。

随着 1864 年"圣经修正案"的行动达到顶点的这种宗教的"政策兜售"在北方民主党中引起了很深的猜疑,他们认为这种对太平盛世的炽热之情对结束战争是一个威胁而不是有用的东西。当美国基督教委员会组织了 5000 名散发宗教传单并宣传废奴的随军代表时,北方民主党的中坚分子对此嗤之以鼻,他们组织了与之相对的美国卫生委员会,成为美国基督教委员会世俗化的、少有煽情的对手。但是,即使在共和党知识分子中间,对于过于热切地把北方看做绝对正义之所,而把南方看做绝对邪恶的魔窟,也有犹豫不决的时刻。1856 年抛弃辉格党主义投票给弗里蒙特、后来又支持林肯的查尔斯·霍奇承认,"这场战争在许多方面触动了人们的良知,致使信仰宗教的人们尽可能保持沉默,或者将沉默保持在容许的范围内"。但是,对于"这一问题的普遍看法",即认为这场战争的功过褒贬在北方和南方之间能够很容易识别和区分,霍奇却犹豫不决。他警告说,根据过去发生的事情无法作出评判,双方各自记录在案的胜利或失败并不代表上帝的决断。1863 年,南部同盟军在第二次布尔河战役和钱瑟勒维尔战役中取得了重大胜利时,人们尚不清楚这是否是以某种神谕形式对北方的审判。对于这个问题,霍奇发出如此疑问:"难道《圣经》和所有的经验没有告诉我们,上帝是至高无上的,天命不是由事实决定的,而是由神秘的圣贤决定的吗?"说来也怪,大约在同一时间,亚伯拉罕·林肯也问了同样的问题,而且也得出了与霍奇大致相同的结论。1865 年春天,当他思虑第二次就职演说的内容时,仍然提出了这样的问题。

对于林肯来说,构思第二次就职演说本身就是一个挑战,因为实际上他是自安德鲁·杰克逊以来要发表第二次就职演说的总统,也因为他可能借故拒绝发表与1864 年 12 月向国会提交的咨文重复的内容。第二年 2 月 26 日,林肯拿出"一卷草稿"给画家弗朗西斯·卡彭特和国会代表团看,说这"将被称为我的'第二次就职演说'"。不过,他说这份演讲稿只有"大约 600 字",然后,他将它锁在了桌子的抽屉里,一直到他需要它的时候。最终,这篇演讲稿实际上总计有 703 个字,他明白"不必像第一次就职时那样长篇大论"。"这场重大斗争的每一个重要时刻和阶段都会不断地有公告发出,"因此,"现在几乎没有什么新的进展可以奉告。"然而,省去了这些任何演说所必需的东西,战争消息的阙如使他的演说从政治转向了更大的、更令人关注的关于战争意义的问题。在这个过程中,他不仅设法将他自己惯用的优雅辞藻抛在后头,而且将对宗教问题的思索引入到美国政治演说之中。毫无疑问,共和国的创立者们从未预见到在就职演说中宗教问题会成为一位美国总统实实在在的关注。

没有什么特别的事情阻止林肯进行第二次就职典礼。国会仍然为重建政策争论不休,一直持续到 3 月 4 日举行就职典礼的那天凌晨,此刻第三十八届国会结束了,最终成了历史。林肯为了签署最后一批议案,在就职典礼好几个小时前就来到了国会大厦,这最后的工作搞得他心烦意乱,都没能参加在宾夕法尼亚大街上的游行。

（这对于林肯来说倒也无妨，因为天气变得阴冷，而且风很大，巨大的游行队伍缓慢前行，以至于玛丽·林肯的白宫马车绕道而行，抄了条近路去国会大厦。）中午时分，木槌终于在参议院会议厅落下，大门向众议院议员和来访者敞开，林肯和内阁成员从偏门进来，在外宾席坐下，观看新任副总统安德鲁·约翰逊进行就职宣誓。

安德鲁·约翰逊在这届新政府中是个另类。约翰逊是家乡田纳西州的军政长官，他似乎在进行反对种植园贵族阶层的战争，而不是为维护联邦统一而战。约翰逊是南部同盟联邦主义罕见的成功范例，林肯相信提名约翰逊为副总统候选人"将增加候选人的实力"。尽管如此，林肯不打算强迫共和党接受约翰逊，让 1864 年的候选人提名大会自愿地选择约翰逊。1 月份的时候，约翰逊写信给林肯，请求不参加就职典礼，以便主持已获自由的田纳西州新议会的第一次会议，这将实现"和恢复作为联邦成员的一个州的所有功能"。如果林肯知道接下来会发生什么，他大概就会同意约翰逊的请求，因为约翰逊不情愿地来到华盛顿，调养发作的伤寒症，在就职典礼的前一天晚上他狂饮威士忌来清醒头脑。但酒精却起了相反的作用，约翰逊进行就职演说的时候东拉西扯，最后还是即将离任的副总统汉尼巴尔·哈姆林强拽他的上衣后摆才使他结束演讲。在惊骇和尴尬中，集会上的人们窃窃私语，当林肯的就职演说会场转移到白宫的东厅门廊时，约翰·亨德森无意间听到林肯向就职典礼的司仪官指示说，"别让约翰逊跑到外面去说。"

在东厅门廊的阶梯上，为这次就职典礼搭建了一个木制的平台，平台上有数排为内阁、最高法院和其他政府高官准备的席位，在台下，"目之所及，人头攒动，如汹涌起伏的海洋"。一个狭长的讲台摆在平台的前

1865 年 3 月 4 日林肯第二次就职典礼现场

方,林肯手里拿着一大张纸走向那里。当参加就职典礼的人们走到外面时,风和毛毛细雨已经停了,所有的伞都收起来了,吉利的是,"就在那一刻,"新闻记者诺厄·布鲁克斯写道,"遮蔽了一天的太阳突然跃出云层,万丈光芒,壮丽辉煌。所有人都因这未曾预料的好兆头而心跳加快"。

林肯在演讲的开始简短地对他不准备说的话作了说明。"关于我们军事进展情况——这是其他一切的基础——公众和我自己一样很清楚",现在不必再重复。他在这个演讲中有一个更大的目标,那就是他自己对战争意义的探询,这是他几乎从战争开始就在探究的。对于林肯来说,那种意义和战争的原因有关,与他的第一次就职演说不同的是,他这一次毫不犹豫地指出奴隶制便是战争爆发的根本原因。林肯解释说,"这些奴隶创造了一个特殊的强有力的利益",尽管他们否认这一点,但"所有的人都知道这种利益是导致战争的原因"。正如林肯从 1854 年以来一直所说的那样,奴隶制导致战争的确切方式是奴隶主们决定"要增强且永远地保留这种利益,并将其扩张"到西部准州,"而政府方面,只不过是要求有权限制奴隶制扩大其地域"。不过,如果林肯想要将所有的事情都归结到那一点上,那么,他已经说了很多,将战争所有的责任完全归咎于奴隶制,使彻底废除奴隶制成为战争的唯一目标。

然而,林肯很久以前就明白战争用"原因和结果"这一相对有限的启蒙运动时代发明的参数是不能解释的"双方谁也没有料想到,战争竟会达到现在已经出现的这种规模,或持续那么长的时间",林肯继续说。"每一方都在寻求比较轻易地取得胜利,也希望战争的结果不那么带有根本性和令人惊骇。"实际上,林肯很长时间以来就已经预见到了"令人惊骇"的结果。回到 1861 年夏天那次草率召开的第三十七届国会特别会议,林肯称战争是"人民的斗争",一场在人民的政府和奴隶主贵族之间的战争。另外,在葛底斯堡,他还把战争描述为对不存在国王通过武力来解决公共问题的共和国的考验,它是否注定会因为引起分裂的政治问题而支离破碎。但是现在,他已经在战争中开始看到可以想见的最"令人惊骇"的结果,发现某种比战争的原因更具影响力的东西,这是神对共和国——不只是南部,而是南部和北部一起——作出的权衡,在这种权衡之中,战争的损失是整个国家罪恶的报应,要付出生命和财产的代价。

如果林肯的认识仅仅停留在这一点上,那他早已说得够多了,尽管听起来似乎南北双方在道德上处于等同的状态。"双方都诵读同一部《圣经》,向同一个上帝祈祷;每一方都祈求上帝帮助自己,而反对另一方"——不过,林肯本来可能还会说,双方都犯了同样的错误并应受到同样的惩罚。毫无疑问,林肯的这种观点并非无懈可击:在"没有自由意志""周围的环境塑造了人"的世界,林肯很容易相信即使是最深刻的信念也只是环境和自身利益的产物,而且,任何一方都没有被赋予独特的优越性。1854 年林肯曾经说过,"我对南部人民没有偏见","要是我们也处在他们那样的情形,我们也会是那样"。

不过,林肯并不相信南北双方在道德上是对等的。1854 年,在造成奴隶制扩张的问题上,他们可能"并不需要比我们承担更大的责任",但是,这样的事实并不能说明奴隶制是正当的,或者使人们不偏不倚地维护它。对于北方或南方,林肯发现,"不可思议的是,怎么会有人胆敢祈求公正的上帝帮助他从别人的血汗中榨取面包",而且他认为南方至少要为"宁愿打仗也不让国家生存下去"的决定负责,因为北方只是坚称"宁愿接受战争也不愿眼看国家灭亡"。北方可能并不完美,但它毫无疑问站在天使的一边。尽管表面上奴隶制反对者具有道德上的优势,对南北双方不应该以此进行衡量和判断。林肯到目前为止从人性的观点所讨论的事情,无论如何都是毫无意义的。

在这样的情形中寻找意义,意味着将平常的毁誉评价放在一旁。假如说奴隶主是错误的,那么,为什么北方跟南方要一同受到惩罚呢?关于这一点,林肯也没有别的答案,只是归结于上帝的高深莫测,林肯在很久以前便断定,至高无上的天意无法预知、只能遵从。正如他几个月前和伊莱扎·格尼说过的那样,"万能的主有他自己的意图",而且,这些意图并不总是与我们所期望的历史的正义和公正相符。他不会反对奴隶制度是"违反道德"的观点;但是,他也不会争辩说"这场可怕的战争"一直没有带给南北方相似的结果,"直到二百五十年以来奴隶无偿劳动所积聚的所有财富化为乌有,直到鞭笞所流的每一滴血将由刀剑刺下的另一滴血来偿还"。对于为什么正义应该和非正义一样大量地流血,除了"上帝的天意"之外,没有其他的答案。不过,如果将整个问题归结为天意的不可预知性,那这样的答案会令所有人吃惊么?"难道我们可以洞悉其中存在着任何有悖于上帝始终赋予其虔信者的那些神性的东西吗?……正如三千年前所说的,如此看来,仍然必须这么说,'主的判决是完全正确而公道的'。"

当然,这曾是查尔斯·霍奇两年前的观点,自从 19 世纪 30 年代以来,在奴隶制问题上,林肯这个昔日信仰宿命论的浸礼教徒和守旧派的辉格党长老会教徒霍奇的观点有着不可思议的相似性,这一点绝非偶然。(霍奇和林肯都遵循辉格党的政治策略和道德观；两人都拒绝声称拥有奴隶是完全的罪恶；两人都是稳步地转向废除奴隶制的主张，林肯是在 19 世纪 50 年代，霍奇则是在战争期间。）两人在观点上不同的地方是，林肯把这高深莫测的上帝看做是最高的审判者，他是那么的遥远，以至于他至关紧要的决定只是深不可测。在就职典礼上，林肯并没有暗示这场可怕的杀戮在某种方式上反映了救赎的目的，即上帝这个审判者也可以被理解为救赎者。在遥远的地方，生活在父亲宅地白人区的艾米莉·迪金森是另一个加尔文主义的弃儿，也在无助地探寻战争中的救赎：

至少还可以——还可以——祷告

哦，耶稣——在缥缈的空中——

我不知道你住在哪间屋子——

我四处敲着门——一片迷茫——

你唤起了地震，在南国——

唤起了漩涡，在海洋——

说啊，拿撒勒的耶稣基督——

难道你没有伸向我的臂膀？

第十章 对任何人不怀恶意

但是，林肯无法将上帝理解为基督救世主，他从未找到足以信奉此观点的信受学说、或上帝的慈恩、或与宗教的和谐融洽。作为林肯对于战争意义思索的核心，在他第二次就职演说中，上帝仅仅被看做是审判者，作为审判者的上帝只是在 1851 年带走了他病危的父亲，后来又毫无缘由地带走了他那三岁大的孩子的那个上帝。战争也同样是审判者带来的惩罚——这次有远见而又广泛的审判即便是反对奴隶制的人也没有垂青和豁免，它依旧只是审判而已。

无论这种看法是如何具有局限性，但它的确能给予某些有利条件。假如战争的终极意义就那样归结于不可预知性，那么，北方人就没有机会认定他们对战争问题已经有了完全的答案，有资格提出解决方案的不是有名的牧师，当然也更不是国会中的激进派。就此产生了第二次就职演说的基本政治策略。因为，这个演说不仅是一个公开发表的神学性质的祈愿——这是除了辉格派共和党人和老加尔文教徒之外的所有人过去的幻想，而且这也是一个针对激进派和其他任何自以为是地认为问题和答案都显而易见的人的呼吁——一个向即便是激进派也不能太过强硬地公然违

343

抗的权威的呼吁。这个曾经遭受别人以宗教这张牌反对的人，如今以神学家一般的高超技巧来对抗萨姆纳、钱德勒和韦德。

林肯最后一组正式照片的一张，摄于1865年2月5日

关于战争的结局，北方人真正的看法是什么呢？林肯在演说的最后一段予以了回答，这一段文字简短而温和，并带有祝祷的口气，就好像他又一次惟妙惟肖地在学着布道者的训诫。"我们对任何人不怀恶意；我们对所有人都宽大为怀；上帝既然使我们认识正义，那就让我们继续努力向前，完成我们正在进行的事业。"不可预知性，就像必然性原则一样，不是消极态度的借口，而是对正直目标的追求。一个人应该坚定地坚持正确的一面，但也须注意，并不是所有我们认为看到了的正确的事情都必然是上帝所看到并展现的正确的事情。演说中以《圣经》而非政治语汇描述了我们所践行的正确的事情："包扎起国家的创伤，关心那些为战争作出牺牲的人，关心他们的遗孀和孤儿——尽一切力量，以求在我们自己之间，以及我们和整个国家之间实现并维持公正和持久的和平。"不可预知性培养出在追求终极目标时的谦恭品质，它也因此培养了政策上的谦恭风格。

人群里响起了掌声和欢呼声，并不表明人们同意演说里所说的一切，而是为这最后抑扬顿挫的结尾所具有的全然先知性的庄重特点而折服。接着，首席法官——与此既相称而又理想的是，他是萨蒙·蔡斯——走上前去主持宣誓仪式。然后，在结束的时候，林肯弯腰亲吻对其宣誓的打开的《圣经》。《以赛亚书》第五章写着这样一句话："其中没有谁会疲倦，也没有谁会跌倒。"

但是，林肯却疲倦了。在后来的白宫招待会上，沃尔特·惠特曼看见他，"一身黑色，戴着白色的羊皮手套，外套穿的是燕尾服，义不容辞地接受握手，看上去非常闷闷不乐，仿佛他将要把所有东西交到别的地方似的"。3月6日，他摆好姿势，让来访的马塞诸塞州摄影师拍照，从拍出的照片看，林肯憔悴而瘦削，他下巴上的络腮胡子已经刮成了金属丝般的一簇。一个月后，由亚历山大·加德纳拍摄的一系列照片显

林肯传

Abraham Lincoln Redeemer President

示,林肯面部瘦削,颧骨两边凹陷,他的头发开始变得花白。2月末,当他的老朋友乔舒亚·斯皮德来拜访他的时候,他向斯皮德坦言,"我的健康状态十分不好。我的手脚总是冰凉的。我猜我应该卧病在床了"。实际上,在3月13日,林肯"感到很不舒服,并且婉拒了所有的来访者",甚至到了在他的病房里主持内阁会议的地步。在他再次当选的消息正式公布之后,林肯向国会递交了一份简短的咨文,为此瑟洛·威德向他发来一则贺文。林肯也把这个祝贺当做是给他的就职演说的,同时也尖刻地表达他的预感,说他的演说不会被某些地区欣然接受。"人们"——尤其是激进主义者——"是不会因为你让他们看到上帝的目的和他们的目的不一致而感到得意的。但无论任何,在这种情形下,否认这一点便等于否认上帝主宰着整个世界。"证明上帝支配人类事务的最好证据是那些已经完成的事业中显示的不可思议。

还在2月份的时候,林肯料想这场战争在初夏之前都不可能结束。但是,到3月中旬,谢尔曼冲破西部的南部同盟部队最后一点有组织的抵抗,带军从萨凡纳突入南北卡罗来纳,格兰特也越来越确信,给予彼得斯堡一记最猛烈的打击可能会摧毁罗伯特·李领导的已经遭受了大量损失的军队。格兰特于3月19日写信给他父亲说,"叛军已经失去了它的活力,如果我没有搞错的话,从此以后的数周内,不会有大股叛军的出现"。如果说格兰特现在还有什么担忧的话,那就是他担心李可能会从里士满和彼得斯堡一线溜走,果真如此的话,那"我们将在更南的地方再次遭遇同一支军队——而战争可能会再拖上一年"。第二天,格兰特在位于弗吉尼亚州锡蒂波因特的指挥部给林肯发电报,询问林肯能不能过来呆上"一两天"。格兰特对原因遮遮掩掩。"我十分想见到您,我想休息一下对您有好处",这是他简单的解释。但是,事实是,格兰特想亲自听听林肯如何处理可能出现的投降局面,为此,格兰特还派人去请谢尔曼从卡罗来纳坐汽船来参加这一磋商会议。那个时候,林肯已经回到白宫开始办公,不过仍然感到不舒服,他立即欣然接受了格兰特的邀请,于在3月23日,他带上玛丽和小儿子塔德以及一个小职员租乘"大河女王"号,在海军的护卫下沿切萨皮克湾而下直达詹姆斯河和锡蒂波因特。

和任何一次战区之旅一样,这是一次愉快的旅行。当大家都在等待谢尔曼的到来时,林肯强烈要求在安全许可下近距离观察彼得斯堡的包围圈。林肯视察了谢里登的骑兵团、一个步兵师和一支海军小型舰队,还去视察了另一个地方,在这里,玛丽制造了一个令人尴尬的小插曲,她指责爱德华·奥德将军的妻子与林肯打情骂俏。然后,在3月27日下午,谢尔曼到达锡蒂波因特。于是,在那个晚上,格兰特、谢尔曼和海军上将戴维·狄克逊进入"大河女王"号的尾舱室开始秘密会议,讨论决定在没有激进派参与下战争应该以何种方式结束。

就目前情形而言,相当确定的是战争将会在他们的主导下结束。国会要到 12 月份才会重新召集,这使林肯能够几乎完全自由地提出南部同盟投降和叛乱各州重返联邦的条件。吉迪恩·韦尔斯回忆说,"在国会休会的时候这场重大的叛乱被镇压,他认为这是天意;因为,不会有国会中的不利因素打扰和妨碍我们"。剩下的八个月有足够的时间迅速地结束战争,即使这意味着对南部同盟政府的某些让步。格兰特和谢尔曼两人都确信联邦部队"还会进行一次血战",不过,林肯甚至希望避免这样的局面。一旦南部同盟最终寿终正寝,他鼓励他的军官们"组织人员妥当安排南部同盟将士,将他们遣返回自己的家乡,回到他们的农场和他们的店铺",甚至承认叛乱者"那时存在的州政府,并保留他们所有的文职官员",至少"等到国会任命另一批时"。那样,"在国会于 12 月集会之前,我们应该使各州恢复活力,并使各州政府顺利运作,同时,恢复秩序并重新确立联邦的统一"。

如何处置南部同盟的领导层成为关键的问题:林肯表情冷漠地建议只允许他们自动消失。他认为"只要他们还在那里通过毒害民意而施加极大影响的话……南部就不会有和平和正常秩序"。但是,如果他们被赶走,那南部忠诚的农场主和中产阶级就能够确保他们对南部各州依法享有的控制权。林肯早已告诉斯凯勒·科尔法克斯,"让我们的将军们通知他们,如果他们留下来,他们就将因他们的罪行而受到惩罚,以此将他们吓出这个国家。不过,如果他们离开,没人会阻止他们"。在赦免杰斐逊·戴维斯或其他任何高层的叛乱官员问题上,林肯走得不会太远,然而,他表示,"如果他能够随心所欲,他会容许他在他南部的种植园里安静地死去",或者至少对戴维斯偷偷逃跑睁一只眼闭一只眼。林肯告诉爱德华·尼尔,"我希望他骑一匹快马,到达墨西哥湾海岸,从水路走得远远的,从此,我们再也看不到他了"。戴维斯这样的结局将不会使他过去的追随者们遭难,而且戴维斯自己也不会成为激进派使重建更具复仇色彩的工具。

这个讨论持续到第二天上午,谢尔曼记得,在持续一个半小时的第二轮讨论中,格兰特自始至终干坐着,根本没多说话。部分的原因在于,格兰特私底下一直在酝酿乘林肯还在锡蒂波因特的时候给予彼得斯堡一记重击。3 月 29 日上午,波托马克军团开始了行动,它的左翼在一个名叫法夫福克斯的交叉点形成对防守薄弱的李军残留阵线的包围。4 月 1 日,联邦部队占领了法夫福克斯,并且威胁要切断罗伯特·李可能希望西逃的路线。2日,南部同盟政府接受李的建议,匆忙放弃彼得斯堡和里士满,绝望地挤在最后一列火车里前往丹维尔,到达安全地带;下午,李开始从他的包围圈巧妙地撤退,同时,收拾其残部,准备向西冲向阿米利亚法院所在地,企图在他和格兰特之间保持一定的距离,既可以悄无声息地向南撤退,又可以与仍在南北卡罗来纳的最后的南部同盟军事力量保持一定接触。4月3日早上,格兰特命令军队对彼得斯堡南部同盟部队的战壕炮轰了五个小时,接着,一个小时后,发起了全线总攻。但是,到那个时候,罗伯特·李早已逃走。回到锡蒂波因特后,格兰特唯一聊以慰藉的事情是电告林肯,里士满如今已向联邦部队敞开了大门,那么,总统愿意前去看一看这座城市么?

　　林肯在锡蒂波因特消磨时光的时候,心里面一直怀疑格兰特早就准备发动这样的攻击。林肯回复道,"你知道吗? 将军,好几天里我心中都有这样的想法,认为你早就打算做这样的事情。"4月3日一早他带着塔德和一个护卫前往彼得斯堡,第二天,"马尔维恩"号炮艇载着林肯、塔德和一支水手护卫队前往里士满在詹姆斯河上的一个废弃的码头。早一些时候,正在撤出的南部同盟部队试图摧毁军事供应,四处放火,火势几乎无法控制,现在,这座城市看起来荒无人烟、阴森恐怖、满是焦土。里士满的黑人处于虽不确信但也满腔热情的状态中,林肯及其护卫队一出现在废弃的街

1865年彼得斯堡战役前联邦部队的士兵

347

南部同盟的白宫

上，黑人们便认出了他们。黑人码头工人们从两边拥过来，欢呼林肯是他们的救世主，并试图冲过水手们组成的警戒线，去触摸他的手和脚。林肯说，"不要向我下跪。那是不对的，你们只需向上帝跪拜，感谢他"。由纽约步兵组成的一个护卫队过来带林肯去戈弗雷·韦策尔的临时指挥部，韦策尔将负责里士满占领期间的事务。接着，韦策尔把林肯带到杰斐逊·戴维斯曾经的官邸，仅仅在两天前，这里还是戴维斯的白宫。林肯坐在戴维斯的桌子边上，吃了一份简单的午餐，然后，穿过更加欢呼雀跃的黑人人群巡视了这座城市的其他地方。当他被人问起，他将在这座城市采取什么样的联邦占领政策时，他只是简单地说了几句话，就像他一周前跟格兰特和谢尔曼简单提及的那样："如果你处在我的位置，你也不会对他们施加压力的。"

人算不如天算，第二天压力就出现了。弗吉尼亚的一个官员代表团在约翰·坎贝尔法官（曾经是汉普顿锚地谈判的一个特派员）的带领下来到韦策尔的临时指挥部，想了解林肯打算怎么处置弗吉尼亚。林肯知道，再也不能推迟废除奴隶制的议程了："到目前为止，已经通过咨文、公告和其他官方形式宣告废除奴隶制，与此相适应的，就是要采取实际行动贯彻执行之。"然而，与此同时，正如他在一周前向格兰特和谢尔曼所指示的那样，并没有比这更进一步的谈话。同时，他会给予坎贝尔机会召集

"在里士满举行的弗吉尼亚州议会",然后让他们"投票支持弗吉尼亚重返联邦",召回弗吉尼亚的部队,使南部同盟的军事抵抗土崩瓦解。不幸的是,这件事看上去容易,做起来难,因为在战争期间,在亚历山德里亚实际上存在一个在弗朗西斯·皮尔庞特领导下的弗吉尼亚联邦主义临时政府,声称真正代表弗吉尼亚州。不过,像皮尔庞特这样的残余军事政府是林肯所设想的重建过程中的早期阶段的遗产。如今,林肯向坎贝尔保证说,皮尔庞特的政府实际上没有真正的管辖权,"而且他不希望将其扩大"。林肯转向韦策尔将军,命令他让坎贝尔将"弗吉尼亚州议会的人"召集起来。但同时,韦策尔也要确保弗吉尼亚人只按林肯的想法去做。如果有任何人愚蠢地对抗联邦的权威,他们都将被赶走,如果必须的话还会被逮捕。

林肯提醒过格兰特和谢尔曼对于南部的军事投降需要做好准备,而他自己却被坎贝尔突然提出的关于弗吉尼亚重建方向的问题打了个措手不及。林肯返回锡蒂波因特,开始思考拟定一个详细说明弗吉尼亚重建的公告,结果,他发现这"比其曾经起草过的任何文书都更令其困惑";他为此一直忙到凌晨一点钟,方才满意。而当他发布后,却没有一个人满意。林肯一直逗留到 4 月 8 日,目的是看看格兰特是否能将逃亡的罗伯特·李逼入绝境以迫使其投降,之后,他终于决定返回华盛顿。因为还在 4 月 5 日的时候,有消息称威廉·西沃德在一次马车事故中受了重伤,林肯也必须召集内阁一起商讨坎贝尔的建议。

然而,当内阁在 4 月 11 日开会时,"这一问题……引起了普遍的诧异"。他们其中有一些人已经向皮尔庞特政府作出了承诺,现在他们觉得不能背叛这些承诺;另一些人完全不确信在这样的情形下组织起的弗吉尼亚州议会能够团结合作;当然,关于如何处理黑人奴隶问题,也没有达成任何协议。除此之外,吉迪恩·韦尔斯争辩说,"我们从未承认其他任何在战争期间成立的组织拥有合法地位,现在承认他们及其政府,无疑是失策的"。这一不同意见"让他很不高兴",林肯声称,他实际上并不是想将坎贝尔的议会承认为"真正的议会",而仅仅是当做能够解决弗吉尼亚因支持南部同盟而引起的麻烦的大会,并且确保其和平地转向民主政府。然而,"可能最好的是放弃这一做法。"

犹如要证实内阁的疑虑一般,第二天,林肯从韦策尔那里得到的警告是:在一个单独的和平解决方案中,坎贝尔已经开始将弗吉尼亚州议会描述成某种同等的谈判一方;《解放宣言》不再有效;南卡罗来纳州议会应该和弗吉尼亚人共同采取行动。这已经足够了。林肯生气地回电韦策尔,命令他取消坎贝尔的大会。他同意安置弗吉尼亚州议会"是为了一个具体的事情,也就是说,'撤回弗吉尼亚州的部队,并停止支持叛军'",但是,如果他们有更加野心勃勃的目的,那就是他们的错误。此外,他事实上不再需要他们了。4月9日,当林肯还在"大河女王"号上返回华盛顿时,格兰特终于在阿波马托克斯法院使束手无策的李军残部陷入绝境,罗伯特·李投降了。林肯对斯凯勒·科尔法克斯谈及此事说,处理坎贝尔"已经变得没有必要了"。给予李军士兵的投降条件和林肯打算给予的一样宽容:有条件地释放所有的南部同盟军队,不逮捕南部同盟军官(包括李将军),甚至容许军官们保留他们的随身武器,容许普通士兵认领一匹战马或一头骡子。一切终于结束了。

除了李投降之外,也许还有更多的结果。4月9日晚一点的时候,华盛顿得到李投降的消息后欣喜若狂。两个晚上后,林肯在白宫北草坪上向"鼓乐齐鸣、旗帜飘扬"的一大群人发表了一个不同寻常的公开演说。他解释道,军事胜利迫使重建问题"离我们更近了",这是一个他也承认"充满困难"的问题。在这些困难中,有一个明显的事实是"我们忠诚的人民,对于该用什么方式、态度和方法来进行重建,彼此之间也众说纷纭"。举例来说,他自己提出的路易斯安那州重建方案,尽管内阁"成员显然表示赞同",但却在国会中遭到强烈的反对。所有的反对来自于对南部同盟各州是否仍然被当做州来看待,以及各州是否应该独自对被解放的奴隶的公民权利负责的不同看法。这"仅仅是一个致命的抽象概念":只要路易斯安那州现在愿意重新顺从联邦的权威,那么它在叛乱时期的身份又有什么重要的呢? 这就好比说,"发现他们确实在家中,至于他们是否离开过完全无关紧要"。

不过,他承认,路易斯安那方案确实并非完美。当然,如果韦德和戴维斯提出的百分之五十的选民宣誓效忠,而不是百分之十,那将更好;然而,以南部的联邦主义作为政治前景的基础可能是不可靠的,因为林肯经历过这样的情况,所以,如果路易斯安那州新宪法将选举权赋予"最聪明的"被解放的奴隶,和"那些为我们服役的士兵",这或许将会更好。然而,在路易斯安那州已经至少废除了奴隶制并认可了第十三条宪法修正案的情况下,为什么仅仅因为路易斯安那计划并非完美,而要完全破坏所有的良好的设计呢? "就算现在的新路易斯安那州政府同应当建立的那种州政府的关系简直还有如蛋之于鸡,那么为了尽快得到鸡,我们究竟应该是马上来孵化这个蛋,还是应该先把这个蛋打碎再说呢。"此外,根据宪法规定,第十三条宪法修正案需要获得四分之三的州的同意;抛弃路易斯安那州就意味着丢弃"一张赞成修正案提案的选票",也因此危及整个废奴计划。

刺杀林肯的约翰·布思

在路易斯安那州返回联邦(同时意味着阿肯色州、田纳西州和其他占领的叛乱州也如此)的努力中,总是遭到那么多的挫折,现在到了"向南部人民发布新的宣言"的时候了。究竟是什么,他不会说。不过他说,"我正在思考,而且一定会付诸实践的是,什么时候履行这一行动将是合适的。"他故意使其含义模棱两可,而事实是,他正在酝酿一个"新的"方案,将来要付诸实践的既不是最初的百分之十方案,也不是令人尴尬的弗吉尼亚州议会形式。"这不是大家预料中的那种演说,"诺厄·布鲁克斯回忆说,但无论如何,人群中"人声鼎沸,热情洋溢"。

至少,在白宫草坪上的所有听众中有一个人,一个南部同盟的密探,如今失去了昔日的主人,居无定所,在欢欣鼓舞的人群中满腹痛恨。他出生于马里兰州,从未掩饰对南部的同情,但只有少数人知道他的秘密职业是南部同盟的密探、药品供应的偷运者和阴谋家。他在北方和华盛顿戏剧界更为人所知的名头是演员,他就是约翰·怀尔斯·布思。

在美国还没有哪个在职的高层官员因其在职期间所作所为遭到报复而被杀的,尽管有一个丧心病狂的人曾经企图暗杀安德鲁·杰克逊。林肯不相信他会是个例外。1863年林肯向本杰明·巴特勒保证说,"刺杀政府官员在美国并不构成犯罪"。尽管大量威胁和表达仇恨的信件几乎令每一个与他亲近的人都感到害怕,林肯还是这样认为。他向画家弗朗西斯·卡彭特承认,"我在芝加哥被提名不久之后,我即开始收到威胁我生命的信件。开始的一两封使我感到有些不安,但最终我达到了这样的地步,在每周的信件中,我都习惯性地寻找这类信件。而且直到就职典礼那天,我还收到这样的信件"。这并不是说他摆脱了任职期间死去的任何可能。1860年,他有这样的一次经历,在一面镜子中看到了他自己的两重形象,一个很清晰鲜活,一个却很暗淡苍白,他预见到"这个鲜活逼真的形象预示着他能够安全地渡过他的第一个总统任期;而那个幽灵般的形象则意味着死亡将会在他第二任结束前降临在他身上"。正如他告诉欧文·洛夫乔伊的那样,他预见的死亡是来自于过度操劳而不是谋杀:"这场战争正在侵蚀我的生命;我有一个很强烈的预感,我活不到战争结束之时。"

　　然而,随着时间的流逝,暗杀的威胁也越来越多,不满的民主党人、南部的同情者,以及各种各样的精神错乱者遭受到战争的重压,他们把林肯看成所有痛苦的化身。要在他 1861 年前往华盛顿就职的路上阴谋暗害他的谣言听起来如此可信,以至于他的火车行程不得不改在晚间绕行巴尔的摩再到华盛顿。另外,斯科特老将军在就职典礼上安排了狙击手和炮兵以扼杀任何刺杀林肯的阴谋。表达仇恨的信件仍然不断地涌入,威胁说"你在六周内就会死去"或者说"亚伯必须死,就是现在"。最终,因为有太多这样的信件,秘书人员悄悄地将那些更严重的信件毁掉。即便如此,还是有太多这样的信件杂乱地堆在林肯的桌子上,等待林肯将其放入标着"暗杀"的文件档中。这些威胁在他的脑中折磨着他,以至于他开始做总统被谋杀以及在白宫东厅举行总统葬礼的噩梦。

　　但是,在公开场合,林肯对于这些威胁并不当一回事儿。他在 1862 年对沃德·拉蒙抱怨说,"我们第一次偷偷摸摸来到这座城市的方式是一种耻辱,我为此感到很后悔;因为这看起来是多么的怯懦"。同时,他并不打算在总统的位置上表现得仿佛罪应至死,给他的批评者提供更多的弹药。此外,他辩解说,处在总统的位置上,一个人几乎不能提前制止一场真正的、决意而为的暗杀企图。他告诉约翰·尼古拉,"如果我要完全避免被暗杀的危险,我将不能履行我的职责。我每天都会看到数以百计的陌生人,如果任何人想要杀我,他们都有机会。要得到绝对的安全,我应该将自己锁在箱子里"。1864 年 5 月,他向吉姆·莱恩解释道,"当每一个卓越的人或多或少地面临疯子的攻击时,没有什么先见之明能够保护他们"。在战争爆发的第一年,白宫也只是和平常一样由文职官员来保护,查尔斯·哈尔潘十分吃惊地发现"迟至晚上九点或十点钟",直接从前门通过也是相当可能的事情,还能上楼到达二楼的起居区,"没有看见一个人或者受到一个人的盘问"。

　　终于,有一次,林肯开始在"士兵之家"避暑的时候,他被陆军部长斯坦顿说服接受一支护卫队(虽然他向哈尔潘抱怨说,与暗杀者比起来,他更害怕被"他们意外走火的卡宾枪和左轮枪射倒"),直到 1863 年,斯坦顿决定在白宫周围布置从俄亥俄和宾夕法尼亚精心挑选的步兵连和骑兵连。林肯在没有贴身护卫陪同下甚至不被允许穿过草坪,从白宫走到陆军部。然而,林肯时常想出各种方法来躲避他的保护者,还以此自娱自乐。当克里斯托弗·奥格尔少将在 1864 年 7 月试图为白宫补充一个骑兵预备连时,林肯以"不需要这些人的口头命令"将他们连长打发回去了。一周后,当南部同盟在侵袭华盛顿附近的史蒂文斯要塞时,林肯坚持要求乘车出去看这场战斗,并且站在要塞的挡墙边上,完全暴露在叛军狙击兵的视线里,他们的子弹在林肯附近激起了层层灰尘。1864 年 12 月,拉蒙(林肯将他称为"在我的安全问题上的偏执狂")很震惊地知悉,林肯在"无侍从陪同下去了剧院",随同前去的只有查尔斯·萨姆纳和"一个外国公使,他们两个人都不能保护他对付这座城市里任何一个悍妇的袭击"。

林肯在对他的安全致命忽视的同时,也奇怪地再三承认,他并不是一个特别的暴虎冯河的好例子。他曾经告诉过弗朗西斯·卡彭特,他认为自己是"一个身体上的懦夫,并且确信,他会是一个很差的士兵……而且一有危险的征兆,他就会逃跑"。诺厄·布鲁克斯听他说过,他"确信他会是一个很差的士兵,因为他确信他会丢掉他的枪,并且一看见危险的征兆便会逃跑,除非战斗中有什么令人兴奋的事情"。然而,作为总统和(宪法规定的)武装总司令,他不得不承担起将成千上万的无名者投入到吞噬生命的战火中的责任。战争的最后两年,他一直被这样的思考所压抑,即"在这场可怕的战争……结束之前,生命还会继续失去,人们的心灵会更加孤寂,家园将进一步荒废"。他有时感觉自己"像是藏在黑暗中",尤其是当他不得不检查伤亡名单,还有军事法庭的记录及其死刑判决的时候。有一天下午,他挥着手把伦纳德·斯韦特赶出办公室:"走开吧,斯韦特;明天是个屠宰日,我必须检查这些文件,看看是否真找不到宽恕这些可怜的家伙的理由。"最后,林肯在他自己的将军中间变得声名狼藉,说他大量地同意赦免或者免除那些向他这个总司令申诉的判决(虽然在许多案例中,他的宽恕仅仅只是批准初级申诉提出的建议)。对于一个自从 1862 年以来就一直寻求天意来维护其决定的人——对于一个是以上帝的审判和补偿而不是救赎作为自己精神世界支柱的人——不可避免地要为这场战争和可怕的杀戮的合理性寻求辩护,这超越了他自己的宽恕能力,因而只有使自己面临着一颗子弹的报应。

林肯没办法告诉人们他实际上冒着多大的风险。任何一个不嫌麻烦去写死亡威胁信的人所做的可能仅限于此。叛乱者最初似乎也没有在伤害林肯的问题上抱很大的希望,因为杰斐逊·戴维斯不赞成所有针对林肯个人的阴谋。不过,在战争的最后一年,这一切都改变了。原因是这一年南部同盟陷入更大的绝望之中;同时,1864 年 2 月份联邦骑兵对里士满的一次突袭失败后,似乎证明了这是针对戴维斯本人的袭击。从那时起,绑架林肯并将其送到里士满当做和平谈判的极好筹码的报复性阴谋在南部同盟秘密组织中真正地成型,而最终这些阴谋都汇集到约翰·布思身上。

布思家族来自马里兰州,在当时,除了是美国最大的演艺之家外,其家族在内战期间因效忠问题发生了痛苦的分裂。出生于 1838 年的约翰·布思是朱尼厄斯·布思最小的儿子，他 19 岁的时候就加入了费城演艺公司，并于 1862 年在纽约以出演莎士比亚戏剧《理查德三世》而首次亮相，显然具有光宗耀祖的大好前途。他已经可以和他的哥哥埃德温相媲美，华盛顿剧团经理约翰·福特认为布思正在成为"他的时代的最伟大的演员"。但是，布思的兴趣不只是舞台。他热爱南部，蔑视黑人，并且把战争的到来视为阴险的废奴主义者的阴谋。他向他的妹妹声称，"我的灵魂、生命和财产属于南部"！从 1863 年起，他成为从里士满延伸至蒙特利尔的南部同盟特务网络中的一员，横跨波托马克河传递信息并私运药品。

　　1864 年末的某一时间，布思在华盛顿地区开始招募并资助一批同谋，据他自己称是计划绑架林肯，根据既定路线将林肯秘密地带到弗吉尼亚北部地区，南部同盟强硬支持者将在那里等候，然后将他带到里士满，作为筹码迫使联邦全面释放南部同盟俘虏，甚至可能通过谈判实现和平。这一计划在制订过程中形成了各式各样的方案，但所有的方案都基于林肯极其嫌恶贴身护卫这一事实（布思曾一度企图在剧院绑架林肯）。布思招募的新分子参差不齐。最足以信赖的人是约翰·萨拉特，南部同盟的一个间谍，他母亲在乔治敦的公寓成了阴谋者的老巢。其次是刘易斯·佩因，以前是南部同盟部队的士兵；还有几个布思从华盛顿剧院认识的舞台工作人员中招募的南部同情者，其作用虽说难以预料，但还是有利用价值的。所有人中最古怪的是一个叫戴维·赫罗尔德的笨蛋，招募他的主要依据在于他对布思的崇拜和对波托马克地区的熟悉。布思为这次计划花费了大量的钱（据约翰·福特所说，布思自己资助了一万美元），但他所缺的是时间。到 1865 年 3 月，南部同盟正在瓦解，因为这个，布思对林肯恼羞成怒。此刻绑架已经没有意义；将他的同谋们解散并承认失败是他无法接受的。因此，布思的脑中开始转向暗杀。

　　根据爱德华·尼尔所说，事实上，在 1865 年初的某一天，白宫职员收到一封告知"布思想要行凶"的匿名信，但是，这一警告却被白宫邮袋中每天收到的乱七八糟的、真假莫辨的信件所淹没。林肯在 4 月 14 日，也就是耶稣受难日那天召开内阁的周例行会议时，当然也没有想到暗杀。艾奥瓦州参议员詹姆斯·哈伦回忆说，"他整个的外表、身体姿势和举止都发生了不可思议的改变"。国会议员伊莱休·沃什伯恩认为林肯"身体健康，精神焕发"。罗伯特·李的投降解除了他承受的战争磨难，会议开始时，他讲述了他做的一个梦，梦见自己在一艘船上，驶向一个未知的海岸。这是一个他将要得到好消息时似乎会做的一个梦，他期盼这一次将意味着不久之后他会听到谢尔曼迫使滞留在南北卡罗来纳的南部同盟最后的残余势力投降的消息。另外,他开心也有别的原因:罗伯特·林肯从战场上回来了,而且和他一起来到内阁会议上的还有他的长官格兰特将军,向林肯等人报告了罗伯特·李投降的消息。

现在只有重建的问题依然是浓云遮雾未晴朗。弗吉尼亚州议会的彻底失败使林肯感到颇为疑惑,他是否“可能过于急躁地要求及早重建”,他邀请斯坦顿对内阁的重建计划作一评论,这个计划重新采取原来的方案,即设置过渡性的军政长官来监管被打败的南部同盟各州,并且指导他们政府的重建,直到他们完全做好重入联邦的准备。考虑到格兰特给予罗伯特·李的温和条款,这可能表明,林肯将会利用军队使那样的和平方式作为重建的基本模式。不过,军政府的方案也表明最终放弃了对南部白人联邦主义者的依靠;实际上,如果林肯最终开始接受给予黑人而非南部联邦主义者公民权的思想,那么,达到这一目的的最直接和无可争辩的方式大概就是对南部采取军事控制。对于路易斯安那州宪法,“他希望他们允许拥有财产或能识字的黑人具有投票权”;而同时,他仍然坚持这样的看法:这是一个重建各州“必须自主决定的问题”。或许唯一明确的是,军政府将使他有选择的余地,并且将重建进程牢牢地控制在他这个总统的手中。无论如何,正如诺厄·布鲁克斯所认为的那样,“在这个夏天结束之前,处于混乱状态的群众将会推动产生某些秩序——这也是国会本可以随心所欲控制并立刻引入州政府中的……”

林肯从来不会去参加华盛顿教会举行的任何耶稣受难日纪念仪式。新罕布什尔圣公会主教卡尔顿·蔡斯在3月份曾写信给林肯,提出耶稣受难日应“作为美国的禁食日和祈祷日来庆祝”的要求。然而,林肯4月11日在白宫的演说中承诺的却是将很快“提倡全国性感恩节”,而且他心里所想的是庆祝仪式而非禁食(尤其是因为4月14日是萨姆特要塞陷落四周年纪念)。在那喜庆的情形下,约翰·福特送票到白宫,邀请林肯出席经验丰富的老演员劳拉·基恩在福特剧院的义演——汤姆·泰勒的风尚喜剧《我们的美国表弟》,领衔主演是讨人喜欢的基恩和演滑稽戏的哈里·霍克。在玛丽的请求下,林肯同意前往,在结束内阁会议后,他和玛丽乘坐马车,走过一段漫长的路,回到家中吃了晚餐,然后出发前往福特剧院,带上了克拉拉·哈里斯(纽约州参议员艾拉·哈里斯的女儿)和她的未婚夫亨利·拉思伯恩少校一同前往。

福特很高兴林肯那天晚上能来,因为林肯的出席肯定将刺激他2500张门票的出售。华盛顿的各家报纸迅速在下午版上发布了公告,剧院全体职员充满着期待忙忙碌碌——这当然也意味着,消息也传到了满腔怒火的约翰·布思的耳朵里,他就住在附近的酒店里,但每天都来福特剧院取信。林肯那晚将在"贵宾包厢"(紧挨着舞台左边的特等席)的消息使布思立即兴奋起来。这是一个他一直以来寻找的为南部复仇的机会;这里也是完成他这一"伟大任务"的绝佳场所。在几个小时内,他召集他的同谋者,向他们布置了新的任务:他将在那个晚上的福特剧院在众目睽睽之下刺杀总统,而其他人两个人一组分别去刺杀副总统约翰逊、国务卿西沃德(他的马车出了事故,使他待在家中的护颈支架上)、以及格兰特将军。然后,他们一起渡过波托马克河逃跑,与招募来准备最初的绑架计划的其他特务联系,逃往南部某个安全的地方。

林肯夫妇到达福特剧院时稍微有些晚,当林肯出现在剧院包厢的栏杆边时,人声鼎沸的大厅里热情似狂,演出也中断了。这出喜剧合乎时尚地耍闹,演员们即兴"在剧中有趣的影射他,观众们的回应震耳欲聋,而林肯先生会心地笑起来,并屡屡向兴高采烈的人群点头致意"。但是,虽然他对于演员们的机敏应答开怀大笑,他不禁心有旁骛。他正在思考未来,考虑总统任期结束后的生活,一会儿他告诉玛丽他想去"拜谒圣地","耶路撒冷是他最想一见的城市"。

虽然在耶稣受难日在剧院里进行这样的对话看上去有些奇怪(仅有一个证据对此加以证实),但它比看上去更有意义。自从再次当选后,林肯心里总是想着"活动和旅行",而且,他一直暗示玛丽,"当他总统任期结束后,他会带我和家人去欧洲",然后,"打算返回来去往加利福尼亚——越过落基山脉,看一看士兵等人挖掘金矿偿还国债的情形"。不过,"拜谒圣地"的计划是一种非同寻常的旅行。基督徒对圣地的朝圣在 19 世纪并不少见,尤其是来自于信仰新

福特剧院林肯遇刺的包厢

林肯传
Abraham Lincoln Redeemer President

356

布思刺杀林肯

教的国家。首先是坚定的信仰者,还有那些被他们的怀疑所折磨、希望圣地的现实可能会以某种方式成为阻止他们改变信仰的保证的怀疑论者。赫尔曼·梅尔维尔[①]、尼古拉·果戈理[②]、查尔斯·戈登[③]和阿方索·拉马丁[④]都去圣地寻找地理上的真实性,这是他们在信仰中找不到的。他们没几个能找到他们想要的东西,不过,奇怪的事情是有多少怀疑论者会进行这样的探寻。林肯耗其一生对宗教真理进行同样的探寻,一旦他结束总统任期,他可能有同样的想法,这并不奇怪。在他努力变得"比现在更虔诚"的道路上,将剩下最后一章。

十点钟后,布思立刻从大厅顺着福特剧院的旋转楼梯走向特等席区,当他经过后排向总统包厢门口侧身前行时,坐在经济席上的观众受到打扰,来回移动他们的椅子"让他通过",他成了剧场里令人讨厌的人。正如布思所预料的那样,林肯随身只带了两个护卫,一个是华盛顿的警察约翰·帕克,为了更好地看演出,他坐在了特等席的前面,另一个是白宫的侍从查尔斯·福布斯。布思迅速地递过一张名片给福布斯,福布斯

---

① 美国小说家、散文家和诗人。译者注。
② 俄国 19 世纪上半叶最优秀的讽刺作家。译者注。
③ 加拿大英语小说家。译者注。
④ 19 世纪法国著名浪漫主义诗人。译者注。

"看了看,然后允许他进去"。毕竟,林肯是偏爱演员的,布思也不是第一次被邀请到总统包厢。

　　这是一个狭长的包厢,要进到里面,布思必须通过外门,然后进入一个窄小的过道,最后在直接对着包厢打开的内门前停下。林肯就坐在紧靠内门的位子上,玛丽坐在他边上的椅子上,而拉思伯恩少校和克拉拉·哈里斯坐在离得较远的另一端的沙发上。布思一进入过道,他就楔上插销紧关了外门。然后,他只要轻轻地打开内门走上一步就来到林肯边上,他站在林肯的左后侧,用一支单发的德林加枪对准林肯的头部,正好抵在左耳的后边,然后开枪了。(据詹姆斯·弗格森所说,因为子弹从左至右横穿头部,林肯可能正在"低头看着楼下座位的一个人",或者看着特等席上的某个人;或许,他在最后一刻注意到布思进来了,正在转头想看看到底是谁。)在这一枪的冲击下,林肯向前倾倒,拉思伯恩上校惊愕地起身,拼命抓住布思,却被布思掏出的七寸猎刀砍伤,这一刀从肩膀划到肘部。布思演戏似的孤身一跳,越过包厢的栏杆,落在离楼上足有 11 英尺高的舞台上。挥舞着血迹斑斑的猎刀,大声喊道这就是暴君的下场——这是弗吉尼亚州的格言,更具意义的是,这也是布鲁图在刺杀暴君恺撒时说的经典诗句。然后,他转向舞台布景,穿过后台大门,消失在人们的视野中。最后,他跳上一匹他早就拴在那里的马,飞速地急驰于华盛顿的夜幕中。

　　第二天早上,一位目击者写道,"整个事件,枪声,跳跃,逃离——在顷刻间完成"。一些人还以为枪响是"某个士兵或醉汉"的左轮手枪不小心走了火,在很长的一段时间里,剧场所有的人都惊呆了。而这时,玛丽站起来,在"包厢的前面大喊大叫",大家突然意识到发生了什么,"然后,所有人都站起来,如梦初醒":"林肯先生遇刺了。"有人发狂似的用手锤打着被扣住的包厢外门,满身是血的拉思伯恩少校把门打开。接着,坐在特等席的随军外科医生查尔斯·利尔大声叫嚷要进包厢。利尔发现总统坐在椅子的右侧耷拉着头,已经不省人事,呼吸不畅,"痛苦啜泣的玛丽扶着他"。利尔将林肯平躺着放在包厢的地板上,然后发现脑部的伤口在耳朵的后边。对有枪伤专长的利尔医生来说,很显然,"这是个致命伤"。当看戏的另外两个医生挤进包厢时,利尔正在想办法转移林肯。在剧院门口检查士兵通行证的几个宪兵司令的警卫清走了包厢和特等席上的人群,而其他几个跟着医生,抬起林肯松软的身子,小心翼翼地穿过特等席后面,走下有 26 个阶梯的楼梯,警卫队长拿着他的剑在人群中拨开了一条通道。

　　一到剧院大厅,利尔就不同意把林肯带回白宫的意见,因为"担心一旦他挺直身

死去的林肯。该照片拍摄于 1865 年 4 月 16 日

体,他就会死"。不过,街对面有幢属于一个叫威廉·彼得森的人的房子,其中一个房客大声叫他们过去,差不多是靠着本能,这些手忙脚乱的搬运者在街上惊骇的人群包围下,抬着林肯穿过有 50 英尺的第十街,走上彼得森房子前面半圆形的阶梯,进入后面的房间,有着修长身材的总统被放置在一张过短的床上。总统被暗杀的传言疯狂地、歇斯底里地在城里流传着;城市的卫戍部队也出动了;陆军部长斯坦顿和海军部长韦尔斯一起到达,接着,内政部长厄舍、斯凯勒·科尔法克斯、外科医生约瑟夫·巴恩斯也来了;当然,还有玛丽·林肯,一直抽搐似的哭泣着,哀求她的丈夫睁开他的双眼,然后,她被带走,以便于利尔和其他医生能够抢救林肯(同时,小心翼翼地换掉了血迹斑斑的枕头)。信使来来往往;副总统约翰逊在恍惚中也到达现场。来自纽约大街长老会教会的菲尼亚斯·格利正准备做祷告;罗伯特·林肯靠在查尔斯·萨姆纳的肩上放声大哭。一阵一阵传入彼得森房子的消息证实西沃德也被袭击了,斯坦顿安排一名下士在后面的客厅里记录福特剧院演员和舞台工作人员的证言,这些证言证明暗杀总统的人便是布思。

　　在卧室,利尔眼看着林肯的生命迹象越来越弱。在利尔经历的相似的病例中,这

359

样受伤的受害者在临终前会恢复一小会儿清醒的意识,因此在整个晚上,利尔都握着林肯的右手,"这样,在他一片漆黑的世界里,他知道他还有一个朋友"。吉迪恩·韦尔斯整晚都静静地坐在利尔边上。他在日记中写道,"这个身躯庞大的受害者在床上斜躺着。他的样子很平静,也很惹人注目。就在我在那里的时候,我还从未看见他的样子看上去比最初一个小时的时候那样可能会更有生的希望"。当夜晚慢慢过去的时候,林肯的"右眼瞳孔开始扩散,右脸也变得苍白"。大约凌晨一点钟,"他的两只瞳孔都大大地扩散了,然后就一直保持这个样子",医生们只能通过不断地清除伤口处的血块而保持他的脉搏跳动和呼吸。

黎明已经来到,天气阴湿,林肯仍然还有呼吸。但是,六点二十五分的时候,呼吸变得越来越弱,越来越不稳定;到六点四十分,"呼气""拖长并变成痛苦的呻吟";而到七点钟的时候,他只能在"长时间的间歇"后呼吸一下。生命的终结明显接近了,军医处处长巴恩斯将他的手指按在林肯的颈动脉上以记下他的脉搏。终于,在 1865 年4 月 15 日上午的七点二十二分,连脉搏也停止了,巴恩斯将林肯的双手交叉合拢在其胸前,然后说,"他离开了;他去世了。"整个屋子都沉默了,似乎长达五分钟。然后,格利给他做了一个祷告,而斯坦顿——除了表示愤怒外,还没有谁发现他在公共场合表达强烈的情绪——像个孩子似得痛哭起来。当格利以一句"你的意愿已经实现,阿门"结束了他的祷告时,斯坦顿抬起头,平静地说:"这一刻,他属于整个时代。"

几分钟后,窗外已是凄风冷雨。

尾　声

救赎者总统

林肯之死使国民遭受重创。"你几乎无法想象华盛顿四处弥漫的情绪",一个军队的文书在周日写道。"悲痛惋惜之情无法形容。为骇人听闻的邪恶犯罪而哭泣不再是羞愧和软弱的表现。流泪的双眼随处可见。今天我自己像孩子一样哭泣……"一名来自马塞诸塞的士兵在华盛顿的驻地写给家里的信中写道,"我们全都感到好像是我们的父亲被杀害了";由黑人组成的马塞诸塞54团的军官加思·詹姆斯(哈佛大学的哲学家威廉·詹姆斯的兄弟)写道,该团"听到他逝世的消息后,一直在反反复复地谈论他,你永远再看不到这么多聚在一起的悲痛欲绝的年轻人"。在一个又一个城市,庆祝李投降的横幅标语和彩色布条被撤下,代之以凄苦的黑色绉绸制成的花饰和降至一半的旗帜。华尔街上,"刺激……如此强烈;交易活动停止了,许多商业机构完全关闭……到中午的时候,百老汇完全沉浸于悲痛之中"。在辛辛那提,一大群人聚集在朱尼厄斯·布思停留的旅馆外,发出悲伤的哀嚎,几天后布思才溜出了该市。纽约、罗切斯特和华盛顿街头的南部同情者和被释放的南部同盟士兵黯然神伤。费城和旧金山的报纸呼吁克制和公共秩序。在遥远的斯普林菲尔德,教堂的钟声在星期六早上敲响,生意关张,"整个城市呈现出葬礼的景象"。威廉·赫恩登坐在原来的律师事务所,无法集中注意力处理面前的文件。"他离去的消息让我呆若木鸡,这件事情如巨大的梦魇一般……无法进入我的脑际。"当林肯去世时,简·亚当斯是伊利诺斯锡达维尔四岁半的孩子,她回忆起"我父亲的眼泪和他令人难忘的话语,世界上最伟大的人逝世了",她"朦胧地意识到殉难的总统成了国人心目中卓越的领袖"。

"殉难"很快成为最主要的表达方式,全国各地的牧师们静静地把为复活节准备的布道放在一边,努力给全国性的恐怖事件赋予一定的意义。那个星期天成了"黑色的复活节,"从一个讲道坛到另一个讲道坛,林肯被称颂为"曾彰显于世的真正人格的最完美的代表之一"。他诚实,真挚,宽厚;他真正属于人民,是"今日美国的真正代表";他堪与华盛顿、摩西①相媲美。他几乎不可避免地被比作耶稣基督。林肯没有解放他的人民吗？他没有接近于在复活节前的星期日带着和耶稣进入耶路撒冷一样的胜利精神进入里士满吗？他没有在耶稣受难日被杀害吗？"当基督进入耶路撒冷时，起初这座城市憎恨他，拒绝他，很快将其杀害"，卫理公会教派的吉尔伯特·黑文如是描述林肯造访里士满，"他的手下进入了最初憎恨他、拒绝他的城市，要不是他逝世的缘故，这将很快成为事实"。对乔尔·宾厄姆而言，之后的那个星期是"人类自由圣坛上血腥的祭品"，"带给共和国痛苦的拯救"。哈特福德的浸礼教徒 C. B. 克兰指出，林肯之死是"十八个多世纪以前第一个耶稣受难日发生在朱迪亚的卡瓦利山丘②的悲剧的继续"。克兰的看法是，这并非对耶稣的亵渎，"我们共和国的第二个国父被害于他遇难的纪念日。耶稣基督为世界而死，亚伯拉罕·林肯为他的国家而死"。他成了惠特曼所称的救赎者总统，用他自己的鲜血和对所有罪人的宽恕，将共和国政治共同体从奴隶制和堕落之中拯救出来。"林肯先生所做的是他为我们所做的，"马塞诸塞的记者乔赛亚·霍兰在 4 月 19 日马塞诸塞的斯普林菲尔德的大型追思会上吟咏道，"他树立的基督典范，他的清廉正直，他的自然纯朴，他在公共事务领域的丰功伟绩都是不可多得的丰厚遗产。"

当然，如此诠释林肯需要克服一些困难。首要的也是最明显的问题是，林肯的致命伤发生在对救赎者和殉难者而言是亵渎神明的令人尴尬的地点：剧院。长老会的乔治·达菲尔德更希望"他倒在其他地点，而不是绝对的地狱之门——剧院里"。贾斯廷·富尔顿在波士顿的特勒门大厅讲道，"这是个很差的死亡地点。你们中的任何人不会选择这样的地点来接近上帝"。但是富尔顿和达菲尔德很快找到为林肯辩解的托词，以维护救赎者总统的形象。"如果任何人曾有去剧院的理由，他也有"，富尔顿向他教会的公众们保证。"他公务繁忙。"达菲尔德相信林肯只是"被劝说"而且"不情愿地"去了剧院，并宣称应受到天谴的是"腐化堕落的"剧院，而不是林肯。"林肯先生去剧院并不是为了自我娱乐，而是为了满足他人的愿望"，乔赛亚·霍兰对此表示认同。"他不情愿地进入观众之中，因为这是观众聚在一起的原因。"

与救赎者总统形象保持一致更大的困难是，他没有公开承认信仰基督教。"非常

---

① 《旧约》中希伯来人的先知和立法者，曾率领以色列人逃脱埃及人的奴役。译者注。
② 古代耶路撒冷城外的一座小山，耶稣在此被钉于十字架而蒙难。译者注。

遗憾的是,他没有公开承认……对耶稣基督的信仰,"伊利诺斯长老会的塞缪尔·C.鲍德里奇不情愿地承认道,在斯普林菲尔德第一长老会,一个从圣路易斯请来的布道者发表了不同的看法,指出林肯"的名字从未在你们的教友名单上注册,他在这里从未公开声称信仰宗教"。但是和剧院的问题一样,许多可能的解释冒了出来:林肯是以"实证的"而不是"理论的"方式、按实际的准则而不是教义过着基督徒的生活;或是说林肯在1862年威利死后,或是1863年葛底斯堡演说后,或是没有人能够确切讲出、但林肯私下里向他们描述过的某一时刻,实际上已经皈依基督教。乔赛亚·霍兰在他4月19日的演说获得成功后,受委托撰写第一部完整的林肯传记,决心像过去那样将林肯描述为"一位不同寻常的基督徒总统",霍兰着手处理牛顿·贝特曼1860年的证词,说林肯向贝特曼承认"我知道上帝的存在,他憎恨不平等和奴隶制……我知道自由是正确的,因为基督这样教导,基督就是上帝"。诺厄·布鲁克斯对公理会的牧师艾萨克·兰沃西讲:"我自己愿意说我坚信林肯先生熟知基督的救赎说;他常常提起基督、他的磨难和赎罪;他经常祈祷,把他所有的烦恼托付给上帝,并因此得到难以形容的解脱。"

事实上,所有这些声明并没有确凿的证据。布鲁克斯没有提供林肯祈祷的文字证明,像福尼和汉斯科姆这样的野心勃勃的记者,有着过于强调他和林肯的亲密关系的突出弱点。贝特曼被林肯的朋友们批驳为"其虚伪狡诈确定无疑",急于以林肯密友的身份出人头地。没有人比威廉·亨利·赫恩登对这些证明者更为不屑,因为称林肯秘密皈依的观点暗示着林肯背地里信奉基督教,却公开加以隐瞒,这样林肯就成了最古怪、最令人厌恶的伪君子。在1866年霍兰所著的《亚伯拉罕·林肯的一生》出版后,一个运气欠佳的记者向赫恩登问及对林肯的宗教的看法时,他勃然大怒,"基督教世界的一些人大胆冒昧地相信林肯先生皈依了基督教,你想一想,如果林肯先生真的皈依了三神、启示、神灵感应、奇迹观和它们的必然性等信仰,他不会大胆承认并像一个虔诚的人和不怕民众暴怒的诚实的人那样去做吗"?尽管如此,霍兰仍然坚持贝特曼的证词,布鲁克斯和其他人常常回应道,林肯在华盛顿时与赫恩登在斯普林菲尔德所了解的林肯发生了很大的变化,这样,愤怒的赫恩登现在开始着手自己的传记写作计划,开始进行个人采访和证词收集一系列详尽的工作,将对那些虚伪的人一心歪曲的林肯的一生做如实记录。

赫恩登的发现让这位玩世不恭的律师感到惊讶,他意识到直到1866年,曾经和他共事十多年的这个人的内心世界一直不为人所知。虽然赫恩登调查的人中没有人同意霍兰或布鲁克斯的看法,但是在他信仰宗教的问题上,甚至是林肯最亲密的朋友也存在很大的分歧。戴维·戴维斯和罗伯特·托德·林肯告诉赫恩登,总统对这个问题的讨论不为人知,艾萨克·科格代尔和杰西·费尔等人声称林肯的宗教观仅仅是自然神论或普救说,还有像弗朗西斯·卡彭特和乔舒亚·斯皮德一些人坚持认为林肯进行了某种形式的"具体化",在担任总统期间变成了"成长中的人"。"我只能这样认为,如果你曾经在他四年任期后和他恢复原来的交往,"卡彭特高傲地对赫恩登讲,"你将会发现他的宗教情感更为确定,也许更像个基督徒。"令赫恩登同样惊奇的是,发现林肯生活的其他许多方面很不确定。在对新塞勒姆原来的居民的采访中,他意外发现林肯早年与安·拉特利奇的恋情以及他怎样在她死后几乎疯掉;在印第安纳的采访使他相信,林肯可能是私生子以及因此而生的困惑折磨了林肯一生,他曾陷于和玛丽·托德婚姻的困境之中,他是"一个宿命论者,否认自由的意志",他写过关于不信仰基督教的"小册子",声明"《圣经》不是上帝的启示;其次,耶稣不是上帝的儿子"。

如果赫恩登能够按计划在霍兰畅销的《亚伯拉罕·林肯的一生》一两年后出版林肯的传记,他的研究可能会产生更大的影响。与之相反,赫恩登沉迷于研究之中,花了两年多的时间和将近 2000 美元进行访谈和通信联系,他收集了三大本用皮革包边儿的材料。他犯了带来灾难性后果的策略上的错误,于 1865 年和 1866 年在斯普林菲尔德的一系列演说中抛出了关于林肯的最耸人听闻的发现。演说冗长臃肿,坦陈林肯的抑郁和他"冷酷"理性的冷漠。1866 年 11 月发表的最后一次演说是所有演说中最耸人听闻的一次,因为赫恩登最后谈到了林肯早年在新塞勒姆与安·拉特利奇的恋情以及安·拉特利奇如何是林肯一生中唯一的真爱。过于天真的赫恩登以为他的演讲将加深对"林肯内心"的理解和欣赏。与之相反的是,公众对他所揭示的真相的反应是近乎反感。弗朗西斯·卡彭特叱责赫恩登"在我看来闯入了神圣之所"。曾邀请林肯到芝加哥和他一起从事律师业务的格兰特·古德里奇愤怒地质问赫恩登,他是否"没有意识到你对你亲爱的朋友死后的名声造成了怎样的损害和侵犯,还有你给他的朋友们带来的羞辱,特别是他的遗孀和孩子们"。年迈的詹姆斯·史密斯在隐居的苏格兰猛烈抨击赫恩登暗示林肯"比不诚实的人还坏",因为他和一个不爱的女人结了婚。"她丈夫惨死的可怕打击已经将她击倒在地,这还不够吗?而你一定要来把你有毒的杯子和她必须喝干的不幸的杯子放在一起……"虽然史密斯没有对赫恩登称林肯不是基督徒的说法表示不同意,他以"林肯先生确实公开承认相信神的权威和《圣经》的启示"的声明予以回击。

赫恩登进行了反击,但是他的每一次进攻只是对自己信誉的破坏。在他做研究期间,他的律师业务已经荒废,到1869年的时候,他由于资金短缺把"林肯记录"的资料卖给了沃德·希尔·拉蒙,拉蒙也在计划两卷本的传记的第一部,以坦率的、亲切的赫恩登式的观点刻画林肯。事实上,拉蒙做得更为糟糕。拉蒙是詹姆斯·布坎南司法部长的儿子昌西·布莱克的捉刀人,他所著的《亚伯拉罕·林肯的一生》不仅大肆渲染地强调林肯是私生子和他的"无神论,"而且将林肯内阁描述成一帮野心勃勃的政治狂徒,特意攻击霍兰使用牛顿·贝特曼的叙述。整体画面如此阴暗,拉蒙的出版商、波士顿的詹姆斯·奥斯古德强令拉蒙和布莱克删除了最后一章和其他章节中布莱克认为"最有趣的部分"。当1872年5月拉蒙的《亚伯拉罕·林肯的一生》第一卷出版时,遭到了几乎所有评论人的谴责,出版商放弃了出版第二卷的所有计划。乔赛亚·霍兰不仅在《斯克赖伯杂志》的书评中痛击此书,而且第二年在该杂志发表了詹姆斯·A. 里德(当时是斯普林菲尔德第一长老会教会的牧师)的演讲,其中有约翰·托德·斯图尔特、诺伊斯·迈纳、诺厄·布鲁克斯、尼尼安·爱德华兹和詹姆斯·马西尼等人的证词,说明尽管林肯年轻时"不信仰基督教","后来……他成了基督教的坚定信徒"。

由于知晓拉蒙的著作是以赫恩登的材料为基础的,赫恩登也将很快再次遭到批评,伦纳德·斯韦特建议赫恩登对他以后关于林肯的作品进行自我审查。"拉蒙的书彻底失败了,每一个与之相关的人都赔了钱,公众们还没有原谅他写了这本书",斯韦特警告道,"因为它讲了大家不想听到的他们英雄的事情。"1889年赫恩登最终完成了筹划已久的林肯传记(在杰西·韦克的帮助下),斯普林菲尔德人对此冷眼相对,似乎赫恩登出卖了大家的信任。约翰·托德·斯图尔特的孙女记得那是"我们家的诅咒","赫恩登被看做是个最应遭受指责的人"。

公众们想听到的是林肯是霍兰所说的"真正的基督徒"。像艾萨克·阿诺德(在他1884年所著的《亚伯拉罕·林肯的一生》)这样的更加谨慎、更多溢美之词的传记作家,称赫恩登和拉蒙将林肯和拉特利奇的罗曼史讲述成"悲剧性太强的故事",不然就是三心二意地承认林肯虽然不"正统",却仍是曾"做过总统的"最"虔诚的基督徒"。在霍兰的传记中,牛顿·贝特曼的叙述为揭示假定的林肯秘密基督徒身份确立了榜样,此后持续了多年。他秘密地参加了亨利·沃德·比彻布鲁克林教会的祈祷会(这是比彻死后他妻子的声明,但比彻本人从未谈及);他秘密地受洗(这个故事是林肯家在斯普林菲尔德的洗衣女工玛丽亚·万斯传出来的，但只是由第三者口头流传，林肯的家人在有生之年从未谈及）；他在威利死后皈依基督教（这是弗朗西斯·卡彭特的暗示，尽管他对林肯皈依前后日程安排的记录并不准确），或是在葛底斯堡战役之后（根据詹姆斯·拉斯令在 1895 年和丹尼尔·西克尔斯将军在 1911 年的叙述）；他是共济会成员（根据 L.D. 卡曼在 1914 年的叙述，尽管林肯清楚地否认曾参加过任何秘密团体）；他在 1839 年在卫理公会的奋兴会上被劝说皈依宗教（根据的是约翰·雅克上校的话，他曾参与了 1864 年无功而返的和平代表团，在 1897 年向别人讲述了这个故事）；当"教会在圣坛上刻上基督对法律和信条的精炼陈述，'你应全心全意地爱上帝，应像爱自己那样爱护自己的邻居'，以此作为入会的唯一条件"的时候，他准备加入教会（据称他告诉康涅狄格的众议员亨利·戴明。在 19 世纪的美国很难找到这样一所教堂，如果林肯确实说过这样的话，他可能正在用他著名的"如果"模式来拖延戴明）。林肯不仅被塑造成了一个基督徒，而且他得到了基督教布道者特别的追捧。在那些认识林肯的人过世后的一代人中，研究林肯的最重要的学者中的两位威廉·E.巴顿和路易斯·A. 沃伦是新教牧师。

令人难以理解的是，在这些如此急切地把死去的林肯变成基督徒的布道者和虔诚的普通人当中，没有一个人曾深入林肯在宗教问题上极度痛苦的真实内心世界，了解他在冷淡而毫不留情的上帝面前深深的无助感，上帝只是通过灾难和死亡显露其存在，只要上帝曾给他爱的恩典，他就会去爱上帝。和赫尔曼·梅尔维尔一样，林肯"不能相信或满足于不信上帝；他过于诚实和无畏，试着相信或满足于不信上帝"。由于将林肯变形为政治上的救世主，"黑色复活节"的布道成了最无情的讽刺，因为林肯不相信自己被救赎的可能。但是非但没有唤起全国对林肯未能相信上帝的关注，牧师们几乎完全一致地在林肯死后为他施洗礼，而不是对他进行批评。

也几乎没有人有兴趣提出更重要的问题，林肯似乎拥有的宗教信仰是否对战争产生什么影响。希望对战争结局产生最直接的影响的布道者和狂热的宗教组织最终没有对战争产生大的影响。依照公认的林肯信仰的自由主义，这是预料之中的事情，在某些情况下渴望这种情况的发生。但是林肯自己独特的天意说，他的加尔文化的自然神论，事实上控制了内战的结局。从最笼统的意义上看，1862 年夏天是天意真理的帮助，使他不理睬随处可见的明显迹象，显示联邦在这场战争中不会有比打平最好的结果，采取解放奴隶的措施是危险的愚蠢行为。但是，从最具体的事例上看，是天意使他战胜了自由主义的道德局限。要进行自由主义的最伟大的行动——解放奴隶——林肯必须跳出自由主义，使自己屈从于占支配地位的神圣天意的指引，对于天意的决定他无法预先判断。

当然，这导致了冲突的扩大延伸，远远超出了谈判的可能，超出了对南部长期物质上和经济上的破坏，超出了弗雷德里克斯堡、钱瑟勒维尔、葛底斯堡、荒野上和这场战争必须打的所有其他战役的惊人的伤亡名单，林肯认为这场战争是天意所为。在其他任何人看来（比如萨蒙·蔡斯），根据天意制定政策，可能被视为一种宗教狂热被一笔勾销。但是没有人能够把宗教狂热的指控挂在亚伯拉罕·林肯的脖子上，他是个冷静的宗教怀疑论者和辉格党守旧派。更重要的是，战争中天意的指引也使奴隶获得了自由，作为一个重要政治实体的联

废奴主义者威廉·加里森

邦得以维持，以公众认可的标准，所得到的报偿抵消了救赎的流血。天意在林肯死后没有停止。在一个没有自由意志存在的世界上，只是由人对仁慈和敌意作出判断是不理智的。林肯知道，决定权属于上帝，只属于上帝。在一个世俗的自由的共和国，如此多的公众利益和不幸取决于一种宗教性质的决定，实属少见。

那个复活节，所有试图将林肯和救赎联系起来的努力，其中所体现的宗教性质（林肯在世的话也会轻易觉察到），正是林肯所惧怕的。纽约州尤蒂卡的浸礼会牧师艾尔弗雷德·巴顿愤怒地宣布："很明显，上帝在以天意昭示我们，就如同他昭示以前的人类，'对他们进行最快的审判吧，不管是死亡、流放还是没收财产或者收监。'""我们已经失去了所有的慈悲"，一个纽约市圣公会的牧师如此说道；长老会牧师威廉·亚当斯认为"所有自作多情的情绪"（即拒绝相信末日审判，不顾《圣经》的主旨，而主张普救说）都应该被摒弃，都应该支持进行审判。在芝加哥，E.J.古德斯皮德指责南部同盟的领导层为布思提供了幕后支持，奥维尔·希克曼·布朗宁听到一个牧师在暗示"林肯被除掉是因为他过于宽容，并且相信了一个要复仇的人"。发出这种呼吁的人不只限于牧师。中西部最支持林肯的报纸《芝加哥论坛报》宣布"昨天我们

怀着慈悲之心与已故的总统在一起,他总是那样地正确和智慧,他因而赢得了我们的信任,所以我们支持他采取和解的政策;今天我们和要求正义的人民站在一起"。废奴派中的温和派威廉·加里森呼吁绞死杰斐逊·戴维斯。《华盛顿星报》也附和道:"正是他的手指引着刺杀者扣动了扳机。"

将林肯追封为殉难者和救赎者的行动以浮夸的方式进行着,很少有人提出要注意到林肯潜在的含糊不清和被掩饰之处。担心暗杀使宽大的重建变成不可能的南方人,急匆匆地抢先宣称他们和北方人一样强烈反对暗杀行为,布思根本不是南部同盟的特工,只是单独行动的"不负责任的疯子"。但是,匆忙在门把手上系上绉绸的前南部同盟成员这样做的目的是从愤怒的联邦占领军手中"拯救他们的家园"。前南部同盟陆军部的职员约翰·B. 琼斯在日记中记述了他怎样提醒"我遇到的人控制情绪,因为……联邦的士兵们……可能会失控,继续向手无寸铁的人们施以暴行"。在联邦部队的监视下,南部的报纸小心翼翼地谴责布思的行为,但是在南部同盟残余势力尚存的地方(比如在得克萨斯),布思得到了英雄般的仰慕,一家公然反抗的休斯敦报纸在暗杀发生后的一个星期宣称,"从现在开始直到上帝的末日审判,人们的内心将一直为亚伯拉罕·林肯的遇刺而兴奋"。

私下里进行欢庆的不只是南方人。在新泽西的普林斯顿(曾在 1864 年选举中拥护麦克莱伦),查尔斯·霍奇发现,"听到林肯先生遇刺的消息后,"普林斯顿的"一些民主党人公开庆祝",他气得"几乎发疯"。但是更令人愤怒的是,林肯自己政党的激进分子难以掩饰愉悦之情。乔治·W. 朱利安认为,林肯一直对南部同盟过于宽大,"约翰逊担任总统是国之幸事。"约翰逊曾是杰克逊似的自耕农,对种植园主贵族阶层毫无好感,他曾经是占领地区成就斐然、强有力的州长,发誓把叛国者变成"过街老鼠",本·韦德欢欣鼓舞地祝贺约翰逊,并承诺"约翰逊,我们信任你。的的确确,政府的运作将没有麻烦了"。朱利安确信,"有了约翰逊这个前成员相助,战争委员会的影响将强有力地帮助新政府转向正确的前进方向。"林肯去世的那天,太阳还没落山,共和党参议院委员会会议便制定了"比林肯先生更强硬的政策方针"。

最应进行审判之人显然是约翰·威尔克斯·布思。根据福特剧院的演员和观众的证词,斯坦顿很快确认布思就是暗杀者,但是当布思在福特剧院后面的小巷消失后,没有人知道他藏身何处。斯坦顿为抓获布思悬赏 10 万美元,但不只是布思一人。在 4月 17 日星期一早上,布思的三个同伙被抓获,晚上陆军部官员不仅逮捕了玛丽·萨拉特(布思总部所在的房子主人)还抓到了曾袭击西沃德的刘易斯·潘恩,他不巧正在萨拉特夫人那里躲藏。布思则和他的同伙戴维·赫罗尔德一起轻易逃离了华盛顿,在马里兰和北弗吉尼亚南部同盟同情者的帮助下,在暗杀后 10 多天的时间没有被抓获。直到 4 月 26 日,布思被追踪发现,在弗吉尼亚的罗亚尔港附近的烟草仓库被联邦追捕人员击毙,他正沿着曾计划绑架林肯的路线行进。其他的同谋者在斯坦顿控制下、由约翰逊签署成立的军事委员会受审(其根据是同谋者刺杀了战时陆海军总司令),而不是民事法院。包括赫罗尔德、潘恩、萨拉特夫人在内的四名同谋者于 1865 年 7 月 7 日在华盛顿军火库老监狱的墙后被绞死;其他三个同案犯被判处终身监禁,地点是杰斐逊要塞,这是佛罗里达州德赖托图格斯无人居住的珊瑚礁。

林肯在斯普林菲尔德附近的墓地

　　远在暗杀审判开始之前,亚伯拉罕·林肯的遗体便开始了自己的行程。尽管有人呼吁将林肯葬于华盛顿,甚至葬于芒特弗农华盛顿的身旁,悲痛不已隐居于白宫服丧的玛丽·林肯清楚地表示,她的丈夫将埋葬在伊利诺斯,虽然几乎所有人对她将林肯葬于芝加哥他原来的政敌斯蒂芬·道格拉斯坟墓旁边、而不是斯普林菲尔德的提议困惑不解。"罗伯特·林肯对我说他母亲不想回到斯普林菲尔德," 奥维尔·希克曼·布朗宁在日记中写道,"不想把他父亲的遗体带到芝加哥以外的伊利诺斯任何地方"。这引起了伊利诺斯州长理查德·奥格尔斯比的抗议,一周后玛丽最终同意将林肯葬于斯普林菲尔德。但是让斯普林菲尔德人感到头痛的是,她坚持在该市的乡村墓地橡树岭埋葬,而不是该市的元老们所希望的把林肯埋葬在市中心建造的坟墓,以使他在死后(就像他活着时)继续增加这个城市的知名度。由于确信埋葬在橡树岭是个错误,该市在州长宅邸附近购置土地并建造了容纳林肯遗体的坟墓。但是玛丽决不让步,并威胁如果她的意愿被置之不理,就重新回到芝加哥方案。斯普林菲尔德勉强采取宽容的态度。他将被葬于橡树岭。

首先，对林肯遗体的处置还有更令人厌恶的情况。林肯去世那个上午的晚些时候，一个临时制作的灵车将遗体带回了白宫，白宫二楼的客房被用做临时的停尸房，军医处处长巴恩斯"在桌子不平滑的支架上"进行了尸检。然后殡仪人员进行了防腐处理，遗体穿上了林肯第二次就职典礼曾穿过的套装，放置于铅边的胡桃木棺椁之中。东厅（白宫另外两个短命的辉格党人威廉·亨利·哈里森和扎卡里·泰勒的遗体曾停在那里）搭建了一个 11 英尺高的灵柩台，然后棺椁被抬到楼下供公众在星期二上午瞻仰。在 4 月 19 日星期三，菲尼亚斯·格利和三个著名的华盛顿牧师（包括林肯对其口才评价很高的卫理公会主教马修·辛普森）主持了正式的丧礼，有 600 人参加，其中有罗伯特·托德·林肯、约翰逊总统和格兰特将军。格利的布道颂扬了林肯的诚实、宽厚、明智以及"彻底的、全面的、克制性极强的、廉洁的……完美品格"，但是除了谈到林肯 "对上帝至高无上的天意平静持久的信任"，小心地避免提及林肯个人的宗教信仰。那个下午，由 3 万人组成的庞大队伍抬着灵柩，在"黑纱遮盖的旗帜、被蒙住的鼓声、倒置的武器、带着护罩的大炮、悲伤的军乐"的陪护下，从宾夕法尼亚大街向国会大厦行进，直到星期四林肯的遗体安放在国会大厦的圆形大厅供更多的人瞻仰。

然后，在星期五遗体被运至巴尔的摩和俄亥俄车站，战争期间供林肯使用的一节

林肯的墓地

林肯墓地的塑像

火车车厢现在沿着 1861 年他来到华盛顿的同一路线将他送回。（和林肯的遗体一同前往的有戴维·戴维斯、沃德·希尔·拉蒙、戴维·亨特少将指挥的一名"荣誉卫兵"和规模庞大的国会代表团，这些人塞满了灵柩之后的几节车厢）。列车最先将前往巴尔的摩，那里有 1 万人在林肯开启的灵柩旁走过；然后到达哈里斯堡，有数千人排成两行到州众议院去瞻仰遗体，还有 4000 人站在街道两侧目送灵柩送回列车；然后去费城，遗体在独立厅停放两天，共有 3 万人神情肃穆地从那张苍白僵硬的面孔旁走过。还有更多的或大或小的人群聚集在灵车行进轨道旁，默默地注视灵柩通过。詹姆斯·布坎南等候在兰开斯特人群边上他的马车里，目送他的继任者迟来的火车被牵引着沿着轨道缓缓前进；对林肯充满敌意的激进派批判者撒迪厄斯·史蒂文斯站在兰开斯特的隧道旁，尴尬地脱帽致敬。"在佩奥利和到费城的所有车站，"火车上的一位记者写道，"我们看到了同样的感情的流露，同样的悲伤，同样的安静的人群，脱去帽子以示尊敬的头颅，死一般的沉寂诉说着不可能被误读的表达。"

在纽约（在那里拍摄了现存的唯一一张林肯在灵柩之中的照片）、在奥尔巴尼、在布法罗、在克利夫兰、在哥伦布、印第安纳波利斯和芝加哥，都是如此。5 月 2 日晚，送葬的火车驶离芝加哥，沿着伊利诺斯中央铁路开往行程的最后一站，第二天早晨抵达斯普林菲尔德，灵柩停在了州议会的众议院大厅，差不多在七年前他在那里发表了"裂开的房子"的演说。此时造物主没有合作；林肯已经去世两个多星期了，即使跟随灵车的殡仪人员和尸体防腐人员尽了最大的努力，也无法遮掩逐渐变色的皮肤和林肯右眼下面深深的伤痕。林肯战前的老朋友发现他的面孔"发黑收缩，几乎无法辨认，"多年之后当艾达·塔贝尔和斯普林菲尔德人谈起此事时，他们"流着眼泪回忆起当时的情景，听到他们反复地说，'真希望我没有看到他死去；真希望我只记得他活着的样子'"。但是对一名护卫军官来说，"最招人怜悯的情景是黑人表现出的极度悲哀，为了到斯普林菲尔德参加葬礼，数千名黑人在路上花了几天的时间……他们深知他们最伟大的朋友安息了，在他们看来，未来漆黑一片"。

不过令人厌恶的旅程现在几乎结束，5 月 4 日的中午，由士兵、市民、消防队组成的庞大队伍——据《伊利诺斯州日报》的报道约有 1.5 万人——和直系亲属的唯一代表罗伯特·托德·林肯，穿过市镇，经过第八街和杰克逊街的房屋，来到墓地，墓地对面有两座山岭并因此得名，林肯的灵柩将在此停放，直到一座精心设计的合适的陵墓落成。走在专门从圣路易斯借来的灵车旁的护柩者全都是林肯的老朋友，杰西·杜波伊斯，斯蒂芬·洛根，约翰·托德·斯图尔特。格利博士和辛普森主教再次主持了葬礼,这次是由辛普森布道、格利进行祈祷。和格利一样,辛普森回避了关于林肯宗教信仰准确内容的任何问题。"关于他的宗教体验,我无法确切地讲,因为我无缘知晓他个人情感的重要内容,"辛普森说道,只是增加了不会造成伤害的估计,"我认为他对将他的生活带入宗教原则的努力是真诚的。"(和格利不同的是,辛普森附和了对南部进行审判并对叛乱的将军处以"叛国者的死罪"的呼吁,但是辛普森一直对激进派报以更多的同情。)

最后葬礼结束了,聚集的人群一起唱起了格利专门写的葬礼赞美诗。然后墓室的大门被关闭,"大家回去做自己的事情"。在林肯墓室灵柩的旁边,和他从华盛顿一起回来的是另一个小一些的棺椁。这是威利的灵柩,这个儿子在所有的方面都和他极为相似,这个孩子给他带来的悲伤甚于他所失去的其他一切,现在他和他的父亲一起回家,表示了最后和最终的忠诚。

林肯任职总统期间所取得成就之重大,一直遮掩了其赖以成功的思想因素。在共和国历史上可能想见的最艰难的环境下,林肯成功地使北部的自由州和边界蓄奴州团结一致,共同对抗南部蓄奴州的大规模叛乱,迫使南部屈服。与此同时,他努力使自己的政党团结一致,并逐步选定联邦部队的军事领导层,以使他们并肩战斗击败南部。因此证明了共和国的本质是一个国家,不只是建诸"自身利益"之上的松散联合。几乎作为副产品所产生的是,林肯使整个受奴役的种族获得了解放,他们的解放是最重要也是最令人敬畏的成就,尽管他去世时没有明确指明美国社会应如何对待获得自由的人们。当内战中国家处于震荡之中的时候,林肯设法将共和国的政治经济脱离杰斐逊的轨迹,走上雇佣劳动和高速发展的自由之路,在这条道路上(出于实际目的)又行进了七十年,直到富兰克林·罗斯福的出现和重新获得活力的民主党意识形态的复兴。尤其应该指出的是,做到了这一切的林肯从未绝望或恐惧,虽然他不时勃然大怒、偶尔怀恨在心。他的自制力甚至体现在他的讲话中:开头像律师一样简明扼要,当爱国情绪几乎将演说者带入表演状态时,林肯从未沉迷于他的对手杰斐逊·戴维斯或是许许多多同时代的人使用的"复杂的措词"。作为总统,林肯取得的最突出的成就是,很难想象他同时代的西沃德、蔡斯、萨姆纳能够在林肯的位置上像他所讲、所写和所做的那样出色。事实上,从 1840 年到 1890 年林肯所处的政治时代的那些总统们,比较起来极为平庸,仅仅凭借对国内事务的处理,林肯已经让他们黯然失色。

然而,他的成就常常有些出乎意料,有时不甚完美。单单凭借《解放宣言》的突

一分钱硬币上的林肯头像

然一击，他使美国的社会和经济关系发生了惊天动地的转变；然而《解放宣言》的出台十分缓慢，林肯最终的决定是对天意的神秘遵从，而且林肯对美国黑人未来的真实设想成为美国历史上最棘手的问题之一。几乎同样重要的是，林肯一直认为不可能以脱离联邦和州权解决联邦的政治争端；然而他拒绝因试图退出而剥夺脱离联邦各州合法地位的建议。从国家财政到横贯大陆铁路，他进行了美利坚合众国历史上曾发生过的规模最大的政治权力的集中；然而他没有建立这种集中永久存在下去的机制，事实上在战事紧急状态结束后多数的集中措施便瓦解消失了。"林肯是个天生的辉格党人，而且接受了辉格党的培养，众所周知辉格党是个保守的政党，被称为一个守旧或顽固不化的政党，他哪里有激进之处？""大个子"温特沃斯在1866年质问道。"他发起了什么新的举措？他在哪里表现出了进步？"正如海伦·尼古拉(约翰·尼古拉的女儿)1912年所写的那样，他"不是遥远未来的预言者……他早年的生活基本上属于以前的时代"。

战争中戏剧性十足的事件——冲突的处理和奴隶的解放——也使得自由的政治经济学中这些原则的思想意识根源相形见绌。与英格兰的科布登和布赖特以及法国的托克维尔一样，林肯也深受启蒙运动、尤其是霍布斯、洛克和孟德斯鸠的影响。他相信统治人类社会的应该是理性而不是继承，权利是地位的基础(而不是反其道行之)，社会的基本单位是个人而不是团体(因此全国性政府的重要性是限制团体侵害个人行动的自由)，所有这些原则代表了人类社会必然的进步。和自由的启蒙主义一样，他更感兴趣的是人性而不是宗教，但他确实承认过宗教是提供自律和道德准则以避免使自由社会堕入单纯的享乐主义的重要因素。

但是，由于多个启蒙主义流派的存在，掌握林肯的观点一直是个难点。确切地说，启蒙主义对人性和社会的看法存在共同的基础，美国政治意识形态从中分化出两种截然不同相互敌对的流派。虽然美国政治在信仰启蒙主义方面实现了统一，信奉平等和自由的原则，但是对于它是哪一种启蒙主义流派的代表，则存有激烈的分歧，是洛克的理性个人主义还是托马斯·杰斐逊和安德鲁·杰克逊坚信的卢梭充满激情的相对主义。辉格党人在很多方面是洛克启蒙主义的代表，林肯就是这样，这种思想立场导致了他对杰克逊民主终生的厌恶。为了达到自己的目的,林肯愿意援引杰斐逊,他引用的是杰斐逊思想中他们共有的启蒙主义,而不是杰斐逊所代表的民主党卢梭似的政治文化,林肯从最初具有政治意识开始就对此加以谴责。从这个意义上看,将曾被弗农·帕林顿界定为杰斐逊和汉密尔顿之争的美国政治,定义为杰斐逊和林肯之间的分歧可能更好,因为美国文化和宗教被以他们的理性和充满激情的形式不明确地一分为二。

　　未能体会到两种流派之间的差别成为解读林肯过程中存在的一个问题;事实上,对这些差别的忽视,是未能使公众面前的林肯和私下里的林肯成为一个整体的主要原因,因为这些差别在政治方面影响了他,并且是构筑其内心世界的文化价值的基础。林肯最早的传记——霍兰所著的《一生》、阿诺德所著的《一生》和他更早、更匆忙完成的《亚伯拉罕·林肯和推翻奴隶制的历史》(1866 年出版)、甚至是拉蒙命运多舛的怪异之作——都将解放的主题作为林肯一生的伟大成就,而他作为"一个老亨利·克莱派的辉格党人"的身份被化为乌有。霍兰在一个段落中对林肯的辉格党主义一笔带过,迅速将他的角色转向伟大的解放者;由反对堪萨斯—内布拉斯加法案的民主党人转为共和党人的阿诺德,几乎没有提到林肯是个辉格党人,而拉蒙赞成昌西·布莱克将林肯刻画为北部保守的民主党人坚定同情者,至多称其为温和的辉格党人。

　　对林肯的传记作家来说,时间也使得他的思想意识根源变得模糊不清。到 1890年,当约翰·海和约翰·尼古拉推出被认为是最权威的林肯传记《亚伯拉罕·林肯生平》的时候,辉格党已经消失了整整一个政治时代,这两位作者更感兴趣的是把注意力集中在林肯的总统任期内,而不是内战前他作为一个辉格党人的政治生涯。尤其需指出的是,海太年轻了,他自己都难以对辉格党人加以区分,因此他专注于将《亚伯拉罕·林肯生平》写成迈克尔·伯林盖姆所说的 150 万字的共和党在 90 年代的竞选传单。艾伯特·贝弗里奇的巨作《亚伯拉罕·林肯(1809—1858 年)》(在其死后于1928 年出版)深刻而专业,他在其中加上了更多的林肯辉格党政治根源的内容;但是贝弗里奇这个共和党进步派和来自印第安纳的前参议员,发现作为政治家的林肯并不值得尊敬,因而对自己的政党大失所望。J. G. 兰德尔是第一个染指林肯的专业历史学家,是威尔逊派的民主党人,他对乔治·麦克莱伦的称赞令读者们诧异,将林肯几乎描述成一个民主党人,不经意地重述了拉蒙和布莱克的观点。

　　20 世纪 20 年代,随着作为社会和政治哲学的实用主义的兴起,政治意识形态遭到冷遇,这不利于对林肯思想意识的研究。科学而不是政治理论的繁盛,被约翰·杜威和乔治·赫伯特·米德推崇为解决大规模工业化和企业消费主义所产生问题的出路,对道德冲突有强烈影响的政治理论则受到冷落。久而久之,美国政治史写作中的实用主义传统大行其道,出现了其传统代表作,如路易斯·哈茨的《美国的自由传统》(该书认为所有美国人继承了共同的自由传统,政党的意识形态只是对一致观点偶尔的修正)和李·本森的《杰克逊民主的观念》(该书认为美国在 19 世纪的政治冲突源自于种族和宗教)。哈茨和本森的共性在于对思想意识的漠视,承认美国自身内部曾经历意识形态冲突(尤其是在冷战期间),似乎等于文化上的叛国行为。这在接下来的林肯传记作家无意识地将其非辉格党化中得到了反映。艾达·塔贝尔以"几乎纯粹是个人的事情"为由把林肯早年生涯的政治斗争一笔勾销;艾伯特·贝弗里奇不承认辉格党,认为该党只是堆在一起的问题,其"主要有价值的财富"是大众对亨利·克莱的"偶像崇拜。"即使到了 1993 年,加里·威尔斯这个政治记者还能靠将林肯描述成秘密的民主党人得到美国图书奖。

但是林肯是个立场坚定的辉格党人,在意识形态上坚决忠于辉格党人所钟爱的反杰斐逊的自由主义。"林肯此方面政治舞台上的行为"在当代的实用主义者看来"特别没有吸引力,与边疆居民单纯、冒险的成功道路不相一致,"乔尔·希尔贝在1986 年对林肯政党忠诚性的引起争议的分析中写道,但是"这种反政党和反政治的观点忽略了一些基本问题,未能把握内战前美国政治的一些重要特点。"

他是辉格党意识形态的强硬支持者,在竞选和议会辩论中本党利益的代言人,他是政党能人——一个组织者和政治管理者——对辉格党尽忠尽职。他对党的忠诚对他的党和他自己都非常重要。他的辉格党原则对他所做的其他事情有重要的影响。

如果说杰斐逊和杰克逊将政治活动视为"富人"和"穷人"之间阴险的斗争,林肯和辉格党人则视民主党人——杰斐逊派、杰克逊派和道格拉斯派——为失去理性的、权力欲极强的精英,为了把美国政治锁定于他们一直占有统治地位的静止不变的体系,这些真正的"富人"竭力使"穷人"和中产阶级相斗。林肯担任议员期间拥护的每一个议题——铁路、政府赠与土地、关税——每一个精心修饰的表达,从早期在报纸上发表的恶言相向的政论,到精心修改的葛底斯堡演说,都忠于辉格党意识形态,忠于穆勒、韦兰和凯里的观点,忠于乐观向上、社会流动性强的中产阶级的形成,他们将确保"肩上的重负得以解脱""每个人能够自食其力""给所有人机会""改善境遇"的平等机会。

林肯最伟大的政治成就并非树立了一贯软弱的中央政府的权威,而是使民族的观念——人民万众一心根据超越种族、宗教派别和性别的确定原则,而不是卢梭所说的公意,理性地团结起来——成为共和国的核心政治象征。正如乔治·斯特朗在内战结束后的日记中所吐露的,"(我认为)人民经历了分娩的延迟和剧痛之后,未经麻醉产下了一个崭新的美利坚合众国——一个令人难以置信的巨婴"。1865 年夏天,查尔斯·霍奇在致林肯的悼词中写道,"战争的另一个结果……是民族情绪的发展……没有人怀疑现在这种情绪比以往更为强烈和普遍"。内战也不是林肯伟大的经济胜利,最先提出这一观点的是 E.A. 波兰德这样的负隅顽抗的南方人,后来查尔斯和玛丽·比尔德将其进一步加以完善——林肯故意把战争变成迫使前资本主义的南部经济屈服于北部的资本主义控制下的共和党的工具。北部和南部都已经属于资本主义经济,进行横跨大西洋棉花贸易的南部的资本主义经济大概超过了北部的多数地区。但是,中国这样的现代国家资本主义体系清楚地说明,资本主义经济并不一定是自由的经济;林肯想要的资本主义的胜利,主要是自由雇佣劳动的胜利,而不是资本主义劳动体系的胜利。"林肯对奴隶制扩张的反对主要是基于自由劳动的原则",迈克尔·桑德尔写道, 他 "以自由劳动和独立的小生产者的名义领导北部发起战争"。

从后工业主义和全球自由贸易的另一个角度看,这一切有着令人不悦的幼稚腔调。桑德尔在林肯成就中发现的令人不快的反讽是,在自由雇佣劳动的目标和内战后美国完全发展成为大规模生产的工业国的现实之间存在着"拟合不佳"。林肯去世后的二十年间,产业雇佣劳动成为"确凿无疑的不久前南部盛行的奴隶制体系,只是没有那样有辱人格"。林肯的缺乏远见常常因为他没有这种大工业无产阶级的真实体验而得到谅解,无产阶级在政治上拥有自由,但是在经济上软弱无力,不可能实现真正的社会流动。尽管如此,林肯对流动性与追逐私利和剥削相结合的可能性并非完全视而不见。虽然听起来刺耳,自身利益是自由启蒙主义对在超自然物不再掌控的世界上,人们工作或交往动机的唯一解释。林肯本人十分赞同"或早或晚自身利益的阴险语言"将成为对人类行为动机的解释,他也认同政府的存在主要是用来保护人们对自身利益的追求。在社会秩序的根基问题上,杰斐逊寻求的是自耕农超自然的共性,南部的贵族阶层求助于神秘的种族团结,而林肯坦然承认、付诸实践并发扬光大的是自身利益。"我相信有一种真正的人民主权,"他在 1859 年写道,"每个人应该明确地做自己喜欢的事情,做那些仅仅和他相关的事情。"理查德·霍夫斯塔特假设如果林肯在 1865 年的暗杀中幸免于难,到了 1885 年会对他听之任之的不讲道义的工业巨子彻底失望,霍夫斯塔特在很大程度上对林肯愿意为"缺乏高尚精神的大企业"服务的态度认识不足,这种态度是亨利·克莱·惠特尼发现的。

然而,林肯同时也认识到了以自身利益为基础的社会并不值得夸耀,何况这种社会缺乏建立奖惩体系的依据。"坚持认为除了自身利益以外没有正确的行动准则",正如林肯 1854 年 10 月在皮奥里亚的演讲中承认的,极易造成"自由的真正朋友对我们真诚行为的怀疑"。卢梭(和杰斐逊)对于民众智慧的伟大诉求反映了人们对利己主义生活的失望和分化以及对其未能促进公共利益、和谐和幸福的觉悟。共同利益的缺失一直是启蒙主义所忧虑的主要问题之一,可回溯至洛克和亚当·斯密;卢梭和杰斐逊的化解之道是为社会找到利己主义动机之外的一个新的依据。美国的辉格党人——特别是林肯这样的无宗教信仰的辉格党人——力求以不断地重复公共道德准则的必要性并求助于自然法、最终以打造与中产阶级的新教福音派的联合,来弥补这一缺陷。

林肯比其他的辉格党人更乐于支持这种联合。虽然他未承认有特定的基督教信仰,但是在做律师和在华盛顿的时候,他确实认识到辉格党人需要超越道德问题,他感觉到了与理性的护教学和长老会守旧派的有一定距离的共性。因此,林肯一生中一直在发展诚实透明的形象,礼貌地鼓励公众的宗教信仰(但是并不赞同特定的教派),甚至反复地援引《圣经》。任何一个细心的辉格党人,甚至任何一个谨慎的政治家,都在如此行事,林肯的朋友和敌人隐约地暗示他确实在这样做。但是林肯实际上有理由比他同时代的多数政界人士更强烈地感到需要达到某种形式的宗教稳定状态。与对道德外表的意识形态上的需求相交汇的是在宗教问题上更深层的个人冲突,这种冲突可以回溯到他信仰加尔文主义的童年时代。此冲突产生的部分原因是青春期的反叛,部分原因是潘恩和边沁那里长期存在的启蒙主义的反教权论;但是在林肯整个成年时期,这个冲突乃维多利亚式福音派教义过分的道德严格主义所致,福音派教义要求绝对的诚实,具有讽刺意味的是,该教义的信奉者从未真正感到他们自己能够得到宽恕和怜悯。如果林肯选择了不信仰基督教而不是虔诚,从长远观点看那是因为虔诚使得选择变得如此艰难。

这使得林肯对人的选择产生了深深的无助感，并将他置于维多利亚时代同代人之列，他们之所以求助于道德义务或理性、或者不再信仰宗教，究其根源是因为福音主义给他们的是石头而不是面包。林肯在第二次总统就职演说中悲怆地讲到，上帝是用武力收回靠鞭打积累起来的财富的最高审判者，或者是"冥思神意"的隐藏不露的行动者，能够在一念之间结束战争，无意识暴露出的不是独特的"林肯的宗教观"，而是将人类的处境变成到天堂的"没有阶梯的梯子"的福音主义宗教文化，反复灌输社会流动和市场参与的奖赏是最绝对和不偏不倚的真诚，然后使人们陷入由此造成的困境。"林肯先生的诚实看起来源自宗教信念"，诺厄·布鲁克斯写道，他并不知晓信念一词是怎样的含糊不清。"当谈到和他最密切相关的事情时，他常讲虽然他可能被不了解他的人歪曲，让他欣慰的是，他知道他的想法或意图都无法逃避上帝的观察，最终的天意将决定他在世上或来世的命运。"就像艾米莉·迪金森，她渴望上帝做她的圣父，但是发现阿默斯特公理会信奉的上帝"漆黑一片"，成年的林肯有的是痛苦、疏远和被抛弃的感觉，但不是彻底的怀疑主义。"当然没有对上帝意志的反抗，"林肯在 1858 年写道，"但是在某些情况下，难以确定和专注于上帝的意志。"

林肯常常希望"我过去比现在更为虔诚"，但是新教福音主义彻底的诚实早早地使其无法得到有价值的安慰，反而造成了没有价值的幻灭感。正如赫恩登曾讲过的，即使是他早年在新塞勒姆写的"关于不信仰宗教的作品"是"像约伯①那样的绝望的攻击"，带着"上帝已将其抛弃的想法和观念"。除了这种被抛弃的感觉外，安·拉特利奇和他母亲去世造成了他巨大的精神创伤，林肯发现自己被禁锢于他的选择无法实现的世界上。在赫恩登看来，林肯不是鲁莽的无宗教信仰者，而是"思想失明的参孙②，在黑暗中与命运进行挣扎和斗争"，赫恩登认为，"上帝特地在灼热的熔炉中轧碾林肯"。但正是"轧碾"的剧痛使林肯具备了对所有人不怀恶意、对所有人宽大为怀的特殊美德。

林肯是个典型的维多利亚时代的怀疑论者，他生于启蒙运动时期，受到古典自由

---

① 《旧约》中一个诚实正直的人物，历经危难，仍坚信上帝。译者注。

② 《旧约全书·士师记》中的以色列英雄。天使曾告诉他的母亲，她将生下一子，应将其献身于上帝，一生不能剃须发。参孙力大无比，曾杀死一头狮子和搬走迦萨城门。在他向一位非利士妇女大利拉透露了头发是他的力量之源这一秘密后，大利拉趁他熟睡时剪掉他的头发，使他失去了力量。非利士人还弄瞎了他的眼睛，使他成为奴隶。但后来参孙重新获得了力量，他将寺庙内的立柱推倒，当时有 3,000 非利士人聚集在寺庙中，他们与参孙一同被砸死。译者注。

主义的影响,成长于启蒙主义乐观的解决方式幻灭所产生的焦虑之中。然而林肯与弗朗西斯·纽曼或是乔治·埃利奥特或是 T. H. 格林不同的是,林肯的疑虑与他们正相反,也就是说对他而言,历史事件的神秘性使他相信神在主导一切,而不是许多维多利亚时代的人对痛苦、死亡和迷失方向的怀疑,他们无法把夭折和战争的不可捉摸与慈爱的上帝或是世间最好的事物联系在一起。林肯熔炉中的经历使他最终更需要信仰。"我可能是脚凳上最肤浅和自命不凡的傻瓜,"他在 1864 年的大选日对诺厄·布鲁克斯说,"如果我履行此地赋予我的职责,我希望能够依靠人的智慧而不是上帝的智慧进行下去。"他对缅因州的参议员洛特·莫里尔讲,他不知道,"但是上帝已经创造了一个伟人,他能够从始至终理解这场巨大危机以及和解的全部,并赋予他足够的智慧来进行处理和管理"。

　　然而他始终未能达到信仰的程度。他不知道是否存在为了解决"这场巨大危机的全部"、像父亲一样有意好心塑造了他的上帝。与之类似的是,他从未能够将作为启蒙主义思想框架重要组成部分的对未来的乐观和自信,和他与生俱来的认为所有的选择都是预先注定的悲观信念协调一致。他可能已经这样做了,默默忍受或者勉强认可不太费力的、更容易实现的福音主义(有越来越多的对自由意志进行补充的说法)。但是也许是他加尔文似的"忧郁"和发挥着最好的彼此约束作用的中产阶级进取心之间的平衡,给了他深度和灵活性,从 19 世纪 50 年代以来认识他的人都认为这是他最重要的支撑,成为战争中他最有价值的性格方面的财富。他对于天意指引的信赖使他的宿命论没有在战争最困难的时刻陷于无助的境地,而正是他的宿命论没有使他的中产阶级乐观主义在胜利时膨胀为傲慢自大。"这一升华的过程,"赫恩登写道,"给了林肯先生宽厚、慷慨、仁慈、亲切、宽容等品质和崇高的信仰,随便你怎么说,这是上帝的旨意。"

　　也许最终他希望卸任总统后在耶路撒冷或某个其他的朝圣地找到答案的来源。但是更可能的是,就像林肯在 1846 年向阿米达·兰金坦陈的那样,"也许我注定要在晚年继续感受和思索一生的经历,就像心存疑虑的托马斯那样"。这些话说明他和1831 年新塞勒姆那个玩世不恭的人或自然神论者或无宗教信仰的人截然不同。但是这些话并非一个皈依宗教的人或者是预言者的自白。实际上,这些话是在掉光树叶的树林里自暴自弃的、死一般的低声抱怨。

后 记

可以说,我和林肯有缘。

从 2003 年到 2004 年我曾在伊利诺斯大学(UIUC)做了一年的访问学者。伊利诺斯虽不是林肯的出生之所,却是他成长的地方,因此该州被称为"林肯之地"(Land of Lincoln)。出现在伊利诺斯州几乎所有汽车牌照上的这三个英语单词,无时无刻不在提醒你正生活在林肯的地盘上。访学期间,学历史出身的项目负责人 Joanne Wheeler 博士几乎每个周末都带着我们这帮 Freeman Fellows 进行了解美国历史的文化之旅,足迹遍布伊利诺斯及周边地区,与林肯有关的历史遗迹几乎被一网打尽。遗憾的是,奔走之余,我并没有翻阅关于林肯的相关著述。这段经历只是使亚伯拉罕·林肯成了我(确切地讲,是我的双脚)最熟悉的美国总统。

2007 年 11 月初,林肯再次走到了我的身边。在厦门大学召开的第十四届全国史学理论研讨会上,中国社科院世界史所的刘军研究员受人之托向我提起翻译林肯传记一事。也许正是由于那一年的缘分,我并没有多想便应允下来。当时,我并没有意识到这将是一次多么艰难的精神之旅。正如译者序中所言,这并不是一本普通的林肯传,本书的作者艾伦·C.古尔佐是美国宗教史和思想史的著名学者,他所做的是把林肯作为一个思想者加以解读。其中,我并不熟悉的宗教思想占据了大量的篇幅,而且贯穿始终,实在是不小的挑战。因此,完成译稿之后,虽已尽力所为,心中仍有几分忐忑。不妥之处,还望方家指正。

书中图片绝大部分出自美国国家档案馆网站(www.archives.gov)和谷歌的 Picasa 网上相册的 James's Public Gallery(http://picasaweb.google.com/jrk1962)。感谢周成明和杨亮在搜集照片过程中对我的帮助。

图书在版编目(CIP)数据

林肯传:救赎者总统/(美)古尔佐著:韩宇等译.
南昌:江西人民出版社,2009.12
ISBN 978-7-210-04330-0

Ⅰ.林… Ⅱ.①古…②韩… Ⅲ.林肯，A.（1809~1865）-
传记 Ⅳ.K837.127=41

中国版本图书馆 CIP 数据核字（2009）第 213319 号

Originally published in English under the title: Abraham
Lincoln: Redeemer President by Allen C. Guelzo. Published
by William B. Eerdmans Publishing Company, of Grand
Rapids, Michigan 49505, USA.

Chinese Edition is arranged by permission through Enoch
Communications Inc. Copyright©2009 Jiangxi People's Pub-
lishing House.

林肯传

（美）艾伦·C.古尔佐 著 韩宇等译

江西人民出版社出版发行

江西华奥印务有限责任公司印刷 新华书店经销
2009年12月第1版 2009年12月第1次印刷
开本:787毫米×1092毫米 1/16 印张:24.5
字数:350 千
ISBN 978-7-210-04330-0 定价:42.00 元

江西人民出版社 地址:南昌市三经路 47 号附 1 号
邮政编码:330006 传真:6898827 电话:6898893(发行部)
网址:www.jxpph.com
E-mail:jxpph@tom.com web@jxpph.com
（赣人版图书凡属印刷、装订错误,请随时向承印厂调换）